Ludwig Weis

Anti - Materialismus

Vorträge aus dem Gebiete der Philosophie

Ludwig Weis

Anti - Materialismus
Vorträge aus dem Gebiete der Philosophie

ISBN/EAN: 9783741171727

Hergestellt in Europa, USA, Kanada, Australien, Japan

Cover: Foto ©Klaus-Uwe Gerhardt /pixelio.de

Manufactured and distributed by brebook publishing software (www.brebook.com)

Ludwig Weis

Anti - Materialismus

Anti-Materialismus.

Vorträge

aus

dem Gebiete der Philosophie

mit

Hauptrücksicht auf deren Verächter.

Von

Dr. Ludwig Weis.

Motto: Die Philosophie ist nicht Brodwissenschaft, aber geistiges Brod und Bedürfniß.
Jean Paul.

Die Philosophie besteht in der Selbstverwirklichung des Menschen zu reiner und voller Menschlichkeit.
Leopold Schmid.

Zweiter Band.

Berlin, 1871.
Verlag von F. Henschel.

Inhalt.

Erster Vortrag. Ueber den Begriff der Materie. Das Wort „Materie" 1. Stoff und Form 3. Materialismus der Wissenschaft und des Lebens 4. Materie und Kraft als verschiedene Gesichtspunkte 7. Nichtsein und Sein 8. Sündliches und Heiliges 8. Die Religion und die Materie 9. Die Philosophie und die Materie 12. Die Jonier 12. Heraklit und der Darwinismus 15. Die Eleaten 17. Die Atomisten 18. Demokrit und der Orthodoxismus 22. Empedokles, Pythagoras 23. Der verhüllte Dualismus der Griechen 25. Der offene Dualismus. Anaxagoras 27. Die Materie als das Schlechte bei den Griechen 29. Sokrates, Plato 30. Aristoteles 33. Die Sophisten 37. Mangel an Experimenten bei den Griechen 39. Epikuräer, Stoiker, Indischer Pantheismus 39. Die Materie im Judenthum 40. Juden und Heiden erlösungsbedürftig 43. Verkündung des Heils 44. Gang der Entwickelung 46. Die Materie im Christenthum 48. Schöpfung aus Nichts 49. Die Materie und die Sünde 50. Erwachen der Naturphilosophie. Giordano Bruno 51. Pierre Gassendi 54. Cartesius 56. Halbheit des Cartesius 60. Spinoza 61. Leibnitz; Sophisten und Sensualisten im 18. Jhrh. 62. Kant's Dynamismus und die Atome 64. Schelling 69. Trägheit der Materie 69. Kraft und Stoff sind verschiedene Beziehungen desselben Wesens 71. Kraft nicht Geist 72. Geist und Stoff 73.

Zweiter Vortrag. Die Materie der Chemie. Einleitung 74. Chemie als Wissenschaft vom Wesen der Materie. Das Wort „Chemie" 78. Chemie als Darstellungskunst edler Stoffe 80. Als geheime, unheilige Kunst 81. Chemische Theorie der Alten 82. Umwandlungslehre der Jonier 84. Scheidungslehre des Anaximandros 85. Demokrit 86. Elemente des Aristoteles 87. Chemie als Goldbarstellungskunst 89. Der

Stein der Weisen 90. Die Chemie in der christlichen Zeit 91. Ihr philologischer Anfang 92. Mysticismus in der Chemie 93. Verdienst der Araber 94. Ursachen des langen Lebens der Alchemie 95. Chemie als Kunst der Medicin 96. Chemie selbständig. Boyle, Entdecker der chem. Elemente 99. Was ist Theilung? 100. Die Kräfte der Chemie 102. Einfluß von Boyle's Lehre 104. Langsames Schwinden der Umwandlungslehre 105. Phlogistontheorie 106. Zeitalter der Darstellung der Elemente 107. Die französische Wissenschaft. Lavoisier 109. Unveränderlichkeit der Verbindungsverhältnisse 111. Wenzel Richter 112. Gesetz bestimmter und multipler Gewichtsverhältnisse 113. Dalton's Atomlehre 115. Giebt es Atome? 116. Kant's Einwände 118. Faraday's Ansicht über Materie 123. Atome als Thatsache 125. Reste der Umwandlungslehre bei Lavoisier 126. Sauerstoff als säuerndes Princip 127. Electrisches, dualistisches System in der Chemie 129. Berzelius 130. Organische Chemie 131. Sturz des Dualismus. Substitution 133. Dumas. Laurent 134. Liebig's Säuredefinition 135. Gerhardt 136. Definition der Chemie von Gerhardt und Kekulé 139. Verschmelzung der Radical- und Typentheorie 141. Kekulé's Entdeckungen 143. Avogadro 145. Unterscheidung von Atom, Molekül, Aequivalent 146.

Dritter Vortrag. Galilei und Darwin oder: Das Trägheitsgesetz und die Entwickelungslehre. Einleitende Grundsätze 149. Aus Nichts wird Nichts 150. Materialismus und Indaismus 153. Das Verharren des Materialismus in formaler Logik 156. Das Entwickeln des Einen aus dem Andern 157. Galilei und Darwin zu dieser Lehre 158. Aristoteles' Mechanik 159. Ihr Sturz durch Galilei 163. Trägheitsgesetz 164. Bewegung 165. Erhaltung der Kraft 167. Erweiterung dieses Gesetzes durch Helmholtz 170. Arbeitsleistungen im unorgan. Gebiete 172. Zusammenhang der Naturkräfte 173. Chemische Verbindung, stoffwechselnde Zelle 175. Versuche die Urzeugung zu finden 177. Ihre Annahme durch Aristoteles 178. Geänderte Stellung zu dieser Lehre seit Galilei 178. Darwin 179. Aesthetik bei ihm 184. Personificirung bei ihm 185. Personificirung macht Wissenschaft zur Dichtung 189. Begrenzung von Darwin's Lehre 190. Sein Naturgesetz ohne Allgemeinheit 193. Seine Annahme der Schöpfung 195. Erweiterung seiner Lehre durch Häckel, Büchner 195. Büchner's Beweis der Urzeugung 196. Büchner-Cartesius 201. Subjectiver Idealismus des Materialismus 203.

Vierter Vortrag. Was ist Naturwissenschaft? Naturwissenschaft ist Gotteswissenschaft 206. Einwände von Philologen, Geistlichen 206. Des Materialismus 209. **Die Naturgeschichte.** Die Einzeldinge und ihr Werden 209. **Die Naturlehre.** Organische Kräfte. Lebensthätigkeit 211. Bewußtseinsthätigkeit 214. Unorganische Kräfte 215. Die Schwere 216. Licht und Wärme 221. Electricität, Magnetismus 224. **Die Naturphilosophie.** Einleitung 233. Logik. Raum und Zeit 236. Materie und Kraft 237. Der Mensch und die fünf Sinne 241. Die Vielheit der Naturkräfte 243. Der Materialismus und diese Vielheit 245. Versuch einer Einheit der Naturkräfte 247. Dialectik. Einleitung 254. Metaphysische Begründung des Materialismus 257. Die ästhetische 266. Die physiologische 267. Die chemische 269. Die mechanische 273. Die sprachliche 275. Spinoza, Hegel, Pantheismus 278. Der Begriff der Naturwissenschaft 281. Die Natur in der Bibel 282. Die Natur bei Max Müller 283. Schluß 286.

Fünfter Vortrag. Ueber reale Bildung. Einleitung 288. Lazarus 289. Bildung ein Zu-Hause-Sein in Verhältnissen 291. Handarbeit, Gedankenarbeit 293. Experimente verbinden Theorie und Praxis 294. Die Frauen und die Bildung 295. Individualismus der Bildung 296. Bildung ein Luxus bei den Alten 297. Eine Forderung bei den Neueren 298. Religion die Grundlage der Bildung 299. Bei den Alten 300. Bildung auf Aesthetik gegründet bei den Alten 302. Vermischung des Schönen und Guten bei den Alten 304. Bei den Chinesen 305. Die Religion des Materialismus in China 306. Werth einer Religion 309. Bildung als Luxus bei den alten Philosophen 310. Judenthum, Christenthum und Bildung 311. Fatalismus und Bildung 312. Aufklärung in Rom 313. Zu Ludwig XIV. Zeit 315. Materialismus und Christenthum 316. Ein Vortheil des Materialismus 317. Gefahr bei confessionellem Standpunkt 318. Romanismus und Germanismus im Kampf 319. Alle Bildung ideal 321. Realismus 323. Das ewig Weibliche 325.

Erster Vortrag.

Ueber den Begriff der Materie.

Es giebt vielleicht kein Wort, was in der wissenschaftlichen Welt so oft genannt wird, wie das Wort: Materie. Vielleicht aber dürfte auch im gemeinen Leben kaum eins so wenig angewendet werden, als grade dieses. Und es ist zu behaupten, daß dieses Wort vom gemeinen Mann nur dann angewendet wird, wenn ihm die specielle Bezeichnung eines Dinges abgeht. Wir dürfen aber auch weiter behaupten, daß selbst in der wissenschaftlichen Welt das Wort meist angewandt wird, um ein Unbestimmtes, ein Allgemeines zu bezeichnen, daß man aber dies Wort überall da verschwinden sieht, wo man aus dem Unbestimmten heraustritt zu dem Einzelnen, zu dem begrifflich klar Erfaßten. Dieser Begriff des „Unbestimmten" findet sich sofort in dem im gewerblichen Leben so oft vorkommenden Worte: „Material= und Droguerlehandlung". Dieses Wort dient dazu, um Geschäfte zu bezeichnen, in welchen die verschiedenartigsten Gegenstände, namentlich Rohstoffe aus nah und fern, vorräthig sind. Die Männer, die diesen Handlungen vorstehen, werden Materialisten genannt. Und es dürfte diese Bedeutung sein, welche Vielen oft allein verständlich ist, wenn von den sogenannten Materialisten der Wissenschaft die Rede ist. Viele Städte dürften sich daher um den Ruhm streiten können, Heimathsort der Anecdote zu sein, wonach am Schlusse des donnernden Vortrags eines Jesuitenpaters gegen den Materialisten Karl Vogt ein ehrsamer Bürger sagte: „Der Mann hat aber mal schön gesprochen. Nur begreife ich nicht, warum er gegen den Materialisten Vogt so loszog, wir trinken oft unseren Seidel zusammen und es ist ein ganz friedliebender, harmloser Bürger". Der gute Mann kannte eben keinen Materialismus, als die Gewürzkrämerei, er kannte keinen Materialisten, als seinen Freund Gewürzhändler, und er wußte nicht wie diesem Händler, dem Vertreiber von Rohproducten, ein Vorwurf gemacht werden könne, wegen Verbreitung von Rohheiten.

In dem genannten Beispiele: „Materialhandlung" dient also das Wort: „Materie" dazu, um die unbestimmtesten, verschiedenartigsten Dinge der Welt, um Rohstoffe, die zu jeder möglichen Bearbeitung oder Formung und Gestaltung dienen können, mit einem gemeinschaftlichen Namen zu bezeichnen. Dies denn ist auch die allgemeinste Bedeutung, welche dem Worte: „Materie", wie dem ihm entsprechenden deutschen Worte: „Stoff", zukommt. Wir sagen: der Ofen besteht aus Eisen, das Haus aus Stein, das Fenster aus Glas, die Wolke aus Wasser, der Hauch aus Luft u. s. w. Aber wie man nun dies Verschiedenartige von Haus, Ofen, Fenster, Wolke, Hauch als ein sinnlich Wahrnehmbares, räumlich Ausgedehntes zusammenfassen und gleichmäßig benennend sagen kann: es sind Körper, so kann man auch Eisen, Stein, Glas, Wasser, Luft, indem man absieht, von jeder bestimmten Eigenthümlichkeit, also das woraus die Körper gestaltet sind, mit dem zusammenfassenden Ausdruck: „Materie", „Stoff" bezeichnen. Es würde übrigens unrichtig sein, wenn wir nach dem seither Besprochenen sagen wollten: Materie oder Stoff ist das, woraus das sinnlich Wahrnehmbare, der räumlich ausgedehnte Körper gestaltet ist.

Man sagt z. B. auch: die Materie, der Stoff der Gesänge Homer's ist die Eroberung Trojas, der Zorn des Achilles.

Hier ist es also der Gegenstand, der Vorwurf, welcher der dichterischen Gestaltung zu Grunde liegt, was als Materie bezeichnet wird. Der Zorn des Achilles ist die Materie, welche durch die Kraft des Dichters Formung, Leben gewinnt. — Man sagt: Phidias hatte die Majestät der Gottheit zur Materie genommen bei Darstellung seines Zeus. Also eine Idee, die Majestät der Gottheit, ist hier die Materie des Bildhauers, die er zur Gestaltung bringen möchte. Aber zur Gestaltung des Ideellen, des sinnlich Nichtwahrnehmbaren, braucht er ein sinnlich Wahrnehmbares und so ist ihm Elfenbein, Marmor, Gold die Materie zu seinem körperlichen Bildwerk. Wir sehen, wie Materie nicht allein gebraucht wird, um das woraus ein Körperliches geformt wird, zu bezeichnen, sondern auch zur Gestaltung eines Ideellen. Und so können wir denn überhaupt sagen: Materie, Stoff, ist alles, woraus etwas verfertigt wird oder worden ist, entsteht oder entstanden ist. **Materie, Stoff, ist stets ein Etwas das eine Form annehmen soll oder erhalten hat.**

Es ist klar, daß dieser Begriff ein sehr wenig sagender ist, und da je nach dem Gegenstande, der zu gestalten, oder der gestaltet ist, der nöthige Stoff ein sehr verschiedener ist, so wird man eher statt vom Stoff des Ofens vom Eisen, statt von der Materie des Stuhls vom Holze reden; abgesehen natürlich von den Fällen, wo man die Natur des Stoffes eines Körpers nicht kennt und deshalb das inhaltsleere Wort zur Frage verwendet.

Was hat aber nun das Wort „Materialismus" oder „Materialist" für eine Bedeutung, wenn, wie oben, von Karl Vogt die Rede ist? Wir sahen, wie man mit Materie, Stoff, dasjenige bezeichnet, woraus das Körperliche besteht, und wenn man freilich auch von der Materie eines Dramas, eines Tonstückes spricht, so ist es doch richtig, daß dies Wort hauptsächlich gebraucht wird, um das zu bezeichnen, woraus das Handgreifliche, das sinnlich Wahrnehmbare besteht, so daß bei diesem Worte vor allem an sinnliche Stoffe gedacht wird. Nun kann aber von

Seiten der Wissenschaft die Frage aufgeworfen werden, ob in der Welt überhaupt etwas anderes bestehe, als das aus sinnlichem Stoff, aus Materie, Bestehende. Es ist nun der sogenannte Materialismus, der die Lehre aufstellt: nur Materie existirt, und selbst die geistigen Erscheinungen sind erzeugt durch die Eigenschaften, die Bewegungen der Materie. Es ist dies eine Lehre, die dem wahrheitsuchenden Geiste so viel Werth haben kann, wie die entgegengesetzte: Ein Gott, ein unsichtbarer Geist schuf die sichtbare Welt und machte das sinnlich Einzelne zu Gefäßen seiner Herrlichkeit. Der Wahrheitsucher wird beide Lehren mit gleicher Ruhe durchforschen und mit Ernst und Eifer das Recht und die Begründung der Einen oder Andern zu finden suchen. Da ist nun leider meist der Fall, daß bei dem Streite über die Wahrheit dieses Materialismus und der Schöpfungslehre, die Vertheidiger der Letzteren schlechte Mittel brauchen, indem sie den Materialismus der Wissenschaft mit dem des Lebens vermischen. Es sind besonders Geistliche, welche, wenn sie außer Stande sind wissenschaftlichen Lehren mit Freiheit zu begegnen, sich dadurch zu stützen suchen, daß sie die Wissenschaft überhaupt als Geburt irrender Vernunft hinstellen, daß sie die Männer, welche die Materie als Quelle alles Werdens annehmen, für solche erklären, die ohne Sinn für Ewiges und Wahres, nur sinnlichen, materiellen Genüssen nachstreben. Sie sagen: Materialisten sind Leute, die an nichts glauben und nur für materielle Genüsse Interesse haben.

Es sind Geistliche, die in der Regel auf diese Weise, durch Schlechtmachen ihrer Gegner, ihre Schöpfungslehre zu vertheidigen suchen und dadurch den Streit nur wachhalten, ja dadurch den Eifer für den Materialismus nur verbreiten. Denn das Recht, der Werth freier Wissenschaft, tritt mehr und mehr in das Bewußtsein der Menschen; mehr und mehr fühlt man sich zurückgestoßen von einer Partei, die die Wissenschaft als Geburt irrender Vernunft hinstellt und die an ihre Stelle einen Glau=

ben setzen will, von dem sie doch auch nicht umhin kann zu gestehen, daß er nur von vernünftig denkenden Menschen erfaßt und gelehrt werden kann. Aus Opposition denn gegen solchen geistlichen Engsinn nehmen Freunde der Wissenschaft oft ununtersuchend die Lehre des Materialismus in gutem Glauben an, wie umgekehrt viele in gedankenloser Gläubigkeit die Lehre der Schöpfung nachsprechen. Dazu kommt, daß die Freunde der Wissenschaft, trotz ihrer Zuneigung zum Materialismus, sich ihres geistigen Strebens, ihrer Liebe zur Wahrheit, ihrer Freude an aufopfernder Thätigkeit im Dienste ideeller Wissenschaft wohl bewußt sind und daß sie deshalb wegwerfend und opponirend blicken auf eine Partei, die, um sich zu stützen, von ihren Gegnern nur zu sagen weiß: Es sind Leute, die nur für materielle Genüsse Interesse haben.

Aber hat der materielle Genuß etwas zu thun mit der Frage nach dem Werden der Welt? Ist das Erstreben der Lösung dieser Frage nicht ein ideelles Interesse, selbst wenn man antworten zu müssen meint: Materie ist Alles? Schließt das Reden eines Menschen: „Ich glaube, daß Gott die Welt erschuf", es aus, daß sein ganzes Dichten und Trachten nach Essen und Trinken, nach Ruhe und Unthätigkeit im geistigen Streben gerichtet ist? Gewiß, wir müssen scheiden zwischen theoretischem und practischem Materialismus.

Materialist der Theorie ist derjenige, welcher behauptet, das Werden der Welt geschieht nur durch Materie.

Materialist des practischen Lebens ist derjenige, welcher sinnlichen Genüssen allein nachlebt in gedankenloser Trägheit. Und die Geschichte beweist, daß man ein sinnlicher Mensch und ein Geistlicher zugleich sein kann. Ich will nicht reden davon, daß der Volkswitz es liebt, wohlgenährte Pfarrherrn und verhungernde Schulmeisterlein nebeneinander zustellen, andeutend, wie jene, trotz idealer Kanzelreden, mehr für ihre Sinnlichkeit, als die ihrer Untergebenen zu sorgen wissen. Ich will von größerer

Thatsache reden in unserer Zeit, wo deutsche Ehre, Kraft und Bildung glänzenden Sieg davontrug über romanische Hohlheit. In dieser Zeit deutschen Stolzes, deutscher Freude tritt um so geflügelter das Wort auf des Bischofs Ketteler von Mainz: „Seit der Reformation ist dem deutschen Volke das Gewissen abhanden gekommen". Um so geflügelter dringt das Wort in die deutscher schlagenden Herzen und weckt die Frage: „Woher die Reformation?" Und stolzer wieder schlägt das Herz, weil ihm die Antwort wird: „Sie ist die That der Entrüstung deutscher Sittenstrenge über abhanden gekommenes Gewissen!" Luther's Zorn über eine gewissenlose Geistlichkeit, die alles ideale Streben verloren hatte und nur in irdischen, sinnlichen Genüssen zu schwelgen suchte, und die deshalb den Tempel Christi zur Meßbude himmlischer Seligkeit gemacht hatte, entflammte zur Reformation, und sein, des Deutschen, Mahnruf hatte die Kraft, Roms Eifer und Sorge für Reinheit der Kirche, für Gewissenhaftigkeit der Geistlichkeit zu wecken.

Aber nicht soll es unsere Aufgabe sein, den Einfluß des Wissens auf das Thun im Leben zu untersuchen. Nur um die verschiedenen Bedeutungen, in denen das Wort Materialist im Leben gebraucht wird, vorzuführen, war es nöthig, den practischen und theoretischen Materialismus zu scheiden und darauf hinzuweisen, daß man dem Letzteren anhängen und Idealist sein kann, daß ein Gegner der Theorie der materiellste Genußmensch sein kann. Eine andere Bedeutung von Materialismus lernten wir im vorigen Bande kennen, jenen starren Orthodoxismus, der in dem materiellen, in dem sinnlich anschaubaren Buchstaben, die ewige Wahrheit endgiltig verkörpert ansieht. Es sind die Materialisten in der Theologie, die hier neben den Materialisten in der Naturwissenschaft zu erwähnen wären.

Nun wo wir die verschiedenen Anwendungen des Wortes „Materie" im täglichen Leben angegeben, soll es denn unsere

Aufgabe sein, zu betrachten wie man im wissenschaftlichen Leben den Begriff der Materie, als des allen Körpern und Erscheinungen zu Grunde Liegenden zu fassen suchte. Aber der Wissenschaft Erstrebende oder Philosophirende ist ein Kind des täglichen Lebens und die Anwendungen der Worte im täglichen Leben werden auch im wissenschaftlichen sich wiederfinden. Wir sahen wie die Bedeutung des Wortes „Materie" eine Materialhandlung zu einer Handlung von Rohstoffen macht. Materie ist das zu Bearbeitende, das Rohe, Formannehmende. Der Tisch, der Baum bestehen aus Holz; Holz also ist die Materie, der Stoff beider Körper; aber erst die Form macht den Stoff zum Tisch, zum Baum. Man bezeichnet nun das was die Form macht, sei es der formende Tischler, sei es der baumschaffende Gott, als die Kraft. Dadurch wird Materie, Stoff, zum Formannehmenden, die Kraft zum Formgeber. Oder da das Annehmen ein Leidendes, Unthätiges, Passives ist, und das Formgeben das Bestimmende, Thätige, Active, so wird die Materie: das Unbestimmte, Leidende, Unthätige, Passive; die Kraft: das Bestimmende, Thätige, Active.

Ferner; der Stein ist die Materie zur Bildsäule, aber diese Materie ist noch roh, bildungslos; die Kraft schafft Reinheit der Form, Bildung und Gestalt; so wird die Materie zum Rohen, Bildungslosen, Ungestalteten, die Kraft ist das Reine, ist Bildung und Gestalt.

Aber aus dem Stein kann jede mögliche Form gewonnen werden, das Denkmal eines Kaiser Wilhelm, eines Bismarck u. s. w., erst der Bildhauer macht aus den Möglichkeiten, zu denen der Stein dienen kann, die Eine Form wirklich erscheinen; und so wird die Materie das Mögliche, die Kraft das Wirkliche.

Ja wenn ich darauf Rücksicht nehme, daß der Stein als Materie einer Bildsäule nicht die fertige, die seiende, existirende Bildsäule ist, daß erst die Kraft sie zur Existenz, zum Dasein bringt, so kann ich in dieser Beziehung auch sagen: die Materie ist das Nichtseiende, die Kraft ist das Seiende, oder jene das Nichtsein, diese das Sein.

Gewiß, diese Gegensätze lassen sich unendlich vermehren, je nach den Beziehungen, unter denen man Materie und Kraft betrachtet. Alles irdische ist vergänglich. Die Körper zerfallen. Der Stein verwittert, die Pflanze verweset, das Thier verfault, aber neue Formen gestalten sich aus dem Zerfallenden. Inmitten dieser Vergänglichkeit bleibt unveränderlich, ewig bestehen die Kraft der Neubildung, die unsichtbare. So wird das sinnlich Wahrnehmbare, das Körperliche, Materielle, die Materie selbst zum Vergänglichen, Veränderlichen, Nichtewigen, dagegen die Kraft zum Unveränderlichen, Ewigen. Und wenn wir dann festhalten, daß also beim Zerfall eines Körpers der Tod nur ein Schein, eine Täuschung ist, daß in Wahrheit aus der Asche eines Körpers ein neuer Phönix kraftvoll sich erhebt, so zeigt sich, daß der Einzelkörper, der in seinem Bestehen und Leben sich so breit und groß unserer sinnlichen Wahrnehmung gegenüberstellte, kein Recht zu diesem Sich-Brüsten hatte, denn dies als Einzelheit materiell Erscheinende muß untergehen, muß verschwinden, um dem unsichtbaren Gestaltungstrieb der Kraft zu neuen Formen Platz zu machen. So bleibt dem Materiellen nur ein scheinbarer Werth; der wahre Werth ist bei der Kraft. Es wird die Materie die sinnlich erscheinende, zum Schein, zum Täuschenden, die unsichtbar bleibende Kraft wird zum Wahren.

Wir sehen zu welchem Sündenbock die Materie gemacht wird, indem man ihr, je nach dem Verhältniß, unter dem man die Dinge der Welt betrachtet, dies oder jenes Beiwort beilegt. Sie ist das Passive, Formannehmende; sie ist das Rohe, Nichtgebildete; das Mögliche, Nichtwirkliche, Nichtseiende; sie ist das Veränderliche, Nichtewige; sie ist der Schein, das Täuschende, Nichtwahre. Kann es uns da wundern, wenn diese Materie, die sich alles muß gefallen lassen, auch zum Quell der Sünde wird?

Alle Völker, alle Menschen haben ein Ahnen von Recht und Unrecht, alle denken und fühlen einen Gott, als Urquell der Welt, als Erhalter der Ordnung, als Rächer des Unrechts; alle denken und fühlen, selbst in der völligsten Einsamkeit, in der dunkelsten Nacht, eine innere Welt von Gedanken und Bestrebungen, denen sie ganz sich ergeben, ganz nachleben möchten, und welche sie wünschen machen, frei und ungehindert den Flug der Gedanken verwirklichen zu können. Aber da ist es der Leib, die schwere, die träg zu bewegende Materie, die die Freiheit des Fluges hindert; da ist es die Schönheit, der Reiz der Einzelgestalten, welche den Sinn vom Ewigen ablenken, die in's Verderbliche, Unheilige gerathen lassen; so wird die Materie, als Träger des sinnlich Einzelnen, zum Trägen, Freiheitwehrenden, sie wird zum reizend Verlockenden, zum verführenden Bösen, wird zum Unreinen, Unheiligen.

Aber sollte Niemand sich dieser „viel bewunderten, viel gescholtenen" Materie, dieser fluchbeladenen Geächteten angenommen haben? Gewiß geschah dies. Denn der Tischler hat er Werth, hat er Dasein ohne Materie? ohne Holz? Seine Kraft bedarf des Holzes, Tische zu machen, und so wird die Materie, die vorhin als das Passive, Unthätige aufgefaßt wurde, selbst zu einem Thätigen, Activen, und wirkt sogar als Kraft auf die Kraft des Tischlers, der sich in jener Arbeit nach der Beschaffenheit des Holzes richten muß. Ferner die Welt, die Steine, die Pflanzen und Thiere könnten sie zur Erscheinung kommen ohne Materie, ohne Stoff, der den reinen Gestalten der Kraft Bestand und Dasein giebt? Durch solche Betrachtung tritt denn die Materie in Vordergrund und es kann nicht verwundern, wenn wir von diesem Ausgange aus, die Kraft als Beiwort, als Eigenschaft der Materie behauptet sehen, wenn es heißt: Materie ist alles, sie ist das Ewige, Unveränderliche, sie ist das Wahre;

dagegen die Kraft als selbständig Bestehendes ist Schein. Natürlich kann von diesem Standpuncte aus, wo neben der sinnlichen Materie keine unsinnliche Kraft besteht, auch kein Gott existiren, und der Mensch, als das einzige Wesen, in welchem geistiges Selbstbewußtsein zur Erscheinung kommt, kennt hierbei keinen höheren, geistigen Weltrichter über sich.

Alle diese verschiedenen Gegensätze von Materie und Kraft wurden in der Geschichte der Völker mehr oder weniger durchgeführt. Der Trieb, dem nicht zu entrinnen, die unendliche Vielheit der Dinge unter einem einheitlichen Urquell zusammenzufassen, ist die Wiege aller Religionen, in denen der Mensch seinen Zusammenhang mit diesem Urquell sich anschaulich zu machen sucht. Daß dieser Urquell als ein Geist, ein menschenähnlich handelnder, aber ein vollkommener, vorgestellt wird, ist in der Natur psychologischer Entwickelung begründet. Da ist denn nicht zu verwundern, wenn wir in Religionen, wie den griechischen und römischen, diesen menschenähnlich handelnden Gott, als ordnende Kraft gegenübergestellt sehen, einer ungeordneten Materie, dem Chaos, das durch ihn Ordnung, Form erhält. Der Mensch nun als sinnliches Wesen an die Scholle gefesselt, als geistiges Wesen seinem Gotte verpflichtet, muß sich bemühen, von der Unfreiheit der Scholle sich zu befreien und zur reinen Geistigkeit der ewigen Urkraft sich zu erheben.

Nicht eingehen wollen wir auf die verschiedene Weise, wie dieses Verhältniß in den einzelnen Religionsmythen ins Einzelne des Natur- und Menschenlebens gegliedert wurde. Nur an Einem Hinweis dürfen wir nicht vorbeigehen. Die Auffassung von Kraft als Wahrheit, und der Materie als dem Schein, finden wir in der indischen Lehre des Brahmanismus. Hier steht dem ewig ruhenden, einzig wahrhaft seienden Gott gegenüber, die wirkliche Welt nur als das mit der Endlichkeit und Verneinung behaftete; nur als eine große Täuschung, als ein vergänglich Traumbild. Aus dem Schooße des Brahmanismus, im Gegensatz dieser Lehre erhob sich denn der **Buddhismus**. Er läugnet die göttliche Urkraft, die Welt als nothwendige Entwickelung der Materie betrachtend und den Menschen als einzig bewußtes Wesen behauptend. So ist also hier umgekehrt die Materie das Wahre, und die selbständige Kraft der Schein.

Wie der einzelne Mensch aus seinem mythologisirenden Denkleben der Kindheit herausschreitet und mit selbständigerer Vernunft das ihn Umgebende begrifflich zu erfassen strebt, so auch die Völker im Laufe der Geschichte. Aber schwerer wie dem Einzelnen wird es der Masse, sich auf freieren Standpunkt zu heben. Anschauungen und Vorstellungen, die seither Geist und Gemüth erfüllt hatten, sie haben auch bestimmend auf Sitten und Einrichtungen gewirkt, unter denen das Volk lebte. Der Geist der Gesetze ward durch sie bestimmt und das staatliche Leben hat sich ihrer bemächtigt. Ständevortheil wehrt nun meistens dem Neuen, und Trägheit des Geistes, Gewohnheit läßt am Alten, von den Vorfahren Ueberkommenen, in einfachem, unbefangenem Glauben festhalten. Der Werth, die Bedeutung alter Formeln und Gebräuche schwindet zwar, aber man hält sie fest, ohne Streben ihren Inhalt zu prüfen; und wo Versuche gemacht werden Neues, Tieferes an Stelle des hohl Gewordenen zu setzen, da zeigt es sich bald, wie das Neue eigentlich die Grenze des im Volke vorhanden Gewesenen nicht überschreitet. Und nur Ein Volk giebt es eigentlich im Alterthum, in dem es versucht wurde, völlig mit der Ueberlieferung der Vorfahren zu brechen; in dem es erkannt ward, daß die den Götterdienst ordnenden Staatsgesetze Menschenwerk und nicht Satzungen von „Göttern seien, denen in grauer Vorzeit mit den Sterblichen gemeinsame Mahle, gemeinsame Sitze waren". Ein Volk nur war es, in dem man es erkannte, daß die das Götterwesen offenbarenden Gedichte nicht Offenbarungen göttlicher Erleuchtung, sondern Producte menschlicher Phantasie und Dichterkraft seien. Ein Volk nur war es; die **Griechen**. Sie erzeugten die großartigste, edelste Frucht des Geistes: „jene Philosophie, welche nachher ein christlicher Kirchenlehrer für eine von der göttlichen Vorsehung selbst den Besten unter den Hellenen zur Vorbildung für das Christenthum verliehene Gabe erklärte, die aber freilich auch von Anbeginn an in ihrem ganzen Verlaufe mit der Staatsreligion und den religiösen Vorstellungen des Volkes in einem bald mehr offenen, bald verhüllten Gegensatze, einem bald direct, bald indirect geführten Kampfe sich befand." (Döllinger, Heidenth. Judenth. S. 222.)

Loslösung von den Volksvorstellungen und gegenüber der Vielheit der Volksgötter, die Auffindung des Einen Urwesens, dem alles entsprang; dies war das Ziel der erwachten Philosophie. Der **Milesier Thales**, 600 v. Chr. „entkleidete Okeanos und Tethys, die Homer an die Spitze seines Götter-Stammbaumes gestellt, ihrer Persönlichkeit, und erklärte das Wasser oder die flüssige Substanz für jenes Erste, aus welchem Alles geworden sei, und in welches Alles sich auflöse, das also bei ihm die Stelle des Hesiodischen Chaos, aus welchem Welt, Götter und Menschen entstanden, einnahm." (Döllinger a. a. O. S. 224.) Er nahm das Wasser zum Princip, als ein gleichartiges, indifferentes Wesen, das als jeder Ungleichartigkeit höchst empfänglich, unendlich differenzirbar ist; als ein Wesen, das einfach schien, unveränderlich, aber in den Wechsel der Erscheinungen eingehend; und als ein Wesen, das alles tränkte und nährte, so daß alle Dinge aus ihm hervorzugehen schienen. Kraft und Materie war bei ihm nichts unterschiednes. Die Materie selbst war ihm das Kräftige und kein Gott stand ihm daher außerhalb des in unendlichen Formen sich zeigenden Urstoffs, des Wassers. Er sagt daher auch, daß alles durch die ganze Natur Ein göttliches Leben sei. Und seine Aeußerung, daß Alles was ist, voll Götter sei, ist dahin zu erklären, daß er darunter Personificationen der in der Natur wirksamen Kräfte versteht.

Es mag uns heutzutage unbedeutend erscheinen dieser Versuch, das Werden der Welt aus „Wasser" zu erklären, aber er gewinnt an Werth durch die Zeit, in der er geschah, in welcher man noch nie versucht hatte, in streng logischer, begrifflich fortschreitender Entwickelung die Weltfrage zu lösen. Und mächtig griffen die seitherigen Theologen, die mit ihrer alles personificirenden, mythologisirenden Weltanschauung die Volksmassen beherrschenden Priester, die neuen Bestrebungen an. Schon bei früherer Gelegenheit deuteten wir auf diese hierher gehörenden heidnischen Ketzergeschichten hin. Wir begnügen uns aber auch jetzt mit dieser Hindeutung und folgen dem inneren Fortgang der Philosophie selbst.

Man kann die Lehre des Thales als eine Art Materialismus bezeichnen, insofern ihm ein sinnlich Wahrnehmbares, das Wasser, der Quell aller Entwickelung ist. Indeß müssen wir auch wieder sagen, daß er nicht völligen Ernst mit dem Materialismus machte, insofern er diesen Urstoff voll göttlicher Kräfte sein läßt, und insofern ihm das Wasser in seiner Flüssigkeit, Beweglichkeit und Veränderlichkeit wohl mehr zum poetischen Bild für die im Laufe der Zeit sich fort und fort bewegende Entwickelung war.

Aber so gut das Wasser, als reiner, formloser, aber lebendiger und lebendig machender Stoff hingestellt werden konnte, so gut konnten andere Bilder des Werdegrundes auch aufgestellt werden. Und so geht denn ein andrer Milesier, Anaximander, der etwa 30 Jahre jünger als Thales war, wieder mehr von dem Chaos aus, in welchem alle Dinge in Eins verschlungen waren; aus welchem durch eine Ausscheidung der Gegensätze des Warmen und Kalten, Trocknen und Feuchten, durch Verdichtung und Verdünnung die Einzelwesen entstehen, um abermals in den chaotischen Urzustand zu versinken und wieder daraus sich zu erheben. Er nannte dies Princip aller Dinge das Unendliche, weil es, enthaltend die Unendlichkeit der Dinge, selbst ein Unendliches, Unbestimmbares, Ununterschiedenes sein müsse.

Vergleichen wir dies Chaos dem fruchtbaren Erdreich, so kann es nicht auffallen, wenn ein anderer die Luft zum Ausgang nimmt. Es ist der Milesier **Anaximenes**, 500 v. Chr., der sie zu Hilfe ruft. Sie ist ihm das Gränzenlose, in dem alle Keime der Dinge enthalten sind, aus dem sie sich durch Verdichtung und Verdünnung ausscheiden und in das sie bei ihrer endlichen Auflösung wieder zurückkehren.

Diesen drei Elementen der Alten, als Urquell der Welt, fügte **Heraklit** von Ephesos um 500 v. Chr. noch das vierte, das Feuer hinzu. Aber es ist mehr die ewige Unruhe des Feuers, des erlöschenden, sich wieder entzündenden, was ihn fesselt und was ihn veranlaßt, weder das Sein, z. B. die lebende, seiende Pflanze, noch das Nichtsein, d. i. die verweste, nicht seiende Pflanze, in getrennter Betrachtung festzuhalten. Deshalb ist ihm das „Werden", d. h. der lebendige Uebergang des einen dieser Gegensätze in den andern, das Wesentliche und Wahre. So wird ihm alles zum steten Fluß, ein ewiges Werden, in welchem ein beharrliches Sein nur Sinnentäuschung ist; denn die Starrheit und Festigkeit der Erde ist ihm nur langsamere Bewegung. Das Feuer ist ihm das Urelement, der Anfang aller Dinge. Aus Feuer entsteht alles durch Verdichtung, und in es löst sich alles wieder durch Verflüchtigung auf. Das All ist weder von Göttern noch von Menschen gebildet, sondern ist, war und wird sein, ein ewig lebendiges Feuer, periodisch gesetzmäßig sich entzündend und so auch wieder erlöschend. Die Welt ist demnach auch nicht der Zeit, sondern nur den Gedanken nach entstanden. Alle Umgestaltungen des Urelementes, des Feuers, zu einer Zeit entstanden, können zu einer andern vergehen, nur das Urwesen selbst ist unvergänglich. Alles Sinnliche ist und ist nicht, d. h. es ist im steten Flusse des Werdens begriffen, der es nimmermehr bestehen läßt. Heraklit bezeichnete diesen Fluß des sich stets Verwandelns und Werdens auch poetisch „als ein Spiel des Zeus mit sich selbst". Denn ihm ist das allumfassende Urfeuer göttlich, ja Gott selbst; er nennt es auch Zeus, denn es wirkt nach Gesetzen der Nothwendigkeit und Vernunft. Durch die Entzweiung des einen Urwesens in sich selbst entstehen alle Dinge. Der Streit ist Vater aller Dinge; aber Haß und Feindschaft gebären auch wieder Harmonie und das Viele löst sich wieder in Einheit auf. Zweifachen Weg hat alles Leben der Dinge. Der eine geht durch Wasser und Luft in Feuer nach oben zur Auflösung, der andre aus Feuer in Luft, in Wasser und Erde nach unten in den der Erzeugung und Zusammensetzung. Alles Entstehen und Bilden ist Hervortreten aus der Einheit in die Vielheit, aus dem Ewigen ins Zeitliche, aus dem Wesen ins Dasein. Alles Vergehen aber ein Zurückfließen des Besonderen ins Allgemeine, welches das Eine und Ewige ist. Dies Ewige, der ätherische Urstoff, heißt denn auch die Alles durchdringende und belebende Weltseele, als alles schaffende und wieder zerstörende Kraft. In ihrer Besonderung wird Zeus oder die Weltseele zu Göttern, Menschenseelen und Thierseelen und „die Weisesten unter den Menschen sind von den Göttern so weit entfernt als die Affen von den Menschen". „Wir leben daher den Tod der Götter und sterben das Leben jener", denn die Menschenseele ist aus der höheren, göttlichen Daseinsstufe zur niederen herabgestiegen und muß aus der Gebundenheit des Leibes sich erst wieder herauszuerheben suchen. (Döllinger S. 226. Rixner, Gesch. d. Philos., S. 64.)

Von den Naturphilosophien des Alterthums ist gewiß die des Heraklit, auch abgesehen von ihrer poetisch tiefen Weltanschauung, am interessantesten, insofern sie die größte Aehnlichkeit bietet mit der modernen Lieblingslehre, dem Darwinismus. Auch hiernach ist alles im Werden, in Entwickelung; nichts Bleibendes ist; die Arten des Lebens haben nur scheinbare Beharrlichkeit, ihre Festigkeit, Dauerhaftigkeit ist „langsame Bewegung" im steten Werden. Die Menschen selbst sind kein dauernd Geschlecht, sie verändern durch Züchtung. Man wird sagen, der Ausgangspunkt bei Heraklit und dem Darwinismus sei doch verschieden; aber das ist nur Täuschung. Heraklit nennt den Urstoff freilich Feuer; aber das sinnlich erscheinende, rußende, brennende Feuer ist ihm auch nur ein Umgestaltungsproduct des Urstoffes. Ist ihm doch auch die Seele des Menschen ätherisch, unkörperlich; ein flüchtiger, flüssiger Hauch oder eine geistige Ausdünstung der allgemeinen Weltseele, durch deren Vernunft wir allein denken und erkennen, indem wir sie stets einathmen. Wir sehen, je reiner der Urstoff, desto unsichtbarer ist er; die sinnliche Flamme ist nur ein Bild für die Materie des Heraklit, die für ihn nur ein stets sich bewegendes, ein stets Entwickelungen Lieferndes ist. Und viel anders oder klarer liegt die Materie des Darwinismus auch nicht da. Man kann bei beiden fragen, wie kommt in das nicht unterschiedene die Vielheit der Formen hinein? Aber beide geben dieselbe Antwort. „Nach Nothwendigkeit und Vernunft wirkt und bildet der Urstoff", sagt Heraklit. Der Darwinismus läßt die Bildung durch Nothwendigkeit und Gesetz vor sich gehen. Ja selbst vom Rechte poetischer Personification machen beide Gebrauch, und wo der leere Begriff ihrer Materie nicht ausreicht, da nennt Heraklit sie, „den mit sich selbst spielenden Zeus", und der Darwinismus nennt sie, „die sich entwickelnde Natur".

In den seitherigen Auffassungen des Weltenstoffs, war beim Streben nach Freiheit von der Vielheit unsichtbarer Volksgötter, und beim Streben nach Rückkehr zur Einheit des Werdegrundes, dieses Eine grade unter dem Bilde eines sichtbaren Stoffes, des Wassers, des Feuers u. s. w. festgehalten worden. Aber dies sinnlich Wahrnehmbare war ja eigentlich nur eine Erscheinungsart, eine veränderliche, des im Wechsel der Erscheinungen unveränderlich und unsichtbar bleibenden Urstoffs; deshalb lag es nahe, statt von dem sinnlich Einen von dem **unsichtbar** Einen auszugehen. Dies geschah schon gleich im Anfang der Philosophie von **Xenophanes** um 600 v. Chr., dem in Colophon geborenen. Er war der kühnste Bestreiter der herrschenden Vielgötterlehre und mußte daher wohl aus seiner Vaterstadt flüchten. Er zog 537 nach Elea in Unteritalien, wo er Gründer der s. g. **Eleatischen Schule** wurde. Der Mannigfaltigkeit, Beschränktheit, Vermenschlichung der Volksgötter gegenüber, behauptet er: Gott, der nur Einer ist und sein kann, mag so wenig werden als vergehen, ist also ewig; er hat keine Theile, sondern ist sich durchaus gleich, und schlechthin Verstand und Einsicht, so daß er seiner ganzen Wesenheit nach sieht, hört, denkt und ohne Ermüdung Alles durch den Geist bewältigt. Die Wesenheit Gottes hat daher durchaus nichts dem Menschen ähnliches. Gott ist vielmehr die leidenlose Kugel; die Kugelgestalt drückt seine Ungetheiltheit und Totalität aus. Die Welt als Totalität alles Seienden ist ihm unzertrennlich Eins mit Gott; ja sie ist nur die Erscheinung des unsichtbaren, Gott genannten Wesens, daher er sie auch für ungeworden und unvergänglich erklärte. In diesem Unvergänglichen nun verwirft er das „Werden"; er behält nur das „Sein". Es giebt kein Entstehen der Dinge, sondern alles was ist, ist dem wahren inneren Wesen oder Sein nach ewig, unveränderlich; das Sein ist also göttlich, ja Gott selbst; ist ewig Eins. Gott nun, das ewige All-Sein, kann nicht nur unendlich sein, denn ohne Anfang, Mitte und Ende wäre er ein nichtseiendes; er kann aber auch nicht nur endlich sein, sonst wäre er nur Eines des Vielen und nicht das All-Eins; somit muß er beides sein. Ebenso ist Gott Vieles und zugleich Eins; er ist auch Eins und zugleich Alles. In der Welt als der Erscheinung Gottes sind Erde und Wasser, d. i. Festes und Flüssiges, die Principien aller Körperbildung. Das Princip des Lebens ist ätherischer Hauch von feuriger Natur.

Parmenides von Elea, geb. 508 v. Chr., der berühmtere Schüler des Xenophanes, bildet die Lehre desselben noch weiter aus. Während Xenophanes, der Theorie des Werdens gegenüber, am unveränderlichen Sein festgehalten hatte, diesem aber noch persönliche Prädicate beigelegt hatte, ging Parmenides über zu jenem allgemeinsten, alles Wirkliche oder Denkbare umfassenden Begriff eines Seins, das nicht von sich selber unterschieden, ohne Theile, ohne alle Gegensätze ist. Er nannte daher dies Sein auch nicht die Gottheit und erklärte es nicht identisch mit der Welt, da er ja alle Vielheit und Veränderung läugnete, und sein absolutes und bewegungsloses Sein einer runden, in allen Theilen sich gleichen Kugel verglich. Er stellte sich aber dies Sein als körperlich und räumlich ausgedehnt, und andrerseits als denkend vor. „Eins und dasselbe ist Denken und das, wovon es Gedank' ist", sagte er. Keine Brücke gab es nun für ihn von diesem reinen, denkenden Sein zur Welt der Mannigfaltigkeit. Er läugnet daher die wirkliche Existenz dessen, was wir sehen. Es ist jenes Verhältniß von Kraft und Stoff, als Wahrheit und Täuschung, was hier anklingt. Die ganze Sinnenwelt verdankt nach ihm ihr Dasein nur der Sinnentäuschung und dem auf sie gebauten Meinen der Menschen. Indeß sucht er diese Erscheinungswelt zu erklären, für da, wo man sie irriger Weise, für etwas Wirkliches halte. Dabei nahm er dann zwei Principien an, das Warme und Kalte oder das Licht und die Nacht, durch deren Mischung alles entstehen sollte.

Dies war wohl die abstracteste Auffassung des Weltgrundes als eines reinen, unveränderlichen, ungetheilten Seins, in dem kein Werden, keine Entwickelung ist und dem gegenüber die mannigfaltige Sinnenwelt nur Sinnentäuschung ist. Hier ist der Einheit des Alls zu liebe die Vielheit der Dinge geopfert; warum nun nicht versuchen die Welt zu erklären, dadurch daß man die Einheit des Alls opfert, der Vielheit der Dinge zu liebe? Es sind Leukippos und sein berühmterer Schüler Demokritos von Abdera, geb. 500 v. Chr., welche diese den

Eleaten entgegengesetzte Erklärung der Welt versuchten. Eine
unendliche Menge untheilbarer Einheiten oder Atome, welche
ihrer Kleinheit wegen unsichtbar sind, welche ihrem Wesen nach
gleichartig, obwohl an Form und Gestaltung verschieden sind, nimmt
nach ihnen den leeren Raum ein. Das Volle, Seiende, der
Stoff und das Leere, Nichtseiende existiren also hier gleichmäßig.
Den Atomen kommt Bewegungskraft und Bewegung von Anfang
an zu. Bei Leukipp ist diese Bewegung eine Wirbelbewegung;
bei Demokrit ist sie eine dreifache: die der Erschütterung, des
Anstoßes und des Wirbels. Nach letzterem sind die Atome schwer,
im graden Verhältniß ihrer Größe. Aus der Bewegung dieser
Atome, ihrem Drängen, Aneinanderstoßen entstehen dann Atomen-
aggregate als einzelne Naturkörper, welche bei Trennung der
Atome wieder vergehen. Alle Veränderung ist also nur Wechsel
räumlicher Beziehungen unter den Atomen. Dieser Wechsel ist
aber planlos, unberechenbar; Zufall, nicht göttliche Vorherbestimmung; aber er ist auch nach dem Gesetz der Nothwendigkeit vor sich gehend, weil Alles in unbedingter Abhängigkeit von
der Natur der Atome und ihren Bildungen steht. Und so sagt
Demokrit auch: Zufall sei nur Nothbehelf menschlicher Unwissenheit, an sich könne in der Welt nur von einem freilich
nicht zu durchschauenden Gesetze der Nothwendigkeit die Rede
sein. Auf diese Nothwendigkeit gründet Demokrit eine sittliche Weltanschauung. Nach dieser besteht, weil Alles was geschieht, der Nothwendigkeit gemäß geschieht, das höchste Gut des
Menschen in edler Gleichmüthigkeit, in Selbstbeherrschung, Genuß der Gegenwart und Enthaltung ängstlicher Sorge für die
Zukunft. Epikur aus Samos, der ein Jahrhundert später,
342—270, die Lehren Demokrit's am entschiedensten ausbildete,
sieht in dem wissenschaftlichen Leben ein Hauptmittel, um zur
Ruhe des Gemüths zu gelangen, und durch Erkenntniß der Nothwendigkeit von der Furcht vor strafenden Göttern frei zu werden.
Er ergänzt auch die Atomlehre des Demokrit. Weil nämlich

bei bloßer Stoßkraft und Schwerkraft die Atome stets nur parallel im leeren Raume fallen würden, wie Regentropfen, ohne sich zu begegnen, so stellt er ein Drittes hin, wodurch die Atome einmal aus ihrer senkrechten Fallrichtung um ein Unmerkbares abgewichen seien. Dadurch ward die Begegnung der Atome und somit die Bildung unzähliger Welten herbeigeführt. Aber woher dieses Abweichen von der graden Richtung? Epikur erklärt es nicht, und meint daher wohl, daß eine einmalige, durch nichts erklärte Abweichung vom Laufe der Natur alles erkläre. Sein begeisterter Anhänger, der Dichter Lukrez, erklärt diesen Anfang des Heraustretens aus dem Naturlaufe durch Hinweis auf die willkürlichen Bewegungen der Thiere. Aber offenbar ist dieser Hinweis keine Erklärung aus der Naturnothwendigkeit der Sache selbst, es ist nur ein dichterisch hingestelltes Bild, um über die Schwierigkeit springend hinauszukommen. In heutiger Zeit, wo durch Galilei und Newton die Begriffe von Fliehkraft und Anziehkraft geläufig geworden sind, so daß wir wissen, daß ein der Trägheit zufolge sich gradlinig fortbewegender Körper durch die Anziehung eines anderen in eine Kreisbahn übergeführt wird; in heutiger Zeit sind die Schwierigkeiten über die Möglichkeit der Ablenkung von gradliniger Bahn nicht mehr vorhanden. Um so größer war die Schwierigkeit bei Demokrit und Leukipp, bei denen die Atome nur in gegenseitiger Bewegung, nicht aber in wechselseitiger Anziehung standen, denn die Schwere, die sie besaßen, war nur die Veranlassung, daß sie sich senkrecht bewegten.

Wenn wir also bei den Eleaten fragen konnten, wie kommt in die Einheit des Eins die Vielheit der Naturkörper? so ist bei dem Atomismus zu fragen, wie kommt in die Vielheit gleichgültig nebeneinander fallender Atome die Einheit? d. h. die Vereinigung zu Aggregaten? Ja, eine andere Frage muß der Atomismus sich gefallen lassen. Demokrit, Epikur sagen, die Atome seien ihrem Wesen nach gleich, nur der Größe, Geſtalt nach verſchieden. Aber haben ſie dieſe Gleichheit conſequent durchgeführt? Wir ſagen: nein! Sie hielten die Gleichheit nur bei, vermöge einer ähnlichen dichteriſchen Freiheit, mit der ſie die Ablenkung der graden Bewegung durch Hinweis auf willkürliche Menſchenbewegung erklärten. Denn dieſe Willkürlichkeit wie iſt ſie überhaupt möglich, da alle Atome nothwendig ſich bewegen? Hier iſt es, wo die Gleichheit der Materie aufgehoben wird, indem überall da, wo die Volksreligion von Seelen ſprach, eine feinere, aus rundeſten Atomen, Feueratomen, beſtehende Materie hingeſtellt wurde. Die Seele heißt ein Aggregat runder Feueratome, das durch Athmen ſtets ſich erneuend, als zweiter, feinerer Leib den ſichtbaren, durchſichtigen durchzieht und bewegt. Wir ſehen, wie hier die dem Weſen nach einerlei Materie geſchieden wird, in eine **unſichtbare**, den Leib bewegende, denkende, ſeeliſche und in eine **ſichtbare**, körperliche, bewegt werdende und nur Sinnentäuſchung liefernde. Denn, ſagt Demokrit, alle Erkenntniß durch unmittelbare Sinnenwahrnehmung iſt irrig. Nur Erkenntniß durch den Begriff iſt wahr. Sogar die Götter läßt dieſer Atomismus beſtehen, und nimmt nur an, daß ſie durch Complication runder, feuerartiger Atome geworden ſeien, die ſich zu feineren, reineren und dauerhafteren Körpern von größeren Kräften gebildet hätten.

Wir ſehen, wie hier trotz des Ausgangs von ſchweren Atomen Demokrit Feuerleiber für Göttergeſtalten erhält, mit einer Reinheit und Großkraft, wie ſie nur je die himmliſchen Geſtalten der Volksgötter beſaßen. Wir ſehen, wie es deshalb nicht eigentlich gerechtfertigt iſt, dieſe Lehre als eine rohe, allem Göttlichen feindliche zu verwerfen. Indeß ward ſie von Anfang an als eine ſolche angegriffen, eben weil ſie das Geiſtloſe, Seelenloſe, die zerfällten, ſchweren Atome als Werdegrund hinſtellt und des nothwendig einenden Bandes entbehrt. Freilich läßt ſie alle Gruppirung der Atome durch Nothwendigkeit geſchehen, aber für das begriffliche Erfaſſen einer Weltgeſtaltung hat dies nicht mehr

Werth) als das Reden des leicht befriedigten Gläubigen: „Gottes Wunder macht es so"; oder: alles geschieht durch absolute Zwecksetzung". Auch bei Annahme der Letzteren läßt sich das Abhängigsein des Einen vom Andern, das Ineinandergreifen der mannigfaltigen Erscheinungen erforschen; aber freilich, da dieser Zweck von einem freithätigen Gott gesetzt heißt, so erscheint das Glauben an die Nothwendigkeit als eine größere Befreiung von kirchlicher, priesterlicher Lehre. Und so sehen wir die Nothwendigkeitstheorie mit Eifer ergriffen werden von allen, welche, gegenüber einer engsinnigen Opposition von Priestern gegen freie Forschung, das Recht der Letzteren vertheidigen. Dies war zu Demokrit's, zu Epikur's und Lukrez' Zeiten und ist es heute noch, wo Buchstaben=Orthodoxismus und des unfehlbaren Roms Encyclica und Syllabus die Freude an Materialismus wach halten. Und in der That entfernte sich diese Annahme schwerer, durch leere Räume getrennter Atome, als Schooß der Welten, am meisten von aller seitherigen mythologisirenden und philosophischen Anschauung.

Die Lehre der Eleaten: „es giebt nur ein starres, ein denkendes Sein ohne Werden", und die Lehre Demokrit's: „es giebt nur eine Vielheit schwerer Atome als ewiger Werdeschooß", das sind wohl die zwei abstractesten und sich am meisten von den mythologisirenden Weltanschauungen entfernenden begrifflichen Darstellungen des Weltganzen. Aber während jene, am unsinnlichen, denkenden Sein haften bleibend, wenig Freunde gewann, so erfreute sich Demokrit's, am sinnlich Greifbaren haftende, Lehre um so mehr der Verbreitung. Zwischen beiden Abstractheiten bewegen sich die Lehren der Jonier hin, indem sie bei poetischerer Gestaltungsfähigkeit mehr Uebergänge zu den mythologisirenden Volkslehren bieten. Nicht wundern kann es, wenn bei dem Ungenügen der schon genannten Lehren andere Männer in anderer Weise sich versuchten; wenn die Philosophie, wie ein frei sich fühlendes Roß auf üppiger Weide fröhlich umher sich

Vielheit der Ansichten. Empedokles. Pythagoras.

tummelt, bald hier, bald dort die bessere Speise zu finden vermeinend. Ist die Philosophie deshalb zu verspotten, weil wir die vielen Lehren sehen? Weil Niemand über das Versuchen hinaus kam? Kamen denn die Volksreligionen über das Versuchen hinaus? Bei den heidnischen Gestaltungen wird ein Christ kaum schwanken, zu sagen: es waren Versuche, den Gott der Wahrheit zu erfassen und anbetend ihm zu dienen. Aber bei dem Hader der Confessionen, dem neuzeitlich stärker erwachten, da wird wohl auch eine spätere Zeit sagen: es gab Schulen Luther's, Calvin's, Schulen Rom's und Döllinger's, in welchen jeder Angehörige die Wahrheit erfaßt zu haben meinte, wie einst in solchem Meinen die Anhänger der jonischen, eleatischen, atomistischen Schule glücklich waren. Es wird der einzelne Mensch nimmer die volle Wahrheit erringen; wohl dem, der in edlem Drange nach Wahrheit strebt und in freier Versöhnlichkeit mit Liebe den Nächsten achtet, in welchem der Strahl der Unendlichkeit in anderer Farbe gebrochen erscheint.

Uebergehend zu anderen Erfassungen des „Urstoffs" im Griechenthum brauchen wir in unserer Skizze nicht in's Einzelne auszuführen, wie der bedeutende Empedokles, geb. 492 v. Chr., der Reformator der Gesetzgebung von Agrigent, seine Lehre gliederte, wonach die 4 jonischen Elemente: Feuer, Wasser, Luft und Erde zusammen „Urstoff" sind und in harmonischer Mischung als ewig kugelförmige Welt und als beseeltes, denkendes, göttliches, seiner Seligkeit sich bewußtes, um sich selber kreisendes Wesen bestehen. Freundschaft und Haß sind ihm die Mächte der Entzweiung und Gestaltung des Einzelnen.

Selbst der etwa 30 Jahre ältere Pythagoras, geb. 525 in Samos, ist nur kurz zu erwähnen. „Er scheint von dem Gedanken ausgegangen zu sein, daß eine mathematische, in Zahlen auszudrückende Gesetzmäßigkeit sich im ganzen Universum kund gebe", so ward sein Streben, alles auf Zahlen zurückzuführen und die Zahl selbst ward ihm das Wesen der Dinge. Da es ihm aber, der wässrigen oder feurigen Ursubstanz der Jonier gegenüber, galt, ein unkörperliches Urwesen aufzustellen, so macht er die Zahl selbst zum Grund des Zahlenwesens. Die aus Einheiten bestehende und zuletzt eine Einheit bildende Zahl ward das Urwesen. Die unentfaltete Eins ist die göttliche Urkraft, aus der alle Zahlen und Dinge gesprungen. Diese Gottheit oder die absolute Zahl ist jedoch nicht außerhalb der Welt, sondern ganz ungetheilt in derselben; aber sie ist nicht unterworfen den Veränderungen, sondern selbst unbeweglich. Dieses Princip nun ist in seiner Macht insofern beschränkt, als ihm der Stoff mit seiner Unvollkommenheit gegenübertritt und es hindert, alles zum Besten zu leiten. Also obgleich alle Dinge Zahlen sind, in und an welchen sich nur eine und dieselbe Urzahl, Ur-Einheit, darstellt, so wird doch auch dieser Monismus des Pythagoras ein Dualismus, insofern dieser Ur-Einheit, dieser Gottheit, ein sinnlich wahrnehmbarer Stoff hindernd entgegentritt. Dieser Stoff braucht ein beseelendes Princip und dies ist das Feuer als feinstes aller Elemente, das als Weltseele ätherisch alles durchdringt. Obgleich, nach Pythagoras, die Welt nicht der Zeit, sondern nur dem Begriff nach erschaffen ist, so wird doch das Feuer zum Ersterschaffenen. Von ihm, der Weltseele, stammen die lichtartigen Seelen, aber nur direct aus dem Centralfeuer der Weltseele wurden die Götterseelen, während die Menschenseelen aus dem Sonnenlichte, dem Abglanz von jenem, wurden.

Nach der Volksgötterlehre war Zeus der oberste Gott, Lenker und Ordner der Dinge; er erschuf nicht die Welt, er ordnete nur das vorhandene Chaos. Zwei Mächte also waren gleichsam von Anfang da. Diesem Dualismus gegenüber hatten die seitherigen Lehren Monismus erstrebt, das heißt einen einheitlichen Werdegrund. Man nannte ihn Wasser, sprach von Erde, von Luft, von Feuer, sprach von harmonischer Einheit der vier Elemente, man nannte den Werdegrund: das reine Sein, die schweren

Atome, die Zahl. Aber war diese Einheit des Anfangs, dieser Monismus beibehalten worden? Wir müssen sagen: Nein, in keiner Lehre! Die Philosophen konnten Verschiedenheiten von Bewegungserscheinungen nicht läugnen. Der geworfene Stein kommt fallend zur Ruhe und bewegt sich nicht wieder von selbst. Die Planeten kreisen und zwar dem Augenscheine nach „von selbst in Kreisbahnen". Die Thiere bewegen sich selbst, unregelmäßig, willkührlich. Und wenn der Mensch sich in der Denkthätigkeit beachtet, so kann er der behaglichsten Ruhe sich ergeben; doch beim größten Stillesitzen des Leibes, fliegen, gebannt in die Schädelhöhle, die Gedanken hin und her; so ist also der Geist ein „unbewegt Bewegtes". Wie kommen nun diese verschiedenen Bewegungsweisen in die Einheit des Urstoffs? Wie kommt in den ewigen Werdefluß bei Heraklit die verlangsamte Bewegung? Woher der scheinbare Stillstand starrer Körper? Wir werden vergeblich nach einer befriedigenden Erklärung bei den Griechen ausschauen. Seele ist alles, was den Grund der Bewegung in sich selbst hat, so sagten sie, und Thales sprach deshalb dem Magneten eine Seele zu; aber das regnende Wasser hat keine Seele. Woher nun, da alles aus Einem Princip, dem Wasser entsteht, hat das Eine eine Seele, das Andere nicht? Als Erklärung hören wir denn: Weil da, wo Seele ist, das Princip des Urstoffs in größter Reinheit geblieben ist. Das Princip des Wassers ist seine Beweglichkeit, aber im Thier tritt diese Beweglichkeit in größerer Mannigfaltigkeit auf, deshalb heißt hier das Princip reiner, und im Denken „dem unbewegt Bewegten" heißt es am reinsten vorhanden. Aber offenbar dient hier diese Vergleichungsstufe von höherer, niederer Reinheit des Principes nur dazu, um den nicht überwundenen Dualismus der Volksreligion zu verdecken. Und es ist sonderbar, daß dieser Dualismus am unverhülltesten auftritt bei Demokrit, also bei dem, der unter allen Philosophen wohl am meisten als roh von den Lehrern der Volksgötter hingestellt wird. Die Jonier hatten ihrem Urstoffe Beseelung beigelegt und deshalb hatten sie noch ein gewisses Recht, bei den erscheinenden Körpern von höherem und niederem Grade der Beseelung zu reden. Aber Demokrit hatte nur Atome durch leere Räume getrennt, in steter Bewegung begriffen und durch ihre Schwere eigentlich nur „wie Regentropfen von oben nach unten fallend". Woher nun der denkende Geist, als das unbewegt Bewegende? Woher die Seele, als das Sich selbst Bewegende? Daher, daß ein feinerer Leib, aus runden Feuer-Atomen bestehend, den sichtbaren, dichten durchzieht und bewegt! Nach Demokrit's Athmungstheorie werden die feinen Atome, die das Leben dem Menschen erhalten, durch den Druck umgebender Theile aus ihm herausgepreßt; durch den Gegendruck von außen aber wieder zurückgedrängt. So ist der Monismus Demokrit's nur scheinbar, nur dem Namen nach. Der Wirklichkeit nach hat er zweierlei Stoffe: Den feinen Aetherstoff, den Bewegung machenden, Leben erhaltenden, Unsichtbaren und den gröberen Leibesstoff, den bewegt und belebt Werdenden, den Sichtbaren. Verhüllt aber wird nur schlecht dieser Dualismus durch das Reden: „Alles existirt durch schwere Atome, grobe oder feine." Und wenn Demokrit, um die Verschiedenartigkeit seiner Atome zu verhüllen, sagt: das Wesen der Seele sei Feuer und Wärme; so enthält dieser materialistisch klingende Satz nur Worte. Denn was Feuer, was Wärme sei, hat er nicht zu sagen, gewußt. Es waren ihm, wie seinen Zeitgenossen, Feuer und Wärme Sinnbilder, poetisch versinnlichende Anschauungen, welche da angewendet wurden, wo der Begriff nicht zu finden oder wo er zu verhüllen, zu überspringen war. Deshalb finden wir auch bei andern, so bei Heraklit, bei Pythagoras die trockenste, das Feuerprincip am reinsten enthaltende Seele als die beste, die vernünftigste hingestellt.

Die Möglichkeit freilich, Seele und Wärme auf dasselbe Princip zurückführen zu wollen, lag darin, daß man, worauf wir schon bei andrer Gelegenheit (Glauben und Wissen, Bd. I, S. 143) hinwiesen, die Seele als ein „selbst sich bewegendes" definirte. Darnach mußte in der That, neben Wasser, Luft, die Wärme als das beweglichste, das am meisten der Seele Aehnliche sein.

Aber wenn trotz dieser Aehnlichmachung von Seele und Wärme oder Wasser u. s. w., um alles aus Einem Princip entstehen zu lassen, doch der Dualismus nicht vermieden wird, und die Zweiheit in Form von Reinheit und Unreinheit des Princips, oder in Form von feinen und groben Stoffen sich stets wieder einschleicht, sollte es da nicht vielleicht überhaupt unmöglich sein, den Dualismus vermeiden zu wollen? Sollte da nicht das Aufstellen zweier Principien das Wahrere sein?

Sollte ferner das **Bewegungsprincip** das allein Festzuhaltende sein bei Erklärung des Wesens der Seele? Sollte nicht die Vernunftthätigkeit des Geistes das Bestimmendere sein, wonach die begriffliche Erfassung des Weltganzen vor zu gehen hat?

Es war Anaxagoras von Klazomenä, ebenfalls ein Jonier, geb. um 500 v. Chr., der berühmte Lehrer und Freund des Perikles, der vielleicht aus ähnlichen Fragen zu seinem Systeme sich erhob, wegen dessen Aristoteles von ihm sagte, er sei wie ein Besonnener unter Träumern gewesen. Er sprach mit Demokrit, daß der Zufall nur ein Mangel unserer Erkenntniß über die Ursachen eines Geschehens sei, aber er fügte auch hinzu: „daß das Verhängniß oder die bewußtlose Nothwendigkeit nur leerer Name sei". Deßhalb ist ihm die Ursache von allem Geschehen der vernünftige Geist, der „Nus", eine sich selbst bewegende, nach vernünftigen Zwecken thätige Intelligenz; an welcher alle organischen Wesen auch Pflanzen Theil haben. Aber „aus Nichts wird nichts", lehrt er; also können die verschiedenartigen Dinge nur aus ursprünglich schon vorhandenen Stoffen, aus Einem oder Vielem, entstanden sein und alles Entstehen und Vergehen überhaupt ist nichts denn Zusammensetzung und Auflösung aus dem schon Vorhandenen. Die Bestandtheile vor Allem müssen daher von Ewigkeit her existirt haben. Diese Urbestandtheile sind unendlich verschieden, gleich den mannigfaltigen Materien, welche jetzt die Einzeldinge bilden; es sind Steine, Gold, Knochensubstanz u. s. w., deshalb nannte man später diese Theile Homöomerien, gleiche Theile. Damit blieb Anaxagoras beim Dualismus stehen. Er läugnet das Entstehen von Etwas vorher nicht Dagewesenen, also konnte sein Nus kein Schöpfer, kein Urgrund der Dinge sein; sondern alles Existirende war anfangs nur in einem chaotisch gedachten Zustande vorhanden. Neben dieser ewigen Materie, frei von dieser chaotischen Mischung, gesondert vom Stofflichen, rein für sich, existirt die Intelligenz, das feinste aller Wesen, dem beides zukommt, das Wissen und das Wirken. Dieses wahrhaft immaterielle Wesen brachte denn die chaotische, bewegungslose Materie in Wirbelbewegung und damit in eine nach Zwecken geordnete Gestaltung und Bildung. Interessant ist denn noch, daß er, sein Hauptgewicht auf die Vernunftthätigkeit legend, die Gestirne, die man seither ihrer Selbstbewegung in vollkommener Kreisbahn wegen, für Götter, für beseelte Wesen angesehen hatte, für Nicht-Götter erklärte, für glühende Steinmassen. Eine Lehre, die ihn bei dem athenischen Volke zum Gottesläugner machte und ihn zur Flucht nöthigte, die ihn aber auch von seinen philosophirenden Zeitgenossen und später von Sokrates, Plato, Aristoteles den Tadel der Rohheit zuzog.

So war Kraft und Stoff, Gott und Materie dualistisch getrennt, in zwei Existenzen zerfällt, wie die griechische Götterlehre es hingestellt hatte. Die übrigen Lehren hatten die Zweiheit zu vermeiden gesucht, aber indem sie von reinem und unreinem Princip, von feinen und groben Stoffen sprachen, hatten sie die Trennung mehr verhüllt als beseitigt. Und um so weniger war es ihnen gelungen die Einheit völlig durchzuführen, als auch sie das Unreinere, Gröbere, die sichtbare Materie als das Träge, schwer zu Bewältigende, als das die reine Gestaltung Hindernde ansahen. Wir führten an, wie **Pythagoras** seine Ureinheit in der Reinheit der Gestaltung gehindert sein läßt durch die Unvollkommenheit des Stoffs, welcher nach seiner eigenen Lehre doch nur dem Begriffe nach aus dem Ureins entstand. Wir führten an, wie **Demokrit** alle Unwahrheit und Täuschung entstehen läßt aus der Thätigkeit der fünf Sinne, der Thätigkeit der groben sichtbaren Organe der Wahrnehmung, während die Wahrheit, das Denken beruht auf der Thätigkeit der unsichtbaren feurigen Seelenatome. Es ist selbstverständlich, daß bei solcher Auffassung, die Materie als Quell alles Uebels, alles Elends, aller Sündhaftigkeit hingestellt wird. Und wenn auch **Demokrit, Epikur**, wie die Anhänger der materialistischen Lehre überhaupt, bei ihrer Annahme nothwendiger Entwickelung, für den Begriff der Sündhaftigkeit weniger Platz in ihrem Systeme haben, so nimmt die Theorie der rohen Schlechtigkeit der Materie, ihrer Mangelhaftigkeit und die daraus folgende Unvollkommenheit menschlichen Daseins um so mehr Platz in ihren Systemen ein, ebenso wie die Sehnsucht nach dem, bei reineren Stoffleibern, seligeren Leben der Götter.

Ueber diese Klage kamen die Griechen nicht hinaus, mochten sie **Idealisten** oder **Materialisten** sein. Kraft und Stoff waren getrennt, nebeneinander bestehend, wenn auch nur als feiner und grober Stoff. Das Feine war gehemmt durch das Grobe. Gott hatte nicht volle Gewalt über die Materie, und wenn das Urprincip selbst Zwang empfinden mußte durch das Neben ihm stehende, wie mußte da erst die aus dem Urprincip entstandene, unfeinere Seele des Menschen durch den Stoff des Leibes gehemmt sein! Keine Selbsthülfe konnte zur freieren Erfassung seines Wesens und zur Durchführung eines sittenreineren, menschenwürdigeren Daseins nutzen. Denn die reine Seele war im Kerker des Leibes gefangen, behaftet von der Unreinheit des finnlichen Stoffes. Nicht durch eigene Schuld wird der Mensch schlecht, das Verhängniß, das ihn im sinnlichen Leibe geboren werden ließ, machte das Uebel zu einem ewigen, unvermeidlichen.

Diese Auffassung der Materie als eines Gestaltlosen, die gestaltende Kraft Hemmenden, als eines Trägen, Veränderlichen, Unreinen finden wir denn auch bei den Männern, welche die höchste Reife griechischer Philosophie vertreten und die mit Anaxagoras einen freien Nus, ein reines Denken, eine Intelligenz als Bildner und Ordner der Welt hinstellten.

Unter ihnen ist nur der Ehre willen Sokrates zu nennen. Denn er, dessen Hauptstreben die Erweckung der Selbsterkenntniß und des sittlichen Gehalts des Menschen war und der dadurch die Augen der Philosophirenden von der Natur ab und auf die Fragen der Sittlichkeit lenkte, er hatte weniger Interesse für die Frage nach dem Werden der Welt, und er hielt, vielleicht in etwas Opposition gegen die atheistische Physik seiner Zeit, gern die mythologisirende, vergötternde Ausdrucksweise seines Volkes bei.

Es ist Plato, der sich systematischer dieser Frage nach der Materie zuwendet. Wir verweisen der Kürze wegen auf das Bd. I. S. 123 u. f. über Plato gesagte. „Den Bildner und Vater des Weltalls zu finden, sagt er, ist schwer, und wenn man ihn gefunden hat, ist's unmöglich ihn für Alle verständlich anzusprechen." (Döllinger a. a. O. S. 280.) Er ist ein überweltlicher, nicht blos denkender, sondern auch frei wollender und gütiger Gott. Unabhängig von Zeit und Raum, eine übersinnliche Welt bildend, sind, als Objecte seines Denkens, die Ideen, die Urbilder des sinnlich Vorhandenen. Diese an sich ruhenden Ideen drückten durch Gottes vermittelnde Thätigkeit ihre Bilder in dem Urstoffe ab, im erfüllten Raume, in der form- und eigenschaftslosen Materie, und so kam die Weltbildung zu Stande. Dieser Urstoff ist ewig, ist den Sinnen nicht wahrnehmbar und empfängt Wahrnehmbarkeit, Bestimmtheit, Bewegung, räumliche Begränztheit erst durch die Ideen. Der ewige Gott und die ewige Ma-

terie also sind nebeneinanderstehend. Mit diesem Dualismus
sind denn auch Kraft und Stoff scharf getrennt. Der erste Urstoff war materiell, aber er war noch nicht Körper; ihm gegenüber war Gott das Seiende, die Materie das noch
nicht Seiende. Diese Materie war übrigens schon in Bewegung, aber in regelloser, in welcher die vielen Arten von Ele-
mentarstoffen zwecklos, chaotisch durcheinanderwogten. Aber so
tobt war diese Materie, daß ihre chaotische Bewegung selbst von
einer Seele erzeugt werden mußte, und zwar von einer vernunft-
losen, von Gesetzen blinder Nothwendigkeit beherrsch-
ten Seele. Dadurch hatte aber die erste Materie schon vor
Gottes Thätigkeit eine gewisse Körperlichkeit und Sichtbarkeit erlangt. Indeß in dieses Chaos brachte die göttliche Vernunft erst
Ordnung und Gestalt, indem sie aus der Sphäre der Ideen herab,
das Gute in die Materie einsenkte. Dadurch ward die Nothwendigkeit bewältigt, das regellos Bewegte geschieden und wieder
regelmäßig vereint, überhaupt die Materie nach dem Urbild der
Ideen organisirt.

So sind es also eigentlich drei Principien bei Plato: Gott
die reine Intelligenz, dann die chaotisch bewegende Seele und
zuletzt der Urstoff. Wir sahen bei anderer Gelegenheit (I. S. 133)
wie auch bei dem Menschen diese drei Principien wiederkehren;
und wie jedes Wesen nur in dem Maaße als es Theil hat an
dem ersten Principe, dem Göttlichen, auch des ewigen Guten,
des Vernünftigen theilhaftig geworden ist. Durch seine beiden
anderen Principien aber hat das Wesen Antheil am Zufälligen,
Nutzlosen, Bösen.

Es ist klar, daß hiedurch Plato's Sittenlehre mit seiner
Physik zusammengehen muß, denn alles was gut ist in der Welt,
ist es nur kraft seiner Theilnahme an den Ideen. Alles Schlechte,
Böse aber rührt her von dem Behaftetsein mit Materie. Und
da alle drei Principien ewig sind, so hat das ewig Gute nicht
volle Gewalt über die vernunftlose Weltseele und die Materie;

sie kann diese nur bändigen und nur durch stetes Wachen über der Erhaltung des Geschaffenen das Streben zur Empörung und Unordnung unterdrücken. Daher denn auch sein öfterer Satz: „Niemand sei freiwillig böse." Denn nur Gewalt wird seiner Vernunft angethan durch den sinnlichen Stoff, den Leib, in dem sie gefesselt; und, selbst der Akt der noch nicht verkörperten Seele (I, S. 127), der bestimmend ist für das irdische Leben, ist nach ihm keine That freier Selbstbestimmung, sondern nothwendiges Ergebniß des Grades von Einsicht, welche wieder nicht abhängig ist von eigener Selbstthätigkeit, sondern vom inneren Verhältniß der seelischen Elemente zu einander.

Wie nun Plato die Sittlichkeit abhängig sein ließ von den Eigenschaften der Materie, so bestimmte er natürlich auch diese wieder nach seinen Begriffen der Sittlichkeit. Im Vorhergehenden haben wir dies zur Genüge gesehen. Die Materie ist stets das Gegentheil des Bildenden, Reinen, Vollkommenen, Thätigen u. s. w. Diese Begriffserfassung der Materie im Hinblick auf den Menschen zeigt sich auch, wenn wir auf seine Erklärung der wirklichen, der erscheinenden Materie blicken. Die Materie ist nach ihm an sich eigenschaftslos und gleich, sie kann aber in vier verschiedenen Formen erscheinen, die in einander übergehen können. Es sind dies die vier Elemente: Feuer, Wasser, Luft und Erde. Er sagt: Als körperlich mußte die Welt sichtbar und lastbar sein. Ohne Feuer ist nichts sichtbar, ohne Erde nichts fest; deshalb mußten beide die ersten Principien der Körper sein, die beiden anderen Elemente sind nur vermittelnde Zwischenglieder. Aber es ist klar, daß eine solche Erklärung nur eine subjective ist, d. h. nur das Reden eines Menschen, der da weiß, daß, wenn er einen Körper wahrnehmen will, er ein Licht haben muß zum Sehen, und ein Widerstandleistendes zum Fühlen. Wenn er aber nun das Feuer als Lichtgebendes und die Erde als das am meisten Widerstandleistende zum Princip der Körper macht, so ist es nur eine falsche Uebertragung. Man kann nur sagen: Licht und Widerstand sind Principien menschlicher Wahrnehmung. Das Wesen der Materie kann aber nur experimentell festgestellt werden.

Bei dem Mangel experimenteller Forschung in Platonischer Physik ist es daher nicht nöthig Einzelheiten derselben näher zu betrachten. Eine Erklärung nur soll hier noch Platz finden. Nach Plato erzeugte der Weltbildner sofort ein ganzes himmlisches Geschlecht von Sternengöttern, welche sich als Zeitmesser am Himmel in bestimmten Bahnen bewegen. Drei Regionen sind zu scheiden. Die oberste Fixsternregion, die mittlere Planetenregion mit Sonne und Mond, zuletzt die Erdgegend. Die Erde selbst, im Mittelpunkt der Welt ruhend, nennt er den ersten und ältesten der innerweltlichen Götter. Die Körper dieser Götter, meist aus Feuer entstanden, sind zwar nicht unsterblich und unauflöslich, aber durch des Schöpfers Willen gehalten, werden sie nie vergehen und jeder hat seine vernünftige Seele als Princip seiner Himmelsbewegung.

Also nur durch die Seele bewegen sich die Gestirne. Nach dieser im Timäus entwickelten Ansicht sollte man denken, die Gestirne bewegten sich frei im Raume, von ihrer vernünftigen Seele getragen. Aber diese erscheint nach Plato's Politik nur als Beweger, nicht als Träger der Masse. Denn hier beschreibt ein vom Scheintod Erwachter, was er während seiner Entrückung von der Erde gesehen. Er sah nämlich die Umdrehungsachse des Himmels als eine große diamantene Spindel, welche vom Schicksal zwischen den Knieen gehalten wird; an dieser Achse sind mittelst Stäbe Ringe befestigt, in deren Umkreisen die Planeten sich bewegen. Wir sehen wie weit hier die Vorstellung noch entfernt ist, von frei schwebenden Himmelsmassen. Aber die Materie war ja das Kraftlose, chaotisch Zerfallene, da brauchte es stützender Reisen und Spindeln, so wie bewegender Seelen.

Aristoteles hat ebenfalls keine experimentelle Prüfung der Materie. Er bleibt mit seinem begrifflichen Entwickeln wie Plato im Gebiete der Sprache und der Zergliederung der in den Worten enthaltenen Vorstellungen und Gegensätzen; wir können daher rascher über ihn hingehen. Nicht faßte er mit Plato das Verhältniß Gottes zur Welt, wie das eines Künstlers, Bildners auf, sondern wie das eines letzten Zieles, einer Final-Ursache, eines Endzweckes. Die Welt, der Kosmos, ist ihm von Ewigkeit unentstanden, unzerstörbar. Nicht ging ihm eine erste Materie der Weltbildung voraus; denn eine primitive Materie ist ihm ein Abstractum, nur ein Begriff des Geistes, nichts in Wirklichkeit, nur die Möglichkeit oder Anlage zum Werden, nur die logische Bedingung zum Sein. Nur die Einzelwesen existiren wirklich, eine Materie, die vor ihnen existirt hätte, ist ihm nicht denkbar. Wenn daher der Dualismus Plato's hieß: Gott und Materie, so ist des Aristoteles Dualismus: Gott und Welt (Döllinger, a. a. O. S. 305). Ideen, durch welche Abbilder entständen, läugnete er; er verlegte die Formen des Seienden in die Welt selbst. Aber um die Formkeime herauszugebären brauchte es der Erregung, der Sollicitation, und dies geschah durch eine erste Ursache, durch Gott, der das höchste Gut. Er ist thätig, aber nur insofern er reiner Denker ist, und in dieser Selbstbeschauung thätig ist. Nach außen ist er der **unbewegte Beweger**; um seiner Würde und Seligkeit willen ist diese Ruhe nach außen nöthig, denn jede Action auf die Welt würde Mühe für ihn sein; ja, er darf nicht einmal die Welt kennen, sonst befleckte er seine Seligkeit durch Erkenntniß des Bösen. So wirkt er ruhend auf die Welt, wie der Magnet auf das Eisen. Nur durch sein Dasein wirkt er auf die Welt, die er nicht schuf und nicht bedarf, indem er der allgemeine Gegenstand des Verlangens, das Endziel der Welt ist. Aber er wirkt auch nur auf den obersten Fixsternhimmel direct. Von diesem aus, findet erst die directe Erregung statt auf die mittlere Planetenregion und die in der Mitte des Weltgebäudes stehende Erde. Wir haben an anderem Orte (I. 129) die Seelenlehre des Aristoteles erwähnt, in ihr wiederholt sich die Anschauung von Gott und Ma-

terie. Wir sehen auf Letztere wird stets das Gegentheil von
dem übertragen, was von Gott ausgesagt wird. Diese subjective
Erklärungsweise zeigt sich auch weiter in den Einzelheiten der
Naturerklärung.

Es ist, wie schon gesagt, bei Aristoteles, die Gottheit
das schlechthin Unveränderliche, Unvergängliche und immer sich
selbst Gleiche; sie ist der unbewegt bewegte Beweger des Weltganzen. Ihm zunächst als das erst Bewegte ist der Himmel, als
Inbegriff des Veränderlichen im Unvergänglichen; der Himmel
ist ewig gleich, trotz des veränderlichen Anblicks der kreisenden
Gestirne. Unter dem Himmel und von ihm bewegt ist die Sphäre
des Irdischen, wo Tod und Elend; sie ist der Inbegriff des Veränderlichen im Vergänglichen. Wie nun die Bewegung vom
ersten Beweger aus in stetem Zusammenhang ist, ein Kreislauf
ohne Anfang und Ende, so auch Entstehen und Vergehen. Auf-
steigend wird aus Erde Wasser, aus Wasser Luft, aus dieser
Feuer und aus Feuer ein fünftes Element, der Aether, aus dem
alles entstand und in welchen aufgelöst alles zurückkehrt. Ab-
steigend ist der Lauf der umgekehrte. So nimmt jedes Element
seine natürliche Stellung im Weltganzen ein. Die Erde ist unten,
und die Gestirne, aus Aether bestehend, erfüllen den Himmels-
raum. Die übrigen Elemente, der irdischen Welt angehörend,
unterscheiden sich durch Schwere und Leichtigkeit, durch Wärme
und Kälte, Trockenheit und Feuchtigkeit, und sind in den Körpern überall gemischt.

Wir sehen, wie alles von menschlichem Gesichtspunkte aus
betrachtet wurde. Die Erde unten, das Feuer oben. Das wird
so behauptet, weil wir so reden. Aber giebt es im Blick
auf das Weltall ein oben? giebt es ein unten? Ein in der
feurigen Sonnenmasse Stehender würde beweisen: Feuer unten,
Erde oben. Oder ist es nicht eine Erklärung von menschlichem
Standpunkte aus, wenn es heißt: Materie ist das allen Natur-
dingen zu Grunde liegende, und bei ihren Veränderungen ver-

harrende Substrat, ist das für sich selbst völlig unbestimmte? Oder wenn Aristoteles sagt: sie ist ein Seiendes, das zugleich ein Nichtseiendes ist, insofern sie das Vermögen hat, alles zu werden, aber nicht schon wirklich ist, was daraus werden kann; sie ist das Mögliche zur Wirklichkeit und wird diese indem die Form zu ihm kommt; die Form als das Bestimmende, Ausbildende, Vollendende der Materie, ist gleichsam der belebende Geist, die Seele derselben? Gewiß, hier ist stets die Materie der Natur mit dem Auge eines Künstlers betrachtet, mag man mit Plato den Gott einen Ideen Abbildenden, oder mit Aristoteles Gott einen die Form Weckenden, Formerregenden nennen. Beide setzen, wie ein Künstler, einen Stoff voraus, der noch „gestaltungslos" eine Gestalt und Form erhält; er erhält sie durch eine bewegende Thätigkeit, die dabei zugleich einen Zweck ausführt.

Wollte man nun sagen, daß Plato und Aristoteles nur deshalb die Materie im Lichte des Menschen, in Beziehung zu ihm erfaßt hätten, weil sie als Dualisten, von einer Zweiheit ausgegangen wären, weil sie neben einer ewigen „noch nicht Wirklichkeit seienden", „einer allmöglicher Formen fähigen" Materie einen ewigen Gott angenommen hätten, so wäre dies unrichtig. Denn wir sahen, wie auch die Jonier, wie auch die Atomisten, trotz ihres Bestrebens die Welt als ein Eins zu fassen, nicht über die Zweiheit hinauskamen, wie selbst Demokrit, trotz des einerleien Wortlautes, wenn er von feinen und groben Atomen sprach, in Wirklichkeit die Sachen selbst als geschiedene bestehen ließ, so daß seine unsichtbare, bewegende, feueratomige Seele im sichtbaren, bewegtwerden müssenden Leibe nicht weniger eine dualistische Ansicht ist, als die von Aristoteles; zumal auch Demokrit wie Aristoteles die Reinheit der Seelenthätigkeit getrübt und gehemmt werden läßt, durch die veränderliche Materie des Leibes. Und wir dürfen behaupten, daß dies Reden Demokrit's von Trübung, Hemmung des unsichtbaren Stoffes durch den sichtbaren ebensoviel Uebertragung menschlicher Verhältnisse in die Naturbetrachtung ist, wie bei Plato und Aristoteles.

Die Erkenntniß, daß in all diesen Lehren es eigentlich nur menschliche Anschauung sei, welche einfach auf Naturverhältnisse übertragen worden sei, ward von den Griechen selbst schon erkannt. Es sind die Sophisten, die Vorgänger von Plato und Aristoteles, welche dies Urtheil aussprachen. Die Vielheit der Lehren hatte die Frage erregt, woher die verschiedene Auffassung komme? wie der Mensch Erkenntniß gewinne? Nun war das klarste, augenfälligste dies, daß der Mensch ein sehendes, hörendes, fühlendes, riechendes, schmeckendes Wesen ist und daß durch die Empfindungen dieser fünf Sinne alle Erkenntniß der Außenwelt in uns gelangt. Wir fassen also die Außenwelt auf, wie sie durch unsere Empfindungen hindurchgeht; das ist in der Weise, wie sie unsere Sinne erregt. Da also all unser Wissen von der Empfindung abhängt, diese Empfindungen aber bei den verschiedenen Menschen verschieden sind, so ist klar, daß die Außenwelt für jeden Menschen eine Andere ist. Daher ist, so folgerten die Sophisten, der Mensch das Maaß der Dinge. Und die Materie, lehrte Protagoras, ist das allen Erscheinungen zu Grunde liegende: „in ihr sind die Gründe aller Erscheinungen vorhanden, so daß sie, soviel an ihr liegt, alles das sein kann, was sie einem jeden scheint". (Lange, Geschichte des Materialismus S. 14.) Dies ist natürlich der gradeste Gegensatz zur Lehre des Materialismus, wonach dieselbe das Starre, Unveränderliche, nothwendig sich Bewegende ist. Jetzt bei den Sophisten, mit ihrem Sensualismus, war die Materie nur das, was sie einem jeden scheint. Natürlich hatte in solcher Lehre die Annahme eines Ewigen, eines Allgemeingültigen keinen Platz und wie wir bei anderer Gelegenheit (Bd. I. 133) näher zeigten, so kamen die Sophisten auch zu der natürlichen Consequenz zu sagen: Entgegengesetztes ist gleichwahr, somit giebt es kein Recht und kein

Unrecht, sondern nur ein verschiedenes Empfinden. Alles Denken beruht auf Empfinden, alles Handeln auf Lustempfindung. Im Gegensatz zu ihnen hatten Plato und Aristoteles ihre Systeme aufgebaut und hatten wohl, eben in Anerkennung der Freiheit des Denkens, ihren Dualismus schroffer hingestellt, weil selbstbewußter und consequenter als ihre Vorgänger.

Dieses Resultat: „die Materie hat die Gründe aller Erscheinungen in sich und kann alles das sein, was sie jedem scheint", obgleich nur ausgesprochen von den Sophisten ist somit angewendet von allen Philosophen griechischer Schule, und zwar von Demokrit nicht weniger wie von Plato. Die Ursache davon liegt überhaupt darin, daß ihnen eine experimentirende Forschung, wie wir sie namentlich seit Galilei erwachen sehen, unbekannt war; daß sie nicht die Sachen, die „Dinge an sich" in Wechselwirkung setzend untersuchten, sondern die Worte, also die Sprachbezeichnungen dieser Dinge. Den schwersten Stoff hatte man Erde genannt, sofort hieß es: dem Irdischen kommt das Streben nach unten, dem Feuer das nach oben zu. So waren Feuer und Erde Gegensätze, bei denen leicht noch eine Reihe anderer Gegensätze aufgestellt werden konnte. Natürlich mußte hierbei die Naturwissenschaft eher ein Wortgefecht werden, als eine Darstellung des wirklich Seienden. Wir stimmen indeß nicht in das Verdammungsurtheil derer ein, welche sagen: die griechische Philosophie hat nichts geleistet! Was sie leistete ist eben für die Späteren die Kunst über etwas Gegebenes im systematischen Fortschreiten zu reden. Wir sprachen schon bei anderer Gelegenheit davon, wie bei dem Princip der Arbeitstheilung im Geistesleben, das einfachere war, diese logische Kunst an Worten zu erlernen, als gleichzeitig die Dinge der Worte experimentell zu prüfen.

Die Anerkenntniß dieser Thatsache, daß die Alten in ihrem Philosophiren bei den „Worten" oder „Dingvorstellungen" verweilten, statt die Sachen selbst zu verbinden, überhebt uns der Mühe, die Nachfolger der beiden Philosophenfürsten in Griechenland oder Rom zu erwähnen. Lehnten sie sich doch alle an das von Früheren Gesagte an. Und auch die beiden verbreitetsten Schulen der letzten Jahrhunderte heidnischer Staatslehre in Europa, die Epikuräer und Stoiker, fußend auf der alten Lehre Demokrit's einer nothwendig sich bewegenden atomistischen Materie, kamen mit ihrer feineren und gröberen Materie nicht über den Dualismus und nicht über die Auffassung der Materie im Lichte menschlicher Verhältnisse hinaus. Und so müssen wir sagen: Mißlungen war das Streben der Philosophie sich loszulösen von der herrschenden Volkslehre eines bildenden Gottes und eines zu bildenden Chaos. Die Philosophie hätte schon damals erkennen können, wie ihr Leben nicht darin bestehen kann, losgelöst von den herrschenden Volksvorstellungen Neues zu ersinnen, vielmehr darin, daß sie hinabsteigt in dies Alte, dies Vorhandene, um die Widersprüche mythologisirender Vorstellungen zu entfernen, das Halberfaßte, Unklare, zur vollen Klarheit begrifflicher Erfassung zu erheben.

Zu andern Völkern übergehend, scheint es im ersten Augenblicke als ob die Indier jenen Dualismus, den die griechischen Philosophen vergeblich zu überwinden strebten, überwunden hätten; denn bei ihnen geht nicht eine weltbildende Materie neben einer Gottheit her, sondern die Welt ist Selbst-Offenbarung Gottes; sie ist die Manifestation seiner selbst; sie ist die sinnliche Darstellung, das „sichtbar", „äußerlich" Werden seines ewigen inneren Seins. Hier ist die Materie gleichsam nur die Außenseite Gottes. Es ist diese Anschauung der sogenannte Pantheismus, wonach Alles Gottheit ist, wonach in jedem Wesen die Gottheit selbst sich zeigt und äußert. Indeß auch in dieser Lehre wird wieder dies Aeußere, eben weil es nur vergängliche Erscheinungen zeigt, zum Veränderlichen, Schlechten. Es wird die ganze Erscheinungswelt zur Welt der Täuschung, des Nichtseienden, im Gegensatz zum ewig unveränderlichen Sein der Gottheit.

Da bildet denn einen Gegensatz zu diesen Lehren die Anschauung des Judenthums, jener monotheistischen Lehre, welche die Wiege der christlichen wurde. „Völliges Geschiedensein Gottes von der Welt, Gott, reiner Geist und Schöpfer, die Welt nach Stoff und Form durch seine allmächtige Willenskraft hervorgebracht: die ganze Natur nichts enthaltend, was als Bild und Gleichniß Gottes angesehen werden dürfte — das ist die große unterscheidende Grundanschauung des Judenthums." (Döllinger a. a. O. S. 822.) Ein unsichtbarer ewiger Geist, der nicht denkend allein thätig ist, wie der ewige Geist bei Aristoteles, sondern der auch thätig nach außen ist als Schöpfer und Erhalter der Welt. Er schuf sie aus der Fülle seiner Kraft; er schuf sie, wie es im Gegensatz zu den Heiden ausgedrückt wurde: aus Nichts. Denn er formte, bildete sie nicht blos, und auch stand ihm keine ewige Materie, als ein Nichtseiendes, als ein Mögliches zur Seite wie dem Gotte der Heiden. Er schuf sie aus sich, aus der Fülle seiner Kraft nach seiner Weisheit. Diese ist der Inbegriff jener ewigen Ideale und Urbilder, die er in sich trug und nach denen er die endlichen Wesen schuf und ihre Geschichte ordnete. Er schuf sie nach diesen Idealen, die indeß nicht Objecte seines Denkens sind, wie bei dem Gotte Plato's, sondern die Schöpfungsgedanken selbst. „Zu dieser Weisheit, als dem personificirten Inbegriffe der göttlichen Schöpfungsgedanken, verhält sich Gott wie zu einem Spiegel, in welchem Welt und Menschheit ihm ewig gegenwärtig ist." (Döllinger a. a. O. 824.) Gott schuf die Welt zu seiner Ehre und zu seiner Herrlichkeit. Und wie herrlich schuf er sie! Doch hier, wo auf die dichterischen Schilderungen hebräischer Poesie hinzuweisen ist, will ich das zu sagende in der Dichtersprache eines A v. Humboldt selbst vorführen; er sagt Kosmos II. 45: „Es ist ein characteristisches Kennzeichen der Naturpoesie der Hebräer, daß als Reflex des Monotheismus, sie stets das Ganze des Weltalls in seiner Einheit umfaßt, sowohl das Erdenleben als die leuchtenden Himmelsräume. Sie weilt

seltener bei dem Einzelnen der Erscheinung, sondern erfreut sich
der Anschauung großer Massen. Die Natur wird nicht geschildert als ein für sich Bestehendes, durch eigene Schönheit Ver-
herrlichtes; dem hebräischen Sänger erscheint sie immer in Beziehung auf eine höher waltende geistige Macht. Die Natur ist
ihm ein Geschaffenes, Angeordnetes, der lebendige Ausdruck der Allgegenwart Gottes in den Werken der Sinnenwelt.
Deshalb ist die lyrische Dichtung der Hebräer schon ihrem Inhalte nach großartig und von feierlichem Ernst, sie ist trübe und
sehnsuchtsvoll, wenn sie die irdischen Zustände der Menschheit berührt. Bemerkenswerth ist auch noch, daß diese Poesie trotz ihrer
Größe, selbst im Schwunge der höchsten, durch den Zauber der
Musik hervorgerufenen Begeisterung fast nie maaßlos wie die
indische Dichtung wird . . . . Man möchte sagen, daß in dem
einzigen 104. Psalm das Bild des ganzen Kosmos dargelegt
ist: „Der Herr, mit Licht umhüllet, hat den Himmel, wie einen
Teppich ausgespannt. Er hat den Erdball auf sich selbst gegründet, daß er in Ewigkeit nicht wanke. Die Gewässer quellen
von den Bergen herab in die Thäler, zu den Orten, die ihnen
beschieden: daß sie nie überschreiten die ihnen gesetzten Grenzen,
aber tränken alles Wild des Feldes. Der Lüfte Vögel singen
unter dem Laube hervor. Saftvoll stehen des Ewigen Bäume,
Libanons Cedern, die der Herr selbst gepflanzt, daß sich das Feder-
wild dort niste, und auf Tannen sein Gehäus der Habicht baue.
Es wird beschrieben „das Weltmeer, in dem es wimmelt von
Leben ohne Zahl. Da wandeln die Schiffe, und es regt sich das
Ungeheuer, das du schufst darin zu scherzen". Es wird „die
Saat der Felder, durch Menschenarbeit bestellt, der fröhliche
Weinbau und die Pflege der Oelgärten" geschildert. Die
Himmelskörper geben diesem Naturbilde seine Vollendung.
„Der Herr schuf den Mond, die Zeiten einzutheilen, die Sonne,
die das Ziel ihrer Bahn kennt. Es wird Nacht, da schwärmt
Gewild umher. Nach Raube brüllen junge Löwen und verlangen

Speise von Gott. Erscheint die Sonne, so heben sie sich davon und lagern sich in ihre Höhlen: dann geht der Mensch zu seiner Arbeit, zu seinem Tagewerk bis Abend."

So ist alles lieblich und herrlich zu schauen „wie ein Bräutigam aus seiner Kammer, tritt die Sonne hervor und beginnt ihren Lauf". Alles ist das Werk der Hände Gottes. Alles wird auf Gottes Rathschluß zurückgeführt; in allem, was geschieht, seine Weisheit, Güte, Gerechtigkeit und Macht erkannt. So bleiben dem Israeliten die Vorstellungen von Zufall und Verhängniß fremd. Der Zufall ist göttliche Fügung. Aber bei den vorwiegend practischen Zwecken, welche die heiligen Bücher verfolgen, so daß sie alles sagen, was die Majestät Gottes zeigen, was die Demuth des Menschen erwecken soll, da fehlen schärfere, philosophische Entwickelungen über das Wesen Gottes und den Verlauf der Natur, über die innere Beschaffenheit des von Gott Geschaffenen, und durch ihn Gewordenen. Ja im alten Testament findet sich nicht einmal das Wort „Natur, physis."

Nicht darin, daß das Judenthum Monotheismus ist, liegt daher sein Gegensatz zu den heidnischen Vorstellungen, denn in diesen wird die Vielgötterei durch das unabänderliche Verhängniß mehr oder weniger einer einheitlichen Macht unterworfen und in dem Philosophiren sehen wir sogar die bewußte Absicht monotheistisch zu sein, d. h. man will den Urquell als ein Eins fassen. Der Gegensatz liegt unter anderen darin, daß im Judenthum Gott Schöpfer ist, daß ihm also nicht eine ewig hindernde Materie zur Seite steht. Er ist Schöpfer der Welt; sie ist das Zeichen seiner Herrlichkeit. Da ist es also nicht mehr möglich diese Materie, das durch Gott Gewollte und Geschaffene, als das absolut Schlechte, Unvollkommene, als den directen Gegensatz von Gott zu bestimmen. Dazu kommt noch das Verhältniß des Menschen zu Gott, das im Judenthum ein so streng sittliches war, wie in keiner anderen Religion. Jehova, der seinen Namen selbst erklärte: „Ich werde sein, der sein ich werde", durch die zukünftige Zeit, die beständige Fortdauer seines Wesens andeutend, der sich also erklärte als das „Ich", als das persönliche, selbstbewußte, unveränderlich sich gleichbleibende Wesen, schuf den Menschen nach seinem Bilde, gab ihm die Freiheit zum Guten und Bösen, setzte ihn voll Liebe zum Herrn der Erde ein. Aber als oberstes Ziel des ganzen Gesetzes erging der kategorische Imperativ, der Befehl: „Du sollst heilig sein, denn ich bin heilig!" dadurch lebte in dem Menschen das Bewußtsein der Freiheit, die Zuversicht zur göttlichen Freiheit und Geistigkeit gelangen zu können, um sich Eins mit Gott zu wissen. Dadurch lebte der Israelite der Hoffnung, Herr der Natur, der Noth des irdischen Lebens zu werden, während der Heide in dieser Noth ein unvermeidlich Verhängniß erblickt. Er lebte dieser Hoffnung, da „die Natur keineswegs als das an sich Böse, Negative und dem Geiste völlig Unangemessene bestimmt ist. Vielmehr soll nur die reine Naturnothwendigkeit nicht das Herrschende sein und die Freiheit des menschlichen Wollens und Wirkens nicht unterdrücken. Lebt dagegen der Mensch dem Sittengesetz gemäß, so muß nach hebräischer Anschauung auch die Natur, kraft der sittlichen Weltordnung, von jener Freiheit durchdrungen und verklärt werden, und es muß dem sittlichen Menschen Alles in der Natur zum Besten dienen. Daher die dichterisch schönen Aussprüche der Propheten über eine Verklärung der ganzen Natur, über ihre sittliche Versöhnung mit dem Menschen in der messianischen Zeit. (F. Meier, Geschichte der poetisch. Nat.-Literatur der Hebräer S. 10.)

Es ist wohl natürlich, daß im Laufe der Jahrhunderte die freie poetische Erfassung des Ewigen mehr erlahmte, daß bei der Knechtschaft im politischen Leben, der Gott der Liebe mehr in Hintergrund trat in dem Volksbewußtsein, und ein Gott der Strenge und Rache dem Knechte gegenüberstand; daß dieser Strenge gegenüber, zumal die Form der Gottesverehrung allmählig in Formeln und inhaltslos gewordenen Aeußerlichkeiten erstarrte, der freie sittliche Muth erlahmte und sich unfähig hielt zur Reinheit des Lebens sich aufzuschwingen. Aber auch hier tritt ein Gegensatz zu den Heiden ein, denn diese die Materie als das Schlechte hinstellend, fanden neben ihren bösen Göttern in der Materie selbst einen unvermeidlichen Grund allen Uebels. Im Judenthum dagegen war es nur eine sittliche Macht, der Satan, dessen Entstehung die unphilosophische Weise der alten Schrift nirgends angiebt, dem zu widerstehen war und dem mit Gottes Hilfe auch widerstanden werden konnte. Wir dürfen daher wohl sagen, daß bei der Erlösungsbedürftigkeit, die allmählig in Heiden und Juden sich kundgethan hatte, es die Heiden waren, die diese Sehnsucht am tiefsten empfanden und die deshalb auch wohl um so rascher das neue Heil erfaßten.

Und dies Heil wurde verkündet! Gott selbst ist Mensch geworden die Menschen zu erlösen! Gottes eingeborener Sohn ertrug Mißhandlung und erlitt den Kreuzestod um alles Elend der Menschen auf sich zu nehmen, durch seinen Tod die Schuld aller zu sühnen! Aus Liebe geschah es, drum liebet einander, denn Kinder seid Ihr alle, reich oder arm, des Einen barmherzigen Gottes, der nicht will, daß eins seiner Kinder verloren gehe, der deshalb seinen heiligen Geist sandte als Tröster und Stütze, und der im Himmelreich die Wohnungen seiner Kinder bereit hält! Gewiß, das waren neue Ideen, die in das Denken der Völker geworfen wurden, und es darf uns nicht wundern, wenn die Fragen laut wurden: Was ist ein Gottmensch? Vater, Sohn und heiliger Geist, das Himmelreich — wie ist das fassen?

Man hält es in naturwissenschaftlichen Schriften gar oft für gerechtfertigt, lustigen Spott zu üben, darüber, daß solche Fragen die Denkthätigkeit in Anspruch nahmen. Man glaubt eine Weisheit auszusprechen, wenn man sagt: die Menschen hätten sich besser mit Naturwissenschaft abgegeben, statt erst um das Jahr 1600 die ersten Entdeckungen machen zu lassen. Aber das ist ein leichter Spott; und ihm gegenüber kann man in der Freude, in einer entdeckungsreichen Zeit zu leben, auch mit Alexander dem Großen zu sagen: Wohl uns, daß unsere Väter noch nicht alle Schlachten gewannen, daß sie uns noch etwas zu thun übrig ließen! Und genügt es denn, daß man am Schmelztiegel steht und kocht und glüht, um Wissenschaft zu Tage zu fördern? Gewiß nicht. Auch in jenen entdeckungsleeren Zeiten fand ein Naturforschen statt und es ward vielleicht noch mehr geglüht und experimentirt, wie in unseren Tagen, denn man suchte den Stein der Weisen, man suchte Gold zu machen. Und so sehen wir denn, daß das Stehen am Schmelztiegel nicht genügt. Der Geist ist es, der da lebendig macht. Der Gedanke ist es, der die Arbeit bestimmt. Die ganze Denkrichtung der Zeit hat Einfluß auf die Fragestellung und die Lösung. Des Aristoteles Lehre von der Umwandlung der Elemente in einander, die Lehren der Stoiker, über das Ideal des Weisen und die Möglichkeit es zu erlangen, diese waren es, die sich in die christliche Zeit hinein erhalten hatten; und wir sahen schon bei anderen Gelegenheiten wie erst, als es gelang, diese griechischen Irrthümer zu entfernen, der Geist der neueren Forscherweise mehr und mehr sich erhob. Und eine solche „Heil" verlangende Denkrichtung der Zeit war es auch, welche die Aufmerksamkeit der Volksmassen mehr auf jene Männer richtete, welche sich mit Fragen menschlicher Angelegenheiten befaßten, als auf die Männer, welche Steine und Pflanzen betrachteten oder am Schmelztiegel standen.

War es doch eine Zeit der größten socialen Zerrüttung, jene Zeit der ersten Jahrhunderte des Christenthums. Vergebens hatte man eine Lösung erstrebt; vergebens hatte man eine Götterfluth über die Erde beschworen, indem bei dem entschwundenen Glauben an die alten, man stets neue und neue Götter ersann. Da trat mit leicht verständlichen Worten eine Lehre auf, welche Freiheit und Gleichheit verkündete und welche in einer Weise, wie keine der früheren Neugestaltungen von Lehren, in das practische Leben eingriff. Wenn nun im Eifer für dies Neue Schwärmer waren, welche alle Wissenschaft für Ueberfluß und schädlich hielten, welche zerstörend gegen Werke der alten Kunst auftraten: war das Aufkommen des Christenthums Schuld daran? Sehen wir doch noch im 18. Jahrhundert als sociale Fragen wieder die Oberhand ergreifen, wie man mit dem Rufe nach Gleichheit den Chemiker Lavoisier guillotinirt, weil man „keiner Gelehrten mehr bedürfe". Und in unseren Tagen sogar zerstört man Paris und im deutschen Reichstag verkündet Bebel: „dieser Kampf in Paris ist nur ein Vorpostengefecht im Kampf für Gleichheit, im Kampf der Hütten gegen Paläste!" Ist die sociale Frage Schuld an solchen Ausschreitungen? Man müßte die menschliche Gesellschaft überhaupt aufhören lassen, wenn die Gesellschaftsfrage verschwinden sollte.

Man faßt eben zu oft das Aufkommen des Christenthums in einer Weise, als ob es plötzlich mit Scheiterhaufen und Inquisition sich erhoben, als ob es überall und sofort in Köpfe gefallen sei, die frei gewesen seien von aller Kunde griechischer Begriffsentwickelung, und welche überall auf der Höhe geistigen Strebens gestanden hätten, wie die Athener zur Zeit des Perikles. Man vergißt, daß, wenn irgendwo der Kampf ums Dasein seine Berechtigung hat, dies im Freiheitsleben der Ideen stattfindet, daß auch hier die Weiterbildung einer Wahrheit langsam sich vollzieht, wie es in heutigen Tagen noch geschieht. Und auch hier wird die stärkere lebenskräftigere, dem Wesen der Wahrheit am meisten entsprechende Form den Sieg behalten, trotz der Verfolgungssucht der seit Alters her die irdische Gewalt in Händen haltenden Anhänger des Alten. Das Wahre wird siegen; aber leider, zur Staatsgewalt geworden, werden die es verwaltenden, als Herrschaft erstrebende Menschen, erlittene Verfolgung gleichfalls anwenden. Zu diesem gewaltthätigen Hemmschuh aller Entwickelung gesellt sich denn hinzu das Gesetz der Trägheit im Geistesleben, wodurch es der Zeit braucht, bis es dem Neuen gelang, das Alte Ehrwürdigkeit besitzende völlig zu beseitigen. Es gesellt sich dazu das Gesetz der Apperception oder des Voreingenommenseins, wonach die vorhandene Geistesanschauung von Einfluß ist auf das, was in die Denkthätigkeit des Geistes einfällt, so daß also auch ohne Wollen der Mensch vorurtheilsvoll ein Gehörtes auffaßt, es wohl gar umbildet, so daß er statt der Sache selbst vielleicht nur ein verzerrtes Bild derselben in seinem Ideenreichthum aufnahm.

Der zu befruchtende Boden ist deshalb von Wichtigkeit bei dem Kampfe des Christenthums um's Dasein. Und da sehen wir denn zuerst jene Griechen des Perikles, jene Römer der punischen Kriege längst entschwunden. Nordische Völker drangen gegen die Sitze seitheriger Cultur vor und die edelsten derselben, die Deutschen, verachteten anfangs gar die Beschäftigung mit Wissenschaft als entnervend und entsittlichend. So war die Masse des Volks entweder waffenfroh und kunstverachtend oder materiellen Genüssen ergeben und nur den Schein der Bildung hegend. Unter den Gelehrten aber sehen wir eine Verachtung der sich weiser dünkenden Heiden gegen die Juden, und namentlich gegen das unter ihnen entstandene Christenthum. Dieser Verachtung, wie den gewordenen Verfolgungen gegenüber, war es den ersten christlichen Lehrern eine Nothwendigkeit, sich selbst und ihre Lehren durch wissenschaftliche Behandlung vor dem Publikum in ein besseres Licht zu setzen. Das Mittel hierzu waren die philosophischen Kunstausdrücke der Griechen. Natürlich mußten dadurch christliche Vorstellungen sich griechischen fügen. Die Wege aber, sich Geltung zu verschaffen, waren zweierlei. Entweder man suchte heidnische Philosophie und Christenthum zu versöhnen, indem man zeigte, daß die neuoffenbarte Gotteslehre mit der alten Philosophie übereinstimme, oder man suchte die alte Philosophie zu zerstören, sprach ihr allen Werth ab, um das Christenthum zu heben. „Den ersten Weg erwählten Justin der Apologet, Clemens von Alexandrien und Origenes, die sich angelegen sein ließen, die Einheit der Philosophie und der Offenbarung zu zeigen, indem sie die ganze griechische Philosophie als in der jüdischen und christlichen Offenbarung enthalten, und sogar aus derselben abgeleitet, darstellten. Den zweiten Weg aber schlugen Tertullianus, Arnobius und Lactantius ein, die alle Speculation als nichtig und trügerisch verschrieen und keine Wahrheit außer der göttlichen, historisch-geoffenbarten erkannten. Beide Wege suchte endlich Augustinus zu vereinigen, indem er das göttlich-geoffenbarte Christenthum durch die Speculationen der Neu-Platoniker zu erläutern und diese umgekehrt durch jenes zu vervollkommnen suchte. Diesen Weg hielten die späteren christlichen Theologen bei, nur daß später die aristotelische Logik der christlichen wissenschaftlichen Religions-Lehre als Kanon der Speculation zu Grunde gelegt wurde." (Rixner, Gesch. d. Philos., I. 329.) Und das römische Dogma namentlich erhielt durch Thomas von Aquino aristotelisches Gewand.

Mit diesen Zwischenbemerkungen überspringen wir den Zeitraum von Aristoteles und dem Judenthum bis zur Reformation und dem Erwachen neuer Philosophie (vergl. über diese Zeit auch I. Vortr. 1 u. 3), wo bei freierem Studium der Griechen man die Fesseln aristotelischer Irrthümer aus Theologie und Naturwissenschaft entfernen wollte.

Erinnern wir uns daran, wie im Judenthum die Natur als „das Geschaffene" hingestellt ist, mit welchem Jubel die Psalmen das Werk der Hände Gottes preisen. In das Christenthum setzte sich diese Lehre und Stimmung fort. „Wie das Christenthum, selbst wo es als Staatsreligion auftrat, in der großen Angelegenheit der bürgerlichen Freiheit des Menschengeschlechts für die niederen Volksklassen wohlthätig wirkte, so erweiterte es auch den Blick in die freie Natur. Das Auge haftete nicht mehr an den Gestalten der olympischen Götter; der Schöpfer (so lehren es die Kirchenväter in ihrer kunstgerechten, oft dichterisch phantasiereichen Sprache) zeigt sich groß in der todten Natur wie in der lebendigen, im Kampfe der Elemente, wie im stillen Treiben der organischen Entfaltung." (Humboldt, Kosmos II. S. 25.) Es galt die Größe und Güte des Schöpfers zu zeigen an der Weltordnung und Schönheit der Natur, daher finden wir viele lustathmende Schilderungen unter den ersten Christen. Humboldt a. a. O. führt mehre Beispiele, besonders von Basilius dem Großen, an. Mit der Zeit freilich, mit dem Auflösen römischer Weltherrschaft schwand in der traurigen Zeit die Freude am Bestehenden. Die Klagen nehmen überhand. Der Blick wendet sich mehr und mehr auf die Fragen der himmlischen Dinge; und Eusebius spricht es offen aus: „Nicht aus Unkenntniß dieser Dinge der Natur, sondern aus Verachtung ist es, daß wir so klein von diesen Sachen denken und unsern Geist zu besseren Gegenständen wenden."

Natürlich mußte sich dieser Zug der Verachtung auf die Materie selbst übertragen. Der Schöpfungsbegriff war festgehalten worden; im Gegensatz zu den Griechen war also die Materie ein Geschaffenes, nicht ein im ewigen Gegensatz und neben ihm Bestehendes. Diese Unterscheidung hervorzuheben ward die Formel gebraucht: Gott schuf die Welt aus Nichts. „Aus Nichts", eben weil sie auch nicht einmal dem Urstoffe nach da war. In unsern Tagen, wo man auf griechische Vorstellungen nicht mehr Rücksicht zu nehmen hat, wo vielmehr die Lieblingsphrase des Materialismus: aus Nichts wird Nichts, im Vordergrunde der Beachtung steht, da wird statt: Gott schuf aus Nichts, wohl richtiger zu sagen sein: Gott schuf aus der Fülle seiner Kraft. Wie auch schon Joannes Erigena zur Zeit Karls des Kahlen sagte: Das Nichts, woraus der Schrift gemäß das All hervorgegangen ist, ist das unbegreifliche Wesen Gottes selbst. (Rixner, II. S. 14.) Das Nähere dieses Geschehens freilich wird ein Geheimniß bleiben und zwar ein berechtigteres als das der geheimnißvoll wirkenden Kräfte in der Weltentwicklung des Materialismus.

Die durch Gottes Weisheit geschaffene Materie konnte natürlich auch nicht das vollkommen Schlechte sein, wie bei den Griechen, wo sie im totalen Gegensatz zu Gott, dem ewig Guten war. Augustin sagt selbst: „Auch die Materie hat in der Ordnung des Ganzen ihre Stelle; sie ist von Gott geschaffen und ihre Güte ist ihre Gestaltbarkeit." Wir sehen, wie in dieser Erklärung die griechische Anschauung, als des zu Gestaltenden, festgehalten ist. Aber auch die Güte, die sie nach Augustin besaß, ward ihr wieder genommen und im Laufe der Zeit ward sie sogar wieder „das Schlechte" wie bei den Griechen.

Das Princip der Persönlichkeit im Gottesbegriff, das Princip der Sittlichkeit im Verhältniß des Menschen zu Gott, das Princip eines sittlich Bösen, das als Satan, unabhängig von der „mit Nothwendigkeit Gott hindernden Materie" dasteht, das alles war aus dem Judenthum im Christenthum beibehalten worden; aber schärfer noch wird hier ein geistiges und körperliches Uebel unterschieden. Die philosophische Darstellung drängte nach einem systematischeren Zusammenhang der beiden Arten von Uebel, und bei der Verachtung alles Irdischen im Hinblick auf die himmlische Seligkeit, da wurde der Materie, als der Trägerin aller irdischen Vergänglichkeiten, wieder der Character des Schlechten aufgedrückt. Gott freilich hatte alles gut erschaffen, aber der Sündenfall des Menschen hatte eine Trübung hereingebracht, die Reinheit der Schöpfung war gestört, Tod, Krankheit, Elend war gekommen; und nun, hieß es, erbte sich die durch die Sünde aufgedrückte Störung und Unreinheit der Natur fort und fort. Damit war also die Materie, das durch Gott Geschaffene, durch Menschensünde (oder durch den Abfall des Lucifer, wie Andere sagen) für die Christen geworden, was es den Griechen war: ein stets Veränderliches, Vergängliches, ein der Reinheit göttlichen Willens stets Widerstrebendes, ein Schlechtes, Unvollkommenes.

Als nun aus dem zerrütteten Völkerleben sich wieder Staaten befestigt hatten, als in einem freieren Bürgerstande eine Masse lebte, die wieder ein behaglicheres Daseinsgefühl überkommen hatte, da erwachte mit der Freude am Leben, auch wieder die Freude an der Natur; mit dieser Freude aber auch der Trieb zur Naturforschung. Und als sollte der Nutzen des Brachliegens für die Erstarkung der Kräfte sich zeigen, so war bei kaum begonnener Thätigkeit schon da die Zeit der großen Entdeckungen in Astronomie und Geographie. Mächtig wurde dadurch die seitherige Weltanschauung verändert; und die Lehrer des Seitherigen sahen plötzlich ihre lieb gewonnene Lehrerautorität angegriffen und gefährdet. Wie nun diese Männer, obgleich sie sich selbst mit des Aristoteles Gedanken und Logik vertheidigten, diese Freude an der Natur als eine heidnische, die Beschäftigung mit ihr als eine Beschäftigung mit „Ungöttlichem, Vergänglichem, Schlechtem u. s. w." hinstellten; wie sie ferner, um ihre Unfehlbarkeit zu wahren, den Grundsatz zweifacher Wahrheit hinstellten und das Wahre der Vernunft als schlecht, das Wahre der Autorität als göttlich behaupteten; wie sie endlich die Naturwissenschaft als Verbreiterin rohen Materialismus verschrieen und selbst einen neuen Materialismus der Buchstaben erfanden, indem sie, entgegen der Mahnung: „das Wort ist nichts nütze, der Geist ist es, der da lebendig macht", das Haften an sinnlich anschaubaren Buchstaben als den Maßstab der Größe in der Nachfolge Christi bestimmten — all dies sei hier übergangen. Wir haben jetzt zu folgen der Gestaltung des Begriffes der Materie seit wieder erwachter Begeisterung für die Natur in christlicher Zeit.

Wir nennen den begeistertsten und vielleicht unglücklichsten Freund der Natur zuerst. Es ist Giordano Bruno, der 1600 in Rom mit dem Feuertode das Wagniß büßte, anderer Ansicht zu sein, als die herrschenden Männer in Rom. Für ihn, den im Schöpfungsbegriff erzogenen, war jene Trennung einer ewigen Materie neben einem ewigen Gotte nicht vorhanden. Er widerstreitet daher dem Aristoteles und dessen Trennung von Stoff und Form. Die Materie trägt bei ihm die Form in sich; sie bringt sie aus sich hervor, gebärt sie aus ihrem Schooße. Sie ist nicht ein Nichtseiendes oder nur ein Mögliches, sondern sie ist Sein und Wirklichkeit. Gott ist das erste und vollkommenste Princip alles Daseins; dies Princip kann alles sein und ist alles; Vermögen und Thätigkeit, Wirklichkeit und Möglichkeit sind in ihm ungetrennt Eins. Es ist der innere Grund nicht bloß die äußere Ursache der Weltschöpfung. Demnach ist alles was ist, mit einem Geiste erfüllt, und alles Lebendige eigentlich nur Ein Leben, das alles durchdringt und in allem ist. Man wird dadurch an die Jonier, namentlich an Worte von Thales, erinnert, doch statt des „Wassers" steht bei Bruno „Gott" als Princip da. Aber indem er die Materie als das alle Formen in sich enthaltende und aus sich entfaltende mit der Gebärerin vergleicht, welche die Frucht aus ihrem Schooße bringt, so wird ihm dieser Gott zur Mutter alles Lebendigen. Dieses Eins, was alles Dasein in seinem Dasein begreift, was daher die formale, materiale und wirkende Ursache der ganzen Schöpfung ist, heißt ihm die natura naturans, und insofern sie alles zur Vollkommenheit zu entfalten strebt, die göttliche Vernunft; aber insofern sie die alles bestimmende Form des Weltalls ist, heißt sie allgemeine Weltseele. Aus diesem ursprünglichen Eins, das also nur nach den jeweiligen Gesichtspunkten des Menschen in verschiedenen Bestimmtheiten aufgefaßt wird, entsteht nun das „unerzeugte" ewige Weltall, die natura naturata. Diese ist zwar ebenfalls alles, was sie sein kann, da sie alle Materie in sich faßt, aber in ihren Entwicklungen von Moment zu Moment, d. h. in ihrer Aeußerlichkeit, ist sie nicht mehr alles zumal und wirklich, sondern bietet nur das Schauspiel eines wechselnden Wandelns und Werdens dar; sie ist daher nur ein Schatten des Ureins; denn was in diesem ungetrennt, einfach und Eins ist, erscheint in der Welt in seiner Aeußerlichkeit, d. h. in den Dingen getrennt und vervielfältigt. Auch im Weltall aber sind äußeres und inneres, Materie und Form, Körper und Geist, absolut Eins und identisch: und das Weltall ist daher zu betrachten als ein unendliches, unsterbliches Thier, in welchem alles auf das Mannigfaltigste lebt und wirkt. In welchem jedes einzelne Ding die allgemeine Substanz nur auf besondere, einzelne Weise darstellt.

So macht Bruno Opposition gegen Aristoteles, indem er die Materie nicht das Mögliche, sondern das Wirkliche und Wirkende nannte und dadurch Stoff und Kraft als Eins behielt. Auch noch in anderer Weise entfernt er sich von Aristoteles und kehrt zu Demokrit, Epikur, den Atomisten, zurück. Er nennt die aristotelische Annahme einer Theilung in's Unendliche für ungereimt und sagt, ohne ein Letztes der Theilung könne es auch kein Erstes des Anfangs geben und so müsse es in der Natur ein absolut Kleinstes (minimum) geben, welches das Letzte der Auflösung und das Erste des Anfangs und Ursprungs ist; dies letzte untheilbare sind ihm die Atome oder Monaden. Bei seiner Auffassung der Materie sind ihm die Atome aber nicht blos untheilbare Körper, sondern unvergängliche Kräfte. Alle Materie ist ihm belebt und beseelt; also die Atome sind geistige Kräfte, die sich zugleich als Körper darstellen. Die Monade ist ein untheilbarer Punkt, der, weil er im Raume eine bestimmte Stelle einnimmt, auch körperlich sich ausdehnt. Durch diese Allbeseelung wird Bruno zum Pantheisten und seine Lehre scheidet sich scharf von dem Materialismus des Atomisten Demokrit. Aber auch noch in folgendem trennt er sich von ihm und zeigt, wie er den Monismus strenger durchführte als dieser mit seinen feineren Atomen als Trägern der Seele. Wenn alles Geist, alles beseelt ist, warum erscheint uns Einzelnes todt? Bruno erklärt dies von den äußeren Bedingungen, wovon das Hervortreten des wirklichen Lebens abhängt. Durch äußere Umstände kann der Lebensproceß gehemmt, zurückgehalten werden. Wenn solche Bedingungen aber gegeben sind, so wird eine Monade zum herrschenden Centrum über viele andere, welche sie ihrem Dienste unterwirft und zu ihren Werkzeugen macht. Die Central-Monade ist die Seele des Ganzen, die übrigen sind der Leib; Gott aber ist die Monade der Monaden, er ist das Minimum, weil Alles aus ihm, er ist das Maximum, weil Alles in ihm ist.

Unsere Ausführlichkeit bei Bruno überhebt uns der Ausführlichkeit an einem anderen Orte; da, wo etwa 200 Jahre später, bei einer wieder erwachten Freude an der Natur, Schelling begeistert seine Naturphilosophie verkündet. Es ist dieselbe Begeisterung, dieselbe Erfassung der Natur, als des All-Eins, des Allbeseelten, als der Gebärerin und Mutter; es ist dieselbe dichterische Auffassung des Ganzen, die uns fesselt und erhebt. Aber freilich, wenn wir nach dem wissenschaftlichen Werthe der Philosophie eines Bruno oder Schelling fragen, so bleibt wenig mehr als der Werth des Dichters, und wie früher bei den Griechen, müssen wir sagen, es ist mehr ein Spiel mit Worten, als ein Vergleichen und Beobachten von Thatsachen.

Da Bruno in Rom als Ketzer verbrannt wurde, so gebietet das Mitleid der Vertheidigung wohl, daß wir den Uebergang zu dem, den wir nach ihm nennen, in der Weise machen, daß wir hinweisen, wie der unglückliche Mann trotz seiner Naturphilosophie treuer an dem Geiste der Bibel festhielt, als Pierre Gassendi, Probst von Digne, der als orthodoxer Römling 1655 in Paris in Amt und Ehren starb.

Nach der Bibel ruft Gottes Wort im Sechstagewerk die Welt hervor; der Mensch allein wird durch Gottes eigene Thätigkeit, durch seinen Hauch geboren. Also directe Wirkung der ersten Ursache auf das zu Schaffende findet statt und die vom Wort gerufene Welt vollzieht ihre Ordnung in der von Gott gesetzten Art und Weise, ihrer „inneren Beschaffenheit", ihrer

„Natur" gemäß, in welchem Sinne ja dies Wort im N. T. oft angewandt wird. Auch die Materie hat dabei ihre Natur, ihre Art und Weise des Seins und des Wirkens. Bruno hat daher in gewisser Beziehung recht, alles als Natur aufzufassen und dabei Kraft und Stoff einerlei zu nennen. Wie verschieden hiervon lehrt Gassendi! Wie lehrt er, möchte man sagen, zurück zu jenem Gotte des Aristoteles, der nicht direct auf die Welt wirken kann und deshalb eines Mittelgliedes der Weltseele nöthig hat.

Wir erwähnten schon bei anderer Gelegenheit (I. S. 238) wie Gassendi, als ein Gegner des Aristoteles, der Vater des neueren Materialismus wurde, da er zu der Atomenlehre des Epikur zurückgriff. Die Atome sind auch ihm, wie diesem schwer, haben Gestalt und Größe und Bewegung. Aber er unterscheidet sich dadurch von den Griechen, daß er einen Schöpfer der Atome, Gott, annimmt. Er sagt aber weiter, Gott als unkörperlich durchbringt die Welt und kann nicht getheilt sein in den besonderen Seelen und den einzelnen Dingen; daher muß eine secundäre, eine zweite Ursache der Bewegung neben der ersten sein, und dies ist die Weltseele, die man auch Wärme nennen kann und welche durch die ganze Welt ausgegossen ist. Diese Weltseele oder Lebenswärme ist nach Gassendi körperlich, da sie auf Körper wirkt, sie ist eine feine Materie und kann daher auch getheilt in den Dingen sein, und so ist sie denn die Kraft der Selbstbewegung, welche die Atome von Gott haben. Wir sehen, wie Gassendi hier Aristoteles ähnlich ist: Obgleich sein Gott Schöpfer, also Herr der Atome ist, kann er als unkörperlich nicht auf sie wirken, sondern braucht der Weltseele dazu; aber auch dem Epikur spricht er nach und läßt nicht das von Gott Geschaffene durch „die ihm gewordene Natur" sich ordnen und gestalten. Wie Epikur meint er die Reinheit, Feinheit eines Stoffes mache zur Kraft; er läßt deshalb die träge Materie durch den feinen Wärmeäther bewegt werden. Auch in

Menschen nimmt er diese Verschiedenheit der Materie an, da ist die **unkörperliche Vernunft**, da ist der Körper, der Leib und da ist die **Lebenswärme**, als die ihn bewegende körperliche **Seele**.

Wir sehen, wie es Gassendi trotz seiner Gegnerschaft zu Aristoteles, trotz seiner Neigung zum Materialismus, weder gelang, den Dualismus des Aristoteles, noch den des Epikur zu vermeiden. Seine Gegnerschaft galt aber auch einem Zeitgenossen, dem berühmten René Descartes oder Cartesius, dessen Ansichten weniger deshalb so viel Schule bildeten, weil er über die Welt und Bildung größere Wahrheit verkündete, wie Gassendi, als vielmehr, weil er es war, der zum Erstenmal mit vollstem Bewußtsein ein Princip aufstellte, das den Geist einer neuen Zeit verkündete: „Ich denke, so bin ich." Wir wiesen an anderer Stelle darauf hin, in welchem Sinne dies Princip entstand; wie es die offene Opposition gegen alle Autorität bezeichnet und in der Freude an der Kraft der Selbstgewißheit das Princip des Denkens auf die Fahne schreibt und mit ihm auszieht, um frei von allen früheren Verirrungen und Vorurtheilen die Wahrheit und die Wissenschaft der Welt als eigene That zu erfassen. Mögen Andere vor ihm gleiches Princip gehabt haben, so bleibt er der Erfinder, da es ihm durch die Formel, in der er es aussprach, gelang, dies Princip zum Bewußtsein Vieler zu erheben und zur Losung einer neuen Zeit zu machen.

An derselben Stelle machten wir aufmerksam, wie Cartesius dies Princip zwar aufstellte, aber nicht durchführte, und auch jetzt werden wir zu zeigen haben, wie es ihm so wenig wie seinem Gegner Gassendi gelang, sich völlig von den Fesseln **aristotelischer** Trennung von Kraft und Stoff frei zu machen. Frei erhebt er sich auch hier nur durch Aufstellung einer neuen Trennungsmarke zwischen Geist und Materie, indem er sagt, jener sei das **Denken**, diese die **Ausdehnung**. Er sagt: „Von allem kann ich abstrahiren, von Farbe, Schwere, Härte

u. s. w., aber deshalb bleibt der Körper eine ausgedehnte Substanz." Kant, der mit deutscher Gründlichkeit diese Abstraction des Franzosen weiter fortsetzte, sagte: Ich kann auch abstrahiren von der Substanz und so bleibt nur die Ausdehnung. Dadurch wurden die Körper für Kant zu Vorstellungen, die Ausdehnung oder der Raum aber zu einer Form geistigen Anschauens. Cartesius indeß folgerte daraus, daß Denken und Ausdehnung sich nicht aufeinander zurückführen ließen, daß es zwei verschiedene Substanzen gäbe. Der Geist ist ihm die denkende, untheilbare Substanz, der Körper die ausgedehnte, aber theilbare Substanz; deshalb sagt er, es könne keine Atome geben, weil die Materie stets ein Ausgedehntes, somit Theilbares sein müsse. Die Körperwelt, von Gott erschaffen und eingerichtet, besteht für sich fort, blos durch Gott; dieser aber als unveränderliches Wesen übt kein Eingreifen in die Natur, sondern wirkt durch seine bloße Assistenz.

Neu ist hierbei die Erklärung: die Materie ist das Ausgedehnte. Die Philosophirenden wurden dadurch auf neue Beziehungen zwischen Geist und Materie hingelenkt und namentlich war die Materie jetzt nicht mehr in aristotelischer Auffassung das völlig „Unbestimmte", „Eigenschaftslose". Nein! Sie hatte jetzt eine Bestimmtheit, eine Eigenschaft, eine „Natur", nämlich „ausgedehnt zu sein". Auch in anderer Weise bahnt Cartesius dadurch einen Fortschritt an.

Bei den Alten war bei dem Begriffe der Seele und des Geistes das im Vordergrund stehende dies: Seele ist das, was sich selbst bewegen kann. So war das Bewegungsprincip die Hauptsache in der Seelenthätigkeit und die Materie war in der aristotelischen Philosophie das völlig Bewegungslose, das nur durch die Weltseele bewegte, und die Wärme galt fast allenthalben als einerlei mit dieser Seele. Die Atomisten schrieben freilich ihren Atomen ursprüngliche Bewegung zu, hatten aber auch ihre beweglicheren Feueratome. Gassendi nun, der Erneuerer dieses Atomismus, läßt seine Atome, wie Aristoteles seine Materie, bewegungslos sein, und wie dieser läßt er sie erst bewegt werden durch die Weltseele, die er denn als das Bewegungsprincip identificirt mit dem Wärmeäther. Mit Cartesius nun, indem er das Denken als das Wesentliche im Seelenleben hinstellte, verliert denn auch die „Selbstbewegung" derselben an Werth, und er bedarf der Weltseele nicht als Körperbewegerin. Aber freilich auch hier bahnt er Neues nur an und er bleibt im Dualismus. Die Gestirne, die sich bei Aristoteles bewegten, weil sie beseelt waren, bei Gassendi, weil sie den Wärmeäther als Weltseele enthielten, sie wurden bei Cartesius durch „Wirbel" getrieben.

Seine Lehre ist folgende. Leerer Raum ist unmöglich, daher ist das ganze Universum mit Materie angefüllt. Diese Materie muß in lauter kleine gleichwinklige Körper getheilt sein, weil dies die „einfachste und also natürlichste Voraussetzung" ist. Da ferner diese Materie in Bewegung begriffen ist, so müssen jene kleinen Körperchen allmählig eine kugelförmige Gestalt annehmen, wo dann die abgeriebenen Ecken derselben, gleich den Feil- oder Sägespähnen, eine eigene zweite Masse bilden. Außer diesen beiden giebt es aber noch eine dritte Art von Masse, die ihrer Natur nach roher oder gröber und weniger zur Bewegung geeignet ist. Jene erste Masse bildet die leuchtenden Körper, wie die Sonne und die Fixsterne; die zweite bildet die durchsichtige Substanz des Himmels und die dritte endlich giebt die dunklen Körper, Erde, Planeten, Kometen. Die Bewegungen jener ersten kleinen Körper werden in kreisförmigen Strömen oder Wirbeln angenommen. Durch ihre Hilfe sammelt sich die erste Materie um den Mittelpunkt eines jeden Wirbels, während die zweite, feinere Materie jene erste umgiebt und durch ihre Centrifugalkraft das Licht bildet. Die Planeten werden durch die Bewegung ihrer Wirbel um die Sonne geführt. (Whewell, Gesch.

d. induct. Wiss., deutsch v. Littrow II. S. 136. Cartesius in Kirchmann's Sammlung.)

Wir sehen, wie hier gleichsam Demokrit's Dualismus zur Geltung kommt: eine „rohe" bewegungslose Materie und eine „feinere", welche jene „wirbelnd" umhertreibt. Auch im Thierleibe tritt dieser Dualismus von grober und feiner Materie auf: Lebende Wesen sind nach ihm Maschinen, so eingerichtet, daß sie für sich bestehen; es sind Automaten, worin die Seele nur feinere Materie ist. Cartesius sagt jedoch nicht, daß diese Seelenmaterie dasselbe sei, was die Wirbelmaterie.

Und noch einmal sehen wir Cartesius zurückfallen in des Aristoteles' Lehre. Cartesius sagt, Gott, die denkende Substanz, kann, weil er der Unveränderliche ist, nicht wirken auf die Materie, die veränderliche Welt; er wirkt nur durch seine Assistenz. Hören wir da nicht gleichsam den Aristoteles, wenn er sagt: Gott kann nicht in die Welt eingreifen, er würde dadurch seine Seligkeit einbüßen, er wirkt daher nur anregend, sollicitirend durch sein Dasein? Cartesius ging von der Schöpfung aus; warum nun damit nicht Ernst machen? Warum ließ er nun dem Schöpfer der Materie nicht auch die Herrschaft darüber und die Möglichkeit und das Recht des thätigen Eingreifens in das Geschaffene? Warum faßte er nicht dies Geschaffene völlig auf als ein Gewordenes, als eine Natur, von bestimmter Art und Weise des Seins, wobei das Grobe so gut am Himmel schweben, sich bewegen kann, wie das Feine? — Warum er es nicht that? Weil alle philosophische Entwickelung in den Schuhen des Aristoteles einherging und bei der Trägheit im Geistesleben auch Cartesius sich nur schwer losmachen konnte von den die Aufmerksamkeit der Philosophirenden beherrschenden Fragen und Vorstellungen. Dazu kommt bei ihm, der Kirche gegenüber, eine gewisse Aengstlichkeit, die ihn sein Princip nicht voll erfassen ließ, und wegen deren wir wohl geneigt sind, ihm mit Whewell den Namen zu geben, den Baco dem Aristoteles gab: Pusillanimus simul et audax. Rom behauptete die Wahrheit zu haben, Cartesius sagte: Die Vernunft bringt Wahrheit. Aber in seiner Wirbeltheorie, die er Rom überschlcktc, sagte er: „Obschon nicht gezweifelt werden kann, daß die Welt gleich anfangs in ihrer höchsten Vollkommenheit erschaffen worden ist, so mag es doch nützlich sein, zuzusehen, auf welche Weise sie auch nach gewissen Principien entstanden sein könnte, obgleich wir recht wohl wissen, daß sie nicht so entstanden ist." Er stimmte also Rom bei, welches alles durch Vernunft Erkannte, als Denktäubung ohne Wahrheit hinstellte. Er hätte sagen sollen: Weil eine Schöpfung ist, so ist nicht nur Nützlichkeit, nein Pflicht, zu sehen, nach welchen Principien sie entstand, wie ihre Natur, d. h. ihre von Gott gesetzte Art und Weise des Seins ist. Den in der Halbheit verbliebenen Anfang des Cartesius setzten die Franzosen, als Unterthanen der allerchristlichen Könige, nicht fort. Die Deutschen thaten es, und Hegel namentlich vertheidigte es: alle Philosophie ist Theologie. Zu betonen ist hier noch einmal, daß Cartesius die Materie als ein Bestimmtes, als Ausdehnung auffaßte. Von dem einheitlichen Schöpfungsbegriffe ausgehend, konnte er dem Geschaffenen eine bestimmte Eigenschaft zuschreiben, während den dualistischen Griechen die Materie stets mehr das Unbestimmte, das bloße Gegentheil des Geistes war. Man verbleibt von jetzt an dabei, das Wesen der Materie zu bestimmen, an und für sich, und nicht in steter Beziehung und Gegensätzlichkeit zum Geist. Daß Cartesius in Halbheiten verblieb ist gewiß. Dadurch, daß er die Materie bloß als Ausgedehntes bestimmte, blieb sie ihm ein Kraftloses, das wie bei Demokrit durch feinere Materie, Wirbel, bewegt mußte werden.

Cartesius steht eben überall an der Grenzscheide einer neuen Zeit. Neues verkündend, vertheidigt er Altes. Und grade seine Wirbeltheorie vertheidigt jene alte Lehre von der Materie als einem kraftlosen, unthätigen, gegenüber dem Aufkommen einer neuen Lehre, welcher die Materie, der sinnliche Stoff, selbst das Kräftige, stets Thätige ist. Er stellte seine Wirbeltheorie auf in Opposition gegen Newton's Gravitationslehre, wo die Entdeckung des Gesetzes der Schwere die Thatsache kräftiger Wechselbeziehung der Körper festgestellt hatte.

Eine neue Art des Philosophirens machte sich in seiner Zeit mehr und mehr geltend. An Stelle des altgriechischen Wortuntersuchens und Wortspielens trat die Untersuchung der Thatsachen. Mehr und mehr dringt die Philosophie dahin die Wahrheit, als Uebereinstimmung des Wissens mit dem Gegenstande, dadurch bestätigt zu sehen, daß die Prüfung, das Experiment zur Seite des Gedankens geht. Nicht mehr verharren will sie in dem blos Denkbar-Möglichen. Nicht mehr will sie das als Wissenschaft gelten lassen, was gewonnen wurde in der Weise des Cartesius: Die Materie ist das Ausgedehnte, „weil ich von allem andern abstrahiren kann"; die Materie muß in lauter gleichwinklige kleine Körper getheilt sein, „weil dies die einfachste, also natürlichste Voraussetzung ist".

Doch das Aufkommen dieser Art zu philosophiren unterliegt ebenfalls dem Gesetze der Trägheit, oder dem der langsamen Entwickelung. Ja vielleicht ist das Aufkommen heute noch nicht durchgeführt, wenigstens giebt es noch Etliche, welche meinen, Experimentiren sei nicht Philosophiren; während Andere meinen, Philosophiren sei das Aufstellen dessen, was beliebig gedacht werden könne. Wir wollen daher auch den „Griechenweg" weiter verfolgen. Das experimentell gefundene in den folgenden Vortrag verweisend. Im Hinblick auf dies spätere Neue brauchen wir übrigens die auf dem Wege der Speculation allein Verharrenden hier um so kürzer zu erwähnen.

Der Holländer Spinoza suchte die Materie, das Denken und den assistirenden Gott in Eins zu schmelzen, indem er Ausdehnung und Denken als Attribute einer Einen Substanz ansah. Diese Substanz ist ihm das Unbestimmte, Undefinirbare, das nur wenn es Bestimmtheit annimmt, Materie oder Geist ist. Demzufolge ist nichts „blos ausgedehnt", nichts „blos denken", sondern jedes angehörend der Einen Substanz ist theilhaft des Göttlichen, also auch jedes Körperliche beseelt. Deshalb auch die Materie, die für Cartesius ein ruhendes, kraftloses war, wird bei Spinoza zur Kraft, und weil ihm die Kraft ein „beseelendes" ist, so wird seine Lehre zum Pantheismus. Aber nicht ist es der Pantheismus eines Bruno, wo alles in beseelte Atome, Monaden getrennt ist; wir müssen ihn mehr vergleichen mit dem, durch den Geist des Judenthums edel befruchteten Pantheismus der Eleaten, die ebenfalls ein Eins, eine unbestimmbare Einheit als Ausgangspunkt hinstellten. Wie kommt aber die Vielheit in dieses Eins? Wie treten die vergänglichen Einzelheiten aus dieser ewigen Einen Substanz? Spinoza löste die Frage so wenig wie die Eleaten.

Um diese nichtüberstiegene Klippe zu vermeiden geht der Deutsche Leibnitz, obgleich eine Allbeseelung voraussetzend, sofort von der Vielheit aus. Es giebt für ihn unendlich viele Einheiten oder Monaden. Sie sind ihm alle beseelt, wie bei Bruno; doch tritt bei Leibnitz ein andres Moment in Vordergrund, das durch Cartesius in Vordergrund gestellte Denken, und so sind ihm seine Monaden, Einheiten alle „vorstellend", es sind gleichsam Vorstellungskräfte, aber die einen mit schlafendem, die andern mit wachem Bewußtsein.

Diesen Bestrebungen, „den Schöpfungsgedanken noch einmal zu denken", gegenüber, treten denn jetzt auch Männer auf, welche die Frage aufwerfen, ob überhaupt möglich sei für den Menschen, diesen Gedanken nachzudenken, ob und wie Erkenntniß möglich sei. Man kann diese Männer der Aufklärung des 17. und 18. Jahrhunderts die Sophisten der neueren Philosophie nennen; denn wie die griechischen, hatten sie als Hauptstreben dies, verrottete Staats- und Kirchenverhältnisse zu erschüttern und das Recht einer freieren Menschlichkeit zu beweisen. Aber auch sie schütteten zu oft das Kind mit dem Bade aus, in der Luft zu negiren. In Opposition gegen eine der Sittlichkeit leeren Geistlichkeit warfen sie auch die Gottheit weg, verkündend, sie sei nur Erfindung der Pfaffen, die Menschen im Zaume zu halten. Dadurch geriethen sie auf den Boden des Materialismus, behauptend mit Demokrit, Epikur: Nur das Sichtbare besteht und alles geschieht nothwendig aus den Atomen. Andere wieder kamen auf des Protagoras Ausspruch zurück: Die Materie ist das, was sie jedem scheint und alles Denken ist Empfinden.

Der Engländer Locke ging in dieser letzteren Bahn. Seine Hauptlehre ist, die Seele sei wie ein leeres Papier, durch die Erfahrung werde es beschrieben; denn durch die Erfahrung kämen alle Vorstellungen und Begriffe in diese Seele und der Sensus, die Sinne seien die Thore des Wissens. Und da Sinne und Empfindungen bei den Menschen verschieden sind, so kommt Locke, der Sensualist, zu dem ähnlichen Resultat des Protagoras. Er sagt: Die Materie oder die Substanz ist das, von dem wir nichts wissen können; wir haben nur Einzelempfindungen von Farbe, Härte, Gestalt u. s. w., und nur dadurch, daß wir diese Eigenschaften oft und wiederholt vereinigt sehen, gewöhnen wir uns an die zusammengesetzte Vorstellung einer Substanz, einer Materie. Gewohnheit ist es also, ob wir die Außenwelt so oder so betrachten.

Und Hume, der Landsmann Locke's, fährt noch fort: Gewohnheit ist es auch, daß wir jedem Dinge eine Ursache zuschreiben, wir können nicht wissen, ob Ursache und Wirkung thatsächlich in solchem Zusammenhang stehen.

So endet im Nichtswissen dieser Sensualismus und wie im Alterthum hätte sich jetzt das practische Leben auf materialistischer Grundlage wieder gestalten können, entweder zur epikuräischen Heiterkeit bei einer den Geist befreienden Wissenschaft und der Gewißheit, daß die Gottheit, um ihre Seligkeit zu bewahren, sich gar nicht um das irdische Leben kümmere; oder zum stoischen Gleichmuth, mit finstrer Ruhe dem Unabänderlichen sich fügend. Indeß einen festen Anker schlug hier ein Deutscher, das Schiff der Philosophie rettend vor dem Fahrwasser sorgloser Leichtlebigkeit und dem des trägen Geschehenlassens des Nichtzuverändernden. Es ist Kant, welcher grade durch den Zweifel Hume's zur Gewißheit getrieben wurde.

Kant brachte die Gewißheit, daß neben den nur erfahrenden, empfindenden, nach Gewohnheit auffassenden Sinnen eine Kraft im Menschen vorhanden sei, welche im Stande ist Urtheile zu sprechen, welche über die Erfahrung hinausgehen. Er führt die mathematischen, die naturwissenschaftlichen Wahrheiten als Beweis dafür an. Er nennt sich einen Copernikus im geistigen Gebiete; denn wie vor Copernikus man lehrte, die ganze Welt drehe sich um die Erde, und wie man jetzt wisse, daß die Erde selbst die thätige, laufende ist, so sagt er, sei auch das Verhältniß der Dinge zum wahrnehmenden Geiste jetzt durch ihn ein umgekehrtes. Nicht die Welt klatsche sich ab als ein Thätiges auf der unthätigen Seele, dem leeren Papier, sondern die Welt selbst sei es, die sich gefallen lassen müsse, wie sie der auffassende Geist abklatsche. Nach der Auffassungskraft des Geistes, nach der Vernunft, gestalte sich die Anschauung der Welt, die Vorstellung von ihr.

Der stolze Ausspruch, der rettende Anker Kants ist also der: Der Mensch hat die Kraft zur Wahrheit. Aber hat Kant von diesem Gesetze vollen Gebrauch gemacht? Oder unterlag auch er dem Gesetze träger Entwickelung, so daß es ihm wohl gelang mit Einem Fuße in eine neue Denkrichtung einzutreten, während er mit dem Andern in der Richtung verharrte, gegen die er opponirte? In der That so ist es.

Kant sagte: Nach der Auffassungskraft unsres Geistes gewinnen wir die Vorstellung von der Welt. Während er sich nun mit der Forderung hätte begnügen sollen, mit dieser Beschaffenheit unsres Geistes weiterzustreben und die bloße Vorstellung zum

Begriff zu erweitern, die Welt begrifflich zu erfassen, so sagte er, vielleicht an Wesen mit sechs und mehr Sinnen denkend, „weil die Vorstellung von der Welt sich nach uns, nach unserem Geiste richtet, so können wir überhaupt nur Vorstellungen von der Welt gewinnen, wir können nie wissen, wie sie ohne uns ist, wie die Welt an sich, was das Ding an sich ist." Damit aber steht er wieder auf dem Boden Locke's, Hume's, also derer, die er bekämpft, und die Welt ist ihm wie den Sensualisten nur das was sie jedem, als Vorstellung, erscheint. Eine neue Skepsis zündete daher bei Kant auch ihre Fackel an, aber auch neuer Positivismus, und zwar gewaltiger als die Skepsis, gründet in seinem Satze der Gewißheit zur Wahrheit.

Die Untersuchung des die Weltvorstellung bildenden Geistes ist natürlich Kant's erste Aufgabe, denn nach dieser Beschaffenheit richtet sich ja diese Vorstellung. Da ist es denn, wo Kant in deutlichem Hinblick auf Cartesius, dessen Abstraction weiter fortsetzend, sagt: „Wir können von allem abstrahiren, von Farbe, Gewicht, vom Stoff, also der Substanz, nur die Anschauung des Raumes können wir im Geiste nicht entfernen, diese bleibt; diese Anschauung kommt also dem Geiste zu und so ist der Raum, also die Ausdehnung eine Form unsrer Anschauung. Dasselbe gilt von der Zeit." Kant sagt daher: „Es ist uns eine Nothwendigkeit, das Aeußere als ein Ausgedehntes aufzufassen; wir können deshalb nicht wissen, ob der Materie selbst die Eigenschaft der Ausdehnung zukommt, wir können nicht wissen, was die Materie an sich ist; nur wie sie uns, die wir mit den Anschauungsformen von Zeit und Raum begabt sind, erscheint." Kant sagt also dem Cartesius gegenüber, wir können nicht sagen: die Materie ist das Ausgedehnte, oder sie hat die Ausdehnung als wesentliche Eigenschaft, sondern nur: sie erscheint uns als das Ausgedehnte. Hiernach kann aber Kant auch nicht den Cartesischen Gegensatz aufstellen von Geist und Materie, als den von Denken und Ausdehnung.

Während nun Kant bei dem Beweise, daß der Raum nur Anschauungsform des Geistes sei, mit seinem Satze „ich kann von allem abstrahiren", ähnlich wie Cartesius den vorhin erwähnten Griechenweg des blos denkbar möglichen begeht, so schreitet er doch auch in andern, und fast allen übrigen Fällen, auf dem neu aufkommenden Weg der Naturerforschung mit strengem Eifer fort. So sagt er weiter: Die Materie ist das, was sie uns erscheint, aber die Erfahrung lehrt uns dies Erscheinende. Diese Erfahrung zeigt uns nun die Materie als das Bewegliche, das den Raum erfüllt. Aber den Raum erfüllen heißt: allem Beweglichen widerstehen, das diesen Raum einzunehmen strebt. Danach erfüllt die Materie ihren Raum nicht durch bloßes Dasein, sondern durch eine widerstehende Kraft, das ist: eine zurückstoßende. Also erfüllt die Materie ihren Raum durch repulsirende Kräfte aller ihrer Theile und ist dadurch eine ausdehnende, expansive Kraft. Aber für sich würde die repellirende Materie ins Unendliche sich zerstreuen und nur leeren Raum zurücklassen. Es muß also eine Begrenzung dasein, die der Natur ebenso wesentlich ist, wie die Zerstreuung. Dies ist die Anziehungskraft. Aber auch sie kann nicht allein da sein, denn sonst zöge sich alles in einem Punkte zusammen. Beide Kräfte gehören also zusammen und die Verschiedenheit der Raumerfüllung rührt her von dem verschiedenen Verhältniß beider Kräfte unter einander. Aus der Repulsion aber ergiebt sich noch die unendliche Theilbarkeit; denn jeder Theil hat repulsive Kraft, ist somit beweglich und von jedem anderen Theile trennbar.

Dies also die Materie, mit welcher Kant seine berühmte Theorie über die Bildung des Sonnensystems bildete. Eine Theorie, bei welcher anlehnend an Newton's Gravitation, die materiellen Massen, die Planeten, von thätigen Kräften gestaltet, sich selbst fesseln, sich selbst schwebend im Weltraum tragen. Nicht mehr bedurfte es Plato's diamantener Weltachse und Reifen als Träger der Gestirne, nicht mehr bedurfte es der Aristotelischen oder Gassendi'schen Weltseele, nicht mehr der Demokrit'schen seinen Feueratome oder der Cartesischen Wirbel zur Sternenbewegung. Nein! Die Sterne selbst sind bewegte Beweger. Die Materie selbst ist Kraft geworden!

Diese Durchführung, daß die Materie das Bewegliche mit bewegender Kraft sei, daß sie also ein selbstthätiges sei, und nicht, wie seit Jahrtausenden gemeint wurde, ein unthätiges, kraftloses, das erst durch eine äußere Kraft (sei es Feueratom, oder Seele oder Wirbel) in Bewegung zu setzen sei, diese Durchführung ist die große That Kant's für die Naturphilosophie, in welcher seitdem mehr und mehr die sogenannte mechanische Weltanschauung der dynamischen erlag. Die mechanische, wonach die Materie gleichsam wie Ziegelsteine einer Kraft bedarf, um zu einem Bau geformt zu werden, gegenüber der dynamischen, wo die Materie selbstkräftig zu frei kreisenden Weltgebäuden sich formt; oder wo nach dem oft citirten Worte Dubois-Reymond's, die Kraft nicht an die Materie gespannt ist, wie Rosse an den Wagen.

Wir werden im folgenden Vortrage zurückkommen auf Kant's Polemik gegen die Atome, und seine Annahme einer unendlichen Durchdringung der beiden Kräfte, die ein Zurückbleiben von „Klümpchen" lächerlich erscheinen lasse. Hier, wo wir die Erfahrung im Hintergrund lassend, nicht von den besonderen Erscheinungsweisen der Materie reden wollen, wo der „Begriff der Materie" im Allgemeinen uns interessirt, da genügt es einstweilen zu erwähnen, daß auch Kant von der Möglichkeit des Vorhandenseins von „Resten" bei dieser unendlichen Durchdringung spricht. Es wird erlaubt sein in diesen „Resten" jene Atome zu finden, gegen welche Kant spricht; so daß also auch er die Materie aus Einzelwesen gebildet sein läßt. Ueber den Namen dieser Einzelwesen herrscht aber Streit. J. G. Fichte führt (Anthropol. II. Aufl. S. 199) billigend die Worte aus Fechner's Atomenlehre an: „Man mag die einfachen Wesen materielle

Punkte, Kraftmittelpunkte, punctuelle Intensitäten, substantielle Einheiten, einfache Realen, Monaden nennen, der Name ist gleichgültig." Nun eben deshalb lasse ich der Chemie zu liebe, den altehrwürdigen Namen „Atome" bestehen. Ist es doch ebenso vergeblich dies Wort aus der Wissenschaft zu entfernen, als es unmöglich wäre, das Wort „Geist", zum Bezeichnen des Wesens des Menschen entfernen zu wollen, weil dies Wort früher nur „Wind, Hauch" bedeutete. Es ist richtig, das Wort „Atom" bedeutet eigentlich nur ein „Untheilbares", und man meinte, da jedes kleinste Theilchen sich wieder getheilt denken ließe, so sei es thöricht, ein „Nicht mehr zu Theilendes" denken zu wollen. Es ist auch richtig, daß Demokrit's Atome kraftlos waren, sie hatten nur Bewegung und fielen als schwer nach unten, aber sie hatten keine Wechselwirkung unter einander, sie waren, wie man sagte, todt, nicht kraftwirkend nach Außen. Heutzutage kümmert sich aber wohl kein Naturforscher mehr um diese denkbar mögliche Scheerentheilbarkeit, zumal die Chemie, zur Zeit wenigstens, Grenzthatsachen der Theilung nachwies. Heutzutage sieht Niemand ein Atom als ein Kraftloses an; sondern Jedem ist ein Atom, sei es fein wie ein Wasserstoffatom, sei es grob wie die Sonne, ein als abgegrenztes Ganzes mit einer bestimmten Kraft nach außen wirkendes Wesen, es ist eine für sich bestehende Kraft von bestimmter Wirkung.

Wir wollen nicht vorführen, wie die Nachfolger Kant's den Begriff der Materie: als des Bewegten mit bewegender, d. i. anziehender und repulsirender Kraft, weiter bildeten, nur Schelling sei erwähnt mit seiner Aeußerung: „Wenn die Materie aus der unendlichen Durchdringung der beiden entgegengesetzten Kräfte Attraction und Repulsion besteht, so müssen sich beide Kräfte zur Construction der Materie das Gleichgewicht halten und es bleibt keine Wirkung nach Außen, wir müssen daher noch eine dritte Kraft annehmen: die Schwerkraft". Dabei können wir denn sagen, weil Attractions- und Repulsionskraft schon Materie sein müssen, um Materie zu bilden, und Kräfte, die der Construction der Materie vorausgehen sollen, Phantasiegebilde sind, so können wir die zwei sich in's Gleichgewicht setzenden Kräfte weglassen und uns mit der Schwere, der Anziehung allein begnügen. Materie wäre danach das Bewegende mit anziehender Kraft, mit Schwerkraft. Die Repulsion wäre dabei zurückzuführen auf den Widerstand der Atome unter einander, auf deren Form und auf die Trägheit ihrer Bewegung.

Dies Wort „Trägheit" bedarf hier noch einer vorübereilenden Erklärung. Es hat durch Galilei eine fest bestimmte Bedeutung erhalten, und wir Naturforscher denken, wenn wir von „träger Materie", „träger Kraft" reden, an eine Lawine, die, von der Schneegrenze herabstürzend, widerstandslos blühendes Leben in friedlichem Thale zertrümmert; wir denken an den Eisenbahnzug, der widerstehend der Kraft des Bremsers in rasender Eile dahinfährt, den entgegenkommenden Zug schrecklich vernichtend; wir denken an das planetarische Kreisen der Weltmassen, die stets gezogen werden und stets anziehend wirken müssen. Das heißt, wir denken uns bei dem Ausdruck: die Materie ist träge, diese als eine in jedem Zeittheilchen und durch sich allein in stets gleichbleibender Kraft Wirkende. Nichtnaturforscher, Juristen, Philologen, Theologen z. B. dagegen denken, wenn sie von träger Materie hören, meist an jenes dolce far niente, dem ihr Leib beim Nachmittagskaffee sich gern ergiebt, sie denken an ein Nichtsthun, an den still liegenden Stein auf der Erde und denken nicht daran, daß dieser Stein in seiner Trägheit dem Fuß, der ihn den „trägen", „nichtsthuenden" fortstoßen wollte, einen fußverstauchenden Widerstand, eine träge Kraft entgegensetzt. Diese Nichtnaturforscher eifern daher auch oft gegen den Ausdruck: die Materie ist träge. Sie meinen, und philosophirende, materialismusfrohe Aerzte ebenfalls, man mache die Materie damit wieder zu einem todten, kraftlosen, mechanischen Ding und zählen die Eigenschaft der Trägheit wohl gar unter die Farben im „Schauergemälde der Materie", beschuldigen den von träger Materie Redenden der „rohen", veralteten Auffassung der Materie.

Offenbar handelt es sich hier nur um einen Wortstreit. Dem Naturforscher bezeichnet Trägheit nicht Unthätigkeit, sondern im Gegentheil „das Verharrenmüssen in einer Kraftwirkung"; oder „die Unfähigkeit sich einmal dem süßen Nichtsthun zu ergeben, sich von selbst einer anderen Kraftrichtung und Kraftstärke zu ergeben." Trägheit heißt, die Unfähigkeit aus einem jeweiligen Thätigkeitszustand, und sei er der der Ruhe, in einen anderen überzugehen von selbst, ohne äußere Umstände. Nichtnaturforscher werden vielleicht lieber sagen: die Materie ist an das Gesetz des Sichgleichbleibens gebunden, d. h. es ist ihr nicht die Freiheit des Geistes gegeben sich selbst für diese oder jene Bahn zu entscheiden. Oder sie werden sagen: die Materie ist an das Gesetz der Identität gebunden, insofern sie stets dieselbe bleibt, und in dem ihr bestimmten Maaß der Wirkung verharrt und ihr nicht, wie dem Geiste, die Freiheit der Fortentwickelung gegeben ist. Mögen sie den Namen brauchen; ich ziehe vor einen Namen zu behalten, welcher durch Galilei wissenschaftlichen Werth gewann und dessen Beibehaltung Naturforschern leichtere Brücke zur Philosophie zu bilden scheint.

Aber wenn nun also in der Natur es nur Kraftübendes, nur Kräfte giebt, so könnte man ja vielleicht sagen: es giebt keine Materie? In der That nach dem alten Dualismus hätte man so urtheilen müssen, denn da ja jetzt die widerstehende Kraft selbst es ist, wodurch die „rohe sinnlich wahrnehmbare" Materie gebildet wird, so fiel die Nothwendigkeit des Daseins „grober, unfeiner Atome" weg. Aber auch Schelling, und viele Philosophen ähnlich, nahm das Dasein einer Kraft ohne Materie an, indem er zwei Kräfte verbrauchen läßt zur Construction der Materie. Indeß ist zu behaupten, daß dieser Versuch einer Construction von Materie aus immaterieller Kraft ein in träger Weise festgehaltener Rest des Dualismus der Griechen ist. Eines Dualismus, dessen Ursprung wir jetzt, wo wir sahen, daß es der Philosophie endlich gelang, Materie als Kraft zu bestimmen, endlich auch da aufsuchen wollen, wo wir die Irrthümer der Alten so häufig finden: im Spielen mit Worten und in nicht hinreichender Beobachtung der Sachen. Aus dem gewöhnlichen Leben waren die Ausdrücke Kraft und Materie bekannt. Der Grieche nahm die Namen für Sachen und band die Kraft an feinste Atome, an Seelensubstanz, Wärmeäther, die Materie aber an grobe Atome oder groben, sinnlichen Stoff. Seit man nun anfing, statt der Worte, die Sachen selbst experimentell in Wechselwirkung zu setzen, da sah man allmählig, daß „keine Kraft ohne Stoff", „kein Stoff ohne Kraft" sei; das heißt, daß ein und dieselbe Sache bald Stoff, bald Kraft sein kann, je nach den Gesichtspunkten, unter denen man sie betrachtet; je nach dem, was man von ihr aussagt. Die Sonne heißt uns Materie oder Stoff, wenn wir ihre Sonnenflecke, ihre chemischen Bestandtheile, ihre Größe, Dichte u. s. w. bestimmen; die Sonne heißt uns Kraft, wenn wir sie in Beziehung zu andern Körpern betrachten, in ihrer Anziehung zur Erde. Es ist also dasselbe reale Wesen, dasselbe Atom oder dasselbe Subject der Rede, das wir je nach den Umständen bald Stoff, bald Kraft nennen. Wir können sagen, wir nennen ein Ding, Stoff, wenn wir es nach dem Satze der Identität urtheilend betrachten; z. B. das Gold ist schwer, gelb, glänzend. Wir nennen ein Ding aber Kraft, wenn wir es nach dem Satze der Causalität, nach Ursache und Wirkung untersuchen, z. B. Gold zieht Sauerstoff schlecht an.

Wie aber nun, wenn also die Materie das beweglich Bewegende ist, wenn Kraft und Materie nur verschiedene Bezeichnungen desselben Wesens sind, wenn alles in der Natur kraftwirkend, dynamisch und in realer Wechselbeziehung ist: ist dann in der Welt auch alles Eins? Ist Geist auch Materie? Und Materie Geist? Ist Geist gleich Kraft? Und Kraft gleich Geist?

Erinnern wir uns wie bei den Griechen die Materie das Bestimmungslose, Eigenschaftslose, Unreine, Schlechte war; das Gegentheil von Allem war Gott und er war vor Allem der Beweger des Alls; die Seele selbst war nur „was sich selbst bewegt". Dadurch mußte natürlich alles das beseelt, göttlich werden, dem man eigene Bewegung zuschrieb, und so führte die Vernichtung des Dualismus von Kraft und Stoff entweder zum **Pantheismus** oder zum **Materialismus**. Bei Juden und Christen ist die Natur das Werk von Gottes Güte und Weisheit; alles ist daher gesetzlich geordnet, jedes hat seine „Natur", seine Art und Weise des Seins; also auch die Materie. Schlechtigkeit kommt erst durch die Erbsünde herein, sagen Christen. Jetzt war es also nicht mehr nöthig, überall die „Seele" der Bewegung aufzusuchen, oder überall, wo Bewegung war, ein Beseeltes anzunehmen. Man suchte die Gesetze, suchte die Eigenschaften, die Art und Weise des Seins. Liebe, Schuldbewußtsein, Sündegefühl, Dankgefühl, traten jetzt bei den Begriffen von Gott und Menschen in Vordergrund, und man sah das Beseeltsein und dadurch Göttlichsein nicht mehr darin allein, daß man eine Bewegung vollziehen, bewirken könne, sondern vielmehr darin, daß ein Wesen der Liebe, des Schuldbewußtseins u. s. w. fähig sein könne. Dadurch trennte sich aber auch immer schärfer der Begriff der **Seele** von dem der **Kraft** und letztere blieb jetzt einfach: **jede Ursache, welche eine Bewegung ausführt**. Daraus folgt denn aber auch, daß wohl Alles in der Natur Kraft sein kann, aber nicht jede Kraft ist Seele, oder Geist. Der neuere **Materialismus** freilich voll Freude, daß der Dualismus von Kraft und Stoff gestürzt sei, meint: weil alles Kraft sei, so führe und entwickele sich alles zum Geist. Aber er vergißt den Unterschied der Kräfte, welchen festzustellen, die Zeit erst erstrebt. Er überhebt sich freilich der Mühe, die Möglichkeit der Umwandlung der Materien, als Substanzen der Kräfte, zu untersuchen, da er einfach den reellen Unterschied von Schwerkraft und geistiger Kraft läugnet.

Aber von Seelenmaterie, Seelenstoff, Geistesstoff zu reden, ist das nicht wieder eine Rohheit? Gewiß nicht. Wir wissen ja jetzt, daß Stoff und Kraft nur verschiedene Bezeichnungen desselben Wesens sind. Aber Materie, heißt es, ist ja das Ausgedehnte, der Geist kann also doch keine Ausdehnung haben? Das ist indeß nur ein alter wortspielender Griecheneinwand. Cartesius, indem er die Materie das Ausgedehnte nannte, hat das Verdienst der armen Geschmähten endlich eine positive Eigenschaft gegeben zu haben. Kant freilich sagte, wir können nicht wissen, ob die Materie ausgedehnt ist, da der Raum eine Form unsrer Anschauung sei. Dieser Satz ist aber falsch, die Dinge haben eine Ausdehnung, sie haben „an sich" Raum. Und Kant selbst widerspricht sich, indem er die Materie ihren Platz einnehmen läßt durch repulsirende Kraft. Nach ihm selbst ist also jedes Theilchen der Materie ein ausgedehntes, das seinen Raum behauptet, dem Eindringen andrer widersteht durch eigene Kraft. Und solch „ein Raumeinnehmen" müssen wir jeder seelischen, jeder geistigen Kraft so gut zukommen lassen, wie der sinnlich wahrnehmbaren Materie. Jede Kraft nimmt einen Raum ein, einer andern widerstehend.

Man kann übrigens, wenn die Vorstellung eines ausgedehnten Geistes ein Widerspruch heißt, die Aussage Kant's erweitern. Er sagt: „Wir können nicht wissen, ob die Materie ausgedehnt ist, weil wir sie mit unsrer Brille sehen", fahren wir fort zu sagen: wir können nicht wissen, ob der Geist nicht ausgedehnt ist, weil wir keine Brille für ihn haben.

Dies also wäre das jetzige Resultat über den Begriff der Materie sichtbarer Körper: Sie ist das beweglich Bewegende mit anziehender Kraft oder mit Schwerkraft, das dem Gesetze der Trägheit Unterworfene. Diesem Gebiete einer mit dieser trägen

Kraft erbauten Welt steht denn gegenüber die Welt der freien Sittlichkeit. Und da mag denn noch der auf dem Boden der Schöpfungslehre Stehende, dem diese träge, unorganische Welt als erste Stufe, als Boden für den zu schaffenden Menschen nicht genügt oder zu starr und leblos ist, sie sich vergeistigen, indem er in ihr jenen ersten Abgefallenen, jenen Lucifer erblickt, der durch die Selbstverkehrung der Freiheit sich des Rechts derselben begab, und nun in Unfreiheit darniederliegend auch den Menschen von der Freiheit in die Sünde sucht zu stürzen.

Zweiter Vortrag.

Die Materie der Chemie.

Gestatten Sie mir mit wenig Worten zuerst auf das im vorigen Vortrag Entwickelte zurückzukommen. Wir sahen, wie die Materie gleichsam wie das Rohproduct einer Materialhandlung betrachtet wurde als das Rohe, Gestaltlose, der Form nach Mögliche, der Form nach Nichtseiende; wie sie hiernach erst Bildung, Gestalt, Wirklichkeit, Sein erhielt durch einen unsichtbaren Geist eine Weltseele, welche als Kraft die Bewegung des Stoffes veranlaßten. Freilich setzten, im Gegensatz hierzu, die Atomistiker wirkliche, gestaltete Atome, voraus, die sich in nothwendiger Bewegung befanden und auch schwer waren; aber wir müssen uns hüten, diese Schwere im Sinne von Newton's Schwerkraft zu nehmen, nach welcher die kleinsten Theilchen der Materie in wechselseitiger Anziehung sich befinden, und gleichsam selbstthätig ihre Anziehungsarme nach links und rechts, nach oben und unten, d. i. nach allen Richtungen, ausstrecken. Bei den Alten war die Schwere keine „wechselseitige Zugkraft", sondern sie bewirkte nur, daß die Atome von oben nach unten in steter Fallrichtung waren; sie waren also wechselseitig kraftlos aufeinander und die „parallel wie Regentropfen" fallenden Atome bedurften des „Zufalls" oder „willkürlicher Abweichung", um aus ihrer Parallelität gerissen zu werden. Dabei sahen wir, wie diese Atomistiker von „beweglicheren feineren Atomen" und von „bewegungsträgeren gröberen Atomen" sprachen, so daß auch sie so wenig, wie ihre philosophischen Gegner sich erhoben aus der heidnischen dualistischen Anschauung, daß ein Gott ein vorhandenes Chaos zur Ordnung lenkte. Und da hiernach zugleich die Kraft oder der Gott durch die Materie in der Reinheit der Gestaltung gehemmt ist, so mußte die Materie auch zum Quell alles Schlechten, alles Uebels werden.

Eine geänderte Anschauung tritt auf durch den Monotheismus. Kein Chaos, keine Materie steht einem gestaltenden Gotte hindernd zur Seite, er selbst, aus der Fülle seiner Kraft, erschuf die Materie; in seiner Weisheit erschuf er das All und gab jedem Dinge seine Natur, d. h. er bestimmte und setzte fest die Art und Weise des Seins und Werdens der Dinge. Die Materie, durch Gottes weisen Willen geworden, kann daher auch nicht das Schlechte, Rohe sein, da sie sein Werk, da ihre Natur sein Gesetz ist. Und dieses Geschaffene, dies durch Gott Gewordene, in seiner Natur, seinem Gesetzes-Dasein, zu erkennen, wird nun die Freude der Menschen.

Freilich lenkte die tiefere Geistigkeit des Monotheismus, als er sich in christlicher Zeit siegreich über das Heidenthum erhob, den Blick der Menschen vor Allem Erdab, auf zum Himmel, zu seinen Bewohnern und deren Leben. Im Gegensatz zu dem Heiden, welchem im Hinblick auf den schattenhaften Aufenthalt im Elysium das irdische Leben Alles galt, trat jetzt der Werth dieses zurück. Das Himmlische galt als das allein Begehrenswerthe. Und so wurde bald auch im Monotheismus die Materie wieder zum Schlechten, zum Verächtlichen; man lehrte, sie habe ihre Güte, die von Gott sie erhielt, durch Adams Schuld und die Erbsünde verloren. Aber die Zeit kehrte zurück, wo man sich wieder mit froherer Kraft der Untersuchung des sinnlich Anschaubaren zuwandte. In der Gewißheit jedoch, eine herrliche Schöpfung, einen gesetzesvollen Kosmos zu finden, galt jetzt die Materie nicht mehr wie dem Griechen nur als Gegentheil des

Geistes und also nur als das Schlechte, Rohe; nicht auch galt sie jetzt als das durch Erbsünde schlecht und unvollkommen Gewordene. Nein! Sondern in der zu christlicher Zeit erwachten Philosophie beginnt das Streben, die Materie als ein mit positiven, bejahenden Bestimmungen ausgestattetes zu erfassen. Es gilt jetzt, ihre Eigenschaften zu erkennen, „an und für sich", und nicht in stetem Hinblick auf das sittliche, irdisch vergängliche Leben des Menschen. Von diesem Gesichtspunkte aus gewinnt an Werth die neue, epochemachende Erklärung des Cartesius: „Die Materie ist das Ausgedehnte". Jetzt endlich war die Materie nichts Eigenschaftsloses mehr; ihre Eigenschaft war die Ausdehnung. Aus dieser todten, mechanischen Anfangserklärung wird sie denn bald erhoben durch Kant: „Die Materie ist das Bewegliche mit bewegender Kraft; sie ist das Bewegliche mit anziehender und abstoßender Kraft". So war das blos mechanisch Ausgedehnte, das Unthätige ein Dynamisches, Thätiges; der Stoff war Kraft geworden.

Aber wie wird nun aus diesem Einen, aus „dem Beweglichen mit bewegender Kraft" die Vielheit der Dinge? Kant sagt, „die anziehenden und abstoßenden Kräfte befinden sich zu einander in unendlicher Durchdringung; aber bei der unendlichen Verschiedenartigkeit der Körper ist eine unendliche Verschiedenheit der Durchdringung möglich". Indeß, wir haben wohl ein Recht zu sagen, daß dieses „Mögliche" bei Kant noch viel Aehnlichkeit hat mit der Materie „als dem Möglichen" bei Aristoteles und daß es nichts der Materie selbst zukommendes, sondern etwas in sie Hineingetragenes, Hineingeredetes ist. Kant spricht von der Möglichkeit unendlicher Durchdringungsweisen, weil er in der Wirklichkeit die Verschiedenheit raumerfüllender Körper sah. Ueberdies, wenn auch eine solche unendliche Verschiedenheit der Durchdringung möglich ist, findet sie denn auch in Wirklichkeit statt? Begnügt sich die reale Welt nicht vielleicht mit einer kleinen Zahl von

Durchdringungsweisen, um die Unendlichkeit der Körper zu bilden?

Gewiß hier ist es, wo uns das Gebiet des Denkbar-Möglichen allein nicht die Wahrheit realer Welt liefern kann. Den im vorigen Vortrag erwähnten, fast nur in Wortzergliederungen und logischen Denkbarkeiten gehauenen Griechenweg müssen wir verlassen, das Gebiet der experimentirenden Erfahrung müssen wir betreten, da Erfahrung, wie Kant selbst es betont, es ist, welche uns die Erscheinungsweise der Materie liefert. Dies Erfahrungsgebiet nun ist die Chemie und wir hätten daher zu sagen: **Chemie ist die Wissenschaft von dem Wesen der Materie.** Wie es aber keine Erfahrung giebt ohne einen die Außenwelt denkthätig erfassenden Geist, so werden wir auch die Erfahrungen in der Chemie bestimmt finden von den jeweiligen Gedanken, den philosophischen Anschauungen einer Zeit.

Nun werden Sie vielleicht fragen, wie kommt der Name „Chemie" dazu, diese Wissenschaft zu bezeichnen? Sie glauben vielleicht durch eine Worterklärung einen kurzen Begriff von der Wissenschaft zu erhalten? Denn anderwärts gelingt dies gut. Auf die Frage: „Was ist Philosophie?" z. B. kann man rasch antworten: Das ist ein vom Griechen Pythagoras eingeführtes Wort und bedeutet: Liebe zur Weisheit. Aber leider herrscht bei dem Worte „Chemie" nicht diese Klarheit der Bedeutung.

Man streitet, ob Chemie, Chimie, Chymie zu schreiben sei, und ägyptische, arabische, griechische Sprachen werden als Mutterland des Wortes genannt. Kopp (Beiträge zur Geschichte der Chemie) stellt die verschiedenen Erklärungen zusammen, die aber, wie er sagt, sämmtlich gleichberechtigt an wissenschaftlichem Werthe seien. „Das Wort Chemie findet sich frühe bei Plutarch in der zweiten Hälfte des 1. Jahrhunderts; in seiner Schrift von Isis und Osiris sagt er: die Priester Aegyptens nennen das meist schwarzerdige Aegypten, wie das Schwarze im Auge, Chemia." (Kopp, a. a. O. S. 66.) Man brachte diesen Namen in Zusammenhang mit Cham, Noah's Sohn, der als identisch mit Zoroaster und als Urheber der Magie in Aegypten behauptet wurde. Man brachte ihn auch in Verbindung mit Chemmis, dem Namen eines Gottes, der in dem gleichnamigen Orte in der Thebais verehrt wurde; welches Wort allmählig ganz Aegypten bezeichnet habe. Auch führte man an, wie Aegypten genannt worden sei: Hermochämios, d. i. schwarzes Land des Hermes. An diesen Ländernamen unbekannten Ursprungs lehnt man nun — und zwar ist dies die beliebteste Annahme — das Wort Chemie, als bedeutend ägyptische Kunst, Kunst des schwarzen Landes, schwarze Kunst.

Im 17. Jahrhunderte suchte man das Wort aus dem Arabischen zu erklären, Chema bedeutet hier „verbergen". Chemie wäre also verborgene Kunst, Geheimwissen. Aber die Araber betraten später wie die Aegypter das Gebiet der Wissenschaft und so ist es unwahrscheinlich, daß diese ein Wort in einer Bedeutung, unter der sie es selbst nicht hatten, von den Arabern angenommen hätten (Kopp, a. a. O. S. 70).

Nun sind Andere, welche das Wort nicht „Chemie" geschrieben haben wollen, sondern Chymie, Chimie. Sie leiten es ab vom griechischen chyo, cheo, flüssig machen, schmelzen; auch von chymos, Flüssigkeit, Saft. Andere wieder leiten das Wort vom Namen des Begründers der Kunst, Chimes, Chymes, Chemes her, aber über die Person selbst weiß Niemand etwas, allenfalls weist man wieder auf den Zusammenhang dieses Namens mit Chemmis und Cham hin.

Fügen wir gleich aus Kopp hinzu, daß über das Wort Alchemie gleiche Unsicherheit herrscht. Die größte Wahrscheinlichkeit für sich hat die Annahme, daß die Silbe al der arabische Artikel ist, welcher dem Worte chemie vorgesetzt wurde. Aber auch hier soll das Wort wieder die Kunst eines gewissen Alchymus bezeichnen. Man läßt es auch entstehen aus dem griechischen 'als, Salz, und cheo, schmelzen. Ferner, weil auch die Schreibweise Archemie vorkommt, leitet man es her aus: argyriu chämeia, Chemie des Silbers.

So viel denn über die Deutungen des noch unerklärt gebliebenen Wortes: Chemia. Gehen wir nun der frühesten Anwendnng dieses Wortes zur Bezeichnung einer Wissenschaft nach, so kann es immerhin erstaunen, daß es erst in Schriften verhältnißmäßig neuerer Zeit, der christlichen, vorkommt. Kopp (a. a. D. S. 43) führt aus, wie das Wort zum erstenmal schriftlich sich auffinden lasse in der Astrologie eines Sachwalters von Constantin dem Großen; in einer Schrift, die etwa aus dem Jahre 336 stammend, von Julius Maternus Firmicus aus Sicilien verfaßt wurde. Darin wird erwähnt, wer unter dem Zeichen des Saturn geboren werde, erlange die chemische Kunst (scientia alchimiae). Aber eine Erklärung steht nicht dabei. Eine solche findet sich erst bei einem gewissen Zosimos, der gewöhnlich der Panopolit genannt wird, als aus Panopolis in der Thebais (Ober-Aegypten) gebürtig. Dieser Mann, der von den Alchemisten als eine der bedeutendsten Autoritäten, als der göttliche Zosimos, gepriesen wurde, lebte im 4. Jahrhundert unserer Zeitrechnung, obgleich man ihn bei der vielen Unsicherheit über ihn auch in das 2. oder 3. Jahrhundert vor Chr. setzen wollte.

Eine Sage hatte sich gebildet aus I. Buch Moses, Cap. VI, B. 1, 2, 4, wonach Kinder Gottes Verkehr hatten mit den Töchtern der Menschen und wonach aus diesem Verkehre Gewaltige in der Welt und berühmte Leute entstanden. Eine Sage, wonach schließlich Alchemie und andere Geheimnisse den Menschen durch höhere Wesen mitgetheilt wurden. Bereits im 2. Jahrhundert vor Chr. ist Chemisches damit in Verbindung gebracht. Im Buch Henoch, II. Abschnitt, ist (Kopp a. a. D. S. 6) näheres über diesen Verkehr mitgetheilt, und der Engel Azâzêl lehrte die Menschen: „ihre Kunstwerke: Armspangen und Schmuckwaaren und den Gebrauch der Schminke, die Verschönerung der Augenbrauen und die kostbarsten und auserlesensten Steine und alle Farbstoffe und die Metalle der Erde." Andere gefallene Engel lehrten das Beschwören, Sternsehen u. s. w. Im 2. Jahrhundert nach Chr. tritt diese Sage wieder auf. Tertullian in seinem Buche de cultu feminarum wiederholt diese Sagen Henoch's, wonach den Frauen von Engeln zur Erlangung von Liebesbeweisen Künste der Metalle u. s. w. gelehrt wurden. Gradezu nun, als Auskunft gebend über den Ursprung der Chemie, wird diese Sage von Zosimos mitgetheilt. Er ist der Früheste, bei dem dies von höheren Wesen mitgetheilte Wissen „Chema" genannt wird und bei dem das Wort Chemia wenigstens anscheinend für Metallerzeugungskunst steht.

Des Zosimos Erzählung ward denn in der Folge vielfach citirt als Beweis, wie schon zu seiner Zeit die Chemie als etwas in unvordenklichen Zeiten bekannt Gewesenes betrachtet worden sei. Man specialisirte später mehr die Art des Verkehrs zwischen Frauen und Engeln, doch sucht man auch anderweitige Stützen für das Alter der Chemie als Metallerzeugungskunst; so heißt es in der Chronik des Johannes von Antiochien aus dem 7. oder 8. Jahrhundert: Das goldne Vließ sei eine auf Thierhaut geschriebene Anweisung gewesen, wie mittelst Chemie Gold zu machen sei.

Wir sehen, das Wort Chemie wurde gebraucht bei Gegenständen, wo es auch heute noch seine Anwendung findet: Chemische Haarerzeugungs- und Haarfärbemittel; ferner Farbstoffe-Metall-Darstellung u. s. w. Schon in früher Zeit finden wir die Bekanntschaft mit solchen Arbeiten. Die Farben ägyptischer Wandmalereien erregen bei ihrer Lebhaftigkeit noch heute die Bewunderung ihrer dauerhaften Zusammensetzung; man kannte Gifte zum Tödten; kannte Mittel, die Leichen zu bewahren; kannte in der Glasbereitung die Einwirkung der Alkalien auf Kieselerde; kannte Vitriolöl, Bleiweiß, Grünspahn; wußte Purpur zu bereiten u. f. w. Möglich ist es, daß die Bereitung der kostbareren technischen Producte ein Hoheitsrecht oder Geheimniß Eines Standes war. Für die Gewinnung edler Metalle war dies zu einer Zeit, wo Aegypten noch eigene Könige hatte, sicher der Fall, so gut wie noch heute das Münzrecht den Herrschern zukommt. Die, welche sich mit solchen Arbeiten beschäftigten, durften nichts davon sagen; dadurch ward diese Kunst frühzeitig zu einer verborgenen, einer geheimen Kunst. (Kopp a. a. O. S. 90.) Sie ward so zu einer Bevorzugten; und zu einer Zeit, wo das Wort Chemie noch wenig gebräuchlich, da sprach man von: heiliger, göttlicher Kunst, von Färbekunst, Goldmacherkunst u. f. w. Dazu kommt, daß die Gegenstände dieser „Kunst" als Bedürfnisse des practischen Lebens Verkaufsartikel waren, daß daher die Fabrikanten grade wie heutzutage ihre Gewinne davon haben wollten und deshalb möglichst alles zu Geheimmitteln machten; so daß auch aus diesem Grunde viel Geheimniß in die Kunst getragen wurde. Königstränke, Malzextracte wird es auch damals gegeben haben. So wenig aber diesen chemischen Geheimmitteln von heute eine wissenschaftliche Theorie zur Seite steht, so wenig war dies in jener Zeit der Fall. So weit vorgeschritten man auch schon frühe war in technischer Fabrikation vieler Präparate, so zurück und niedrig blieb man in Erklärung solcher Processe. Man hatte seine practischen Erfahrungen, bildete danach seine Recepte, die man sorgfältig vor den Augen Unberufener verbarg und die man wohl meist noch in mystischen Zeichen, schwerdeutenden Worten aufschrieb. Die Wichtigkeit zu erhöhen, ließ man diese Recepte durch Götter, Hermes, Aesculap u. f. w. gegeben sein; eine Theorie, die natürlich später bei Beibehaltung des wissenschaftlichen Werthes durch die Lehre von den Engeln substituirt wurde. Interessant freilich ist, daß so frühe schon die weibliche Eitelkeit als Haupthebel zur Erfindung solcher Recepte galt; wie schon vor Christus diese Verschönerungsmittel als Gaben gefallener Engel galten, also als etwas sündhaftes. Da kann es nicht verwunderlich sein, wenn die spätere Zeit nicht zurückbleibt und im 16. Jahrhundert gegen einen Hosenteufel, im 19ten gegen einen Chignonteufel kanzelrednerisch sich ereifert, als seien diese, menschliche Eitelkeit erregend, Veranlasser verunzierender Verschönerungsmittel.

Wir wiesen im ersten Vortrage darauf hin, in welchem Gegensatze Geist und Materie bei den Heiden standen, wie durch die christliche Lehre der Erbsünde auch in die monotheistische Schöpfungslehre dieser Dualismus wieder auftam, so daß die Materie, weil das Gegentheil alles Guten, Reinen, zum Schlechten, Unvollkommnen u. s. w. wurde. Es ist natürlich, wenn sich hierdurch in den Volksmassen die Anschauung bildete, die Beschäftigung mit diesem Ungöttlichen sei weniger des Preises werth als die mit dem Göttlichen. Wir dürfen aber auch überzeugt sein, daß die Vertreter dieses Göttlichen, die Priester, in der ältesten wie in der neusten Zeit, die Würde, die ihnen vom Volk entgegengebracht wurde, mit menschlicher Eitelkeit aufnahmen und hegten, und daß sie, um diese Würde zu behaupten und zu erhöhen, mit stets größerer Zähigkeit und Schroffheit alles was nicht mit ihnen zusammenstimmte, als ein Werk des Schlechten, Unvollkommenen, des Bösen, als Zauberei oder Magie verschrieen.

So lebte Jahrhunderte lang die Chemie dahin, — geehrt und eifrigst begehrt durch ihre technischen Präparate. Aber umhüllt von dem Nimbus eine göttliche, verborgene, geheimnißvolle, magische Kunst zu sein, ward ihr in dieser ganzen Zeit nichts anders von der Masse entgegengebracht als einem Mesmerianismus, Somnambulismus der heutigen Zeit: gedankenlos anstaunende, orakelfragende Bewunderung auf der einen und betrugriechende Verachtung auf der andern Seite.

Fragen wir nun, was in dieser Zeit magischen Dunkels und verbergender Geheimnißkrämerei die Vorstellung über den inneren Vorgang bei den verschiedenen Darstellungen technischer Gegenstände gewesen sei, so forschen wir vergeblich nach wissenschaftlichen Erklärungen. Die Geheimhaltung der Recepte selbst schloß ja Erklärungen für die Käufer aus, da diese ja nach solchen Erklärungen sich selbst hätten Recepte erfinden können. Man ging daher nicht über allgemeine Betrachtungen hinaus. Das scheinbare Hervorgehen des Einen aus dem Andern hatte schon frühe die Ansicht gebildet, daß Ein Princip allen Dingen zu Grunde liege. Die Aegypter, vom befruchtenden Nil ausgehend, nannten es das Wasser. Die Perser, auf dem Hochlande wohnend, nannten es Sonne, Feuer. Wir führten im vorigen Vortrage an, wie die jonischen Philosophen, der Reihe nach, Eins der vier Elemente, als Princip des Alls hinstellten, als das Eine aus dem sich alles entwickele. Wir werfen einen Blick darauf zurück, da wir gleich im Beginn des Philosophirens eine Frage auftauchen sehen, die für die ganze Auffassung und Entwickelung der Chemie von größter Wichtigkeit war: die Frage nach der Umwandlung der Stoffe in einander.

Heutzutage weiß Jedermann, daß das Eisen, welches feurig flüssig aus dem Hochofen abgelassen wird, nicht in dem Ofen neu gebildet wurde, daß es vielmehr nur ausgeschieden, abgeschieden oder getrennt wurde von Stoffen, mit denen es im Erze verbunden war. Die Darstellung des Eisens, wie überhaupt aller Metalle, ist daher nicht eine Umwandlung des Erzes, oder eine Neubildung in demselben, sondern nur eine Trennung, Ausscheidung von andern Stoffen. Es ist die Alchemie, welche die Metallgewinnung im Sinne der Umwandlung des Einen in's Andere auffaßt. Sicher war eine ungenügende Erfahrung, das Unvermögen zu jener Zeit „die bloße Abscheidung von einer künstlichen Hervorbringung in einem chemischen Processe zu unterscheiden", die Veranlassung zum Fürwahrhalten einer Metall-, einer Golderzeugung. Aber das Denken bemächtigt sich einer Erfahrung und baut sein System der Weltanschauung damit auf und um so fester und strenger, je weniger

Die Scheidungslehre des Anaximandros.

es Verdacht hat, an der Richtigkeit seiner Erfahrung zu zweifeln. Dies System aber, wenn es ihm gelang die Gunst der Zeit zu gewinnen, dient denn wieder dazu, eine irrige Erfahrung als wahre bestehen zu lassen. Das Forschen, Experimentiren selbst geschieht im Geiste und der Richtung des Systems und so können Jahrhunderte vergehen, ehe es gelingt, das Wahrere an Stelle des Irrigen zu setzen.

Ausgehend von der Vorstellung der Umwandlung ließen also die Jonier aus Einem Princip sich alles entwickeln. Verdichtung der Luft giebt Wasser und Erde, Verdünnung giebt Feuer lehrte Anaximenes. Im Gegensatz aber zu ihm und den übrigen steht Anaximandros, dem das Princip ein Unendliches war, weil es der fortschreitenden Entwickelung nie an Stoff fehlen dürfe. „Er dachte sich das Unendliche als eine Mischung verschiedenartiger Elemente, dem Chaos nach griechischer Vorstellung ähnlich, die ungesondert darin enthalten sind. Aus der ewigen Bewegung des Unendlichen, welches Alles lenkt, geht das Endliche hervor. Diese Entstehung dachte er sich nicht als einen Verwandlungsproceß, sondern (chemisch) als einen Proceß der Sonderung und Scheidung. Da in dem Unendlichen schon Alles, wenn gleich noch verborgen, enthalten ist, so entsteht Alles dadurch, daß das, was in dem Unendlichen in einer Einheit verbunden ist, sich sondert und scheidet, wodurch es zur Existenz gelangt. Das, was im All Gold ist, erscheint erst als Gold, wenn es nicht mehr mit seinem Gegensatze vermischt, sondern davon geschieden ist. Dieser Scheidungsproceß beruht auf ursprünglichen Gegensätzen des Kalten und Warmen, des Trocknen und Feuchten, welche durch die Sonderung gelöst werden. Das Einzelne, was sich aus dem Unendlichen aussondert, kehrt aber auch in die ursprüngliche Mischung wieder zurück; denn woher das, was ist, sagt Anaximander, seinen Ursprung hat, in dasselbe hat es auch seinen Untergang nach der Billigkeit, denn es muß seine gesonderte Existenz wieder aufgeben, worin die Buße und Strafe besteht, die es erleidet." (Harms, Einleitung in die Physik. S. 194.)

Interessant ist es, gleich im Beginn des Philosophirens der Umwandlung widersprochen und der Abscheidung das Wort geredet zu sehen, indeß wissenschaftlichen Werth hat solche Auseinandersetzung, wonach das Sich-Isoliren des Goldes, wo möglich mit dem Maaßstabe einer geistigen Selbstüberhebung gemessen wird und wie hier, so dort „zur Buße und Strafe" in's Unendliche zurücksinken muß, wenig. Und bei dieser steten Vermischung des psychischen und physischen in der griechischen Philosophie können wir einfach auf die im ersten Vortrag erwähnten begrifflichen Erfassungen der Materie verweisen. Ist es doch für den Fortgang der Chemie von wenig Bedeutung, ob die Scheidungstheorie sich zugipfelte zu der Lehre des Anaxagoras, der ausgehend davon, daß aus Nichts nichts werde, daß alles Erstehen und Vergehen nur Zusammensetzung und Auflösung aus dem schon vorhandenen sei, annahm: im Chaos seien alle Dinge beisammen gewesen, aber als Keime der Dinge, unendlich an Menge und Kleinheit, die vom Nus geordnet wurden; diese Keime seien gleich den verschiedenen Materien, Gold, Knochensubstanz u. s. w. und Feuer und Luft seien zusammengesetzter als Knochen und Fleisch. Gleichwenig Bedeutung für die Chemie hatte es, als die Umwandlungstheorie der Jonier eine atomistische Grundlage erhielt; als Demokrit lehrte: Alles besteht aus qualitativ gleichen, nur quantitativ verschiedenen Atomen. Die Bedeutung des Mannes, sein Ruhm wegen naturwissenschaftlicher Kenntnisse machten ihn freilich schon früh zu einer Autorität in der Alchemie, doch ist grade die vielleicht älteste alchemistische Schrift Democriti, physica et mystica, worin von Färbekunst die Rede ist, nicht von ihm, sondern erst aus dem 4. Jahrhundert nach Chr.

Von den ebenfalls als alchemistischen Autoritäten angeführten Plato und Aristoteles sei hier nur der naturwissenschaftlich bedeutendere Aristoteles erwähnt. Wir kennen bereits seinen

Die Elemente des Aristoteles.   87

Begriff der Materie, aber mit dieser „als dem Möglichen" war
bei der Naturerklärung nichts anzufangen, weshalb er in ihr sofort von etwas geformtem ausgeht, von Elementen, die er
aus der Verschiedenheit der Bewegung und den sinnlichen Eigenschaften der Körper herleitete. „Elemente, stoicheia, sagt er,
nennen wir das, woraus etwas besteht, wie aus einer ersten Substanz, und das selbst seiner Form nach untheilbar ist". Sie sind
ihm die Grade oder Stufen von einem Ende zum andern, die
Bestandtheile eines Ganzen, welche eine vollständige Reihe bilden,
seien es Stunden, oder Buchstaben, oder Zahlen, oder Redetheile,
oder physische Elemente, immer nur vorausgesetzt, daß solche Elemente durch eine systematische Ordnung zusammengehalten werden; ihm wird zum Elemente das, was eine gewisse Reihenfolge
und Anordnung hat (Max Müller, Sprachwiss. Bd. II. S. 71.
73). Eine solche Reihenfolge vom Beweglichen zum Unbe-
weglichen zeigten Feuer, Wasser, Luft und Erde; somit
waren dies die Elemente. Einfache Elemente konnten nach
Aristoteles nur einfache Bewegung haben, Feuer und Luft aufwärts; Wasser und Erde abwärts. Da es aber neben der gradlinigen Bewegung noch eine kreisförmige als vollkommenste giebt,
so muß es auch etwas geben, dem diese Bewegung natürlich ist:
der Aether. So erhält Aristoteles 5 Elemente, die folgende
Anordnung haben.

<pre>
                    trocken und warm
                         Feuer
    ɘ   ᙈ
    ᴉ   ᴎ
    ǝ   ɹ
    ɔ   Erde   A e t h e r   Luft   ǝ
    ɹ   ǝ
    ʇ   ᴉ
                        Wasser
                    kalt und feucht
</pre>

Bei dieser Anordnung haben die Elemente die Fähigkeit sich in
einander zu verwandeln, weil stets die Grundeigenschaft je zweier
Elemente einander ähnlich ist. Nur der Aether steht außerhalb

dieses Uebergehens des Einen in Andere. „Er steht über den vier Elementen als ein erhabenes, ewiges, unveränderliches Wesen, das allein Göttliche im Materiellen". Dieses fünfte Element ward später quinta essentia genannt, woraus denn noch später die so viel berühmte: Quintessenz wurde.

Wir sehen die stoicheia, elemente des Aristoteles sind mehr die zu festen Körpern erhobenen Aggregatzustände der Körper. Das flüssige Wasser geht über als Eis in feste Erde, als Dampf in Luft. Die Elemente sind ihm Glieder einer Entwickelung, und nicht, wie der heutigen Zeit, unzerlegbare, einfache Stoffe, für die man, da man sie gleichsam in eine Reihe nebeneinanderlegen kann, das griech. stoichos Pfahl, Stange eher brauchen könnte, wie jenes stoichelon, welches ein Element mehr zur Sprosse einer Leiter macht.

Kopp (a. a. O. S. 24) führt aus, daß weder bei den Griechen noch den Römern bereits die Vorstellung bekannt gewesen sei, edles Metall lasse sich aus unedlem durch Umwandlung darstellen, selbst nicht bei Plato und Aristoteles. Aber es ist klar, daß es von wesentlicher Beeinflussung auf das Erfassen aller technischen Erfahrung sein mußte, daß grade die Meister der philosophischen Anschauung, bei denen die folgenden Jahrhunderte in die Schule gingen, die Elemente als Träger von Grundeigenschaften faßten und nicht als materielle Urbestandtheile, nicht als besonders darstellbare Substanzen. Die Möglichkeit solcher Umwandlung ward dabei stets größer, denn wenn die unedle Erde allmählig in das edle Feuer übergehen konnte, so war das Uebergehen von unedlem Metall in edles nichts widernatürliches. Kopp (S. 94) nimmt es denn auch als wahrscheinlich an, daß bereits in den ersten Jahrhunderten unsrer Zeitrechnung der Glaube an die Möglichkeit der Hervorbringung edler Metalle in Aegypten, dem Orte frühster chemischer Thätigkeit bestand. Einen schriftlichen Beweis freilich für die Annahme der Metallveredlung, speciell die Verwandlung des Silbers, des Zinns,

Chemie als Golddarstellungskunst. Die Stoiker.

des Kupfers in Gold, findet er erst gegen Ende des 5. Jahrhunderts bei Aeneas Gazäos, einem aus Gaza in Syrien gebürtigen Philosophen, der erst Neuplatoniker war, dann dem Christenthum anhing und über die Unsterblichkeit schrieb (Kopp S. 34).

Wir müssen noch einer anderen philosophischen Weltanschauung gedenken; hatte doch sicher zu einer Zeit, wo der Name Chemie noch nicht existirte, wo man Metallveredlungskunst sogar als 'ae technae tnes philosophias als Kunst der Philosophie bezeichnete, diese letztere entscheidenden Einfluß auf den Gang der Arbeiten. Es ist die stoische Lehre, die wir meinen und die grade in den ersten Jahrhunderten des Christenthums unter den Gebildeten des mächtigen Römerreiches die größte Aufnahme gefunden. In jenen Zeiten der socialen Zerrüttung und der Unbefriedigung mit dem Glauben der Väter, da war sie stärker aufgenommen worden die alte stoische Lehre, daß alles mit Nothwendigkeit geschehe, und daß es das Zeichen eines weisen Mannes sei, sich nicht kümmern zu lassen von dem Elend des Lebens und sich in Ruhe in das Unvermeidliche zu fügen. So ging das Streben dahin, die Vollkommenheit eines weisen Mannes zu erlangen. Ein weiser Mann zu sein galt als höchstes Ideal; da man sich alsdann wie er vor allen Leiden einer qualvollen, unglücklichen Zeit sicher stellen und mit Glückseligkeit leben könne. Mit diesem Ideal verschmolzen mit der Zeit Vorstellungen der Neuplatoniker und auch solche indischer Lehren. Vorstellungen, wonach man durch asketisches Leben, durch Unthätigkeit und beschauliches Fürsichhinbrüten, nach vielen Prüfungen eine solche Macht der Intelligenz gewinnt, daß man die Gedanken Andrer, die Zukunft und Vergangenheit weiß, und wonach man selbst die Stärke eines Elephanten gewinnt. Man kann sich dann durchdringlich machen für Alles; wird so leicht, daß man mit einem Sonnenstrahl in die Sonne kehrt; man kann dann den Lauf der Natur ändern und erreicht so die höchste Glückseligkeit.

Ein solcher Wunderglaube, wonach Glückseligkeit durch beschauliches Leben zu erlangen war, der mußte sich auch in andrer Weise geltend machen; und wie im philosophischen Denkerleben nach dem „Ideal des Weisen", so strebte man in der Kunst der Philosophie, im practischen Leben, nach dem „Stein des Weisen". Wer den Stein besaß, konnte Gold machen, das Leben sich verlängern, konnte überhaupt auf bequemerem Wege, wie durch „Weise sein", Glückseligkeit erlangen. Die Möglichkeit der Darstellung des Steins war durch die materialistische Grundlage des Stoicismus gegeben. Neben den 4 Elementen hat auch er „ein fünftes, den Aether, das Feuer, ein subliles Fluidum, welchem die Luft als materielle Basis dient; in dieser ätherischen, feurigen Kraft sind alle Existenzweisen des von ihr belebten Weltkörpers zum Voraus enthalten und entwickeln sich aus ihr ordnungsgemäß" (Döllinger S. 320). Diese Existenzweisen oder Dispositionen zu bestimmten Gestalten nannte man auch Samenstoffe, logoi spermaticoi. Sollte es nun nicht möglich sein, diese Samenstoffe erhalten zu können? Diese Samenstoffe des Goldes u. s. w.

Der Glaube an die Möglichkeit der Darstellung solchen „Steins der Weisen" oder der „Quintessenz" des Aristoteles konnte freilich erst in späterer Zeit, als der Monotheismus die herrschende Gedankenrichtung der Forschenden war, voll aufkommen. Denn bei Aristoteles, wie bei den Stoikern, war ja dieses fünfte Element mehr seelischer, als materieller Natur. Es war das die irdischen Elemente belebende, beseelende Princip. Die Stoiker freilich wollten Materialisten sein, und wollten nicht dualistisch wie Aristoteles Kraft und Stoff trennen, weshalb sie sagten, Kraft sei undenkbar ohne Stoff und beide seien ein einziges in verschiedener Beziehung betrachtetes Wesen; als eigenschaftslos gedacht sei es Materie, als aktiv und belebend sei es Gott, Kraft. Indeß auch bei ihnen ist es der subtilere Aether, die aristotelische Quintessenz gleichsam, die das Rohere belebt. Natürlich mußte, als der Monotheismus galt, dieses fünfte Element seine Göttlichkeit, seine Eigenschaft als Weltseele verlieren, man betrachtete es einfach als Element, so gut wie die übrigen, und nun hatte man sogar gewissermaßen ein Recht dazu es darstellen zu wollen, so gut wie die andern.

So stehen wir denn jetzt im 4. Jahrhundert, wo wir von Zosimos zuerst den Namen Chemie angewendet finden für „Metallerzeugungskunst", und am Ende des 5. Jahrhunderts, wo uns von Aeneas Gazäos das erste Schriftstück hinterlassen ist, aus dem wir sehen, daß die Metallerzeugungskunst als eine Metallumwandlung betrachtet wurde. Wir führten im Vorhergehenden die Weltanschauungen an, welche solchen Glauben anbahnten, wir wiesen darauf hin, wie dieser Glaube erst in der monotheistischen Weltanschauung zur vollen Ausbildung kommen konnte. Mit Absicht verweilten wir in dieser Vorhalle der Chemie etwas ausführlicher, da wir von der Gewißheit ausgehen, daß die Denkrichtung eines Menschen bestimmend wirkt auf all sein Thun und Handeln. Die Gottheitsidee, die seinen Kopf füllt, ist nichts was nur zur Zeit der Messe, oder der Sonntagspredigt zur Geltung kommt, sie ist von Einfluß selbst am Schmelztiegel. Erst als die Welt entgöttert war, als man den Aether der Welt nicht mehr als Weltseele, als Form der Gottheit ansah und scheute; erst da erwachte der Muth die Gesetze des Seienden, die Ordnung der Natur zu erkennen und experimentell zu untersuchen. Um so interessanter ist es daher, daß der Name Chemie auftaucht zur Zeit der Erhebung des Christenthums unter Constantin. Nicht mehr heilige, verborgene Kunst will sie sein: sie ist Metallerzeugungskunst und dieser Begriff wird jetzt schärfer bestimmt in den der Metallumwandlungskunst.

Diese Begriffsfassung geschieht, weil man in den nächsten Jahrhunderten immer noch mehr Philologie in der Chemie treibt, als daß man frisch und frei eigene Versuche machte. Denn als die Alchemie, das ist das Meinen, man könne ein Metall nach all seinen Eigenschaften zu einem andern umwandeln und namentlich unedles Metall in edles erheben, als diese mehr und mehr ein bewußtes Ziel der Chemiker wurde, da philologisirte man hauptsächlich und statt die Natur zu fragen, suchte man in allen alten Schriften nach, um Beweise für die Richtigkeit des neuen Glaubens zu finden; und so stempelte man im Laufe der Zeit, und in den späteren Zeiten sogar noch hartnäckiger und kühner in Combinationen wie anfangs, alles zu Alchemisten, sowohl den fabelhaften Hermes Trismegistos, den Dreimalgrößten, als auch den Moses, Hiob, die Cleopatra, den Evangelisten Johannes u. s. w.

Dabei geschah es denn auch, daß man absichtlich oder unabsichtlich Schriften neueren Datums zurückdatirte, wie z. B. die schon erwähnte, etwa im 4. Jahrhundert nach Chr. erschienene Schrift, Democriti, ex rebus naturalibus et mysticis, die man dem Abderiten Demokrit aus dem 4. Jahrhundert vor Chr. zuschrieb. Das Buch schreibt über Gold, Silber, Steine und Purpur und enthält gleich im Beginn eine Erzählung, wie dem Verfasser von seinem Lehrer auf wunderbare Weise die höchste Weisheit mitgetheilt worden sei in den kurzen Worten: natura naturam gaudet: et natura naturam vincit: et natura naturam retinet (die Natur erfreut sich der Natur; die Natur besiegt die Natur; die Natur beherrscht die Natur). Diese mysteriöse Lehre, die auch in andern Gebieten als denen der Chemie und Alchemie vorkommt und aus älterer Zeit zu stammen scheint, ist in dieser Schrift zuerst auf Chemie angewendet und auf sie ward seitdem, als auf eine Grundlehre des Wissens, oft Bezug genommen (Kopp a. a. O. S. 115). Schmieder, in seiner Geschichte der Alchemie, möchte statt „Natur" „Naturkraft" setzen und also deuten: die Naturkräfte der Körper zeigen eine freundliche Aneignung gegen einander; die eine Naturkraft zeigt sich stärker als die andere, und darum wird oft die eine Aneignung durch die andere aufgehoben; es giebt aber eine Naturkraft, welche alle die übrigen gewältigt, Aneignungen hervorruft und wieder aufhebt. Der erste Spruch deutet die auflösende Kraft an, die wir Verwandtschaft nennen, der zweite unsere Wahlverwandtschaft, der dritte die Allgewalt des Feuers". Schmieder läßt also in diesem Spruche die allererften Vorbegriffe der Chemie enthalten sein.

Es ist gewiß, diese Erklärung hat vieles für sich, aber wir haben heutzutage in der Chemie wenig Gefühl und Neigung mehr für solche Gesetze und Wahrheiten, aus denen der Sinn erst mühselig und vieldeutig herausgeheimnißt werden muß. In andern Gebieten freilich blüht dieses verhüllte Offenbaren noch fröhlich fort. Der Darwinismus krankt hauptsächlich an einem Naturkultus, wie er in jener Formel: Die Natur erfreut sich der Natur u. s. w. getrieben wird. Auch hier heißt es: Die Natur entwickelt sich; die Natur wählt stündlich aus und sinnt auf Verbesserungen in der Züchtung u. s. w. Wer aber nun platt zugreifen will, dem wird zugerufen: „Halt, so ist es nicht gemeint! Du mußt die Wahrheit erst herausgeheimnissen; denn Natur ist nur ein dichterisch personificirender Ausdruck!" Aber wehe dem der genauer zusehen will, er wird zu oft nur sehen, daß hier ein Gambetta ist, eine Phrase ohne Werth.

Die Anführung des Weisheitsspruches vom Pseudo-Abderiten macht es unnöthig, andere Erklärungssätze aus der alchemistischen Zeit anzuführen; tragen sie doch alle diesen Ton der Geheimnißkrämerei. Und da es uns nicht darauf ankommt eine Geschichte der Irrthümer jener Zeit zu schreiben, so können wir rasch diesen Zeitraum von 400—1500 überspringen; ist es uns doch nur zu thun, den Grundton jener Zeit anzugeben, in welchem die Arbeiten ausgeführt wurden, und das war eben: der Glauben an den Uebergang der Elemente in einander, und demzufolge der an die Umwandlung der Metalle. Es war im Grundton jener Zeit das Streben nach verhülltem Offenbaren des Gefundenen, um die verborgene Kunst nicht in die Hände Unberufener kommen zu lassen. Es war das philologisirende Arbeiten, welches Mode war und welches, stets durchsuchend alte Schriften, durch Citate einen größeren Beweis für seine Ansicht zu erhalten meinte, als durch eigene Versuche.

Wir müssen dankbar anerkennen, wie im 8. bis 10. Jahrhundert die monotheistisch gewordenen Araber der entgötterten Materie näher auf den Leib zu rücken suchten und den Weg des Experimentirens einschlugen und lehrten. Aber es gelang ihnen nicht, den Fesseln griechischer Philosophie zu entrinnen, und ihre Versuche wollten meist nur dazu dienen, die Sätze des Aristoteles zu bewahrheiten. Freilich waren bei ihnen, man weiß nicht seit wann und von wem, die aristotelischen Elemente ersetzt worden durch zwei andere. Schwefel und Quecksilber, hieß es jetzt, bilden die Metalle. Schwefel giebt ihnen Verbrennlichkeit, das Quecksilber Glanz, Geschmeidigkeit und Schmelzbarkeit. Aber hierbei waren nur die Namen, nicht die Sachen geändert. Denn ob Erde oder Schwefel es hieß, was dem Metalle seinen Glanz nahm, ob Feueräther oder Quecksilber es hieß, was ihm den Glanz gab, in beiden Fällen schien es möglich, die schlechte Eigenschaft zu verdrängen und die edle zu heben; denn in beiden Fällen bestand das Metall aus dem verschiedenen Mengenverhältniß und der verschiedenen Reinheit beider Elemente.

Zur Erklärung freilich, woher es kam, daß so lange der Glauben an die Umwandlung der Metalle sich halten konnte, ist anzuführen, daß man in jener Zeit die Metalle eigentlich nur auf trockenem Wege, d. h. mit Feuer bearbeitete. Man glühte, man schmolz, man legirte und so war wenig Veranlassung gegeben, auf jene mannigfache Verschiedenheit der Metalle aufmerksam zu werden, welche man beobachtet, wenn Metalle auf s. g. nassem Wege behandelt werden, wenn sie aus ihren Lösungen als rothe, schwarze, weiße, gelbe, blaue Niederschläge gefällt werden. Man sah bei der Legirung zwei Metalle schwinden und ein drittes entstehen; aus Kupfer und Zink das goldähnliche

Messing. Da war es kein großer Sprung, zu sagen: wenn es gelingt, das Messing noch mehr zu entschwefeln, d. h. ihm die unedle Brennbarkeit zu nehmen, wenn es gelingt, ihm noch mehr den Character des Quecksilbers (Mercurs), d. h. des metallischen Glanzes zu geben, so ist Gold geworden.

Wenn wir hier in der Art und Weise der Operation eine Ursache finden der langen Zeit, in welcher sich der Glauben an die Metallumwandlung erhielt, so ist es wohl auch erlaubt, einer andern Ursache zu erwähnen, welche überhaupt den Drang nach Auffindung des „Steins der Weisen", der „Quintessenz" u. s. w. mehr und mehr nährte. Sehen wir doch auch in unsren Zeiten, wie zu Zeiten von Epidemieen die Zeitungen sich füllen mit Annoncen und Anpreisungen von Universalmitteln; wie dann an den Chemiker stets neue Anforderungen gestellt werden, Mittel gegen Miasmen und Krankheiten zu erfinden. Wenn nun solche Angst der Gemüther schon lebendig ist in unsrer Zeit wo, vom Geiste der Wissenschaft befruchtet, eine Sanitätspolizei allein aus Interesse der Wissenschaft die Ursache einer Krankheit aufzusuchen strebt, um ihre Verbreitung zu hindern, wie viel größer wird die Furcht erst da gewesen sein, wo die Heilmittellehre und Sanitätspolizei noch nicht in wissenschaftlichem Gewande einherging. Und welche Schrecken durchzogen die Welt in jenen alchemistischen Zeiten! Das Jahr 542 begann den Reigen jener Seuchen, die nun fast jedes Jahrhundert über die entsetzten Länder tobten. In Oberägypten erscheinend, durchraste 52 Jahre lang jene Seuche das römische Reich; Constantinopel war ausgestorben, in Gegenden Italiens vermoderte Getreide, Wein auf den Feldern, da es an Schnittern fehlte. Die Jahre 746, 996, 1060, 1100, 1200, 1248 sind als Bringer, als Gipfelpunkte neuer verheerender Pesten berüchtigt, aber sie sind friedlich gewesen gegen jenen Kriegszug, den seit 1347 der schwarze Tod durch alle Länder hindurch während 50 Jahre hielt und wodurch alle süd-europäischen Länder wenigstens den vierten Theil,

Spanien sogar zwei Drittheile, ihrer Einwohner verloren haben sollen. (Whewell, Gesch. der induct. Wiss. I, S. 339.) Wir brauchen nicht die Jahre der folgenden Schrecken anzuführen, die genannten genügen, um eine Jahrhunderte dauernde Aufregung der Gemüther natürlich erscheinen zu lassen, so wie dies, daß der Mensch solchen außergewöhnlichen Ereignissen gegenüber auch auf außergewöhnliche Mittel sinnt; daß er sich deshalb mit entschiedenerem Thun Arbeiten hingiebt, deren Gelingen er wünscht und an deren Unfruchtbarkeit er schon dieses Wunsches wegen nicht denkt, und zwar um so weniger, je mehr er bei dem Grundton seiner Anschauung über die Materie seine Arbeit für eine mögliche ansieht.

Aber dieser Grundton der Anschauung ändert sich mit der Zeit. Neben dem Verfahren die verschiedenen Stoffe auf trockenem Wege, bei Feuer, auf einander wirken zu lassen, bricht sich mehr und mehr die Methode des nassen Weges Bahn. Man behandelt Erze, Erden, Metalle mit Flüssigkeiten, man löst sie in Säuren auf, man vermischt die gelösten Stoffe, und die beim Vermischen auftretenden buntfarbigen Erscheinungen lassen die Verschiedenheit der Metalle und, bei der regelmäßigen Wiederkehr gleicher Erscheinung unter bestimmten Verhältnissen, auch die Unveränderlichkeit derselben erkennen. Der Glaube an Metallumwandlung beginnt zu schwanken. Das im 15. und 16. Jahrhundert allenthalben erwachte Streben die aristotelische Kruste, welche durch Scholastiker und Commentatoren sich auf christliche Theologie so gut wie auf Mechanik, Astronomie, Jurisprudenz u. s. w. gelegt hatte, zu entfernen, drang auch in die Chemie. Der wunderliche Philippus Aureolus Theophrastus Paracelsus Bombastus von Hohenheim, 1493—1541, erhebt am lautesten und wirksamsten den Ruf nach Selbständigkeit und Verlassen der alten Autoritäten. „Mir nach! Ich nicht Euch!" ruft er und verbrennt in seinen Vorlesungen die Schriften von Galen und

Avicenna, „da in seinen Schuhriemen mehr Weisheit stecke, als in diesen Schriften".

Aber Sie dürfen nicht glauben, daß man schon frei ist, wenn man sagt: ich bin frei. Und mit der ganzen Trägheit langsamer Entwickelung geschicht der Fortgang in der Chemie. Der neu auftauchenden Idee, welche selbst noch liegt in den Fesseln des Alten, gelingt es nur langsam, die in trägem Gewohnheitsgange verharrende Vorstellungsmasse in neue Bahnen zu lenken und neuere, reinere Ideen hervorzurufen.

Der augenfälligste Schritt war jetzt wohl der, daß die Chemie aufhört, Alchemie sein zu wollen. Nicht als ob jetzt Niemand mehr Gold zu machen versucht hätte. Nein! Im Gegentheil, die Folgezeit bietet sogar unter den edelsten Forschern noch Goldsucher genug dar. Aber der Zweck der Chemie ist jetzt nicht mehr bloß Metallveredlungskunst, sondern sie tritt jetzt in den Dienst der Medicin. Man will medicinische Erscheinungen auf chemische Grundsätze zurückführen. Man hatte seither die Wirkung von Arzneien als Folge des Einwohnens von aristotelischen Grundeigenschaften angesehen. Erst Basilius Valentinus, Ende des 15. Jahrhunderts, hatte die Befreiung des Körpers von Krankheit und die Befreiung edler Metalle von Unreinigkeiten als ähnliche Erscheinungen, beide als chemische Processe, betrachtet. Nun war es Paracelsus, der vor allen die Ansicht entwickelte, der Lebensproceß sei hauptsächlich als ein chemischer zu betrachten und die Bestandtheile des Organismus beständen aus Elementen im chemischen Sinne, wo das eine oder andere vorwalten könne; und dies Vorwalten sei an chemische Erscheinungen geknüpft, die sich im Gesundheitszustand kund gäben. (Kopp, Gesch. d. Chemie I, 86.)

Die Periode dieses neuen Magdthums der Chemie dauerte nur kurz von 1500—1660. Die bedeutendsten Chemiker dieser Zeit van Helmont, 1577—1644, und de le Bos Sylvius,

1614—1672, suchten namentlich zu entwickeln, wie Gesundheit und Krankheit abhängig seien von dem Verhältnisse zweier Stoffe, die seit der Methode des nassen Weges die Hauptaufmerksamkeit auf sich gezogen hatten: nämlich der Säuren, als deren erster Repräsentant vielleicht der saure Essig zu nennen ist, und der laugenhaften oder basischen Körper, die ihren ersten Namen vielleicht den Waschfrauen verdanken, die in den alten holzbeglückten, steinkohlenfremden Zeiten die Holzasche auslaugten mit Wasser und mit solcher Lauge wuschen. Körper, die ähnlichen Geschmack und Eigenschaften trugen, hießen laugenartige, später auch Basen, Alkalien. Beide Körperarten, Säuren und Basen, die so verschiedene Eigenschaften haben und die zugleich im Stande sind, ihre Eigenschaften zu neutralisiren, d. h. aufzuheben, wie z. B. den sauren und den laugigen Geschmack, und die zugleich bei dieser neutralisirenden Vermischung neue Körper, Salze, liefern; beide Körper erregten jetzt die Aufmerksamkeit, und aus ihrem Verhältniß im menschlichen Leibe lassen van Helmont, de le Boë Sylvius Gesundheit und Krankheit entstehen.

Wir sehen, wie wenig es gelungen war, alten Fesseln zu entrinnen und den Aristoteles zu beseitigen. Das Verhältniß der vier Elemente, die Mischung erdiger, luftiger, wässeriger, feuriger Eigenschaften waren bei ihm das Bedingende von Krankheit und Gesundheit; an jener Stelle war jetzt die Mischung saurer und basischer Eigenschaften getreten. Dies Verbleiben innerhalb aristotelisirend alchemistischer Anschauung zeigt sich noch deutlicher, wenn wir die Elemente der medicinischen Chemiker betrachten. Die Alchemisten hatten Schwefel und Quecksilber als Urelemente angenommen. Man behielt diese bei, setzte nur noch das Salz hinzu. Das Salz galt jetzt als das feuerbeständige; das Quecksilber als das unverändert flüchtige; der Schwefel als das brennbare Element der Körper. Also immer noch gelten die Elemente nur als Träger von Grundeigenschaften, immer noch war es das Verhältniß dieser Eigenschaften, welches Form und Beschaffenheit der Körper bestimmte; immer noch waren, kann man sagen, die Elemente Denkproducte, gebildet aus den am meisten in die Augen fallendsten und die meisten Gegensätze in sich enthaltenden Wahrnehmungen der Dinge. Es waren Phantasiegebilde, deren reale Objectivität, deren thatsächliches Vorhandensein man bis jetzt vergeblich erstrebt gewesen war, nachzuweisen; deren früher so vielfach behaupteten möglichen Uebergang in einander mit der Zeit aber stets mehr Wahrscheinlichkeit verloren hatte. Van Helmont, der zwar noch eifrig an Metallveredlung glaubte, erklärte es denn auch grabezu für ungereimt, die Krankheiten aus einer Mischung von Salz, Schwefel, Quecksilber ableiten zu wollen, da sich keiner dieser Stoffe im Körper nachweisen lasse. (Kopp, Gesch. d. Chemie I, 120); er hält sich daher mehr an die wirksamen, darstellbaren Bestandtheile: Säure, Laugensalz.

Diese Forderung, als Element nur ein Nachweisbares gelten zu lassen, stellte dann am Entschiedensten hin der Irländer Robert Boyle, einer der Stifter der berühmten Royal Society. In seinem 1661 erschienenen Chemista scepticus betonte er die Nothwendigkeit, zu unterscheiden zwischen chemischen und metaphysischen Elementen. Diese letzteren, außerhalb allen Experimentirens stehend, dem bloßen Gedankenspiel angehörend, ließen, sagt er, jede mögliche Ansicht zu; man solle daher, ohne sich um solche Urbestandtheile der Materie zu kümmern, seine Aufmerksamkeit vorzugsweise auf die Bestandtheile richten, welche man wirklich abscheiden könne, die für sich darstellbar seien; wenn diese für die Chemie nicht weiter zerlegbar seien, so solle man sie Elemente nennen, und mit dieser schärferen Begriffsbestimmung komme man weiter, als mit der vagen über die alchemistischen oder aristotelischen Elemente. (Kopp a. a. O. II. 275.)

Es wird Licht! so muß man aufathmend rufen, wenn man

nach mühsamem Hindurchwinden durch alchemistische Dunkelheiten plötzlich den Boden dieses Irländers betritt. Aus der Verwirrung geheimnißkrämerischer verhüllender Erklärungen führt er zur Klarheit nackter Angabe des Geschehenen, statt des Nachjagens nach nimmer Gesehenem, willkührlich Erdachtem, lehrt er ein Stehenbleiben am thatsächlich Gegebenem; aus der Nebelregion erträumter Processe versetzt er die Chemie in die Wirklichkeit irdischen Geschehens. Sagen wir: in dem schwanken Meere des denkbar Möglichen schlug er den Anker, lehrte er den Halt des wirklich zu Denkenden, gab er die Stütze des Gedachtwerden-Müssenden. Von jetzt an konnte die Chemie aller Dienstbarkeit entsagen, nicht mehr als Magd eines Gold oder Gesundheit verlangenden Publicums brauchte sie ihr Leben zu fristen; auf eigenen Füßen, als freie Wissenschaft trat sie einher und reine Wahrheit ward ihr Ziel. Kenntniß vom Wesen der Materie will sie gewinnen; die Elemente derselben und deren Beziehungen zu einander will sie erforschen. Mit dem Jahre 1661 haben wir daher die wissenschaftliche Chemie zu beginnen.

Mit der heute noch geltenden Erklärung Boyle's: Elemente sind die chemisch nicht weiter zerlegbaren Körper, war denn völlig beseitigt jene Lehre des Aristoteles, wonach Element das ist, was eine bestimmte Anordnung hat, wie Feuer, Luft u. s. w.; Elemente sind jetzt nicht mehr Glieder einer Entwickelung, sondern gleichsam Pfähle, Bausteine, aus deren Zusammenfügung und Verbindung die Vielheit der Körperwelt entsteht.

Die Erklärung Boyle's nöthigt uns indeß, hier für einen Augenblick den Gang der Fortbildung der jungen Wissenschaft zu verlassen, um einige andere Erklärungen einzuschieben; denn offenbar erhebt sich hier die Frage: chemisch zerlegbar oder theilbar? chemisch nicht mehr theilbar? was ist das?

Wenn von Theilen oder Zerlegen die Rede ist, so denkt man sofort an Scheeren, Messer, Sägen oder andre Waffen, an zerschnittenes Papier, zerlegtes Fleisch, zersägtes Holz u. s. w., aber

Mechanische und chemische Theilung.

diese Theile, die man erhält, sind wieder Papier, Fleisch, Holz u. s. w., sie bleiben was das Ganze ist. Man nennt dies die **mechanische oder physikalische Theilung**, und es ist wichtig festzuhalten, daß hierbei die Substanz, die Beschaffenheit des Getheilten nicht geändert wird. Der feinste Goldstaub, das feinste Sägemehl ist Gold, ist Holz wie eine Centnermasse. Solche Theilung kann beliebig fortgesetzt werden und die mikroskopischen Theilungen leisten darin scheinbar Unmögliches. Aber auch da, wo die Grenze der Theilung gekommen ist, vermag der Mensch mit seinem Denken zu sagen: „Ich kann mir denken, daß dies kleinste Theilchen noch weiter getheilt werden kann; es ist kein Grund bei einem begrenzten untheilbaren Theilchen, einem s. g. Atome, stehen zu bleiben; die Materie muß in's Unendliche theilbar sein." Dies ist denn auch das beliebteste Kraftkunststück derer, welche gegen Atome in der Natur eifern, daß sie sich mit ihrem „Denken können" in die unendliche Theilbarkeit der Materie erheben.

Von dieser mechanischen, physikalischen Theilung ganz verschieden ist nun die chemische. **Sägemehl ist mechanisch zertheiltes Holz; Rauch und Asche ist chemisch zertheiltes Holz.** Das heißt, die chemische Theilung liefert Theile oder Körper, welche dem Ganzen völlig ungleich sind. Offenbar zeigt sich hier sofort eine practische Schranke des Unterschiedes zwischen mechanischer und chemischer Theilung. Bei jener kann ich mir Theile denken, welche ich will, groß oder klein; bei dieser aber hört das Können auf und ich muß in mein Denken die Theile aufnehmen, wie sie gegeben sind, als Rauch und Asche; ich kann sie mir nicht als Schwefel und Silber denken. Wir wissen nun freilich, daß der Rauch nicht gradezu als ein Bestandtheil des Holzes zu betrachten ist, aber hier, wo es nur darum zu thun ist, den Unterschied zwischen mechanischer und chemischer Theilung anzugeben, können wir das Nähere des Verbrennungsprocesses noch außer Acht lassen. Aber Rauch und Asche, die wir als chemische Theile des Holzes ansehen, sind sie Elemente? Nicht weiter zerlegbare Körper? Nein! Sie lassen sich ebenfalls wieder durch Waffen zerlegen, freilich nicht durch Scheeren u. s. w., sondern durch die s. g. chemischen Kräfte, als deren eine wir beim Holzverbrennen bereits Feuer, Wärme, im Auge hatten. Neben Wärme war die am Frühsten bekannte Kraft folgende.

Sie wissen, wie glänzend, hart und fest ein neuer Eisenkörper aus dem Verkaufsladen kommt, aber nun wird er Wind und Wetter ausgesetzt und bald rostet er. Leicht können Sie jetzt mit Hand oder Messer gelbrothes Pulver vom Eisen abmachen. Das Eisen also, welches neu festen Zusammenhalt hatte, zerfällt als Rost leicht in einzelne Theile. Wir haben also hier wieder eine chemische Theilung; die Theile sind erdig, ungleich dem Ganzen, dem glänzenden Metall. Was ist nun die Kraft dieser Theilung? Wir wissen heutzutage, daß dieses „Erdewerden" des Metalles, dieses Verlieren des Glanzes daher rührt, daß ein Theil der Luft, der s. g. Sauerstoff, mit dem Eisen sich verbindet; daß also jedes Theilchen Rost besteht aus Eisen und Sauerstoff. Man nennt die Kraft, mit welcher die beiden Stoffe einander festhalten oder sich verbinden, die Verwandtschaftskraft oder Affinität, ein Name, welcher noch zurückweist in jene Griechenzeit, wo allenthalben die Lehre galt, nur Gleiches wirke auf Gleiches. Wie Plato, Aristoteles deshalb zwei Seelen im Menschen annahmen, eine göttliche zur Erkenntniß des EwigWahren und eine sterbliche Seele daneben als erkennend das Irdische, Vergängliche; so nahm man auch an, daß nur Verwandtes, Aehnliches mit einander gehen könne. Wie die aristotelischen Elemente deshalb in einander übergehen konnten, weil eine gemeinsame Eigenschaft je zwei Elementen zukam, so verbinden sich, hieß es schon bei Hippokrates im 5. Jahrhundert vor Chr., zwei Körper deshalb mit einander, weil sie ein gemeinsames Princip, einen gleichen Bestandtheil besitzen. Der berühmte Albertus Magnus, gest. 1280, brauchte schon den Ausdruck

Verwandtschaft, Affinität, bei Verbindungen. Er sagte, Schwefel verbrennt die Metalle wegen der Verwandtschaft der Natur; er sagte es, weil man ja zu seiner Zeit annahm, Schwefel sei in reinem Metall enthalten. Der Ausdruck wurde beibehalten, obgleich wir Späteren grade umgekehrt sagen: die Körper verbinden sich um so rascher, sind um so verwandter, je mehr chemisch unähnlich sie sind.

Verwandtschaft nennt man also die Kraft, welche die Trennung von Körpern, der Eisentheile, zur Bildung neuen Zusammenhangs, neuer Verbindung, des Eisenrostes veranlaßt. Neben Wärme und Verwandtschaft tritt nun als zersetzende Kraft noch auf die Electricität. Jedermann kennt die zerstörende Feuerkraft des electrischen Blitzes. Eine vierte Kraft ist dann das Licht. Bekannt ist die Zersetzung der Silbersalze durch die Sonnenstrahlen im photographischen Apparate. Ein mächtiges Mittel, Bestandtheile, Elemente der Körper zu entdecken, ward in neuester Zeit das Licht noch durch Bunsen und Kirchhoff in der s. g. Spectralanalyse.

Diese Kräfte: Licht, Wärme, Electricität, Verwandtschaft, sind die Mittel chemischer Trennung; und die Erklärung: ein Element ist ein chemisch nicht weiter zerlegbarer Körper, kann man daher auch so geben: Element ist jeder Körper, der bei der Einwirkung von Licht, Wärme, Electricität, Verwandtschaft stets unverändert und sich selbst gleich bleibt. Zu solchen Elementen gehören denn die seit Alters bekannten Metalle: Gold, Silber, Kupfer, Eisen, Quecksilber, dann Schwefel. Und es sind jetzt im Ganzen 63 verschiedene Körper, theils feste, theils flüssige, theils luftförmige, als Elemente bekannt. Doch gilt noch das Wort Boyle's: Ueber die Anzahl läßt sich a priori nichts bestimmen. Auch will die Bestimmung: „nicht weiter zerlegbar" natürlich nur innerhalb der Grenzen jeweiligen Standpunktes der Wissenschaft verbleiben.

Wir nahmen zur genaueren Feststellung des Begriffes:

Element spätere Erfahrungen zu Hilfe. Natürlich mußte Boyle selbst, am Beginn der Untersuchungen stehend, noch viel schwankend sein, was denn als „Unzerlegbares" zu betrachten sei. Er hinterließ keine Aufzählung der Stoffe, die er als Elemente betrachtete. Das Feuer hielt er für ein Element; beim Schwefel zeigte er, er lasse sich als aus Schwefelsäure und einem verbrennlichen Stoffe bestehend betrachten; Metalle sind ihm Elemente, aber er erkennt die Möglichkeit an, sie unter einander zu verwandeln.

Die Erklärung Boyle's über die Elemente mußte natürlich von Einfluß sein auf die Vorstellung, die man sich von einer Verbindung machte. Es war schon oben die Rede, wie gleich im Beginn des Philosophirens die Frage aufgetaucht war, ob die Körper aus unveränderlichen Elementen beständen, oder ob Umwandlung stattfände. Anaximander nahm das Erstere an, Gold ward nach ihm gewonnen durch Ausscheidung von andern Elementen. Wir sahen, wie aber im Laufe der Zeit die Umwandlungstheorie die herrschende wurde. Dies mußte natürlich auf die Art und Weise, wie man die Verbindungen der Körper ansah, Einfluß haben. Man sah die Bildung eines neuen Körpers beim Aufeinanderwirken mehrerer Stoffe nicht als eine Vereinigung, nicht als eine Verbindung der vorhandenen Stoffe, nicht als Abscheidung des einen derselben an, sondern mehr als ein Schaffen. Man glaubte, die eigenthümliche Natur eines jeden Stoffes werde bei der chemischen Einwirkung vernichtet. Man glaubte, ein ausgeschiedener Stoff sei durch den das Ausscheiden bewirkenden hervorgebracht worden. So meinte noch Paracelsus: wenn ein Messer, in eine Lösung von blauem Vitriol getaucht, roth werde von ausgeschiedenem Kupfer, dieses sei durch das Eisen hervorgebracht; er wußte nicht, daß das Kupfer bereits fertig enthalten ist in der blauen Flüssigkeit. Ohne gehört zu werden, hatte freilich Norton schon 1477 ausgesprochen, daß die Metalle unverändert in ihre Lösung gingen. Doch erst seit

1620 taucht diese Ansicht wirksamer auf durch den Arzt Angelus Sala aus Vicenza. Namentlich aber ist es van Helmont, der holländische Arzt, gest. 1644, dessen Schriften erst 1648 erschienen, welcher richtige Ansichten zu verbreiten suchte. Er ist um so mehr zu erwähnen, als er sogar an verschiedenen Stellen darauf hinweist, daß ein Körper, mit einem andern vereinigt und dann wieder abgeschieden, dasselbe Gewicht zeigt, wie zuvor. Terra ergo immutata persistit, schließt er. (Kopp a. a. O. II. 345.) Daß diese Betrachtungen seiner Vorgänger bei Boyle größere Klarheit gewonnen haben müssen, ist natürlich, und bei ihm finden wir denn auch schon einfachere und complicirtere Verbindungen, nähere und entferntere Bestandtheile unterschieden. Doch müssen wir die genauere Bestimmung dessen, was eine Verbindung sei, auf später verschieben.

Wir erwähnen weiter, wie Boyle's Zeitgenosse, der Engländer Mayow, vielfache Untersuchungen anstellt, um zu zeigen, daß bei Bildung einer Verbindung nichts verloren gehe, daß die Bestandtheile unverändert mit allen ihren Eigenschaften in eine Verbindung eintreten und wieder austreten. Wenn wir aber nun sehen, daß noch 1732 der berühmte Holländer Boerhave dasselbe zu beweisen sucht, so zeigt sich dabei nur, wie langsam richtige Erkenntniß sich Bahn bricht und alte Irrthümer verdrängt. Ja, die Geschichte lehrt uns, wie eigentlich Boyle's Ansichten nur deshalb zur Geltung kamen, weil man mit ihnen die Richtigkeit eines aus der Zeit der Umwandlungstheorie überkommenen Irrthums von der Verwandschaft ähnlicher Körper beweisen wollte.

Man wußte zwar jetzt, daß man als Bestandtheile von Körpern nur das anzunehmen habe, was das Experiment nachweise oder was nothwendige Folge anerkannter Theorie sei; aber nun geschah die Aufsuchung dieser Bestandtheile deshalb mit Eifer, weil man den in ähnlichen Körpern gemeinsamen Bestandtheil auffinden wollte. Ein Bestreben, welches aber grade dadurch wieder von Bedeutung wurde, daß man durch es einen verallgemeinernden Gesichtspunkt gewann und in verschiedenartigsten Vorgängen Gleichmäßigkeit nachwies.

Es waren die **Verbrennungserscheinungen**, welche zu jener Zeit einer bevorzugten Aufmerksamkeit unterworfen wurden. Sie erinnern sich noch von **Aristoteles** her, wie das Feuer als eine Materie, als ein Element betrachtet wurde. Das Verbrennen galt daher als ein Zersetzen, als ein Austreiben dieser Feuermaterie, während der Rückstand als der andere Bestandtheil betrachtet wurde. Im **alchemistischen** Zeitalter waren die alten Elemente, also auch Feuer, durch Schwefel ersetzt worden. Wie nun diese Lehren als irrig erkannt wurden, da galt auch nicht mehr Schwefel als das brennbare Element, man suchte anderes. **Boyle** kehrte zur Annahme der Feuermaterie zurück, und so ist ihm der Schwefel ein zusammengesetzter Körper, der verbrennend zerfällt in Schwefelsäure und Feuerstoff. Ein Streit erhob sich jetzt, ob Feuer wirklich ein Stoff sei; aber es gehört nicht hierher, dem Streite zu folgen, dessen Ende war, die Nichtexistenz eines Feuerstoffs zu zeigen. Indeß wenn es keine Feuermaterie war, die beim Verbrennen ausgeschieden wurde, so konnte es ja ein anderer Stoff sein, und es ist der deutsche Chemiker **Becher**, gest. 1682, welcher diesen brennbaren Stoff „terra pinguis" benannte. Er setzte eigentlich nur an Stelle der früheren Namen Salz, Schwefel, Quecksilber neue: die verglasbare, brennbare, merkurialische Substanz als Principien der Schmelzbarkeit, Brennbarkeit und Flüchtigkeit. **Becher's** berühmterer Nachfolger, **Georg Ernst Stahl**, gest. 1734, ist es denn, der diesen brennbaren Stoff rein benennt, ohne ihn wie die Namen „Schwefel, terra pinguis" in Beziehung zu bringen mit bekannten Stoffen. Er nennt ihn ganz allgemein „**brennbaren Stoff**" und tauft ihn nur mit griechischer Uebersetzung: phlogiston = brennbar. **Stahl's** Lehre gewann weite Verbreitung; hauptsächlich weil er, wie Keiner vor ihm, die verschiedensten Vorgänge unter Einem Gesichtspunkte aufzufassen lehrte. Die Umwandlung der Metalle in Erden, wie des Eisens in Rost, das Verbrennen von Schwefel, Holz, Phosphor, das Athmen, alles dieses erklärte er als auf demselben Prinzip beruhend. Bei all diesen Vorgängen ward nach ihm ein gleicher Stoff, das Phlogiston, ausgeschieden und es hinterblieben Körper ohne Metallicität und Glanz, als Erden oder Kalke oder Aschen, bei Schwefel die Schwefelsäuren u. s. w. Lange Jahre erhielt sich diese Phlogistontheorie, und sie zu stützen, wie sie zu stützen, wurden Arbeiten gehäuft, die für die Fortbildung der Chemie von größter Wichtigkeit sind; aber so interessant auch die Einzelheiten dieses Kampfes sind, da sie zeigen, wie langsam und schwer die Gedanken von altgewordenen Anschauungen sich loslösen, so müssen wir hier doch auf die ausführlichen Berichte in Kopp's Geschichte der Chemie verweisen. Zu neuerer Erkenntniß müssen wir eilen.

Es ist klar, daß die Phlogistontheorie mit ihrer Behauptung, jeder brennende Körper sei ein zusammengesetzter, jedes Metall sei aus Metallerde und Phlogiston gebildet, nur so lange für wahr gehalten werden konnte, als man die Wage bei chemischen Arbeiten für unwesentlich hielt. Wenn Holz verbrennt, so bleibt wenig Asche, und die Meinung kann daher leicht entstehen, der entweichende Rauch sei der andre Bestandtheil, ja, im gewöhnlichen Leben ist man oft nicht abgeneigt den Rauch als gewichtslos zu betrachten, weil er in die Höhe steigt; und man glaubt schon weit gekommen zu sein, wenn man die Frage, wie groß ist das Gewicht des Rauches, wenn 100 Pfund Holz verbrennen? dahin beantworten kann: das Gewicht des Rauches ist gleich 100 Pfund weniger dem Gewichte der Asche. Die Chemiker wissen jetzt, daß das Rauchgewicht größer sein muß, weil das Holz beim Verbrennen eine Verbindung mit Sauerstoff einging. Aber die Chemiker zur Zeit der Phlogistontheorie befanden sich wohl nur auf dem heutigen Laienstandpunkte. Doch ist vielleicht richtiger zu sagen, daß sie zu jener Zeit kein Interesse an solchen Gewichtsfragen hatten und daß sie deshalb sogar keinen Werth auf bereits bekannte Gewichtsthatsachen legten. Man kannte, und Stahl sogar selbst, daß Schwefelsäure schwerer sei als der Schwefel, aus dem sie durch Verbrennung entstanden war; aber trotzdem kam man nicht dazu zu sagen: die Säure, weil schwerer als der Schwefel, aus dem sie ward, kann unmöglich ein Theil derselben sein. Stahl weiß, daß beim Erdewerden, beim Verkalten der Metalle Gewichtszunahme stattfindet, und doch sagt er: Phlogiston geht weg, „obgleich" eine Gewichtszunahme beachtet wird. Er weiß, daß das Eisen weniger wiegt als das Erz, aus dem es gewonnen, und doch sagt er: bei der Reduction von Metallen wird Phlogiston aufgenommen, „nichts desto weniger" zeigt sich Gewichtsabnahme.

Die Ursache dieser Gewichtsvernachlässigung liegt in der Richtung der damaligen Zeit. Die elementaren Bestandtheile der Körper will man darstellen; die Verschiedenartigkeit der Körper interessirt daher allein; die Eigenschaften, Qualitäten, sucht man festzustellen, und man bezeichnet daher dieses Phlogiston-Zeitalter von 1660—1780 auch das der qualitativen Chemie. Man könnte diese Zeit auch das Zeitalter der Entdeckung der Elemente nennen, da in ihm diese Entdeckung angebahnt wird und die meisten Elemente gefunden wurden. Und wie reich ist der Fund! Die Luft selbst, die unsichtbare, die leichthinwehende oder stürmende, muß dem eifrigen Nachjagen nach Phlogiston Stand halten und wird erkannt als aus zwei luftigen Elementen bestehend, aus der das Leben erhaltenden Lebensluft, die später Sauerstoff genannt ward, und aus der den Erstickungstod veranlassenden Stickluft, dem s. g. Stickstoff. Der letzte ward 1772 durch den Engländer Rutherford dargestellt, sein Landsmann Priestley entdeckte 1774 den Sauerstoff, welcher gleichzeitig auch von dem Schweden Scheele erkannt wurde. 1755 bereits hatte der Engländer Black die Kohlensäure kennen gelehrt, wie sie entweiche beim Glühen des Kalkes zu Aetzkalk. 1766 fand ein andrer Engländer, Cavendish, eine neue Luft- art, von der er 1784 zeigte, daß sie mit der Luftart Sauerstoff, Wasser bilde, weshalb sie Wasserstoff genannt ward. 1774 entdeckte Scheele das durch seine desinficirende, üblen Geruch zerstörende Wirkungsweise so berühmte Chlor. In demselben Jahre entdeckte und stellte dar Priestley jene stechend riechende Luftart, die an excrementreichen Orten so oft übel empfunden und durch Chlor vertrieben wird, das Ammoniak, das zwar kein Element ist, aber so gut die Rolle eines solchen spielt.

Diese Entdeckungen im Reich der Lüfte, wohin das Phlo- giston stets sich verlieren sollte, mußte diesem natürlich immer mehr den Raum zum Bleiben nehmen. Thatsachen über Ge- wichtsbeobachtungen häuften sich, und es galt jetzt, diese Beob- achtungen fester zu begründen und dabei aus den Luftarten Eine zu nehmen, welche gesetzt an die Stelle des Phlogistons mit der- selben Leichtigkeit, wie dieses nach Ansicht der Phlogistiker es that, die verschiedensten Processe unter Einen Gesichtspunkt faßte. Es war der Franzose Lavoisier, der diesen Schritt that, und so groß war der Umschwung, den die Chemie dadurch erlitt, daß das bescheidene Volk von jetzt an die Chemie als eine franzö- sische Wissenschaft behauptet. Lavoisier's Landsmann, Fourcroy, sprach bereits von der französischen Chemie, und wie man denn von diesem Gesichtspunkte einer auf der Höhe der Civilisation stehenden Nation Geschichte schreibt, lehrt uns recht die neu erschienene Histoire des doctrines chimiques von Wurtz. Fast nur Franzosen sind hier genannt als solche, die Bleibendes lieferten. Ich muß um so mehr auf diese Schrift verweisen, als ich mich hier von Einzelheiten fern halten muß; doch verweise ich mit größerer Liebe zugleich auf die fleißig ge- wissenhafte: Entwickelungsgeschichte der letzten hundert Jahre von Ladenburg. Sie werden in dieser auch das Froh- gefühl gewinnen, daß die Chemie eine internationale Wissenschaft ist, gewonnen durch die freie Arbeit aller gebildeten Nationen. Dem unglücklichen Lavoisier hat übrigens sein Volk schlecht gedankt, eine „französische Wissenschaft" entdeckt zu haben. „Wir brauchen keine Gelehrten!" sagten die Verwirklicher republikanischer Gleichheit und Brüderlichkeit, und guillotinirten 1782 den Mann, der es gewagt hatte aus dem Niveau alltäglichen Menschenverstandes genial herauszutreten.

Die Arbeiten Lavoisier's datiren von 1772. Seine Untersuchungen beschäftigten sich gleich anfangs mit der Gewichtszunahme von Körpern beim Verbrennen. Er spricht dabei anfangs nur von einer Aufnahme von Luft. 1774 wird der Sauerstoff entdeckt. Lavoisier wiederholt die Versuche von Priestley und Scheele, aber, weitersehend wie diese, erkennt er in ihm jenen Stoff, der in Wahrheit die Rolle spiele, die man seither dem Phlogiston zuschrieb. 1777 erschien seine Verbrennungstheorie, doch dauerte es bis zum Jahre 1790, bis sie allgemein gültig von den Chemikern aufgenommen war. Seine Schlüsse heißen: 1) Bei jeder Verbrennung entwickelt sich Wärme und Licht. 2) Die Körper brennen nur in Sauerstoff. 3) Dieser wird bei der Verbrennung verbraucht und die Gewichtszunahme des verbrennlichen Körpers ist gleich der Gewichtsabnahme der Luft. 4) Der verbrennliche Körper wird gewöhnlich durch seine Verbindung mit der reinen Luft in eine Säure verwandelt, die Metalle dagegen in Metallkalke.

Sie sehen, welchen Gegensatz diese Lehre zur früheren hat. Früher hießen die Metalle zusammengesetzte Körper; wenn Eisen verkalkte, d. h. rostete, so sagte man, Phlogiston entweicht und der glanzlose Eisengehalt bleibt zurück. Jetzt heißt es: Eisen ist ein Element, ein einfacher Körper, der in Verbindung getreten mit Sauerstoff, Rost bildet. Sie sehen aber zugleich auch wieder an diesem Beispiele, wie alle Induction, Erfahrung, todt ist dem belebenden Gedanken, der Speculation gegenüber. Eisen, Rost waren immer bekannt; daß Luft zum Rostbilden nöthig, war auch schon vor Lavoisier bekannt; sein Denken aber setzt diese drei in das wahre Verhältniß. Durch ihn werden die Metalle als Elemente entdeckt. Durch ihn werden Wage und Gewicht, die seither schon in Anwendung waren, aber nur unerklärte Erscheinungen zu Tage gefördert hatten, zum unentbehrlichsten Hülfsmittel chemischer Untersuchung. Durch ihn wird jener Satz eines van Helmont: „Die Erde bleibt unverändert" mit entscheidender Gewißheit allen Chemikern dargethan; und die Gewißheit der Unveränderlichkei, Unzerstörbarkeit der Materie ist fortan der Boden, auf dem die Fortentwickelung der Chemie geschieht. Lavoisier selbst hatte diesen Gedanken so klar erfaßt, daß er geradezu sagte, man könne die angewandten Substanzen und die erhaltenen Producte in eine algebraische Gleichung bringen, aus der, wenn ein Glied derselben unbekannt wäre, dieses sich berechnen lasse.

Eine andere Frage konnte aber nun auftauchen, ob nämlich diese unveränderlichen Materien in jeder möglichen Weise sich verbinden könnten oder ob die Verbindung nur in gewissen feststehenden Verhältnissen geschähe. Diese Frage nach der Constanz der Gewichtsverhältnisse ward anfangs wohl allgemein in bejahendem Sinne angenommen, freilich ohne Beweise zu haben. Später erst, in den Jahren 1801—1807, erhob sich darüber ein interessantester Streit. Der Franzose Berthollet, dessen 1803 erschienenes Werk Statique chimique das Ansehen seiner Behauptungen und Versuche nur erhöhen mußte, behauptete durch Versuche beweisen zu können, daß die Verbindungen in wechselnden Verhältnissen vor sich gingen. Sein ebenbürtiger Gegner Proust dagegen stellte bereits 1801 das Gesetz bestimmter Verhältnisse auf. Er schritt auch als Sieger aus dem Kampfe heraus; zumal andere Entdeckungen die Fortsetzung des Kampfes zwecklos erscheinen ließen. Immerhin bleibt diesem Kampfe die Bedeutung, daß er aufmerksam machte auf den Unterschied zwischen chemischer Verbindung und Mischung. Eine

Mischung mag noch so gleichartig, ein Punsch noch so glücklich gemischt sein, so ist damit noch keine chemische Verbindung entstanden. Eine Verbindung ist stets nur da, wo die zusammensetzenden Bestandtheile dem Gesetze der bestimmten Verhältnisse unterworfen sind. Wasser ist eine chemische Verbindung, entstanden aus 2 Raumtheilen Wasserstoffgas und 1 Raumtheil Sauerstoffgas. Wollte jemand, um dem Wasser größere Güte zu geben, ¼ Raumtheil Wasserstoff mehr zusetzen, so hätte dies keinen Einfluß, denn bei der Verbindung würde der gut gemeinte Zusatz völlig links liegen gelassen, nicht aufgenommen. Die Mischung dagegen ist geduldig und nimmt je nach Geschmacksache der Prüfenden bald viel, bald wenig Wein oder Zucker in sich auf.

Entdeckungen, welche den Kampf über die Festigkeit der Verbindungsverhältnisse zwecklos machten, da sie die Annahme derselben voraussetzten, wurden zuerst in Deutschland angebahnt. Der erste, welcher hierbei zu nennen, ist Wenzel, von welchem 1777 eine Schrift über chemische Verwandtschaft der Körper erschien. Er hatte Salze untersucht, welche entstehen, wenn man saure und laugenartige Körper in der Weise mit einander mischt, daß weder eine saure noch eine laugige Eigenschaft mehr hervortritt und wonach man denn diese Salze, als keiner Partei angehörig, neutrale nennt. Er fand, daß, wenn zwei neutrale Salze in Lösung vermischt werden und sich wechselseitig umsetzen, daß dann wieder zwei neutrale Salze entstehen. Er fand die Ursache darin, daß die verschiedenen Mengen der verschiedenen Alkalien oder Erden, welche ein und dasselbe Gewicht einer Säure neutralisiren, auch von jeder andern Säure eine gleiche Menge zur Neutralisation bedürfen; mit andern Worten, daß die relativen Verhältnisse zwischen gewissen Quantitäten von Alkalien oder Erden, welche eine gegebene Menge von einer und derselben Säure sättigen, sich allezeit und bei allen andern Säuren gleichbleiben (Kopp a. a. O. II. 357). Diese Untersuchungen wurden unter erweitertem Gesichtspunkte aufgegriffen von Richter, dessen Arbeiten zwischen 1789—1802 fallen und dem man neuerdings auch den Ruhm der Entdeckung des Neutralisationsgesetzes allein zuschreibt (s. Ladenburg a. a. O. S. 52). Von ihm rührt auch der Name Stöchiometrie her, den er, herleitend von dem griechischen stoicheion, Element, anwandte in seiner 1792—94 erschienenen: Meßkunst chemischer Elemente. Er war es, der aus dem Neutralitätsgesetz zuerst weitere Folgerungen machte.

Man hatte seither bei quantitativen Bestimmungen einer Verbindung nur untersucht, wieviel von den Bestandtheilen in einer constanten Menge, z. B. 100 Gewichtstheilen, enthalten seien. Dabei blieben natürlich alle Verbindungen ohne jede Beziehung zu einander. Aber es lag nahe, daß, nachdem man erkannt hatte, daß neutrale Salze bei doppelter Umsetzung neutrale Salze wieder liefern, daß die Mengen a und b zweier Basen durch eine gewisse Menge c einer Säure neutralisirt werden; es lag nach solcher Entdeckung nahe, zu fragen, ob diese Mengen a und b zweier Basen auch durch dieselbe Menge d einer andern Säure gesättigt werden, und umgekehrt, ob die Gewichte zweier Säuren, welche von einer Basismenge a gesättigt werden, dieselbe Menge b einer andern Basis zur Neutralisirung bedürfen. Indem Richter's Versuche ihn diese Frage bejahen lassen, geht er daran, die relativen Gewichtsmengen, in welchen sich Säuren und Basen mit einander verbinden, in Form von Reihen zusammenzustellen; er nannte sie Massen- oder auch Neutralitätsreihen. Später kam der Ausdruck Aequivalentenreihen dafür auf, da ja die Mengen, Säuren z. B., welche eine gleiche Menge Basis neutralisiren, einander aequivalent, d. h. gleichwerthig sind, einander in der neutralen Verbindung ersetzen können. Richter hatte verschiedene Reihen aufgestellt, sowohl für die Säuren in Bezug auf dieselbe Menge Basis, wie für die Basen in Bezug auf dieselbe Menge Säure. Er selbst hatte hingewiesen, man könne alle in eine Reihe vereinen; doch geschah dies erst 1801 durch Fischer, den Uebersetzer und Verbreiter von Berthollet's Ansichten in Deutschland.

Es war ein großer Fortschritt in der Betrachtung chemischer Verhältnisse, den Richter machte. Die Verbindungen, die seither zusammenhangslos betrachtet wurden, traten in Beziehung dadurch, daß man nach ihrer Gleichwerthigkeit fragte und daß man, von Einem Körper als Einheit ausgehend, sie mit einem einheitlichen Maaße zu bestimmen versuchte. Es war indeß Richter nicht gegönnt, die Krone des Gesetzes zu gewinnen; der Engländer Dalton gewann Krone und Ruhm. Richter dagegen stand, theils weil in Deutschland der antiphlogistische Streit noch fortdauerte, wie in Frankreich der Streit über die bestimmten Verhältnisse einer Verbindung, theils weil er durch übertriebene Hypothesen Mißtrauen gegen sich erweckt hatte, allein und unbeachtet mit seinen Ansichten.

Die seitherigen Untersuchungen hatten gezeigt, daß die Verbindungen in constanten und einfachen Verhältnissen stattfinden. Es knüpft sich nun die weitere Frage daran, wenn ein Körper im Stande ist, mehrere Verbindungen mit einem andern zu bilden, in welchem Verhältniß stehen die Gewichtsmengen dieses anderen Körpers zu einander? Dalton löst diese Frage, und es ist zu erwähnen, daß er die Bekanntschaft mit Richter's Schriften in Abrede stellt. Das Gesetz, das er aufstellte und das 1804 durch Thomson's Chemie zuerst bekannt wurde, dann 1808 von Dalton selbst in seinem „New system of chemical philosophy" entwickelt ward, heißt das Gesetz der multiplen Proportionen, und es besteht darin, daß, wenn zwei Körper sich in mehreren Verhältnissen verbinden und der eine derselben als Einheit genommen wird, die Mengen der anderen in den verschiedenen Verbindungen unter sich in sehr einfachen Verhältnissen stehen. Wenn wir den einen Körper mit A, und mit B das Gewicht des zweiten bezeichnen, welcher sich mit der Menge A verbindet, um eine Verbindung $A + B$ zu bilden, so können nach diesem Gesetz die übrigen Verbindungen beider Körper durch A + 2B, A + 3B u. s. w. oder durch 2A + B, 3A + B u. s. w. ausgedrückt werden.

Dieses Gesetz veranlaßte Dalton zur Aufstellung einer Theorie, welche das Gesetz und zugleich die innere Beschaffenheit einer Verbindung erklären sollte und die seither mehr und mehr Anerkennung gefunden. Es ist die Atomen=Theorie, wonach Dalton jedes Element als aus sehr kleinen, keiner weiteren Theilung fähigen Theilchen, Atomen, aufgebaut ansieht. Bei einer Verbindung lagern sich dann die Atome der einzelnen Bestandtheile nebeneinander. Es kann sich 1 Atom eines Elementes mit 1, 2, 3 u. s. w. eines andern verbinden, oder 2 Atome können mit 1, 2, 3 u. s. w. eines andern zusammentreten; da aber das relative Gewicht der Atome durch das Verbindungs- oder Atomgewicht ausgedrückt wird, so können die chemischen Verbindungen nur im Vielfachen derselben erfolgen. Das Atomgewicht einer Verbindung ist dabei natürlich durch die Summe der Atomgewichte ihrer Bestandtheile ausgedrückt.

Es ist nicht nöthig, der Dalton'schen Atomenlehre näher nachzugehen oder ihm zu folgen, wie er als erster es versucht, Atomgewichte zu bestimmen. Uns muß hier vielmehr interessiren ein Streit der Atomistiker mit den s. g. Dynamikern überhaupt. Fügen wir nur vorerst noch bei, wie unter den Chemikern selbst sich Stimmen erhoben gegen den Ausdruck „Atomgewicht". Wollaston, ein Landsmann Dalton's, spricht sich 1814 zuerst dagegen aus. Diese Atomgewichte schlössen Hypothesen ein, denen Willkürlichkeit nicht abgesprochen werden könne, sie seien nur relative Zahlen, die über die Existenz von s. g. Atomen nichts aussagten. Ausgehend daher von Richter's Untersuchungen und Massenreihen, will er den gefundenen Zahlen — die Dalton bezogen halte auf Wasserstoff als Einheit — nur die Bedeutung der Gleichwerthigkeit lassen und nennt sie Aequivalente. Indeß ist später darauf zurückzukommen, wie er nicht mit voller

Klarheit diesen Begriff der Aequivalenz feststellte, wie er im Gegentheil eigentlich nur den Namen Atomgewicht durch Aequivalentgewicht ersetzte und so die Veranlassung ward, daß lange Zeit hindurch beide Begriffe als dasselbe bedeutend gebraucht wurden.

Giebt es aber überhaupt kleinste Theile? Atome? Untheilbare Körperchen der Materie? Es ist klar, daß jetzt, nachdem uns die Chemie die thatsächliche Existenz verschiedener, unzerlegbarer Elemente bewies, nachdem sie uns feststellte, daß diese sich in bestimmten einfachen oder vielfachen Verhältnissen verbinden, es ist klar, daß jetzt die Zeit gekommen ist, zurückzublicken auf die Art und Weise, wie man sich „durch bloßes Denken" die Materie gestaltet dachte. Ich muß Sie dabei nochmals erinnern an das oben über mechanische und chemische Theilung Gesagte, und Sie werden es erklärlich finden, daß, weil dieser Begriff einer chemischen Theilung eigentlich erst seit 1661 durch Boyle aufkam, man im ganzen Alterthum eigentlich nur die mechanische Theilbarkeit im Auge hatte, weshalb denn auch da, wo man gegen die Annahme von Atomen sprach, man immer nur zu sagen wußte: ich kann mir nicht denken, daß es nicht weiter theilbare Theile gäbe. Erinnern Sie sich zugleich wieder daran, daß die Materie das „Kraftlose" war, „das durch eine Seele zu Bewegende", so werden Sie es verständlich finden, daß man eine Lehre, bei der man in der Betrachtung des Alls von einer Einheit, einem das All durchbringenden bewegenden Kraftseienden ausging, mit dem griechischen Ausdruck für Kraft eine **dynamische** nannte; während eine Lehre, die wie die Atomistik des **Demokrit** von zerfällten, schweren Atomen ausging, eine **mechanische** hieß. Der Unterschied dieser von jener liegt nicht allein darin, daß in dieser eine Vielheit verschiedengestalteter Körperchen durch leere Räume getrennt, durch **mannigfache Gruppirung** die sichtbare Körperwelt aufbauen sollte, sondern auch darin, daß diese Körperchen **kraftlos, beziehungslos** waren. Ich denke dabei weniger daran, daß es der Zufall oder die Nothwendigkeit sein sollten, welche dieses gleichgültige Nebeneinanderherfallen vernichteten und die Gruppirung herbeiführten, ich denke vielmehr daran, daß die „sichtbare Materie" durch die „unsichtbare Feuermaterie" in Bewegung gesetzt werden mußte, so daß also auch hier das „sichtbar Materielle" als ein kraftloses dem unsichtbar Kräftigen gegenüberstand. Diese Machtlosigkeit des sichtbar Materiellen finden wir ebenfalls angenommen bei dem Wiedererwachen der Philosophie durch Cartesius. Auch bei ihm sind die Atome kraftlose, nur ausgedehnte Körperchen, und es bedarf der Wirbelmaterie, sie in Bewegung zu setzen. Offenbar nur ein anderer Name für jene Feuermaterie Demokrit's. Wir müssen gestehen, Wirbel und Feuermaterie sind wie jene unordentliche Weltseele Plato's, und ihre Annahme beruht auf derselben Anschauung von der Materie, wie wenn Plato eine diamantene Achse nöthig hat, die Himmelsmassen zu bewegen.

1687 erschienen zum ersten Mal Newton's Principia philosophiae naturalis, worin das Gesetz der Schwerkraft entwickelt ist, worin bewiesen ist, daß nicht diamantene Achsen, nicht unordentliche Weltseelen und nicht Wirbel es sind, welche die „sichtbar materiellen" Massen treiben und bewegen. Die Massen selbst sind es, die in wechselseitiger Anziehung einander tragen und schweben machen. Die kleinsten Theilchen selbst gravitiren gegeneinander, sie stehen in thätiger Wechselbeziehung; wir müssen sagen, sie sind nichts Kraftloses mehr, das materiell Sichtbare ist selbst Kraft geworden. Die Trennung von Kraft und Stoff ist verschwunden. Es ist nur eine Abstraction des Menschen, wenn er von der Sonne, dem anhaltend Kraftwirkenden, als einem Stoffe spricht, da er von der Wechselbeziehung zu den übrigen Weltmassen für einen Augenblick absieht.

Ob Newton bei seiner Annahme, daß die Schwere, wenn sie einmal für die Planeten im Allgemeinen bewiesen ist, sofort auch den einzelnen kleinsten Theilchen derselben zukommen müsse (Whewell a. a. O. II. 189), bis zur Consequenz fortschritt, hiermit auch die Materie selbst als das Anziehende, den Stoff als Kraft zu fassen, das wage ich nicht zu entscheiden. Wahrscheinlich war ihm die Schwere eine Eigenschaft der Materie, wobei er das Verhältniß von Eigenschaft und ihrem Träger ununtersucht ließ. Gewiß aber ist, daß Kant, der ja auf Grundlage von Newton's Gravitationslehre die Bildung des Planetensystems entwickelte, bei seiner 1786, also hundert Jahre nach Newton's Naturphilosophie erschienenen „Metaphysischen Anfangsgründen der Naturphilosophie" auch von dieser Gravitationslehre beeinflußt war. Bei Kant wird denn das Materielle völlig zur Kraft. Folgendes sind seine Behauptungen: 1) Die Materie ist ein Bewegliches mit bewegender Kraft. 2) Sie erfüllt ihren Raum nicht durch bloße Existenz, sondern durch widerstehende, zurückstoßende Kraft. 3) Festigkeit und Halt besitzt sie durch ihre anziehende Kraft. 4) Die Repulsionskraft ist eine Flächenkraft, nur die Grenze der Nachbarmaterie zurückhaltend; die Zugkraft ist eine durchbringende Kraft, über die Grenzen der Berührung hinauswirkend. 5) Diese durchbringende Kraft wirkt ins Unendliche. 6) Die Möglichkeit der Verschiedenheit der Materien beruht auf der Möglichkeit ursprünglicher Verschiedenheit des Verhältnisses beider Kräfte, woraus unendliche Verschiedenheit der Raumerfüllungen oder Dichtigkeiten entstehen. 7) Bei der chemischen Auflösung der Materien findet vollendete Theilung ins Unendliche statt, die Materien durchbringen einander, so daß sie nicht durch Juxtaposition auseinander bleibend, sondern durch Intussusception einen der Summe ihrer Dichtigkeit gemäßen Raum einnehmen.

Die bleibende That Kant's ist hierbei diese: den Dualismus, welchen Griechen und Römer nicht überwinden konnten, aufgehoben zu haben, durch den Beweis: Die Materie ist Kraft. Er konnte dies, da ihm, dem Christen, die Materie nicht als ein Unerschaffenes ein den kräftigen Gott Hinderndes war. Als ein Geschaffenes konnte und mußte ihr eine bestimmte Wirkungsweise zum Dasein gegeben sein; sie mußte bei ihrer Wechselbeziehung zu anderen als eine Kraft von irgend welcher Beschaffenheit erscheinen. Und „Natur", sagt Kant gleich im Beginn seiner Anfangsgründe, „heißt in formaler Bedeutung das erste innere Princip alles dessen, was zum Dasein eines Dinges gehört." Diese Natur der Materie, dies innere Princip ihres Daseins, war ihm nun: Anziehend und Abstoßend zu wirken. Indem er aber die Materie zur Kraft macht, wird sie ihm nicht, wozu sie nach seinen Vorgängern als Kraft werden mußte, zu einem Belebten, Beseelten. Im Gegentheil, er trennt scharf diese Begriffe; und indem er als erstes Gesetz der Mechanik gelten läßt: „bei allen Veränderungen körperlicher Natur bleibt die Quantität der Materie unvermehrt und unverändert"; so ist ihm sein zweites Gesetz der Mechanik, „das der Trägheit, wonach alle Veränderung der Materie eine äußere Ursache hat und keine materielle Substanz sich zur Bewegung oder Ruhe als Veränderung ihres Zustandes zu bestimmen vermag". Dies innere Princip einer Substanz, ihren Zustand zu verändern, findet Kant erst da, wo Leben ist, wo Begehren und Denken. Die Materie selbst aber, obgleich sie Kraft ist, ist leblos, weil sie träge ist.

Wir sehen, wie Kant auf dem Boden von Lavoisier's experimenteller Entdeckung steht mit seinem metaphysischen Gesetze, der Unveränderlichkeit der Quantität der Materie; und dasselbe findet statt mit seinem Gesetze der Trägheit, denn nur auf dieser Natur der Materie beruht die Constanz der Verbindungen, die Thatsache, daß unter gegebenen Umständen stets dieselbe Verbindung erhalten wird. Sollte nun Kant vielleicht auch auf dem Boden von Dalton's Atomismus stehen? In der That, wir behaupten es, obgleich Kant gegen Atome eifert und spottet. Er sagt, es gäbe zwei Wege, um eine ins Unendliche mögliche specifische Verschiedenheit der Materien zu erklären, einmal die Annahme von Atomen und leeren Räumen und zweitens die Annahme der ursprünglichen Verschiedenheit in der Verbindung der beiden Kräfte, Anziehung und Repulsion. Mit dem vollsten Recht — und dies ist die That, die zu preisen — verwarf Kant jene kraftlosen, gleichgültig gegen einander liegenden Atome der Griechen bis Cartesius. Aber macht er nun die Materie zu einem Continuum, einem gleichmäßig zusammenhängenden Ding? Nimmer! Er macht die Annahme einer „ursprünglichen" Verschiedenheit in der Verbindung beider Kräfte, um die specifische Verschiedenheit der Materie zu erklären. Da nun eine Verschiedenheit nur dadurch als Verschiedenheit sich erhält, daß das Verschiedene von anderem sich abgrenzt, so können aus der „ursprünglichen Verschiedenheit in der Verbindung beider Kräfte" nur dann „specifisch verschiedene Materien" entstehen, wenn dies specifisch Verschiedene in seinen Grenzen einander widersteht, einander begrenzt und somit discret ist.

In diesen einander begrenzenden oder, wie Kant sagt, einander widerstehenden und ursprünglich specifisch verschiedenen Materien können wir die qualitativ verschiedenen Elemente der Chemie finden, von denen wir, wie Kant, sagen, daß sie verschiedene Raumerfüllungen oder Dichtigkeiten sind. Wenn wir nun noch sagen wollen, daß Kant auch Atome bestehen läßt, so müssen wir gestehen, daß es uns wenig kümmert, wenn er von „unendlicher Theilung", „unendlicher Durchdringung" redet. Dies Reden von Unendlichkeit läßt unendliche Deutung zu; der Begriff, die Anschauung hört völlig dabei auf, und wir behaupten, daß Kant selbst am wenigsten dabei gedacht hat. Er hätte sonst nicht sagen können: „zwei Materien durchdringen einander, wenn sie, und zwar jede derselben ganz, einen und denselben Raum erfüllen." Nach Kant selbst können ja zwei Materien nicht Einen Raum einnehmen, da jede als widerstehende, repellirende Kraft der andern das

Eindringen in ihren Platz verwehrt. Zu diesen Denkkünsteleien ward Kant veranlaßt durch sein Polemisiren gegen Atome und das kraftlose Nebeneinander derselben; indeß er macht nicht völlig Ernst mit der Einen Raumerfüllung durch zwei Materien. Er besinnt nämlich die absolute Auflösung oder chemische Durchdringung auch so: „Sie ist die Auflösung specifisch verschiedener Materien durch einander, darin kein Theil der einen angetroffen wird, der nicht mit einem Theile der andern von ihr specifisch unterschiedenen in derselben Proportion wie die Ganzen vereinigt wäre." Sie ist die Auflösung, „wo durch Intussusception die specifisch verschiedenen Materien einen der Summe ihrer Dichtigkeit gemäßen Raum einnehmen." Hiernach ist obige Erklärung des Durchdringens überflüssig, denn die Intussusception liefert einen der Summe entsprechenden Raum; beide Materien bleiben also doch nebeneinander. Jeder Chemiker wird aber mit Kant sagen, in der chemischen Verbindung ist jeder Theil einer Materie in derselben Proportion mit der andern verbunden wie die Ganzen. Der Chemiker setzt nur lieber statt des Wortes „Theil", „Atom", weil er eben den chemischen Theil vom bloß physikalischen unterscheiden will.

Wenn wir hier versuchten, Kant's Materie in Uebereinstimmung zu finden mit der chemischen Materie, so geschah es, weil grade auf Kant immer wieder hingewiesen wird, als habe sein Dynamismus den Atomismus vernichtet; als dürfe man sich auf seine Intussusception gegenüber der Juxtaposition berufen. Aber da die Worte nach Talleyrand dazu dienen, Gedanken zu verhüllen, so ist es der Klugheit angemessen, zu sehen, was hinter den Worten steckt. Kant's Worte sprechen gegen Atome; aber es gilt auch bei ihm: Der König ist todt, es lebe der König! Kant hat die kraftlosen Atome Demokrit's dem Tod überliefert, aber neue kräftige an ihre Seite gesetzt; aus den ziegelsteinähnlichen Atomen, die durch äußere

Kraft gruppirt werden, machte er planetenähnliche, durch wechselseitige Zugkraft sich tragende, verbindende Kraft-Atome.

Gesetzt indeß, ich hätte meine Auffassung in Kant mehr hinein- als herausgelesen, so wäre deshalb doch noch nicht Kant als Stütze gegen den Atomismus zu brauchen, da Kant bereits todt war, als Dalton's Gesetz multipler Proportionen erschien. Wir sehen, wie er in Uebereinstimmung ist in seiner metaphysischen Auffassung der Materie mit Lavoisier's Entdeckungen. Diese sind aus dem Jahre 1774; Kant's Anfangsgründe der Naturphilosophie erschienen 1786. Ist es nicht eine große Wahrscheinlichkeit, daß Kant diese Entdeckungen kannte und metaphysisch ausführte? Dalton's Gesetz ward erst 1804 durch Thomson's Chemie bekannt, wahrscheinlich hörte Kant nie davon, da er bereits im Februar desselben Jahres starb. Erst 4 Jahre später, 1808, erschien Dalton's neues System chemischer Philosophie; und es fragt sich sehr, ob Kant nicht auch dieser Entdeckung Rechnung getragen hätte, da er schon 1786 sagte: in der chemischen Durchdringung ist jedes Theilchen in der gleichen Proportion wie das Ganze mit dem specifisch Verschiedenen vereinigt. Gewiß, es ist nicht gerechtfertigt, Kant als Stütze gegen Atome anzuführen, da er bereits todt war, als die wissenschaftliche, chemische Begründung derselben entdeckt ward, und da er grade in seinen Anschauungen so viel Beziehungen zum Atomismus bietet.

Um so weniger sollte man auf ihn zurückkommen, als er selbst recht gut einsah, wie die Chemie eine Erfahrungswissenschaft sei. Er sagte sogar: „Chemie, worin Gesetze und Principien bloß empirisch, bloß Erfahrungsgesetze sind und worin diese also kein Bewußtsein ihrer Nothwendigkeit bei sich führen, nicht apodiktisch gewiß sind, sollte mehr systematische Kunst als Wissenschaft heißen." Die letztere Behauptung, daß Chemie nicht Wissenschaft heißen solle, gründet in Kant's Behauptung, das Ding an sich sei nicht zu erkennen. Uns interessirt aber überhaupt, daß er Chemie zum Erfahrungsgebiet macht, worin a priori nichts von Materie auszusagen sei. Sagt er doch auch: „**Schwere und ursprüngliche Elasticität** (widerstehende Kraft) bilden die einzigen a priori einzusehenden allgemeinen Charaktere der Materie, da auf den Gründen beider die Möglichkeit der Materie überhaupt besteht; dagegen der Zusammenhang als wechselseitige Anziehung kann nicht a priori erkannt werden; diese Eigenschaft ist nicht metaphysisch, sondern physisch." Es ist daher sicher, daß Kant, weil er die Chemie als eine Erfahrungswissenschaft erkannte, auch Dalton's Gesetz der Proportionen anerkannt und verarbeitet hätte, wenn er es erlebt hätte. Sicher ist, daß er auch die nach seinem Tode mehr und mehr erkannten chemischen Elemente berücksichtigt hätte, zu der Erkenntniß, daß die **Annahme von ursprünglich unendlichen, specifisch verschiedenen Materien** nur eine Annahme metaphysischer Möglichkeit zum Begriff der Materie wäre, während die physische Welt sich **thatsächlich** an etwa 63 specifisch verschiedenen Materien genügen lasse.

Wir können Kant nicht verlassen, ohne kurz die Ansicht eines Mannes zu erwähnen, welcher, der neuesten Zeit angehörend, einen Namen als experimenteller Forscher sich erwarb, der an Größe dem Namen Kant als Metaphysiker vergleichbar ist. Es ist der Engländer **Michael Faraday**. In Tyndall's Gedenkschrift über ihn finden wir Ansichten über die Materie, die denen des Königsberger Philosophen sehr nahe stehen. Er läugnet die Atome und setzt ein Kraftcentrum an seine Stelle. „Diese Ansicht von der Beschaffenheit der Materie würde nothwendig den Schluß nach sich ziehen, daß die Materien den ganzen Raum, oder wenigstens allen Raum, auf welchen die Schwere sich ausdehnt, erfüllt, denn die Schwere ist eine Eigenschaft der Materie, welche von einer gewissen Kraft abhängt, und diese Kraft eben constituirt die Materie. Von diesem Gesichtspunkte aus ist die Materie nicht nur gegenseitig durchdringlich, sondern jedes einzelne

Atom dehnt sich so zu sagen durch das ganze Sonnensystem aus, doch so, daß es immer sein eigenes Kraftcentrum hat." (Tyndall a. a. O. S. 118). Wir sehen, bei Faraday ist, wie bei Kant, die Materie eine anziehende Kraft, ins Unendliche wirkend, und die Materien sind durchdringlich. Wenn dann Faraday weiter „vergleicht die Durchdringung zweier Atome dem Verschmelzen zweier Wellen, welche, wenn sie auch für einen Augenblick zu einer einzigen Masse vereinigt sind, doch ihre Individualität bewahren und sich später wieder von einander trennen", so würde Kant diesem Vergleich sicher beistimmen; und doch erläutert das Bild nichts. Die Wellen bestehen aus einer Vielheit von Kraftcentren oder Atomen, und diese schieben sich bei ihrer Begegnung an einander hin; aber wie ist es zu verstehen, wenn zwei Atome einander durchdringen sollen? Geht das Atom hierbei wieder in kleine Theile auseinander, die an einander sich hinschieben? Kant sowohl wie Faraday schweigen über Möglichkeit und Art und Weise des Durchdringens von einzelnen Atomen durch andere; wir aber dürfen deshalb mit um so größerem Rechte die einzelnen Atome als neben einander befindlich betrachten, „wie bei sich begegnenden Wellen".

Faraday spricht gegen Atome aus demselben Grunde, aus welchem bereits Wollaston den Namen Atom ersetzt wissen wollte durch Aequivalente, Mischungsverhältnisse. Beide meinten, das Wort Atom schlösse eine nicht zu beweisende Hypothese ein, während das Wort Aequivalent alles erkläre. Wir werden sehen, daß dies keineswegs der Fall ist. Da man aber häufig hört, die chemischen Verbindungsgewichte seien nur Verhältnißzahlen und Atome seien überflüssig zur Erklärung der Chemie, so wollen wir nur vorerst wieder aufmerksam machen, daß wir Menschen mit Worten reden müssen. Wenn ich also sage: die Stoffe verbinden sich in bestimmten Gewichtsverhältnissen, so ist sicher, daß ich nicht Atome sofort in die Luft spreche, sondern Worte. Aber die Worte dienen zur Bezeichnung von Sachen, von Thatsachen. Das Wort „Gewichtsverhältniß" bezeichnet ein bestimmtes Verhalten zwischen Sachen. Wenn ich sage, die Masse der Sonne ist größer wie die der Erde, die des Mondes kleiner wie die der Erde, so sind dies auch Gewichtsverhältnisse, aber nicht im Nebel herumfahrende, sondern wirklich bestehende, getragen von abgegrenzten Körpern. Dies Abgegrenzte kann man Kraftcentren oder Atome nennen, wie man will. Thatsache bleibt, daß diese Massen nach ihrer Relativität, ihren verhältnißmäßigen Gewichten, wechselseitig Zugkraft üben, daß sie zwar metaphysisch, aber nicht physisch theilbar sind. Wo Gewichtsverhältnisse sind, sind auch Träger derselben, sind ihnen zu Grunde liegende Körper vorhanden. Ja, man kann sogar sagen: wir leben von Gewichtsverhältnissen, denn wenn ich 5 Pfd. Fleisch holen lasse, so bezeichnen die 5 Pfd. Fleisch eine Verhältnißzahl zu einer als Einheit angenommenen Gewichtsgröße. Der Metzger weiß auch nichts davon, daß die bestellten 5 Pfd. nur Verhältnißzahl sein sollen, er haut frisch das verlangte „Atom" — freilich mit mehr oder weniger Zugabe — ab; ich aber lebe von dem Gesendeten, das unter diesen Umständen ein Atom geworden ist als Masse von festbestimmter Wirkung, das sogar untheilbar ist, wenn das Verhältniß ungeändert bleiben soll.

Auch die Gewichtsverhältnisse der Chemie setzen ihre Träger voraus; und es war eigentlich natürlich, daß Dalton zu der, wie er sagt, „fast allgemein angenommenen Annahme, daß alle Körper aus einer unendlichen Zahl kleiner Theilchen bestehen" (Ladenburg a. a. O. 56), zurückgriff, um die Thatsachen multipler Verhältnisse zu erklären. „Konnte doch", sagt Tyndall (a. a. O. 115) mit Recht, „seit dies Gesetz festgestellt worden, die Frage nicht umgangen werden: warum muß die Verbindung nach diesem Gesetze erfolgen?" Tyndall fügt zu, den Einwand, den Faraday gegen Dalton machte, könnte er grade so gut dem Newton machen, da durch Kepler's Gesetze die Thatsache der Planetenbewegung festgestellt war, so daß Newton's Gravitationshypothese nur ein Zusatz zu diesen Thatsachen sei. Dies ist richtig, und Hegel hat auch schon solchen Einwand erhoben, indem er den Kepler erhebend an Newton's Gesetz nichts lassen wollte. Indeß wie fruchtbar war Newton's „Zusatz" für die Wissenschaft! Und fruchtbar wird auch Dalton's Atomtheorie sein, wenn man Ernst mit ihr macht und die Atome nicht mehr bloß als Grenzvorstellungen, sondern als Grenzthatsachen, als wirkliche Dinge gelten läßt. Zu diesem Gelten-müssen-lassen drängen denn auch die Fortschritte chemischer Erkenntniß, zu denen wir jetzt zurückzugehen haben.

Wir müssen zu Lavoisier zurückkehren, den wir verließen, um Folgerungen nachzugehen, die sich aus seinem Gesetze der Unveränderlichkeit der Gewichtsmengen bei chemischen Vorgängen ergaben. Diese Folgerungen lehrten uns unveränderliche Urtheilchen, Atome, anzunehmen, deren Gruppirung die verschiedenen Körper liefert. Gleichartige Atome liefern die s. g. Elemente, die chemisch nicht weiter zerlegbaren Körper; ungleichartige Atome treten zu chemischen Verbindungen zusammen. Wiederholen wir aber noch einmal, daß diese Atome nicht als Demokrit'sche Backsteine zu fassen sind, sondern als planetarische Massen durch wechselseitige Zugkraft in stetiger Wechselbeziehung stehend. Auf welche Weise aber gruppiren sich die Atome? Wodurch entsteht die Verschiedenheit der Verbindungen? Offenbar mußte jetzt, wo man die einfachen Stoffe, die Elemente, kennen lernte, als ein Grund der Verschiedenheit der erkannt werden, daß in verschiedenen Körpern verschiedene Elemente sind, daher also die Verschiedenheit der Gold-, Eisen-, Kupfer-Verbindungen. Aber trotz verschiedener Bestandtheile zeigen viele Körper ähnliches Verhalten. Woher diese Aehnlichkeit bei der Ungleichheit der Stoffe? Wir sahen, wie man seit Jahrtausenden das Streben hatte, die Körper in einander umzuwandeln, unedles Metall in edles zu erheben. Man strebte danach, das Aehnliche im Unähnlichen aufzusuchen. Schwefel, Quecksilber im alchemistischen Zeitaller, beide mit dem Salz im medicinischen Zeitalter waren als die Urbestandtheile, die gemeinsamen Principien in den ungleichsten Körpern angenommen worden. Später sollte jenes Urprincip, das eine Gemeinsamkeit in verschiedenen Processen hervorrief, das Phlogiston sein. Zu dieser Zeit nahm man auch an, daß Eine Ursäure in den verschiedenen sauren Körpern, Ein Urcausticum oder Eine Urlauge in den verschiedenen laugenartigen Körpern Grund ähnlichen Verhaltens seien. Man führte also alle Aehnlichkeit in verschiedenen Körpern auf einen gemeinsamen Stoff zurück. Sollte nun Lavoisier diese Anschauungsweise sofort aufgegeben haben? Er, der erkannte: „Sauerstoff ist es, der den Schwefel, Phosphor, die Kohle in Säuren verwandelt; Sauerstoff ist es, der sich mit Metallen verbindet, wenn er sie erdig macht, verkalkt; Sauerstoff ist jener wirksame Theil der Luft, der die Flamme nährt, die uns leuchtet, die unsere Speisen kocht; Sauerstoff ist es, der im Athmen venöses Blut in arterielles verwandelt und gleichzeitig Wärme entwickelt; Sauerstoff ist es, der allverbreitet in Erde und Wasser, in Pflanzen und Thieren, in tausendfachen Gestalten in allen Naturerscheinungen unaufhörlich thätig, aber unvergänglich, unveränderlich ist." (Dümas, Philosophie der Chemie S. 167).

Gewiß, es ist natürlich, daß Lavoisier seinen Fund an die Stelle des Stoffes setzte, gegen den er experimentirte. Was das Phlogiston war, ward jetzt der Sauerstoff. Die Chemie ward zu einer Chemie des Sauerstoffs. Dieser Stoff ward jetzt der Hauptgegenstand der Untersuchung. Der mit Sauerstoff verbundene Theil ward weniger berücksichtigt; er war der Rest, die Basis, das Radical. Lavoisier hat den in einer Vielheit von Processen vorkommenden Stoff anfangs „ausgezeichnet reine Luft" genannt; später, da ihn grade die Säuren interessirten, und er fand, daß Schwefelsäure, Phosphorsäure, Kohlensäure diesen Stoff enthielten, setzte er an Stelle der früher angenommenen „Ursäure" diesen Stoff als säuerndes Princip und nannte ihn daher **Sauerstoff**, oder mit griechischem Wort „**Oxygenium**". Jeder Proceß, wobei Sauerstoff mit Stoffen sich verbindet, jedes Verbrennen, wobei dies Verbinden nur durch Licht- und Wärmeentwickelung ausgezeichnet ist, ward daher ein Oxydiren, eine Oxydation genannt. Wir sehen, wie Lavoisier statt „Sauerstoff" den Körper auch „Laugenstoff" hätte taufen können, denn er wußte recht gut, daß Metalle bei ihrer Verkalkung, ihrer Oxydation laugenartige Körper, Basen liefern. Aber sein Interesse für Säuren ließ ihn den Namen „Sauerstoff" wählen. Und so sehen wir gleich hier, wie die Worte, mit denen chemische Körper bezeichnet werden, sich richten nach dem Gesichtspunkte des benennenden Chemikers und nicht nach dem Wesen des Körpers, da dieses erst später festgestellt wird und wobei die Werthlosigkeit des Namens sich meistens zeigt. Oft auch trägt der Körper den Namen von den Umständen oder Stoffen, mit denen er zuerst gewonnen wurde; aber auch solche Namen verlieren ihren Werth, sobald der Körper auf andere Weise gewonnen ward. Und so schwinden oft in der Chemie die Namen zu bloßen Zeichen zusammen, zu leeren Zeichen, die mit der Sache, die sie bedeuten, keinen oder nur geschichtlichen Zusammenhang haben.

Lavoisier's Taufe seines Sauerstoffs, geschehen in Fortsetzung des Irrthums, daß ein gemeinsamer Stoff die Gleichheit von Erscheinungen hervorrufe, veranlaßte neue Irrthümer. Der Sauerstoff ist säuerndes Princip, hieß es. Natürlich sollten jetzt alle Säuren Sauerstoff haben. Dieser Forderung zu Liebe sollte sogar das Element Chlor ein sauerstoffhaltiger Körper sein, als man fand, daß Salzsäure aus Chlor und Wasserstoff bestehe. Indeß das Willkürliche der Forderung ward immer mehr erkannt; die Existenz von Säuren ohne Sauerstoff ward mehr und mehr festgestellt, namentlich seit 1815 durch Untersuchungen Gay-Lyssac's über die Blausäure, jenen giftigen Stoff in bittern Mandeln. Im Gegensatz zur Sauerstofftheorie erhob sich jetzt die **Wasserstofftheorie**. Der Wasserstoff sollte das säuernde Princip sein. Indeß der Aufsteller dieser Lehre selbst, Sir Humphry Davy, sagte später: Die sauren Eigenschaften werden nicht durch Verbindung mit einem besonderen Elemente hervorgerufen, sondern sie entstehen durch besondere Verbindungen verschiedener Elemente (Ladenburg a. a. O. 86). Damit war die Erkenntniß des Einflusses der inneren Verbindungsweise auf die äußere Erscheinungsweise ausgesprochen.

Nicht an einen einzelnen Stoff war also die Gleichheit von Erscheinungen verbunden, sondern an die Gruppirungsweise der Elemente; wie aber findet diese statt?

Wir müssen dabei erinnern an die durch Galvani seit 1790 angeregten Untersuchungen über Galvanismus, Voltaismus, Electricität und Magnetismus. Wir sprachen schon an anderer Stelle über die Verwunderung, welche die Entdeckung dieser Erscheinungen erregte. Indifferentismus und Polarität waren jetzt die Geheimnisse, mit welchen alles offenbart werden sollte. Kein Mensch wußte, was Electricität und Magnetismus sei, aber man glaubte das Räthsel der Welt gelöst, wenn sie unter eine magnetische oder electrische Formel gebracht war. Nach dem Jahre 1800 erklärte Schelling die Welt durch Indifferentismus und Polarität; eine Erklärung, gegen die vielleicht am meisten der alte Solon opponirt hätte; denn dieser athenische Republikaner setzte gesetzliche Strafe aus für den, der keine Partei ergriffen hatte und sich indifferent im Staatsleben zeigte. Schelling dagegen belohnte sogar die Indifferenz dadurch, daß er sie zur Spitze erhob, zur Gottheit machte, deren polare Einseitigkeiten erst Natur und Geist sein sollten.

Kann es wundern, wenn in diesem Jubel auch die Chemie zum Spiel der Electricität ward? Im Jahre 1800 gelang die electrische Zersetzung des Wassers durch Nicholson und Carlisle; 1803 zersetzten Berzelius und Hisinger die Salze; 1807 aber ermöglichte H. Davy sogar die Zersetzung der seither für einfach gehaltenen Alkalien durch den galvanischen Strom; er wies nach, daß im Kochsalz, in der Potasche ein silberglänzend Metall sei. Nun schien es gerechtfertigt, die chemischen Erscheinungen von electrischen Kräften veranlaßt zu sehen. Verwandtschaft hieß zwar noch die Kraft der Verbindung zweier Metalle, aber diese Kraft war abhängig geworden von den electrischen Eigenschaften der Körper. Davy selbst stellte ein electro-chemisches System auf, aber es ward bald verdrängt durch das 1819 von Berzelius aufgestellte, das durch die abgerundete Form, durch die geistreiche Durchführung, in der es sofort auftrat, rasch allseitigen Beifall fand; zumal der Urheber durch die meisterhafte Ausführung der Aequivalentbestimmungen sich bedeutendes Ansehen erworben hatte. Ohne in Einzelheiten der jetzt als unrichtig erkannten Theorie einzugehen, müssen wir anführen, wie nach ihr jedes Atom seinen schwarzweißen Anstrich hatte. Das eine Ende jedes Atoms war positiv, das andere negativ electrisch; aber zugleich herrschte die Electricität des einen Poles vor, so daß ein Atom (also auch Element) entweder positiv oder negativ electrisch war. Der Sauerstoff war absolut negativ, der Wasserstoff positiv electrisch. Die übrigen Elemente ordneten sich dann zwischen beide; Chlor war ebenfalls stark negativ. Es ist leicht einzusehen, wie nach dieser Annahme Berzelius die Zusammensetzung der Verbindungen betrachten mußte. Jede Verbindung ward ihm zweitheilig, dualistisch, wobei ein positiver und ein negativer Theil einander in Anziehung hielten; mochten nun die zusammensetzenden Theile einfache Elemente sein, wie bei Wasser, das aus Wasserstoff und Sauerstoff besteht, oder mochten sie selbst wieder zusammengesetzt heißen, wie bei Salzen, die man aus Säuren und Basen bestehend dachte, weil das die erste und einfachste Art ihrer Gewinnung gewesen. Säuren waren negativ, Basen positiv. Körper, welche diesen Dualismus nicht zeigten, hießen indifferente und blieben als interesseloses anfangs wenig untersucht.

Emporkommen organischer Chemie.

Es war dies die Zeit, wo Lavoisier's Anschauungen fortwirkten und man nur eine Sauerstoffchemie kannte. Aber mehr und mehr drängten sich andre Elemente auf und verlangten Berücksichtigung. Schwefel, Selen, Tellur zeigten, daß sie so gut wie Sauerstoff Säuren und Basen liefern könnten, und suchten mit Davy's Wasserstoffsäuren dem Sauerstoff das Alleinrecht der Säurebildung zu rauben; auch die indifferenten Körper rächten sich für ihre Vernachlässigung und entzogen allmählig den Säuren und Basen das Hauptinteresse. Das Emporkommen der organischen Chemie bewirkte diese Ablenkung.

Unter organischer Chemie verstand man anfangs die Betrachtung der Stoffe, welche von Pflanzen und Thieren gewonnen waren. Es ist natürlich, daß man, ausgehend von dem Naturreiche, aus dem ein Stoff gewonnen war, unterschied zwischen mineralischen, vegetabilischen und animalischen Substanzen. Seit nun durch Boyle die Chemie selbständige Wissenschaft wurde und ihre Aufgabe ward, das Wesen der Materie, ihre Elemente und deren Verbindungsweisen kennen zu lernen, da meinte z. B. Becher: die Elemente seien in den drei Reichen zwar dieselben, aber in den vegetabilischen und animalischen Substanzen seien sie auf verwickelte, in den mineralischen auf einfache Art zusammengefügt. Stahl meinte: „in diesen herrsche das erdige, in jenen das wäßrige und brennbare Princip vor." Lavoisier sagte, mehr in Becher's Weise, in den mineralischen Substanzen sei der mit Sauerstoff verbundene Theil meist einfach, bei den vegetabilischen und animalischen dagegen stets zusammengesetzt, und zwar bei vegetabilischen stets aus Wasserstoff und Kohlenstoff, bei animalischen meist aus Wasserstoff, Kohlenstoff, Stickstoff und Phosphor. Er betrachtete also die vegetabilischen als aus 3 Elementen, die animalischen aus 4, wozu bisweilen Phosphor und Schwefel komme, zusammengesetzt. Diese Unterscheidung der vegetabilischen und animalischen Verbindungen zeigte sich bald als ungerechtfertigt.

Aber den Unterschied zwischen anorganischen und organischen Verbindungen ließ man länger bestehen. Berzelius sagte noch 1815, ähnlich wie Lavoisier, „die anorganischen Körper sind alle binär, die organischen aber ternär und quaternär zusammengesetzt." Das heißt, er meinte, nur jene seien in dualistischer Weise aufgebaut, während in diesen sich solche Gegensätze, wie Säure und Base in den Salzen, nicht fänden; es seien vielmehr die 3 Elemente der vegetabilischen und die 4 Elemente der animalischen Verbindungen in verschiedner Weise geordnet. Berzelius sagte auch noch 1827: „Organische Körper sind solche, die unter dem Einfluß der Lebenskraft gebildet wurden." Denn man meinte, daß in der todten Natur die Elemente andern Gesetzen gehorchten wie in der lebenden. Aber schon 1828 war diese Ansicht falsch, da Wöhler den organischen Harnstoff dargestellt hatte; seit welcher Zeit denn die Darstellung solcher Verbindungen auf das Ausgedehnteste gelang.

Die ausgezeichneten Arbeiten von Liebig und Wöhler 1832 über das Bittermandelöl und die daraus abgeleiteten Verbindungen hatten eine Reihe von Verbindungen kennen gelehrt, in denen man eine aus Kohlenstoff, Wasserstoff, Sauerstoff bestehende Atomgruppe als eingehend in die Verbindungen annehmen konnte. Berzelius begrüßte die Entdeckung mit Freude. „Morgendämmerung", „Orthrin", solle man diese Atomgruppe nennen, welche von ihren Entdeckern Benzoyl genannt war nach dem Benzoharz, aus dem sie gewonnen worden. Jetzt war die Einheit zwischen organischer und unorganischer Chemie gewonnen, denn die Verbindungen beider Gebiete konnten dualistisch betrachtet werden. Wir sahen, wie Lavoisier den mit Sauerstoff verbundenen Theil Rest oder Radical nannte, er hatte bereits ausgesprochen, daß dieses Radical bei den mineralischen Verbindungen einfach, bei den organischen dagegen zusammengesetzt sei. Berzelius hatte diese Ansicht 1817 in seinem Lehrbuche wiederholt, doch erst jetzt ward diese Ansicht

Sturz des Dualismus. Entdeckung der Substitution. 133

durch Liebig-Wöhler's Entdeckung Ursache weiterer Untersuchung. Aber die Fortsetzung der Untersuchung mußte auch der für wahr gehaltenen Anschauung den Todesstoß geben, und jener freudig begrüßte Stoff sollte eine andere Morgendämmerung bringen, als Berzelius dachte.

Berzelius' Freude war darum so groß, weil er, der Begründer des electrochemischen dualistischen Systems, sein System jetzt auch auf die organischen Verbindungen ausdehnen konnte. Aber war nach dieser electrischen Lehre nicht der **Sauerstoff der negative Theil der dem positiven Radical entgegenstand?** Konnte dieser negative Stoff Theil nehmen in einer positiv wirkenden Gruppe? Und jener Morgendämmerungsstoff selbst war bestehend aus Sauerstoff neben Kohlenstoff und Wasserstoff! Wir sehen, wie Zwiespalt kommen mußte in die so friedlich begonnene Eintracht. Die eifrigen Vertheidiger des Dualismus, um die Negativität des Sauerstoffs zu retten, zertrümmerten den Morgendämmerungsstoff, indem sie ihm andere Zusammensetzung zuschrieben wie seine Entdecker. Während diejenigen, welche die Unfehlbarkeit des Dualismus zuzugeben keine Gründe sahen, lieber die dualistische Lehre aufgeben wollten, oder wenigstens fürs Erste die electrische Begründung der Chemie für ungerechtfertigt hinstellten. Und neue Beweise für die Richtigkeit ihrer Ansicht zeigten sich bald.

Gay-Lyssac hatte beobachtet, daß bei dem Bleichen von Wachs durch Chlor Wasserstoff entweiche und Chlor aufgenommen werde, während Wachs Wachs bleibe. Dumas verfolgte diese Entdeckung weiter und sprach 1834 für dieses Vertreten eines Stoffes durch einen andern ein Gesetz aus, das 1835 durch Laurent erweitert wurde zu folgender Gestalt: Wenn gleichwerthige, äquivalente, **Substitution des Wasserstoffs durch Chlor oder Brom stattfindet, so tritt das Chlor an die Stelle, welche vom Wasserstoff eingenommen war und spielt gewissermaßen seine Rolle; deshalb muß das gechlorte Produkt Analogie mit dem Körper zeigen, aus welchem es erhalten wurde.

Dies war ein neuer und gewichtiger Schlag gegen die electrische Chemie. Der positive Wasserstoff sollte vertreten werden können durch das negative Chlor? Dies schien unmöglich, und heftig wehrte Berzelius' Schule. Nur hinzuweisen ist hier auf den Streit, in welchem Berzelius selbst zuletzt die Substitution zugeben mußte und aus welchem Streite eine neue Anschauung den Sieg davontrug, die jetzt mit wenig Worten weiter zu verfolgen ist.

Die Substitutions=Theorie Laurent's wurde 1839 wieder von Dumas zur Typentheorie erweitert. Er stellte die Sätze hin, daß in einer Verbindung ein Element vertreten werden könne durch ein anderes Element oder auch durch einen zusammengesetzten Körper, welcher die Rolle eines einfachen spiele; wenn dabei die Substitution zu gleichen Aequivalenten stattfinde, so behalte der Körper, in welchem Vertretung stattgefunden hat, seinen chemischen Typus bei, und das eingetretene Element spiele in ihm dieselbe Rolle wie das Element, welches entzogen worden ist. Dumas sagt auch: „Man kann die Verbindungen mit Planetensystemen vergleichen, worin die Atome durch Affinität zusammengehalten werden. Wird darin ein Atom der einen Materie durch das einer andern ersetzt, so bleibt dasselbe System. Es kann dabei ein einfaches Atom durch ein zusammengesetztes vertreten werden, ohne daß dadurch die allgemeine Constitution geändert wird. Erfolgt die Substitution nach gleicher Atomzahl und bleibt die gegenseitige Stellung der Atome, so behält die neue Verbindung denselben Typus." (Kekulé, Chemie S. 68).

Als ein einheitliches Ganze gilt von jetzt an mehr und mehr die chemische Verbindung, und da die planetarische Bewegung der Atome nur während der Bildung stattfindet, so ist die fertige Verbindung wohl mehr mit einem Hause, einem Tempel zu vergleichen, worin an Stelle Eines Steines mehrere Steine an einer Stelle verwendet werden können, wo an Stelle mehrerer Säulen eine Einzige Stütze gesetzt werden kann. Den Einfluß dieser einheitlichen Betrachtung und der Substitutionslehre sehen wir denn bei Erklärung von Verbindungen, die wir schon öfters erwähnten, den Säuren. Wir sahen, wie man erst eine Ursäure, dann den Sauerstoff, dann den Wasserstoff als säuerndes Princip angenommen hatte. Es ist Liebig, der, angeregt durch Untersuchungen Graham's über die Phosphorsäure, diese Untersuchungen weiter fortsetzte und nun zu der Definition kam: Säuren sind gewisse Wasserstoffverbindungen, worin der Wasserstoff ersetzbar ist durch ein Metall. Diese Definition mag Ihnen zugleich zeigen die Selbständigkeit der Chemie. In ältester Zeit hatte man, wie der Laie noch heute, Säure genannt, was Essig ähnlich schmeckte und wodurch Veilchenblau roth gefärbt wurde; jetzt ist Geschmack und Farbenänderung unwesentlich, das Verhalten der Verbindung im chemischen Proceß entscheidet allein. Aber Sie dürfen auch nicht glauben, daß nun der Wasserstoff jenes Ursäureprincip sei, nach dem man früher forschte. Eine Verbindung kann verschiedne Mengen Wasserstoff haben, ohne Säure zu sein; eine Verbindung kann zweierlei Wasserstoff haben, vertretbaren und nicht vertretbaren. Eine Säure, welche ein Atom vertretbaren Wasserstoff hat, heißt einbasisch; wenn sie mehrere durch Metall ersetzbare Atome hat, heißt sie mehrbasisch.

Diese Vertretbarkeit eines Elements durch ein anderes oder durch eine Atomgruppe mußte aber jetzt wieder die Aufmerksamkeit lenken auf zwei Worte, die seither durch Wollaston fast gleichbedeutend geworden waren. Wir wissen, wie er Dalton's Atomtheorie nicht billigte, wie er meinte, die relativen Gewichte, unter denen sich die Stoffe verbänden, seien nicht Atomgewichte, sondern Aequivalentgewichte; es seien Verhältnißzahlen, unter denen sich die Stoffe verbinden und ersetzen könnten. Diese Ersetzungs- oder Substitutionserscheinungen waren aber erst in jetziger Zeit von Wichtigkeit geworden, und da mußte denn jetzt die Frage werden, welches sind die Mengen von Stoffen, die einander vertreten können, die also einander gleichwerthig, äquivalent sind? Die Beantwortung dieser Frage lehrte aber zugleich, daß Atom und Aequivalent keineswegs, wie man seit Wollaston meinte, dasselbe seien, daß keineswegs der Begriff des Aequivalents genüge, um Alles zu erklären.

Es war der in Straßburg geborne Gerhardt, ein Schüler Liebig's, welcher, dessen Ideen über Basicität der Säuren weiter verfolgend und erweiternd, sein Hauptaugenmerk auf die Größe der einander äquivalenten Mengen der Stoffe richtete und dabei den Nachweis lieferte, wie die seitherigen Atomgewichtsbestimmungen dadurch fehlerhaft geworden seien, daß man Gewichtsmengen als gleichwerthig angenommen habe, die es nicht sind, daß man daher viele Bestimmungen des Berzelius entweder halbiren oder andere verdoppeln müsse. Die von dem französischen Chemiker 1842 gemachten Vorschläge über Atomgewichte fanden natürlich zu einer Zeit, wo man meinte, die Bedeutung eines Berzelius für die Chemie werde verkleinert, wenn man gestehe, daß er nicht unfehlbar sei, vielfachen Widerstand. Aber die spätere Zeit konnte sich der Wahrheit von Gerhardt's Behauptungen nicht entziehen. Um so gefeierter aber stand dieser Mann allmählig da, als es ihm gelang, in das Chaos organischer Verbindungen Uebersichtlichkeit zu bringen durch seine Typentheorie, welche erlaubte, die chemischen Verbindungen, gleichwie Pflanzen und Thiere, in natürliche Familien zu ordnen. Er gelangte zu dieser Classification, indem er aufs Entschiedenste Ernst machte mit jener oben angegebenen Anschauung von Dumas, nämlich die Verbindungen als ein einheitliches Ganze, frei von allem Dualismus zu betrachten. Sein geistvolles Werkchen: Introduction à l'étude de la chimie par le système unitaire, 1848, brachte die Grundzüge dieser seiner „Unitätstheorie", deren Ausführung 1856 sein vortreffliches Traité de Chimie organique

enthält. Ohne in Einzelheiten einzugehen, sei nur Eine der
Hauptgrundlagen seiner — und späterer — Systematik erwähnt,
die der homologen Reihen. J. Schiel hatte 1842 darauf
aufmerksam gemacht, daß Radicale von Verbindungen, die man
wegen ihrer Aehnlichkeit mit Weingeist Alkohole genannt hatte,
eine regelmäßige Zusammensetzungsänderung zeigten, so daß sie
sich in eine Reihe ordnen ließen, wobei das Radical des nächst-
folgenden Alkohols stets um dieselbe Atomgruppe von 2 Atomen
Kohlenstoff und 2 Atomen Wasserstoff (C_2H_2) zunimmt. H. Kopp
hatte bereits bewiesen, daß bei analogen Substanzen mit dem
Zutreten der Atomgruppe von C_2H_2 in eine Verbindung auch
der Siedepunkt der neuen Verbindungen gleichmäßig dann 19° zu-
genommen habe. Diese und andre Beobachtungen waren es,
welche Gerhardt benutzte zur Aufstellung seiner ähnlichen, homologen Reihen.

Aber eine Einseitigkeit Gerhardt's dürfen wir nicht vergessen,
könnte es dann doch scheinen, als ob er eine Ausnahme gemacht
hätte von jenen Männern, welche, Altes verdrängend, Neues
aufstellen wollten. Sie alle erlagen gewisser Einseitigkeit, von
der ihr System erst im Laufe der Zeit befreit werden mußte.
Gerhardt's Unitätstheorie ward begründet im bewußten Gegensatz zum Dualismus, in der Ueberzeugung von dessen Unwahrheit. In diesem Dualismus jedoch war, wie Sie wissen, seit
Lavoisier der Sauerstoff die Hauptsache, und das mit ihm verbundene war der Rest oder das Radical, welches entweder einfach
oder zusamengesetzt sein konnte. Die Salze hießen bestehend aus
zwei Theilen: Säure und Base. Diese Zweitheiligkeit suchte
man denn auch beim Schreiben der Verbindungen anschaulich zu
machen. Bemerken wir noch, daß man beim Schreiben jedes
Element mit dem Anfangsbuchstaben des lateinischen Namens
bezeichnet und daß jeder Buchstabe zugleich ein Atomgewicht bezeichnen soll. Also die Säure, welche aus Schwefel = S, aus
Sauerstoff = O entsteht, die Schwefelsäure wird geschrieben SO_3,

bezeichnend 3 At. Sauerstoff und 1 At. Schwefel. Das Metall im Schwerspath wird Baryum = Ba genannt, es bildet mit Sauerstoff eine s. g. Base, das Baryumoxid = $Ba_2 O$. Beide, Säure und Base, verbinden sich nun zu einem Salze, dem bekannten Schwerspath, und man schrieb dies $Ba_2 O + SO_3 =$ schwefelsaures Baryumoxid. Da sagt nun Gerhardt in seiner erwähnten Introduction: „Ist dies wirklich die wahre Constitution der Verbindung? Können wir das Salz nicht noch auf andere Weise erhalten? Können wir es nicht verschieden schreiben, je nach der Weise wie wir es erhielten? Das Salz wird erhalten folgendermaaßen: 1) Wasserfreie Schwefelsäure SO_3 vereint sich direct mit Baryumoxid $Ba_2 O$; also Schreibweise = $Ba_2 O + SO_3$. 2) Wasserfreie schweflige Säure, SO_2, vereint sich direct mit Baryumhyperoxyd, also = $Ba_2 O_2 + SO_2$. 3) Schwefelbaryum, SBa_2 vereint sich mit Sauerstoff O, also Schreibweise gleich $Ba_2 S + O_4$. Auf dreierlei Weise wird also Schwerspath erhalten, und nur weil man ihn zuerst auf die erste Weise erhalten hat, ist diese von den Chemikern benutzt worden zur Aufstellung der s. g. rationellen Formel, d. h. der Art und Weise, wie man durch Buchstaben die vermuthete innere Gruppirung der Atome, die Constitution der Verbindung darzustellen suchte. Jene Formel des Schwerspathes ist festgehalten worden, nur weil sie dem Dualismus entspricht. Die einzige Thatsache indeß ist, daß in allen drei Fällen eine Verbindung gewonnen wird, welche enthält: $SO_4 Ba_2$; daran ist sich zu halten, und nur solche „empirische Formeln" haben Werth." Für ihn drückt daher eine solche Formel nicht die Zusammensetzung, nicht das Bestehen des Körpers aus, sondern nur dient sie ihm zur Bezeichnung von Reaktionen, von einfachen Verhältnissen unter denen der Körper geworden, unter denen er zerfällt. Dadurch wird ihm zum Hauptzweck der Chemie: Die Untersuchung der Gesetze der Umsetzungen (metamorphoses, transformations) der Materie; die Kenntniß der Metamorphose der Körper in ihrer Vergangenheit und Zukunft. Die chemischen Eigenschaften setzen für ihn wenigstens zwei Körper voraus: einen Körper, welcher ist, und einen, welcher sein wird. Die **physischen** Eigenschaften, sagt **Gerhardt** sind es, welche den Körper in seiner Gegenwart erkennen lassen.

Unwillkürlich wird man hierbei an die alte **Griechen-Definition** erinnert: „Die Materie ist das Nichtseiende, sie ist das Werden, das Mögliche." Unwillkürlich freilich freut man sich auch, jener classischen Zeit entrückt zu sein. Denn damals, nicht achtend, daß Worte nur Zeichen sind, vergaß man die Sachuntersuchung, und baute Wortbegriffe zergliedernd sein System. Heute freilich läßt sich wieder eher ein andrer Tadel erheben, daß man, festhaltend die Sachen zu experimenteller Erforschung, zu oft die Worte wieder zu bedeutungslosen Zeichen herabsetzt. Sei es erlaubt, hier auf dies Gesetz einseitiger Geistesthätigkeit wieder aufmerksam zu machen und dabei mehr der Ehre als des Tadels wegen, die Definition des Meisters theoretischer Chemie anzuführen. Wir hören die Worte **Gerhardt's** wieder, wenn sein begeisterter Anhänger, der deutsche **Kekulé** sagt (Chemie S. 1): „Wesentlicher Gegenstand der Chemie ist nicht die existirende Substanz, sondern vielmehr ihre Vergangenheit und Zukunft. Die Beziehungen eines Körpers zu dem was er früher war und zu dem was er werden kann, bilden ihren eigentlichen Gegenstand". Darauf, um die Definition in kurzer Formel zu geben, setzt er noch zu: „**Chemie ist die Lehre von der stofflichen Metamorphose der Materie.**" Hier ist es, wo die Worte bedeutungslos werden. Denn Materie ist nur das Fremdwort für Stoff; und so heißt die Definiton: stoffliche Metamorphose des Stoffs, was entweder Tautologie ist, oder zurückgreift zur alchemistischen Erklärung: Chemie ist Metallveredlungskunst, also Stoffumwandlungslehre. Aber weder **Gerhardt** noch **Kekulé** wollen mit ihrer „Metamorphose der Materie" solches sagen, sie brauchen das Wort nur im Gegensatz zu dem Dualismus und auch zur Physik, denen gegenüber ihnen weniger die Formel, die Beschaffenheit des Stoffs, als seine thätige Beziehungen die Hauptsache ist. Ohne Bezugnahme auf Dualismus oder Physik lautet daher die Erklärung so: Chemie ist die Lehre vom Wesen der Materie, die Erforschung ihrer Elemente und der Verbindungsweise ihrer Atome. „La chimie détermine les metamorphoses soit par analyse, soit par synthèse, elle decompose (elle sépare de la matière toutes les parties dissemblables), ou elle recompose. L'activité inhérente à la matière est son moyen; provoqué par le contact immédiat des corps hétérogènes", sagt Gerhardt. Da wir nun vorhin, durch ihn veranlaßt, von den Griechen sprachen, so wollen wir gern noch einmal auf den andern Gegensatz zu diesen aufmerksam machen. Bei jenen war Stoff und Kraft getrennt, bei ihm sind sie dasselbe. La matière possède une propriété, qui lui est inhérente: c'est d'être essentiellement active". Dadurch wird ihm die Chemie sogar zum Studium „des Gleichgewichts der verschiedenen Thätigkeiten der Materie"; sagen wir: des Gleichgewichts der verschiedenkräftigen Atome.

Es schien uns nothwendig, jetzt, wo wir uns dem Schlusse unserer Aufgabe nähern, auch die letzte Entwickelung des Begriffes der Chemie in ihrer Entstehung zu zeigen. Jene Einseitigkeit, aus Opposition gegen den Dualismus, nur Vergangenheit und Zukunft betrachten zu wollen, konnte unmöglich bleiben, und schon die Erklärung: die Bedingungen des Gleichgewichts der Atome betrachten zu wollen, bleibt im Grunde bei der Gegenwart stehen und will den „bestehenden" Körper, die Gleichgewichtsgruppirung seiner Atome kennen lernen; das heißt, sie muß von experimentellen Formeln zu rationellen übergehen. Der Fortgang mußte um so mehr geschehen, als man bereits eine große Menge von s. g. isameren Verbindungen kannte, d. h. von solchen, welche bei gleicher procentischer Zusammensetzung, also bei gleicher empirischer Formel, ungleiche chemische und physikalische Eigenschaften zeigen. Diese Verschiedenheit konnte nur herrühren, durch Verschiedenheit der Atomgruppirung; und diese Verschiedenheit anzudeuten war der Zweck der s. g. rationellen Formeln. Die Berechtigung derselben mußte um so mehr anerkannt bleiben, als Gerhardt selbst bei seinen Proceßerklärungen gewisse „Reste" annehmen mußte, die in verschiedenen Processen gleich, in der That wenig anders waren, als die von ihm verworfenen Radicale. Dabei konnte denn die Verschmelzung von Radical- und Typentheorie nicht ausbleiben; und letztere nimmt denn jetzt auch in ihren Formeln ebenfalls Radicale an, d. h. Atommengen gleicher oder verschiedener Art, also Elemente oder Verbindungen, welche bei Wechselwirkung von Verbindungen aus einer in die andere übergehen können. Da aber durch eine Formel stets nur eine gewisse Art von Reactionen ausgedrückt werden kann, so ist die Aufgabe, solche Formel aufzufinden, welche die meisten Beziehungen angiebt.

Wenn man die chemischen Verbindungen nach ihren Analogien im chemischen Verhalten zusammenstellt, so erhält man Gruppen oder Reihen, deren einzelne Glieder gewisse Eigenschaften gemeinsam haben. Jedes Glied einer solchen Reihe kann demnach als Repräsentant aller andern betrachtet werden; zweckmäßig wählt man die einfachste Substanz einer Reihe als Hauptrepräsentant, als Typus. Dieser ist also die Einheit des Vergleichs für alle Körper, welche ähnliche Zersetzungen zeigen wie er, oder welche das Product ähnlicher Zersetzungen sind.

Aber diese Einheit des Vergleichs, wo bietet sie sich dar? Welche Verbindungen bieten sich dar, von denen wir gleichsam sagen, daß aus ihnen durch Substitutionen die Unendlichkeit der Verbindungen sich aufbauten? Wir sehen, die Frage hat Aehnlichkeit mit jenem Bemühen des Darwinismus, die wenigen Urformen der Pflanzen und Thiere zu finden, aus denen sich die Unendlichkeit der Formen entwickelt haben soll und welche als einfache Typen für die späteren, differenzirten Formen gelten sollen.

Die Chemie ist indeß günstiger gestellt wie der Darwinismus, sie braucht sich nicht mit Schelling-Oken'scher Phantasie in dem Reich poetisirenden Fabulirens zu ergehen, um durch erträumtes Ausmalen vorweltlicher Formen die Entwickelung des letzten Gliedes aus dem ersten zu zeigen. Sie verbleibt im Experiment und weist, an Thatsachen vorangehend, den Aufbau des Höheren aus Niederem nach.

Die Entdeckung der dem Ammoniak entsprechenden Basen von Wurtz 1849 führten Hofmann dazu, diese einfache Verbindung NH_3 als Typus aufzustellen zahlreicher ähnlicher, basischer Körper; Körper, welche gleichsam Ammoniak sind, in welchen der Wasserstoff Atom für Atom vertreten sein kann durch Metalle und zusammengesetzte Radicale.

1850 lieferte die Untersuchung von Williamson über Aether und Alcohol einen neuen Typus, das Wasser = H_2O. Auch in ihm läßt sich Atom für Atom der Wasserstoff ersetzen, wodurch die verschiedensten, aber doch chemisch ähnlich bleibenden Körper entstehen. Diesen beiden Typen, Wasser = H_2O und Ammoniak = NH_3, andere hinzuzufügen, war leicht, nachdem der Anfang geschehen war. Aber bald sollte sich zeigen, daß man mit ihnen noch nicht zum Ziel gekommen sei. Diese Typen H_2O, NH_3 waren ja Atomgruppen; sollte nicht vielleicht in den Elementen selbst schon typische Kraft sein? Untersuchungen, welche der zuletzt genannte Williamson 1851 anstellte, führten zu dem Ziel, die Elemente selbst als typisch zu erkennen. Er zeigte, daß es mehratomige Radicale giebt. Das heißt, daß es Radicale giebt, welche an die Stelle von zwei Atomen Wasserstoff treten, wodurch denn ein neuer Grund zur Mannigfaltigkeit von Verbindungen gegeben ist. Schwefelsäure, SO_4H_2, könne betrachtet werden als 2 Gruppen H_2O, in welchen 2 H vertreten seien durch das Radical SO_2. Aus $OHH + HHO$ wird also

OH(SO$_2$)HO, so daß SO$_2$, die zwei mittleren H ersetzend, der Grund ist für die Zusammenhaftung der zwei H$_2$O. Diese Betrachtungen wurden durch Untersuchungen erweitert und festgestellt; aber es ist klar, wie die Verbindungsweisen steigen müssen, wenn einzelne Radicale die Fähigkeit haben, mehrere Typencomplexe zu verbinden.

Radicale sind aber, wie wir sahen, Atomgruppen, welche mit mehr oder weniger Beständigkeit aus einer Verbindung in eine andere übergehen. Sollte nun die mehratomige Natur nicht auch den allerbeständigsten Radicalen, den Elementen selbst zukommen? Es ist Kekulé, der die Tragweite der Williamson'schen Ideen erkennend, 1853 bei Gelegenheit seiner Untersuchungen über die Einwirkung von Chlor- und Schwefelphosphor auf Essigsäure auf die Atomigkeit der Elemente hinwies, indem 2 Atome Chlor äquivalent seien 1 Atom Schwefel. Indem er diesen Gesichtspunkt weiter verfolgte, eifert er gegen die Gleichgültigkeit, mit der man, bestimmt durch Vermischung vom Atom- und Aequivalentbegriff, es ansehe, ob die Zusammensetzung des Wassers H$_2$O oder HO geschrieben werden solle. „Es ist eben nicht nur Unterschied in der Schreibweise, vielmehr wirkliche Thatsache, daß ein Atom Wasser zwei Atome Wasserstoff und nur ein Atom Sauerstoff enthält und daß die einem untheilbaren Atom Sauerstoff äquivalente Menge Chlor durch zwei theilbar ist, während der Schwefel, wie Sauerstoff selbst, zweibasisch ist, so daß ein Atom äquivalent ist zwei Atomen Chlor." (Ladenburg a. a. O. S. 254).

Die Arbeiten Kekulé's selbst, dann die von Williamson, Frankland, Odling, Berthelot, Wurtz, Hofmann führten die Ideen der Mehratomigkeit der Radicale und Elemente weiter aus, doch dürfen diese Einzelheiten unseres Zweckes wegen hier nicht vorgeführt werden. Werthlos aber selbst absehend vom Zweck wäre es, den Streit über Namen vorzuführen, ob Atomigkeit, Werthigkeit, Valenz der Atome zu sagen. Denn einerlei ist es, da sie nur Worte sind zur Bezeichnung einer Thatsache, und Wort und Thatsache überhaupt nie sich völlig decken.

Alle diese Arbeiten haben gezeigt, daß es ein-, zwei-, drei-, vier-, fünf-, sechsatomige Elemente giebt. Die wichtigste Arbeit dabei ist die im Frühjahr 1858 erschienene Abhandlung von Kekulé, worin er die vieratomige Natur des Kohlenstoffs nachweist. Dessen einfachste Verbindung ist Sumpfgas $= CH_4$; also ein Atom Kohlenstoff bindet vier Atome Wasserstoff, oder er bindet vier einatomige Radicale, oder zwei zweiatomige, oder ein dreiatomiges und ein einatomiges Radical u. s. w. Wobei noch dies Weitere interessant ist, daß die Kohlenstoffatome das Vermögen haben, sich mit sich selbst zu verbinden und Gruppen zu bilden, die sich wie ein chemisches Ganze verhalten. Diese Vereinigungsfähigkeit der Kohlenstoffatome ist aber die Ursache jener Mannigfaltigkeit der Kohlenstoffverbindungen, deren Studium ein so reiches Feld bietet, daß man der Arbeitstheilung wegen die alte Eintheilung von organischer und unorganischer Chemie beibehält und jene, obgleich in beiden dieselben Gesetze und Verbindungsweisen stattfinden, mit Kekulé als Chemie der Kohlenstoffverbindungen bezeichnet. Den Arbeiten Kekulé's steht zur Seite eine etwas später erschienene Arbeit von Couper, der selbstständig und von andern Gründen her zu ähnlichen Resultaten gelangt war. Indeß wir dürfen hier die Betrachtung fortschreitenden Stromes der Untersuchung schließen.

Wir sehen, wie an der Stelle von Kant's Behauptung „der Möglichkeit ursprünglich verschiedener Materie", bedingt „durch die Möglichkeit unendlicher Verschiedenheit im Verhältniß der der anziehenden und abstoßenden Kräfte", jetzt Thatsachen gewußt werden. Nicht aus einer unendlichen Verschiedenheit, sondern nur aus etwa 63 verschiedenen Materien oder Elementen geschieht der Bau unendlicher Körper. Die Unendlichkeit aus den

Unterscheidung von Atom und Molecül. 145

wenigen Elementen wird aber noch erweitert, da die Elemente verschiedene Natur ihrer Atome haben, so daß das Eine sich nur mit Einem, das Andre dagegen sich mit mehreren gleichzeitig zu verbinden vermag. Nicht abgeschlossen ist die Erkenntniß der näheren Constitution von Element und Verbindung, aber das Gesagte genügt, um das Gebiet der Chemie zu begrenzen und zu zeigen, wie diese Atome im chemischen Processe es zu nichts Weiterem bringen, als zu festen, meist krystallisirten und zu flüssigen, luftigen Körpern, d. h. zu Gleichgewichtsstellungen verschiedenthätiger Atome.

Gestatten Sie mir noch eines Ausdrucks zu erwähnen, der für die Chemie von Wichtigkeit ward und den ich seither, von „Atomgruppen" redend, der Einfachheit halber vermied. Es ist der Ausdruck „Molecül". Die Dalton'sche Anschauung hält sich an Gewichtsverhältnisse, aber im selben Jahre seiner Lehre, 1808, nur wenig Monate später, erschienen Untersuchungen, welche die Raumverhältnisse, die Volumina der Körper in Betracht zogen. A. v. Humboldt und Gay-Lüssac hatten bereits 1805 gezeigt, daß 2 Raumtheile Wasserstoff und 1 Raumtheil Sauerstoff sich zu 1 Raumtheil Wasser verbänden. Gay-Lüssac, die Untersuchung fortsetzend, sprach 1808 das Gesetz aus, daß die Gase sich in einfachen Volumverhältnissen verbänden und daß die Contraction, die stattfände, also das Volum des entstehenden Products, wenn es gasförmig ist, in einfachster Beziehung zu den Volumen der Bestandtheile stehe. Gay-Lüssac zeigte zugleich, in welcher Weise diese Thatsache mit Dalton's Anschauung zu bringen sei, aber dieser eiferte am heftigsten gegen die Richtigkeit von Gay-Lüssac's Gesetz und wollte von einer Identität des Volum- und Atomgesetzes nichts wissen. In der That zeigten sich auch Thatsachen, die eine Uebereinstimmung von beiden Gesetzen erschwerten. Der italienische Physiker Avogadro wies nun hin, wie die Schwierigkeiten vermieden werden könnten durch Unterscheidung zwischen

„**Molecül**" und „**Atom**". Die Gleichheit physikalischer Eigenschaften im Verhalten gegen Druck und Temperatur führte ihn dazu (Ladenburg a. a. O. S. 64), in gleichen Volumen aller Gase eine gleiche Anzahl von Molecülen anzunehmen. Diese Molecüle sind ihm aber noch nicht die letzten Theile der Materie, sie bestehen ihm vielmehr wieder aus Atomen. Nach ihm lösen sich die Körper, seien es Elemente oder Verbindungen, beim Uebergang in den Gaszustand noch nicht in Atome, sondern nur in Molecüle auf. Er sagt, jene Verbindung, Stickoxid, die wir ohne Verdichtung erhalten aus gleichen Volumen Stickstoff und Sauerstoff, kann, wenn sie ebensoviel Molecüle enthalten soll wie jene, nicht in einer Aneinanderlagerung vorher getrennter Molecüle bestehen, welche nothwendig eine Verminderung der Anzahl von Partikeln zur Folge haben würde, sondern sie muß durch einen Austausch zu Stande kommen. Sowohl das Stickstoffwie das Sauerstoffmolecül müssen sich in zwei Theile (Atome) spalten, welche sich dann gegenseitig vereinigen. Vor der Vereinigung waren also zwei ungleichartige Molecüle da, das eine aus 2 Atomen Stickstoff, das andre aus 2 Atomen Sauerstoff bestehend; nach der Verbindung sind auch noch zwei Molecüle da, aber sie sind gleichartig, jedes aus 1 Atom Stickstoff und 1 Atom Sauerstoff bestehend. Bei dieser Betrachtung werden **Volumen** und **Molecül** im Gaszustand identisch. Nach dieser Betrachtung besteht nicht nur das Molecül Wasser aus Atomen, sondern auch die Molecüle Sauerstoff von Elementen, Stickstoff bestehen aus 2 elementaren Atomen, und die Volumenverhältnisse, in denen die Gase sich vereinigen, geben die Anzahl chemisch kleinster Theile, welche dabei zusammentreten. So findet er, daß 2 Atome Wasserstoff und 1 Atom Sauerstoff Wasser liefern, daß 3 Atome Wasserstoff und 1 Atom Stickstoff Ammoniak lieferten. Aus der Dichtigkeit der Gase findet er das Moleculargewicht.

Avogadro, auf diese Weise Volum- und Atomgesetz in Uebereinstimmung bringend, fand indeß wenig Beachtung zur

Zeit der Aufstellung seiner Hypothese, 1810. Theils weil die Gesetze, nur für gasförmige Körper geltend, einen wenig ausgedehnten Bezirk füllten, theils auch weil die Vermischung zwischen Atom und Aequivalentbegriff das Interesse an rein atomistischen Fragen verminderten. Erst als die Untersuchungen über Vertretbarkeit und Aequivalenz den Unterschied zwischen Atom und Aequivalent zur Klarheit brachten, da waren es Laurent und Gerhardt, welche Avogadro's Hypothese 35 Jahre nach ihrer Aufstellung zur Anerkennung in der Chemie brachten und zur Grundlage des Systems benutzten. Doch steht es dahin, ob Laurent, der die Begriffe Atom, Molecül, Aequivalent zuerst wissenschaftlich feststellte, dabei Avogadro's Arbeit kannte. Atom nennen wir die kleinste chemisch untheilbare Menge von Materie, die wir in Verbindung mit andern Stofftheilen annehmen. Molecül nennen wir die geringste Menge eines Elements oder einer Verbindung, welche in freiem Zustande existiren kann, die also als kleinste bei chemischen Metamorphosen in Wirkung tritt. Es ist gleichzeitig so gewählt, daß es in Dampfform denselben Raum einnimmt wie das Molecül (2 Atome) Wasserstoff. Aequivalent nennen wir diejenigen Mengen verschiedener Substanzen, welche chemisch gleich- oder ähnlichwerthig sind, welche also denselben chemischen Effect hervorbringen.

Es mag sonderbar scheinen, daß man auch bei Elementen daran festhalten muß, daß in freiem Zustande sie nur als Molecüle bestehen, daß beim Austreten eines Elements aus einer Verbindung die Atome sich zu Molecülen vereinen. Indeß die Consequenz in der Betrachtung chemischer Processe führt zu dieser Annahme, durch welche denn freilich jede Verbindung unter einer Wechselzersetzung vorgeht, z. B. wenn im einfachsten Proceß Wasserstoff und Chlor Salzsäure bilden, so ist es nicht Addition $H + Cl$, sondern Wechselzersetzung, denn $HH + ClCl$ liefern $HCl + HCl$.

Die Annahme, daß ein Molecül aus mehreren Atomen bestehe, erklärt denn auch leicht die so berühmten Erscheinungen, daß ein Element im Augenblick des status nascendi, des Entstehungszustandes, d. h. im Augenblick des Freiwerdens aus einer Verbindung, so viel rascher eine neue Verbindung eingehen kann. Eben weil dem Trägheitsgesetz zufolge die Atome erst Zeit brauchen, die moleculare feste Gleichgewichtslage zu gewinnen, und weil sie in diesem Uebergangsstadium, wo ihre Zugkraft noch weniger in bestimmter Richtung gebunden ist, leichter neue Gleichgewichtsstellungen eingehen können, als dann, wenn die bestimmte Richtung erst zu überwinden ist. Die Erregtheit des ozonisirten Sauerstoffs ist bekannt; auch daß Electricität so leicht Störung im Molecül herbeiführt.

Hiermit aber, mit Nennung physikalischer Gesetze und Kräfte, betreten wir ein Gebiet, das nicht zur heutigen Aufgabe gehört. Die Bestimmung der Moleculargröße, der Atomgewichte, geschieht mit Hilfe der Physik; aber die Darlegung der Bestimmungsmethoden würde der Ausführlichkeit eigenen Vortrages bedürfen. Ich verweise Sie darum auf die physikalische und theoretische Chemie von H. Kopp, einem Manne, der selbst erweiterndste Gesichtspunkte lehrte und den ich Ihnen im Beginn als Antiquitätenjäger, als Durchsucher alter, vermoderter Schriften vorführte, der aber über den alten Pergamenten die Gegenwart nicht vergaß und die Meisterschaft der Durchsuchung veralteter Ansichten auch beim fleißigen Experimentiren übt. — Der heutige Vortrag wollte die geschichtlich gewordene, durch Experimente gestützte Ansicht über Chemie in heutiger Zeit vorführen; die Folgerungen hieraus will ich mir erlauben ein anderesmal zu ziehen.

Dritter Vortrag.

Galilei und Darwin;

oder:

Das Trägheitsgesetz und die Entwickelungslehre.

Sie werden verwundert sein beide Namen nebeneinandergestellt zu finden. Noch mehr aber werden Sie sich verwundern, wenn Sie an den Anfang des Vortrags einige Grundsätze gestellt finden, die Ihnen wohl allzu selbstverständlich heißen.

1. Aus Nichts wird Nichts.
2. Jedes Ding ist sich selbst gleich, oder A = A. Wenn daher das Eine gleich einem Andern, wenn A = B oder A = nicht A gesetzt wird, so geschieht es nur, indem von Unterschieden abgesehen und nur das Gleiche im Auge behalten wird; z. B. Ochs = Esel, als Säugethiere.
3. Das Eine kann ein Anders werden, aber nicht Alles wird zum Andern. Sauerstoff wird kein Stickstoff, aus Kupfer kann man kein Gold machen. Aber ein kleiner Esel kann ein großer Esel, eine Eichel kann ein Eichbaum werden. Hier ist also das Ausgewachsene, das Entfaltete ein Anderes als der Anfang, als das Ei oder der Keim. Aber dieses Anderswerden der Eichel zum Eichbaum, vollzieht sich innerhalb bestimmter Grenzen und an demselben Wesen; die Eichel bleibt ein Eichbaumkeim und wird kein Esel oder Buchbaum. Es ist also kein Vernichten

des Einen Wesens und kein Uebergehen in ein zweites Wesen, was stattfindet, es ist nur eine relative Veränderung desselben Wesens. Dieselbe Relativität findet statt bei jener Behauptung: Jeder Begriff schlägt in sein Gegentheil um, z. B. das Gute wird ein Schlechtes. Denn wenn ein Mensch durch anhaltendes Studiren seine Gesundheit zerstört, so kann man doch nur uneigentlich sagen: Das Gute wird zum Schlechten, in Wirklichkeit ist es die relative Menge, die Wirkung der zu großen Anstrengung, und der zu geringen Abspannung, welche zur Erscheinung kommt.

3. Der Theil ist kleiner, als das Ganze und kann daher nicht für das Ganze gesetzt werden; auch kann nur ein Ganzes Theile liefern. Denn wenn der Theil eines Ganzen, ein halber Apfel, wieder getheilt werden soll, so gilt in Beziehung zur Theilung die Hälfte wieder als Ganzes.

5. Jedes Einzelne steht in Beziehung zu einem andern. Nichts steht außerhalb der Wechselbeziehung. Alles ist Kraft. Der Stein auf der Erde ist nicht todt oder beziehungslos, er drückt sie, zieht sie an. Auch der todte Mensch ist nicht völlig beziehungslos. Nur die Beziehung zum sittlichen Leben in irdischer Menschheit hat aufgehört, die Beziehung des Leibes zu Licht und Erde, die chemische Thätigkeit ist geblieben.

Nun werden Sie sagen: „Was soll es mit diesen Sätzen? Das ist ja wie bei Eulenspiegel, der die Schneider des Landes zusammenrief, um ihnen das Wichtigste mitzutheilen, und als sie da waren, sagte er: „Ihr müßt Zwirn und Nadel haben, wenn Ihr nähen wollt. Ihr müßt einen Knopf ans Ende des Fadens machen, sonst hat Euer Nähen keinen Halt." „Das wußten wir längst!" sagten die Schneider und ärgerten sich, daß sie gekommen. Und so sagen wir auch: Deine Sätze waren nicht des Kommens werth, die wußten wir längst!"

Gern gebe ich zu, daß Sie die Sätze längst schon wissen, aber doch wollte ich die Sätze nicht unausgesprochen lassen. Ge=

schieht es doch in der Philosophie gar oft, daß man näht, ohne Nadel und Zwirn und namentlich ohne befestigenden Knopf, da man die Werkzeuge der Philosophie, die Worte, nununtersucht und in schwankender Bedeutung aufnimmt. Oder um mit Max Müller (Sprachwissensch. II. 515) wissenschaftlicher zu reden, „man braucht Ausdrücke, deren Basirung zu vergleichen ist mit der Erde, welche bekanntlich (nach indischer Lehre) auf einem Elephanten, der Elephant wieder auf einer Schildkröte ruht, welche letztere dann im unendlichen Raume hin und her schwingt."

Betrachten wir einmal das an den Satz: „Aus Nichts wird Nichts" sich Anschließende. Man nennt jenes Unbestimmte, jenes Etwas, welches allem Körperlichen zu Grunde liegt: Materie oder Stoff. Und man nennt jenes Etwas, welches allem Geistigen zu Grunde liegt und sich in sittlichem oder künstlerischem Thun äußert: Geist oder Seele. Nun sahen wir früher (Bd. I. Vortr. 4), wie es dem Menschen eine Nothwendigkeit ist, nach Ursache und Wirkung überall zu fragen; und da er die sinnlich wahrnehmbaren Dinge alle vergänglich und die Menschen selbst sterblich und somit abhängig findet, von einer nicht durch ihn bestimmten Macht, so ist er mit Nothwendigkeit getrieben eine letzte Ursache von Allem zu suchen. Bei der großen Verschiedenheit nun in der sich das sinnlich wahrnehmbare Geschehen und das sinnlich nichtwahrnehmbare Denken vollzieht, war es natürlich, daß der Mensch diese Gegensätze auch auf die letzte Ursache übertrug, oder vielmehr, da er Materie und Geist nicht zu vereinen wußte, daß er zwei Ursachen als neben einander bestehend annahm.

Es war an andern Orten ausführlicher die Rede, wie die Heiden den Dualismus eines geistig lenkenden Gottes und einer chaotischen Materie festhielten; wie selbst Plato, Aristoteles die ewige Materie als das „Nichtseiende", das nur „Mögliche" durch einen Gott zur Wirklichkeit formen ließen. Dieser philosophischen Anschauung gegenüber, worin also ein geistiges Wesen die Materie beherrscht und beide zusammen die Welt des geistigen und sinnlichen Daseins verwirklichen, wo also das Ganze ein Ganzes liefert, steht nun eine andere Anschauung, welche man Materialismus nennt, da sie nur das sinnlich wahrnehmbare Etwas, die Materie, als Ursache aller Thätigkeit annimmt und auch das Denken und Dichten durch dies Etwas hervorbringen läßt. Hier sehen wir also in der That an Stelle des Satzes: „Aus Nichts wird Nichts" einen andren treten: „Aus Nichts wird Etwas". Denn da wo nichts ist, oder da wo kein Bewußtsein ist, soll es geschaffen werden.

Ich muß hier vor allem hinweisen, wie nothwendig es ist, daß wir bei Würdigung des Materialismus eine Anschauung fernhalten, die, wenn wir ihr folgen, leicht den Vorwurf veranlassen kann, man habe den Materialismus ersonnen, indem man an einen ohnmächtigen Menschen dachte, der bewußtlos daliegend, später wieder zum Bewußtsein kommt. Hier wird also in der That ein bewußtloser Mensch wieder ein bewußtseinsvoller, aber offenbar ist dabei in dem Menschen nichts Neues entstanden. Es ist in beiden Fällen Bewußtsein vorhanden, nur ist das Einemal durch eine Störung der normale Zustand des Bewußtseins vernichtet. Wir dürfen sagen, ein Druck lastet auf dem Bewußtsein; mit dem Weichen des Druckes vermag das Bewußtsein sich wieder zu äußern. Bewußtlos bezeichnet also hier nicht ein Nichts, ein nicht Daseiendes, sondern nur ein gefesseltes Bewußtsein, im Gegensatz zu dem freien, dem leicht sich äußernden.

Solche Anschauung müssen wir fernhalten bei dem Materialismus. Bei ihm ist nicht an ein betrunkenes Etwas zu denken, das aus seiner bewußtlosen Dummheit sich erhebt zu selbstbewußter freier Vernünftigkeit, sondern bei ihm tritt an Stelle des absoluten Nichts, des nichtseienden Bewußtseins ein Etwas, das Selbstbewußtsein. Ich darf bei dieser Behauptung wohl absehen, von jenem ersten Materialismus wie ihn zur Griechenzeit,

Demokrit, Leukipp, Epikur aufstellten. Fehlte damals doch noch jede practische Bestimmung, jede Thatsache über die Beschaffenheit der Materie, so daß man sagen konnte und durfte, was gerade brauchbar schien. Sahen wir doch überdies im Vortrag über den Begriff der Materie, wie diese Griechen trotz ihres behaupteten Monismus einen Dualismus festhielten, indem sie alles Geistige von feineren Atomen in reinerer Bewegung geschehen ließen; alles sinnlich Wahrnehmbare dagegen von roheren Atomen in trägerer Bewegung.

Ich rede vielmehr von dem Materialismus der Gegenwart, der sich stützt auf die chemische Erkenntniß der Materie, wonach es keine feine und rohe Atome giebt, wonach der einatomige Wasserstoff und der vieratomige Kohlenstoff in gleicher Weise sinnlich Wahrnehmbares liefern.

Die Materie von heute ist also nicht, wie zur Griechenzeit ein unbestimmtes Etwas, sie ist vielmehr das Bestimmteste: Sauerstoff, Chlor, Eisen, Gold, Stickstoff u. s. w. nebst dem s. g. Lichtäther. Diese Elemente, die man als Kant's „verschiedengradige Raumerfüllungen der Materie" betrachten kann, lehrte die Chemie wieder zerfällt in Atome, die man auch Kraftsitze, Kraftcentren, dynamisch endliche Wesen, qualitativ bestimmte Reale, endliche Substanzen der Materie u. s. w. nennen kann. Aber in all diesen Einzeldingen, diesen qualitativen Realen steckt kein Selbstbewußtsein. Der Materialist, der also aus Sauerstoff, Stickstoff u. s. w. Selbstbewußtsein produciren läßt, macht daher wirklich aus Nichts ein Etwas. Oder wir können auch sagen, er macht ein Etwas, einen Theil, nämlich die chemische Thätigkeit, zu einem Ganzen, zur chemischen plus der dichterischen, plus der sittlichen Thätigkeit. Ist nicht der Theil zum Ganzen gemacht, wenn chemische Thätigkeit die chemische Anziehung und die sittliche Liebe zugleich besorgen soll?

Am klarsten tritt dieses Thun des Materialismus hervor, wenn wir es vergleichen mit jener Lehre, die zuerst im Judaismus auftrat und das Leben eines Volkes bestimmte; mit jener Lehre nämlich, daß ein Gott, ein einiger Gott, der Schöpfer Himmels und der Erde sei. Gott ist die Allmacht, die selbstbewußte Fülle aller Kräfte, alles Geschaffenen. Hier ist also der Grundsatz festgehalten: „Ein Ganzes kann Theile liefern." Was sagt aber der Materialismus dazu? Er sagt, es sei abergläubische Dummheit, es sei wissenschaftlicher Unsinn ein nicht sichtbares, einen unsichtbaren Gott anzunehmen; es gäbe nur sinnlich Warnehmbares, nur die Materie, die nach Nothwendigkeit wirke. Das heißt also, es giebt nur Sauerstoff, Phosphor u. s. w. nur 63 Elemente, in denen kein Selbstbewußtsein steckt; es ist also ein Nichts, das zum Etwas werden, oder ein Theil der zum Ganzen werden soll.

Aber schon die ganze Zeit sehe ich Sie ungeduldig werden. Sie wollen mir zurufen: „Was sagst Du denn hier? Das ist ja grade die Schöpfungslehre der Bibel gegen welche der Materialismus eifert, da sie die Welt aus Nichts entstehen läßt. Der Materialismus, um dies Entstehen aus Nichts zu vermeiden, macht ja grade die nothwendig wirkende Materie zum Anfang." Das ist richtig. Der Materialismus behauptet „das Nichts" entfernt zu haben, aber da er selbst sich nur entwickelte, weil sein Gegentheil, der Begriff freiheitlicher Schöpfung, vorhanden war und da er nur aus Opposition dagegen das nothwendige Geschehen zum Anfang machte, so wird es uns wohl erlaubt sein mit Hegelscher Dialectik ins Gegentheil umzuschlagen, und dem Materialismus zuzurufen: „Du selbst behauptest das, wogegen Du eiferst. Oder hast Du die „Atome" schon gesehen, gefühlt? Aus unsichtbaren Atomen läßt Du sichtbare Welt entstehen. Ist das begreiflicher als jene alte Rede: Durch unsichtbaren Gott entstand die Welt? Und wenn Du behauptest, das Selbstbewußtsein entstehe aus schweren Atomen, warum sollen dann nicht auch schwere Atome aus einer selbstbewußten Kraft entstehen können? Wahrlich grade Du nimmst an das, wogegen Du spottest: ein Entstehen aus Nichts. Denn anfangs sind nach Dir nur die 63 selbstbewußtseinsleeren Elemente da und dann wird in diesem Nichts ein Selbstbewußtsein, es wird der Theil zum Ganzen." Nimmer aber ist der Schöpfungslehre mit Recht derselbe Vorwurf zu machen. Gott schuf die Welt, und er schuf sie aus Nichts, insofern ihm nicht wie dem heidnischen Gott eines Plato, oder Aristoteles eine Materie zur Seite ging, an der er durch Bilden oder Formen seine Kräfte übte. Es ist also nur den Heiden gegenüber zu sagen, Gott schuf aus Nichts. In Wirklichkeit und ohne Bezug auf andre Lehren müssen wir sagen: Gott schuf aus sich, er schuf aus seinem Sein, aus der Fülle seiner Kraft. Vergl. diesen Bd. S. 49.

Daß dies uns Menschen ein unverständliches Geschehen ist und bleiben wird, das ist gewiß. Es ist so unverständlich wie jener Begriff Gottes als erster Ursache, wenn wir ihn als den „von selbst Gewordenen" ansehen. Gewiß, es ist der Begriff eines sich selbst setzenden, eines schaffenden Gottes für uns Menschen wenig verständlich; aber ist der Begriff einer ewig seienden nothwendigen Materie als erster Ursache verständlicher? Die Frage ist nur nach welcher Seite die größte Berechtigung ist. Wir wollen im heutigen Vortrage Stützen zur einen oder andern Berechtigung vorzubringen suchen; bis hierher, wo wir es nur mit dem logischen, dem denkbar-möglichen, zu thun hatten, sehen wir die Entscheidung zu Gunsten der Schöpfungslehre ausfallen. Ja, selbst der die Schöpfung verwerfende Idealismus Hegel's steht uns höher als der Materialismus, denn Hegel mit seinem in das Anderssein, die Natur, umschlagenden absoluten Wissen, geht wenigstens aus von der Fülle des Seienden, während der Materialismus aus einem Nichts ein Etwas, aus einem Theil das Ganze werden läßt. (Vergl. Bd. I. S. 268, 190 und Weis, Gedanken zu Poesie und Philosophie.)

Der Materialismus wird freilich im Allgemeinen geneigt sein solche Betrachtung der an den Anfang gestellten Grundsätze, als zeitvergeudende Spiele formaler Logik anzusehen. Die Thatsachen der Erfahrung als das Grundlegende ansehend, wird er das durch reines Denken logischer Untersuchungen Erdachte und Behauptete für werthlos erklären. Wie aber wenn der Materialismus selbst sich in den verspotteten Spielen formaler Logik gefällt? Wenn er selbst die Induction, die Erfahrung verläßt und im denkbar möglichen des reinen Denkens schwelgt? Er nimmt z. B. an, daß irgendwann und irgendwo sich eine Lebensform gebildet habe und daß aus ihr alle übrigen Formen durch Differenzirung sich entwickelten. Ein Junges der Anfangsform war etwas verschieden von den Eltern; die Verschiedenheit pflanzte sich fort, vergrößerte sich im Urenkel u. s. w.; dabei traten Formen zurück, die als schwächer, sich den stärkeren und zweckmäßigeren Formen gegenüber im Daseinskampfe nicht erhalten konnten, die letzteren pflanzten sich fort und so ward allmählig aus der Einen Form eine Fülle von andern. Fragt man aber nun: „Was ist das Eine, aus welchem Andres wurde?" So wird wohl die Antwort: „Die Zelle, als einfachster Organismus", aber fragen wir weiter: „Warum wurde der Pfau, der Hirsch aus der Einen Form? Warum rettete sich der Pfau im Daseinskampf, da seine Farbe so bunt, sein Schwanz so hinderlich zur Flucht, soviel Fläche zum Packen für den Schnabel des Raubvogels darbietet? Warum rettete sich der Hirsch, dessen Geweih zur Flucht so hinderlich?" Dann wird uns zur Antwort: „Ja, das sind Einzelheiten, mit denen wir uns noch nicht abgeben können. Einstweilen ist es Triumpf der Wissenschaft sich die Möglichkeit denken zu können, daß eine Form aus einer andern sich entwickelte". Aber ist das nicht das Aufnehmen formaler Logik und das Außerachtlassen der Induction? Diese Pfaue, Hirsche, Krebse, Gürtelthiere u. s. w. bilden ja grade die Einzelheiten der Erfahrung und von ihnen soll man absehen, weil man noch nichts weiß. Was bleibt da übrig als jener abstract allgemeine Satz formaler Logik: Das Eine kann ein Andres werden? Gehen wir auf die Zelle zurück. Hat man denn schon thatsächlich beobachtet, daß eine Zelle aus chemischen Atomen, ohne Mutterzelle entstehe? Nein! Aber der auf Thatsachen sich stützenwollende und die Philosophie reinen Denkens verspottende Materialismus, verwirft hier die Thatsache der Nichtbeobachtung und sagt bei Gelegenheit der Erklärung der Entstehung des ersten Lebens aus nothwendig wirkenden Atomen: „Ich kann mir denken, daß eine lebendige Zelle entstand, aus chemischen Atomen! Ich kann mir denken, daß diese erste Form zu vielen Formen sich entfaltete! Ich kann mir denken diese Entwickelung des Einen aus dem Andern!" Gewiß, dies ist ein Denken, so reinlich und zweifelsohne, daß es der verhegelste Hegelianer nicht reiner denken könnte. In der That, wir haben hier dieselbe Methode, welche Schelling und Hegel anwandten, sie stellten einen Begriff voran und entwickelten alles aus ihm. Aber sie waren ehrlich genug es zu sagen. Der Materialismus aber, der mit beiden Denkern nichts gemein haben will, verwirft seinen Reden nach den Begriff als Erstes und stellt die Thatsache voran; in Wirklichkeit freilich ist es der Begriff, die Entwickelung des Einen aus dem Andern, von dem er ausgeht und nach welchem sich bei ihm die Erklärung der Thatsachen richtet.

Wenn nun der Materialismus sagt: „Ich kann mir denken, daß eine einheitliche Entwickelung stattfindet, daß eine Zelle sich aus Atomen bildet", und ein Anderer sagt: „Auch ich gehe von einer Einheit aus, aber ich kann sie mir nur denken als die Fülle der Kräfte, nicht als einen des Späteren noch entbehrenden Theil derselben; nur als die Einheit eines lebendigen Gottes, der alles zu gesetzmäßigem Bestehen erschuf", wer hat dann Recht? Der Materialismus stützt sich darauf zu sagen: „Ich kann mir denken!" Der Idealismus sagt auch: „Ich kann mir denken!" Wer hat Recht? Beide! Denn der Eine hat soviel Recht wie der Andere sich denkbar mögliches zu denken. Der Materialismus tröstet sich damit, daß die Zukunft größere Beweise für die Entwickelungslehre beibringe, aber ist dieser Trost eine Stütze? Auch der Idealismus sagt: „Ja, lieber Bruder, bis morgen kann ich mit meinen Beweisen ebenfalls mehr am Ziele sein!"

Wir sehen, die einfache Möglichkeit etwas zu denken, giebt noch keine Wissenschaft; denn Wissen beruht im Allgemeinen in der Uebereinstimmung des Denkens mit dem Gegenstande. Zu Hegel's Zeit waren 7 Planeten bekannt, es war möglich, daß es nicht mehr gab; aber diese denkbare Möglichkeit wurde nicht dadurch zur Wahrheit, daß Hegel die Nothwendigkeit der Siebenzahl zu beweisen suchte. Hier warf sowohl eine richtigere Theorie von Leverrier, als auch das Betrachten des Himmels durch Gall, also die Erfahrung, jene Hegelsche Theorie über den Haufen. Aber so wenig wie die Siebenzahl der Planeten, wird die denkbar-mögliche Zellentstehung aus chemischen Atomen zur wissenschaftlichen Wahrheit durch wortreiche Deductionen. Auch hier ist die Erfahrung zu Hilfe zu nehmen und man hat sich zu beugen vor dem schon Gefundenen.

Man nennt es denkbar möglich, daß die chemischen Atome die vom Erd=Anfang an, sich zu luftigen, flüssigen, krystallinischen Massen zusammensetzten, worin die einzelnen Atome in mehr oder weniger festen Gleichgewichtsstellungen neben einander verharren, übergehen zu einer Zellenbildung, worin ein stoffwechselndes Spiel der Atome stattfindet. Denkbar möglich nennt man dieses Uebergehen des einen Gleichgewichtszustandes in einen andern; aber ist dieses denkbar mögliche auch wirklich stattfindend, jenem Gesetze gegenüber, wonach jede Kraft verharrt in dem Zustande, in welchem sie sich befindet, wenn nicht äußere Umstände den Zustand ändern? Ist neben diesem Gesetze der Trägheit der Kräfte, jenes Uebergehen des Einen in's Andere, des Chemismus in's Leben ein vollberechtigt denkbar mögliches?

Sie sehen jetzt, wie ich dazu komme, Galilei und Darwin neben einander zu stellen. Jener steht da als Aufsteller des

Gesetzes der Trägheit, welches am meisten Entscheidung bringt über den Werth und das Recht jener Entwicklungslehre des Materialismus oder was ziemlich gleichbedeutend ist, jener dialectischen Umschlagstheorie Hegel's. Der andre, Darwin, steht da als der Mann, der durch sein Gesetz natürlicher Züchtung dieser Entwicklungslehre des Einen in's Andre wenigstens innerhalb des Lebensgebietes die Mittel an die Hand gab, aus dem Nebel des denkbar-möglichen herabzusteigen in das Land der Thatsachen.

Lassen Sie uns nun einmal Galilei's Gesetz betrachten; da aber der Werth einer Entdeckung erst dann voll vor Augen tritt, wenn der Zustand bekannt ist, der der Entdeckung vorausging, so muß ich mir erlauben Sie zweitausend Jahre zurückzuführen, um einen Blick auf die Lehre des Mannes zu werfen, welchen Galilei bekämpfte, auf Aristoteles.

Wir wiesen schon an anderer Stelle darauf hin, daß der hohe Werth der griechischen Philosophie darin zu suchen ist, daß sie uns ein nüchternes Denken mit streng zusammenhängenden, folgerichtig fortschreitenden Schlüssen, also *logische Entwickelungen* überhaupt, lehrte. Wenig von Bedeutung ist dabei das Resultat, welches sie auf dem Gebiete der Naturwissenschaft gewannen. Der Grund des Mißlingens liegt nicht darin, daß sie nicht auf die Thatsachen achteten. Aristoteles vor Allen, dessen Schriften noch heute schätzenswerthe Fundgruben für Naturgeschichte und Physiologie sind, kannte den Werth der Thatsachen sehr gut und oft wiederholte er: „Der Weg der Philosophie ist der aller andern Wissenschaften; man muß nämlich zuerst Thatsachen sammeln und die Dinge, an welchen sich die Thatsachen ereignen, kennen lernen und davon soviel als möglich zusammentragen". (Whewell, a. a. O. S. 70.)

Nicht die Mißachtung der Thatsachen, wie man oft meint, ist Ursache des Mißlingens ihrer Naturwissenschaft, wir dürfen vielmehr einen Theil der Ursache jedenfalls in der Schwäche menschlichen Geistes suchen, nicht auf zwei Thätigkeiten zu gleicher Zeit die Aufmerksamkeit richten zu können. Bei ihrer Arbeitsverrichtung, die Fähigkeit eines systematisch fortschreitenden Gedankengangs zu gewinnen, unterblieb bei den Griechen die genaue, die experimentelle Durchführung der Thatsachen. Sie blieben im Gebiete der Sprache stehen bei ihren denkthätigen Untersuchungen und daran scheiterte ihre Naturwissenschaft.

Thatsachen kannte Aristoteles. Er kannte das in die Höhe steigende Feuer, den zu Boden fallenden Stein. Die sprachbildende Thätigkeit hatte aber bereits den steigenden Stoff „leicht", den fallenden „schwer" genannt. Während nun seit Galilei das thatsächlich Gegebene weiter verfolgt wird und wir deshalb jetzt wissen, daß ein leichter Körper nur deshalb in die Höhe steigt, weil die umgebenden schweren Lufttheile ihn verdrängen und aufwärts drücken, so faßte Aristoteles einfach das Feueraufsteigen und das Steinfallen als für sich bestehende Thatsachen auf, da er sich nur an den durch die Sprache gegebenen Gegensatz hielt. Er machte die Vorstellung, die durch die Dinganschauung geweckt wurde, zum Wesen des Dinges selbst; d. h. das steigende Feuer rief ihm stets das Wort „leicht" in's Gedächtniß und dieses „leicht" übertrug er nun auf das Ding, als ihm nothwendig verbunden. Das Feuer steigt, sagt er, weil es „von Natur leicht" ist; der Stein fällt, weil er „von Natur schwer" ist. Eine Erklärung, die jedenfalls durch ihre Einfachheit ausgezeichnet ist und daher auch heute noch beliebt wird. Man sagt zwar nicht mehr: das Feuer steigt, weil es von Natur leicht ist, aber man sagt noch: Das Hirn denkt, der Magen verdaut, weil sie „von Natur" die Funktion haben u. s. w. Würde man freilich mit Plato sagen: weil sie „von Gott" die Function haben, so hieße das „Unsinn".

Aristoteles machte also Wörter oder bloße Bezeichnungen von Erscheinungen zu den Eigenschaften derselben; wir möchten sagen, zum Ding selbst. Und aus der Gegensätzlichkeit der Wörter bewies er die Gegensätzlichkeit der Dinge der Natur. Das Feuer ist ihm absolut leicht, weil es sich über alles erhebt; die Erde ist ihm absolut schwer, weil sie stets nach dem untersten Platze strebt. Daß die Luft ihren Platz zwischen Feuer und Wasser hat, ist bei Aristoteles von Natur so und nicht in Folge einer Combination von anderen Elementen. „Denn wenn die Luft, sagt er, aus den Theilen zusammengesetzt wäre, die dem Feuer die Leichtigkeit geben, und aus solchen, welche die Schwere hervorbringen, so könnte man eine solche Quantität von Luft annehmen, die leichter wäre, als eine andre Quantität von Feuer, das noch mehr leichte Theile in sich enthält" (Whewell I. 52.). Jeder dieser Körper ist deshalb etwas Einfaches, ein Element, und strebt nach der ihm von Natur angewiesenen Stelle, so daß das Feuer den höchsten Ort einnimmt. Nach ihm folgt die Luft, dann das Wasser; den untersten Platz nimmt die Erde ein. Die Erde war für Aristoteles eine Kugel; ein Unterschied von unten und oben hätte also in Bezug auf den Raum wegfallen müssen, da alle Körper in convergirenden Richtungen nach dem Mittelpunkte streben. Aber Aristoteles behielt die Vorstellung des Unten und Oben bei, da ja das Leichte und das Schwere nach entgegengesetzten Richtungen gingen. Da übrigens die schweren Körper nach dem Mittelpunkt streben, so mußten die leichtern von dem Mittelpunkte weggehen, „denn das Aeußere ist dem inneren Mittelpunkt der Erde ebenso entgegengesetzt, wie das Leichte dem Schweren gegenübersteht."

Neben diesen Elementen, die von Natur eine **einfache Bewegung von oben nach unten oder umgekehrt** haben, giebt es aber nach Aristoteles auch noch solche, welche **von Natur eine kreisförmige Bewegung** haben. Dies sind die Himmelskörper, die dem ersten Beweger nahen, selig kreisenden Gestirne. Ihre Bewegung ist eine ewige, einfache, continuirliche und muß eine kreisförmige sein, denn „ein Körper kann sich nur dann ewig fortbewegen, wenn er sich gleichförmig in einem Kreise bewegt."

Aristoteles unterschied außerdem noch natürliche und gewaltsame Bewegungen. Die Erscheinung, daß ein freifallender Körper stets schneller sich bewegt, hieß ihm die „natürliche" Bewegung. Die Erscheinung, daß die Geschwindigkeit eines auf dem Boden hinrollenden Körpers allmählig langsamer wird und endlich ganz aufhört, erklärt er nicht durch den Widerstand äußerer Reibung, sondern dadurch, daß hier eine „gewaltsame" Bewegung stattfinde. Warum bewegt sich ein geworfener Stein eine Weile fort und hört dann ganz auf? Aristoteles sagt: „Beim Steinwurf werden durch die Hand auch Lufttheilchen bewegt und diese stoßen den Stein weiter fort bis er zu Lufttheilen kommt, die nicht mehr stoßen, weil sie nicht bewegt wurden."

Wir sehen, Aristoteles nimmt grade an, daß zur Fortbewegung des Steines stets ein neuer Anstoß gehöre, denn die Verlangsamung geht vom Steine selbst aus. Er läßt dies so sein, vielleicht in Anlehnung an den sprachlichen Ausdruck: der Stein bewegt sich langsam. Es steht indeß diese ganze Auffassung in engster Beziehung zu seinem Principe, daß die Materie „als das nur mögliche" todt, kraftlos sei; daß sie nur von dem „Wirklichen", von der Kraft in Bewegung gesetzt und erhalten werden könne.

Noch folgende Erklärung des Aristoteles wollen wir anführen. Jede Hausfrau weiß, daß sie an einer Schnellwage zehn Pfund Butter mit einem Pfund=Gewichtstein wiegen kann, wenn sie dies eine Pfund an einen zehnmal längeren Wagebalken hängt, als der ist, woran die Butter sich befindet. Diese Thatsache, daß eine Masse mit einem langen Hebelarm eine Last „leichter" hebt, als mit einem kurzen Hebelarm, erklärt Aristoteles daraus, daß der Körper am Ende des Hebels zwei Bewegungen in sich enthalte, nämlich eine in der Richtung der Tangente des beschriebenen Kreisbogens und diese war ihm „die der Natur angemessene", vielleicht nur weil sie für ihn die zum Zweck brauchbare war; die andere Bewegung sollte in der Richtung des Halbmessers des Kreises stattfinden, und diese nannte er, „die der Natur conträre Bewegung", ehrlicher vielleicht: die dem Zweck unangemessene. Am kleinen Kreise ist nun, sagt er, die conträre Bewegung stärker, als am größeren Kreise, daher wird bei ihm am längeren Hebelarme ein Gewicht „leichter" bewegt, weil es einen größeren Kreis beschreibt.

So gab es also bei **Aristoteles** Körper, deren Bewegung „**von Natur**" her „**kreisförmig**", oder „**von oben nach unten** war, es gab „**natürliche**" und „**gewaltsame**", es gab „**der Natur angemessene**" und „**der Natur conträre Bewegungen**". Eine einheitliche **Vergleichung der Bewegungserscheinungen**, oder, da man das was Bewegung veranlaßte Kraft nannte, eine Vergleichung der Kräfte konnte dabei natürlich nicht stattfinden. Jeder Körper, jede Kraft war gleichsam ein Kleinstaat, der sein eigenes Maaßsystem beanspruchte; ein einheitliches Maaß- und Gewichtssystem für alle verschiedenen Kräfte oder Bewegungserreger war unmöglich. So blieb es bis Galilei. Denn selbst die das Wahre erreichenden Sätze der Mechanik von Archimedes mußten im Schatten bleiben gegenüber der allbeherrschenden Autorität des Aristoteles; und wohl darf man sagen, der ganze reformatorische, Autorität feindliche Geist der Zeit Galilei's war nöthig und kam ihm zu Hülfe, daß seine Entdeckungen anerkannt wurden.

Galilei gelangte nicht plötzlich zu seinen Entdeckungen. Noch in seiner ersten Schrift über des Copernicus System behauptet er, daß die kreisförmige Bewegung allein ihrer Natur nach gleichförmig sei, und spricht wie Aristoteles von natürlicher und gewaltsamer Bewegung. Indeß nicht wollen wir folgen dem schrittweisen Gang seines Entdeckens, auch nicht die

Männer verführen, die ihm vorgearbeitet hatten, wir wollen einfach darstellen, was er geleistet.

Er bewies, daß der geworfene Stein nicht deshalb sich weiterbewegt, weil er fortwährend von Lufttheilchen aufs Neue gestoßen wird, sondern weil der einmalige Stoß mit der Hand genügte, dem Stein eine Bewegung mitzutheilen, welche eine gleichförmige, immerdauernde sein würde, wenn nicht äußere Hindernisse ihn umgäben, wenn ihn nicht gerade die umgebenden Lufttheile aufhielten. Er bewies, daß es keine ursprünglich kreisförmige Bewegung gäbe, daß nicht die einen Körper von Natur nach oben, die andern nach unten strebten, daß vielmehr alle Körper gleiche Natur hätten, so daß sich jeder gradlinig, gleichförmig, immerdauernd fortbewegen müßte, wenn nicht äußere Einwirkungen seine Geschwindigkeit, seine Richtung u. s. w. veränderten oder hemmten. Dies **Gesetz des Sichgleichbleibens, des Verharrens der Körper in einem jeweiligen Zustande**, sei es der Bewegung oder sei es der Ruhe, wird als das **Gesetz der Trägheit** bezeichnet, und bildet das eine der Gesetze, die Galilei's Namen unsterblich machen und welche seinen Zusammenstoß mit der inquisitorischen Kirche um so tragischer erscheinen lassen, als das von ihm entdeckte Gesetz der Trägheit der Materie oder des Sichgleichbleibens der Bewegung ja grade eine Stütze sein mußte, für die durch die christliche Weltanschauung verbreitete Lehre der Persönlichkeit des Menschen, als eines selbstbewußten, selbstsichbestimmenden Wesens. Denn da die Materie durch Galilei als eine nur von äußeren Umständen bestimmt werdende bewiesen wurde, so wurde erkannt, wie sie in einem gegebenen Zustande beim Fehlen äußeren Einflusses stets verharren muß und nie von selbst, wie der Materialismus will, zu einer selbstbewußten Bewegung sich erheben kann.

Mit diesem Gesetze war das Schicksal der aristotelischen Naturphilosophie entschieden. Man machte nicht mehr die Worte zum Wesen der Dinge, man folgerte nicht mehr aus den Wortbedeutungen über die Thatsachen der Erscheinungen; nicht mehr stieg das Feuer als von Natur leicht, weil es von der Sprache so bezeichnet war, sondern die Dinge selbst wurden in ihrer realen Wechselwirkung gegenübergestellt; das Feuer stieg jetzt, weil die Theile, aus denen es besteht, im Kampfe mit den umgebenden Lufttheilen aus der Tiefe verdrängt werden. Mit seiner Gleichmachung aller Bewegung hob Galilei auch jene aristokratisch abschließenden Ständeprivilegien auf, wonach jeder Körper „von Natur aus" eine eigene Bewegungsweise besaß. Es trat Communismus ein und jeder Körper nahm Theil an der „von Natur" gradlinigen und fortdauernden Bewegungsweise des Ganzen. Jetzt konnte denn auch alles mit dem gleichen Maaße, nicht der Menschlichkeit, aber der Kraft gemessen werden, und Galilei brachte auch hier Klarheit der Betrachtung, indem er diejenige Kraft als eine gleichförmig wirkende bezeichnete, welche in gleichen Zeiten gleiche Geschwindigkeiten erzeugt. Jetzt also ließen sich die Kräfte selbst wieder vergleichen, indem man die Geschwindigkeiten verglich, die von den Körpern in gleichen Zeiten hervorgebracht werden. Man hatte schon früher die Kraft, welche die Körper nach dem Mittelpunkt der Erde zu fallen macht, „Schwere" genannt, und diese Kraft mußte eigentlich als eine beständig und gleichförmig wirkende angesehen werden. Es mußte deshalb auch jeder Körper, je länger er fiel, desto rascher fallen, da in jedem Zeittheilchen er von der gleichförmig wirkenden Erdschwere neuen Anstoß des Fallens zu dem schon vorhandenen erhielt. Es war aber erst Galilei, der diesen Begriff einer constant wirkenden Kraft, d. h. als einer die Geschwindigkeit eines Körpers constant und gleichförmig vermehrenden Kraft, erfaßte. Er stellte zugleich die Thatsache fest, daß jeder fallende Körper in jeder Secunde eine neue Geschwindigkeit von 15 Fuß erlange, daß die Räume, die ein fallender Körper durchläuft, sich verhalten, wie die Quadrate der Zeiten. Seit diesem berühmten Fallgesetze

Galilei's wußte man, daß der Körper nicht deshalb rascher fällt, weil dies seine eigene natürliche Bewegung ist, sondern weil die Erdschwere stets beschleunigend auf ihn wirkt. Man wußte, daß das Aufsteigen leichter Körper ebenfalls nichts ihnen eigenes, natürliches ist, daß vielmehr jedes Steigen nur ein Fallen mit Hindernissen ist, wobei der Widerstand der Luft die entgegengesetzte Bewegung herbeiführt. Im luftleeren Raum, sagt Galilei sofort, fallen Wolle, Blei u. s. w. gleich schnell.

Wir sahen, daß bei Aristoteles der geworfene Stein niederfällt, weil keine stoßenden Lufttheile mehr da sind; jetzt, seit Galilei, wissen wir, daß die Stoßkraft der werfenden Hand dem Stein eine Bewegung mittheilte, welche immerfort gradlinig weiter gehen würde, wenn nicht die Erdschwere als eine constant beschleunigende Fallkraft den Stein senkrecht niederzöge. Beide Kräfte, die gradlinig horizontal treibende und die vertical niederziehende, lassen den Stein in einer krummen Linie niederfallen. Diese Zerlegung der Kräfte bei krummlinigen Bahnen wurde später durch Newton vom größten Folgerichthum, als er auch die Gestirne, die bei Aristoteles, weil sie „selige Götter" waren, sich kreisllnig bewegten, in das Gebiet der Schwere zog und die Kreisbahn erklärte als die Resultirende zweier Kräfte, des gradlinig treibenden Stoßes, der s. g. Centrifugal- oder Tangentialkraft oder Fliehkraft, und dann der vertical, senkrecht ziehenden Schwere als der s. g. Centripetal- oder Zugkraft.

Auch Aristoteles hatte von einer Tangential- und einer Verticalkraft gesprochen bei Hebelbewegungen. Er nannte aber jene der Natur angemessen, diese der Natur conträr. Durch Galilei ward bei der Kreisbahn alles der Natur angemessen, d. i. Folge des Gesetzes der Trägheit, Folge zweier constant wirkenden Bewegungserreger: der Schwere und des Stoßes. Diese Klarheit der Auffassung befähigte den Galilei zugleich, sich über einen Schein zu erheben, der den Aristoteles täuschte, wenn er meinte, eine Kraft hebe an einem langen Wagebalken oder

Hebel „leichter" als an einem kurzen. Aristoteles hatte dabei nur die Zweckmäßigkeitsbeziehung des Hebels zum Menschen im Auge. Galilei aber ließ diese Beziehung weg und lehrte die Hebelvorrichtung zu betrachten nur in ihrer Beziehung zu sich selbst. Dabei fand er denn, daß während des Hebens kein Ueberschuß der angemessenen Bewegung über die conträre stattfinde, wie Aristoteles meinte, daß vielmehr nur Gleichgewicht herrsche, daß die Producte beider Massen in ihre Hebelarme stets gleich seien. Die Größe des Gewichts multiplicirt mit der Länge des Wagebalkens liefert ein Product, das gleich ist dem aus der zu hebenden Last, der Butter z. B., und der Länge ihres kurzen Wagebalkens. 1592 sagte daher bereits Galilei in seiner Abhandlung über die Wissenschaft der Mechanik: Bei der Hebung eines Gewichts durch eine Maschine verliert man immer an Zeit soviel, als man an Kraft gewinnt; die gehobene Last hebt sich um so langsamer wie die hebende Kraft, je größer jene gegen diese.

Dieses Gesetz, das man auch so aussprechen kann: „Jeder mechanische Vortheil hat einen mechanischen Nachtheil zur Seite", wurde später auch für gültig erkannt bei Verbindungen mehrerer Hebel zu einem Ganzen, bei zusammengesetzten Maschinen. Auch bei solchen Zusammensetzungen findet Gleichgewicht statt, wenn die Einzelkräfte sich verhalten umgekehrt wie die ihnen bei der Thätigkeit des Ganzen zukommenden Geschwindigkeiten.

Jede Thätigkeit einer Maschine hat zum Zweck das Hervorbringen einer Bewegung, sei es eines Seidenfadens beim Weben, sei es eines Waggonzuges bei der Eisenbahn. Man erkannte bald, daß bei Anwendung einer Maschine die nach Außen sichtbar werdende, dem Zweck oder Nutzen entsprechende, bewegende oder s. g. lebendige Kraft der Triebkraft nicht allein nicht vergrößert, sondern vielmehr verkleinert werde. Es wird zwar keine Kraft verloren, aber Hand oder Dampf z. B. als bewegende Kräfte müssen erst die zwischen ihnen und der Last befindlichen

Maschinentheile in Bewegung setzen; die Steifigkeit oder Biegsamkeit der verbindenden Theile, die Reibung derselben aneinander, alle diese Umstände verursachen, daß die Wirkungen einer Maschine stets geringer ausfallen, als die Wirkungen sein würden, wenn dieselben Kräfte unmittelbar auf die Last wirkten. Eine andere Ursache von Kraftverlust entdeckte 1783 in seinem Versuch über die Maschinen der Franzose Lazarus Carnot, das später so berühmt gewordene Mitglied des Wohlfahrtsausschusses, dem das stolze Lob zu Theil wurde, als die junge Republik den äußern Feinden erliegen zu müssen schien: Carnot hat den Sieg organisirt. Er bewies, wie man bei einer Maschine jede plötzliche Störung oder Aenderung der Geschwindigkeit vermeiden müsse, da stets ein Verlust an lebendiger Kraft einträte, indem letztere zwar nicht vernichtet würde, aber zur Erschütterung und Zerstörung des Ganzen beitrage. Er findet auch den mathematischen Ausdruck für den Verlust an lebendiger Kraft, indem er zeigt, „daß er gleich sei der lebendigen Kraft, welche alle Körper des Systems besitzen würden, wenn man jedem von ihnen die Geschwindigkeit gäbe, welche er in dem Augenblicke, als die plötzliche Aenderung eintrat, verlor." Dieses „Carnot'sche Theorem" blieb dem ruhig denkenden Manne auch im politischen Leben vor Augen, als in einer Umgebung, welche, leidenschaftlich erregt, nicht rasch genug Umwälzungen vollziehen zu können vermeinte, er allein beinahe der Hoffnung sich hingab, ohne Erschütterungen, und ohne ungesetzliche Handlungen zum Ziele zu gelangen. (Arago's Werke, deutsch v. Hankel, I. 433.)

Wir brauchten den Ausdruck „lebendige Kraft" einer Maschine, aber er hat nichts zu thun mit dem der Lebenskraft der Thiere und Pflanzen. Es ist ein Ausdruck schlecht wie viele, die durch ihre Doppelsinnigkeit Mißbrauch veranlassen. Man spräche besser nur von bewegter oder bewegender Kraft, um den Gegensatz zu einer ruhenden Kraft zu bezeichnen. Der liegende Stein, der die Erde drückt, ist eine ruhende Kraft; die Wirkung, die der Stein ausübt beim Fall auf die Erde, also in seiner Bewegung, nennt man Folge seiner lebendigen Kraft. Offenbar hat ein fallender, ein bewegter Körper andere Wirkung auf seine Unterlage als ein ruhender. Auch hier ist es Galilei, der diesen Unterschied unter einen einheitlichen Gesichtspunkt zu fassen lehrte, indem er zeigte, die Wirkung sei abhängig von der Geschwindigkeit, in der sich der bewegte Körper befinde. Er bediente sich des Wortes „Moment", das man in unklarer Weise zur Bezeichnung der Kraft eines bewegten Körpers gebraucht hatte, und sagte: „Moment ist die Kraft oder Wirkung, mit welcher die Bewegung vor sich geht und mit welcher der bewegte Körper widersteht, und dies Moment ist abhängig nicht allein von dem Gewichte, sondern auch von der Geschwindigkeit des Körpers." Nachdem also Galilei festgesetzt hatte, daß bei einem und demselben Körper das Moment desselben seiner Geschwindigkeit proportional ist, so ließ sich leicht daraus ableiten, daß bei verschiedenen Körpern das Moment dem Producte der Geschwindigkeit in die Masse dieser Körper porportional sein müsse, so daß ein kleiner Körper, aus großer Höhe fallend, wirken könne, wie ein großer Körper, aus kleiner Höhe fallend.

Die folgende Zeit bildete diese Betrachtung weiter aus und faßte dieses Moment, also das Product der Masse in die Geschwindigkeit, als das eigentliche Maaß der Wirkung auf. Sie erkannte dabei, daß dieses Moment im stoßenden Körper durch den Widerstand, den er erfährt, ebensoviel vermindert wird, als dies Moment im gestoßenen Körper durch den Stoß selbst vermehrt worden ist, so daß also das Moment oder, wie man auch sagt, die Quantität der Bewegung unverändert bleibt. Newton gab dieser Thatsache den Ausdruck des Gesetzes: „Wirkung und Gegenwirkung sind einander gleich und entgegengesetzt." So daß hiernach in der Natur dieselbe Quantität der Bewegung oder der bewegenden Kraft immer erhalten wird.

Angelangt nun an dem Gesetze der Erhaltung der Kraft

überspringen wir die Einzelerweiterungen, welche Galilei's grundlegende mechanische Bestimmungen erfuhren, und die Begründungen, die ihnen durch Newton's Lehre von der Schwere zu Theil wurde. Wir überspringen die Arbeiten von Bernouilli, Euler, Pascal, Laplace u. s. w., sowie die Entdeckung der Unendlichkeitsrechnung durch Newton und Leibnitz. Alles Arbeiten und Entdeckungen, durch welche das Gesetz der Erhaltung der Kraft festgesetzt wurde bei Bewegungen, welche unter dem Gravitationseinfluß stattfinden, also bei denen himmlischer und irdischer Körper; ferner bei Hebelverbindungen, bei Maschinen und bei Bewegungen völlig elastischer Körper. Wir springen über zur Neuzeit, wo dies Gesetz durch Helmholtz seine Erweiterung fand für alle sinnlich wahrnehmbaren Naturkräfte.

In der heutigen, die Arbeit adelnden Zeit faßt man jenes Moment der Kraft, jene Quantität der lebendigen Kraft lieber auf unter dem Bilde einer geleisteten Arbeit. Wenn eine Last gehoben wird, so wird eine Arbeit geleistet; die Höhe der Hebung und die Größe der Last bestimmt das Maaß der geleisteten Arbeitsgröße, aber auch die Quantität der lebendigen Kraft, so daß man (Helmholtz, die Erhaltung der Kraft, 1847, S. 9) die Quantität der lebendigen Kraft als identisch ansehen kann mit dem Maaße der Arbeitsgröße. Helmholtz nennt die Kräfte, welche Bewegung hervorzubringen suchen, so lange sie noch nicht Bewegung hervorbrachten, Spannkräfte, im Gegensatz zu den lebendigen Kräften, d. h. also den bewegten und schon bewegenden Massen. Die Zunahme an lebendiger Kraft bei einer Masse ist gleich der Summe der zur Aenderung gehörigen Spannkräfte. In der allgemeinsten Form spricht Helmholtz (S. 17) das Princip der Erhaltung der Kraft in folgendem Gesetz aus: „In allen Fällen der Bewegung freier materieller Punkte unter dem Einfluß ihrer anziehenden und abstoßenden Kräfte, deren Intensitäten nur von der Entfernung abhängig sind, ist der Verlust an Quantität der Spannkraft stets gleich dem Gewinn an lebendiger Kraft und der Gewinn der ersteren dem Verlust der letzteren. Es ist also stets die Summe der vorhandenen lebendigen und Spannkräfte constant."

Dieses Gesetz von der Erhaltung der Kraft, welches lange Zeit nur bei Gravitationsbewegungen und bei Maschinen Werth zu haben schien, wurde durch Helmholtz auf die ganze Natur ausgedehnt, indem er — (der Deutsche J. R. Mayer, der Däne Colding, der Engländer Joule hatten ziemlich gleichzeitig und unabhängig von ihm dieselbe Gedankenrichtung) — nachwies, wie die Verluste an lebendiger Kraft, wie sie bei Reibung, beim Stoße u. s. w. stattfinden, nur scheinbar sind, da sie als Wärme auftreten. Und so, indem man die geleistete Arbeit beim Reiben eines Körpers messen lernte, durch das Maaß der auftretenden Wärme, war die Möglichkeit gegeben, Erscheinungen einer Arbeitsberechnung zu unterwerfen, die seither solcher Berechnung völlig unzugänglich schienen. Electricität ruft Wärme hervor, chemische Verbindungen geschehen unter Wärmeerzeugung, und so ist nichts in der unorganischen Natur, was sich nicht dieser Prüfung unterwerfen läßt. Und da alle Erscheinungen als auf der Wirkung anziehender und abstoßender Körper beruhend sich erklären lassen, und da wir jeden kleinsten Körper als in **Ruhe oder in Spannkraft vorhanden und als bewegt oder in lebendiger Kraft sich äußernd** annehmen können, so läßt sich die ganze Fülle der unorganischen Natur betrachten, als ein System von Massetheilchen, d. i. von Atomen oder Atemgruppen, die zu einander in anziehender und abstoßender Wechselbeziehung stehen und worin bald die einen, bald die andern im Zustande der Ruhe, als Spannkräfte, bald die einen, bald die andern im Zustande der Bewegung, als lebendige Kräfte sich befinden, und doch die Summe aller Arbeit stets dieselbe bleibt.

Und Folgendes ist die Arbeit, welche im Ganzen und Großen vollzogen wird: die Himmelsmassen in wechselseitigem Wiegen und Heben legen in bestimmten Zeiten ihre Bahn zurück; die Erde die ihre um die Sonne; durch den Zug des Mondes hebt sich und senkt sich das Meer in Fluth und Ebbe, so daß die Wassertheile in steter Thätigkeit erhalten werden; die Sonne leuchtet und wärmt, läßt die Luft kreisen als Wind und hebt die Theile des Wassers als Dunst zur Höhe; die Wolken fallen nieder als Regen, dringen ins Erdreich, dringen als Quellen hervor, mit sich führend Theile des Festen in Lösung oder vermittelnd die wechselseitige Anziehung von Atomen.

Dies ist die Arbeit im Reiche des Unorganischen. Ein stetes Umschlagen von Spannkraft in lebendige Kraft, von dieser in jene ist die Grenze des Geschehens in dieser Welt. Der Wind wirft einen Ziegel vom Dache; der seither ruhende, Spannkraft übende wird im Fall lebendige Kraft, um auf der Erde wieder in Spannkraft zu verharren. Man könnte auch sagen, es ist ein steter Wechsel von Stoff in Kraft und umgekehrt; denn beide Worte sind nur relative Bezeichnungen für dieselbe Sache. Der Stein, als Stein betrachtet in seiner Größe, Farbe u. s. w., heißt Materie, Stoff; der Stein, betrachtet in seiner Beziehung zu dem Hirnkasten, den er erschlug, oder zum Erdboden, auf den er drückt, heißt Kraft.

Seit Galilei wissen wir denn, daß bei dieser Wirkung das Moment oder, wie man heute sagt, die Arbeitsgröße, sich gründet auf die Masse und ihre Geschwindigkeit, d. i. auf den in einer Zeiteinheit zurückgelegten Weg; daß die Momente von Gewicht und Last stets gleich sind und daß weder im Einen noch im Andern ein Ueberschuß erzeugt wird. Wir wissen nun noch seit Lavoisier, daß diese Gleichheit der Momente gewahrt ist durch die Unveränderlichkeit der Materie; es sind stets dieselben unveränderlichen Massen oder Atomgewichte in der Natur wirksam.

Dies Gesetz Galilei's von der Gleichheit der Momente, worauf sich das von der Erhaltung der Kraft gründet, hat wieder seinen Ursprung in dem bekannteren Gesetze von der Trägheit der Materie, oder wie wir uns nach dem Gesagten auch ausdrücken können: in dem Gesetze des Unvermögens einer sinnlich wahrnehmbaren Kraft die begonnene Wirkungsweise ohne äußeren Anlaß zu verändern. Nun scheint es, als ob dies Gesetz nur bei einem beschränkten Theil von Kräften Bedeutung haben könne; nicht bei der ganzen zahllosen Masse kräftiger Beziehungen, in welche die Stoffe gebracht werden können. Dies zeigt sich aber leicht als Schein. Zuerst ist festzuhalten, daß so unendlich verschieden auch die Naturerscheinungen sind, sie doch alle umfaßt werden von wenigen, und zwar von denen des Lichtes, der Wärme, der Schwere, der Electricität und des Chemismus. Bei all diesen Erscheinungen findet aber das Galilei'sche Gesetz seine Anwendung.

Bei Licht und Wärme herrscht freilich kaum ein Zweifel darüber, daß sie Bewegungserscheinungen sind eines vollkommen elastisch flüssigen Aethers, in welchem sich ein Stoß mit einer Geschwindigkeit von 40000 Meilen in der Secunde fortpflanzt. Zweifel herrscht aber noch darüber, an welche Träger oder Stoffe die Electricität, die Schwere, der Chemismus geknüpft seien. Viele finden nichts darin für jedes derselben einen eigenen Träger zu nehmen. Dieselben würden aber freilich eifrig von Köhlerglauben reden, wenn man auch für das Denken einen eigenen Träger annehmen wollte. Richtiger ist es jedenfalls, die 3 Erscheinungen von einem gemeinsamen Principe herzuleiten. Und wir sind überzeugt, daß, wie man einst das Gesetz irdischer Schwere auf die himmlischen Körper übertrug, so muß man himmlische Erscheinungen auch wieder benutzen, um irdische zu erklären. Die Nutationserscheinungen, d. h. die Schwankungen von Weltkörpern bei wechselseitiger Anziehung ungleichachsiger Massen, finden wir im Kleinen wieder in den Schwankungen der Atome bei der wechselseitigen Anziehung ihrer ebenfalls ungleichachsigen Massen. Mit einer größeren Geschwindigkeit wie beim Licht pflanzt sich solche Schwankung als electrischer Strom fort von Atom zu Atom, 60000 Meilen weit in der Secunde im Kupferdraht. Man sagt freilich, durch Contact oder Berührung entstehe die Schwankung, aber der Contact ist nicht das Wirkende, das Krafterzeugende, sondern die spannkräftigen, zugkraftübenden Atome selbst sind das Wirkende. Durch die berührende Nähe wurden sie nur in Wechselwirkung gebracht. Die veranlaßte Schwankung der Atome kann eine Störung seitheriger Gleichgewichtslage, kann völliges Trennen derselben und Bildung neuer Gleichgewichtslagen zur Folge haben. Die Erschütterung der festen Atome theilt sich dem Licht- und Wärmemedium mit, und so können durch Einen Träger electrische wie chemische Erscheinungen hervorgebracht werden; dabei schließen wir uns, da wir electrische Fluida verwerfen, der Meinung derjenigen an, welche die mit dem Namen chemische Verwandtschaft bezeichnete wechselseitige Zugkraft der Atome als dieselbe ansehen, die auch die Atomsumme, die Weltatome wechselseitig gravitiren läßt.

Mag nun diese Einfachheit der Naturkräfte, auf die wir im nächsten Vortrage zurückkommen, stattfinden, oder mögen, wie es zur Zeit das Gewöhnlichere ist, Schwere, Electricität, Chemismus Wirkungen verschiedener Träger heißen, immerhin bleibt dies das außer allem Streit Feststehende: Alles sinnlich Wahrnehmbare besteht aus Spannkräften und lebendigen Kräften, die einander das Gleichgewicht halten, deren Kraftsumme stets dieselbe ist und deren Wirkungsweise in Arbeitsleistungen besteht, welche ein Heben oder Senken, ein Anziehen oder Abstoßen bewirken; und wenn dabei Ruhelagen oder gleichsam „verlangsamte Bewegungen". von Atomen eintreten, so bilden sich stets luftige, flüssige, feste Massen, in welchen die Atome im Gleichgewicht neben einander verharren. In freiem beweglichem Zusammenhalte kreisen nur die planetarischen Atommassen; sie wechseln den Ort, aber doch bleibt es stets dieselbe Masse, z. B. dieselbe Erde, die stets dieselbe Bahn zurücklegt.

Aber läßt sich nun nicht ein noch freier bewegliches System von Atomen denken, worin das eine Atom nach geleisteter Arbeit vom Platze verdrängt und von einem andern gleichen Bruder voll frischerer Kraft ersetzt wird, so daß trotz des Wechsels an Stoffen doch die Form des Ganzen bestehen bleibt? Gewiß, und ein solcher Stoffwechselmechanismus muß sogar gedacht werden, da wir ihn bei Pflanzen und Thieren stets vor Augen haben.

Wo aber kommt nun dieser stoffwechselnde, in der Form gleichbleibende Zusammenhang von Atomen her in diese Welt planetarisch kreisender Massen und der in Ruhe nebeneinander verharrenden festen, flüssigen, luftigen Atomgruppirungen? Woher kommt diese neue Bewegungserscheinung, da das planetarisch Kreisende, das als Wasser, Luft und Erde Verharrende nach aller Erfahrung das Erste des sinnlich Wahrnehmbaren war? Was war es, das dies ruhig Kreisende, ruhig Verharrende herausriß zu erhöhterer, zu Leben genannter Bewegung und Beweglichkeit, da wir doch seit Galilei wissen, daß kein Körper vor dem andern ein aristokratisches Privilegium besitzt, daß vielmehr alle dem Gesetze der Trägheit sich fügen müssen, so daß weder an einem beliebigen Orte noch zu einer beliebigen Zeit aus diesem Nebeneinander der Atome mit ihrem Stoßen und Ziehen, ihrer Wellenbewegung Einzelne zu freierem Spiel sich zu erheben vermögen; daß nimmer das eine Atom zum andern rufen kann: Halt, Bruder, Halt! laß uns ein neues Spiel treiben und uns zu einem stoffewechselnden Pflanzen- und Thierleben vereinen! Woher nun kommt er, der stoffewechselnde Pflanzen- und Thiermechanismus? Der lebende Organismus? Nimmer allein aus chemischen Atomen! Nimmer allein aus einer Summe chemischer, electrischer, wärmender Kräfte! Das denkbar Mögliche, hier wird es unmöglich. Das Gesetz der Trägheit hindert für immer, so lange es besteht, den Uebergang dieses Einen ins Andre, den Uebergang des unorganischen Zustandes in den organischen.

Nun werden Sie mir zurufen, daß auch die organischen Körper sich dem Gesetze der Trägheit und dem der Erhaltung der Kraft beugten, da sie aus chemischen Verbindungen beständen, deren Verbindung und Zersetzung völlig im Anschluß an die beiden Gesetze geschähen. Dies ist vollständig richtig, und wir wollen deshalb auch außer Acht lassen die Klage von Adolph Fick: (Die Naturkräfte in ihrer Wechselbeziehung. 1869. S. 52) „Leider haben die Bestrebungen bis heute noch nicht zu ihrem eigentlichen Ziele geführt, nämlich den Kräfteaustausch des lebenden Körpers mit der Außenwelt numerisch festzustellen und aus den Zahlen die volle Sicherheit abzuleiten, daß keine besondere in der unorganischen Natur nicht vorhandene Kraft die Lebenserscheinungen bewirke. Diese Sicherheit wäre nämlich offenbar gegeben, sowie experimentell gezeigt wäre, daß im lebenden Körper nicht mehr und nicht weniger lebendige Kraft erzeugt und nach außen abgegeben wird, als den im Körper zu Stande kommenden chemischen Verbindungen entspricht. Leider ist, wie gesagt, dies Ziel noch lange nicht erreicht, so weit aber haben uns die experimentellen Forschungen auf diesem Gebiete schon geführt, daß wir in keiner Lebenserscheinung mehr einen Widerspruch gegen das Princip der Erhaltung der Kraft sehen oder auch nur vermuthen können."

Wir wollen diese Klage außer Acht lassen, sie lehrt uns ja doch nur die Unentschiedenheit der Sache, und mit dieser Unsicherheit steht das Recht noch auf beiden Seiten; sowohl darf der Eine ein Lebenswesen als verwirklichende Kraft der Lebenserscheinungen annehmen, als auch darf ein Anderer solche Lebenskraft läugnen und alles aus chemischen Atomen erklären wollen. Uns liegt das Verwunderbare nicht darin, daß die sichtbaren Stoffe der Lebensformen auch die Gesetze der sichtbaren Stoffe zeigen, denn wenn sie nicht in diesen Gesetzen aufträten, so müßten sie uns ja als etwas anderes erscheinen. Das Verwunderbare liegt nicht darin, daß ein Organismus, wenn er entstanden, dem Gesetze der Trägheit gemäß Organismus bleibt und daß in ihm Stoffaufnahme und Stoffabgabe nach dem Gesetze der Erhaltung der Kraft vor sich gehen. Das Verwunderbare ist nur dies, daß eine Summe chemischer Verbindungen nicht, der Trägheit gemäß, geblieben sein sollte, was sie war, daß sie nicht im Zustande der Zusammensetzung eines unorganischen Körpers immer verharrte, sondern in das bewegliche Stoffwechselspiel eines Organismus umgeschlagen sein soll. Das Wunder dieses Umschlags, dieser Entwickelung des Unorganischen ins Organische zu erklären, nehmen wir bei der Trägheit der Atome eine ihnen fremde, äußere Macht zu Hilfe. Wir nehmen eine äußere Macht an, um das Entstehen von Organismen zu erklären. Wir gehen aus von einem Gott, als Allmacht, als Fülle der Kraft, der in freiem Wollen die Welt des Unorganischen ins Dasein rief und sie die Gewordene, gesetzlich Bestimmte, in Schranken Verharrende, mit neuen Welten, den Keimen des Lebens, füllte. Wir gehen aus von einem Gott als selbstbewußter Fülle der Kraft und nicht von einem Theile, einem Etwas, das erst zu einem Ganzen, einer Fülle sich erheben soll.

Vielleicht erstaunen Sie, daß hier vom Gesetze der Trägheit die Rede ist, bei der Frage nach der Entstehung des ersten Organismus. Und wir wissen auch nicht, ob dieses Gesetz schon zur Widerlegung der s. g. Urzeugung, der Generatio aequivoca, der Entstehung von lebenden Wesen aus chemischen Atomen angewendet wurde. Bekannter sind die mikroskopischen Bemühungen, bei denen man durch Vergrößerungsgläser den Lebensanfang zu finden hofft, und bei denen man immer voll Freude ist, daß der primitivste Anfang stets als ein rundliches oder längliches Etwas wahrgenommen wurde. Als ob nicht überhaupt ein räumlich Wahrnehmbares mit graden oder krummen Linien begrenzt erscheinen müßte!

Dem Mikroskopiker gegenüber, der nur das bei der Wechselwirkung der Kräfte bereits Gewordene, das räumlich Begrenzte wahrnehmen kann, wird es erlaubt sein, auch einmal vom physischen und chemischen Standpunkte aus die Frage zu untersuchen und zu sehen, ob bei den gesetzlichen Schranken der Wechselwirkung der Kräfte ein solches Uebergehen des einen Zustandes in den andern möglich ist.

Zu Aristoteles' Zeit war freilich kein Grund dazu, das Denkbar-Mögliche für unmöglich zu erklären. Wenn er Insecten, Aale u. s. w. aus dem Schlamm und aus verfaulenden Stoffen kommen sah, sagte er, sie seien daraus entstanden, denn er konnte ja ebenso gut dem Schlamm oder Mist „von Natur" die Function zutheilen, lebende Wesen zu erzeugen, wie er sagte, „das Feuer steigt von Natur", „die Erde fällt von Natur". Seit aber Galilei, statt das Denkbar-Mögliche zu betrachten, die reale Wechselwirkung der Kräfte untersuchen lehrte, seitdem er dabei die Privilegien für einzelne Stoffe aufhob und mit dem Gesetze der Trägheit communistische Gleichheit der Kräfte nachwies, da wird es wohl erlaubt sein, in diesem Gesetze der Trägheit den Beweis zu finden für die thatsächliche Unmöglichkeit des denkbar möglichen Uebergehens des unorganischen Zustandes in den organischen. Nimmer kann das luftige, flüssige, feste Nebeneinander der Atome aus sich selbst übergehen in anderen Zustand, aus sich selbst eine andere Bewegungsweise erzielen: eine stoffwechselnde und sich fortpflanzend vermehrende.

In der Regel freilich faßt man den Uebergang von Chemismus im Leben nicht auf als den Uebergang von Einem Bewegungszustand in einen Anderen, sondern man betrachtet nur mikroskopisch die Form. Und da im Unorganischen der undeutliche Krystall und im Organischen der sichtbare Lebensanfang, die Zelle, beide in ihrer räumlichen Abgrenzung krummlinig, kugelähnlich, bläschenartig auftreten, so ist es natürlich, daß dem Auge die Grenzen von Krystall und Zelle verschwinden und

Die Einheit und das Darwin'sche Gesetz. 179

daß man an der Schwelle des Werdens dieser Körper, bald das eine für das andere und umgekehrt nehmen kann. Hat man sich denn auf diese Weise einmal in die Unterschiedslosigkeit beider Gestaltungen bei dem Beginne des Werdens hineingesehen, so ist der Fortgang noch leichter, wonach man alle Lebensgestalten sich entwickeln läßt aus Einer Form. Der Ausgangspunkt bleibt dabei stets das Erstaunen, daß der Anfang eines jeden Organismus, als räumlich wahrnehmbares Ding, mit krummen Grenzen sich zeigt. „In allen organischen Wesen ist, soviel jetzt bekannt", sagt Darwin mit Vielen, „das Keimbläschen dasselbe."

Des Menschen Wissenschaft stützt sich immer auf Einzelempfindungen. So lange man die Wärmegrade mit der Hand prüfte, war nur subjectives Reden möglich, man blieb im Denkbar-Möglichen stehen; als man aber dazu gelangte die Bestimmung der Wärmegrade dem Auge zu übertragen, als man sie am Thermometer ablesen lernte, da gewannen die seither bloß subjectiven Bestimmungen über Wärme thatsächliche Bestimmtheit. So muß auch der Mikroskopiker, der an den Grenzen des Werdens überall einerlei Form, gleiche räumliche Begrenztheit wahrnimmt, und deshalb es für denkbar möglich hält, daß Eins ins Andre übergeht, auch bei der Physik und Chemie forschen, ob bei der thatsächlichen Wechselwirkung der Kräfte, das denkbar mögliche auch wirkliche Thatsache sei.

Aus diesen Gründen müssen wir hier etwas näher auf Darwin's Lehre eingehen, da übereifrige Anhänger derselben die Meinung verbreiten, Darwin habe die Entwickelung des Einen ins Andere nachgewiesen, er habe die Brücke zwischen Unorganischem und Organischem gebaut, habe die Wesensverschiedenheit derselben als nicht existirend gezeigt. Ist dem wirklich so? Worin besteht das Darwin'sche Gesetz?

Sie wissen, wenn wir von Hunden, Pferden u. s. w. reden, so sind die Vorstellungen, welche diese Worte hervorrufen, sehr verschieden. Der Eine denkt bei Hunden an Pudel, Windspiel,

12*

bei Pferden an Araber, Engländer; der Andre denkt an Jagd-
hunde, Spitze, an mecklenburgische Pferde, an Pony u. s. w.
Jeder aber weiß auch, daß trotz dieser Verschiedenheit sowohl
der Pudel, wie der Spitz u. s. w. ein Hund ist, daß also verschiedene Formen Einem Gemeinsamen angehören können. Der
Naturforscher nennt nun dieses Gemeinsame, welches verschiedene
Formen in sich begreifen kann, Art und betrachtet die verschiedenen Formen, in denen sie auftritt, als Spielarten, als Varie-
täten der Art. Also die eigentliche Hundeart zerfällt in Spitze,
Dachse als Spielarten u. s. w.

Diese in Spielarten zerfallenden oder divergirenden Arten
ist man gewohnt, als unveränderlich anzusehen. Und die Vielheit der Arten erklärte man dadurch, daß man sagte, wie Linné:
„es existiren soviel Arten, als zu Anfang vom unendlichen Wesen
geschaffen worden sind." Cuvier sagte ähnlich, und Agassiz
nennt geradezu die einzelnen Arten „verkörperte Schöpfungsgedanken Gottes."

Ist es aber nothwendig, daß Gott jede einzelne Art erschuf?
Kann er nicht einzelne wenige Arten als Stämme geschaffen
haben, die dann im Laufe der Zeit in divergirende Formen zer-
fielen? Zwei verschiedene Arten, Pferd und Esel, liefern Mittelformen, Bastarde. Wir wissen freilich, daß solche Bastarde nicht selbst fortpflanzungsfähig sind, daß ein Maulthier
stets nur von Pferd und Esel, nicht von Maulthiereltern geboren
werden kann; aber sollte nicht doch unter Umständen möglich
sein, daß eine Bastardform selbstständig fruchtbar würde und daß
sich auf diese Weise neue, seither nicht dagewesene Arten bilden?
Man sieht einzelne Individuen abändern, variiren; man sieht
solche Abänderungen sich auf Kinder, Junge vererben. Sollte
es nun nicht möglich sein, daß sich auf solchem natürlichen
Wege Arten bilden, ohne Schöpfung? Da wir überhaupt
unter den Organismen so häufige Beziehungen finden, wie z. B.
die Schnabelthiere Organe besitzen, die sie mit Vögeln und

Säugethieren gemeinschaftlich haben, Lungenfische haben Fisch- und Reptilienbildung an sich u. s. w. sollte es da nicht sogar wahrscheinlich sein, daß Alle Lebensformen aus Einem Anfangsglied entstanden?

Solche Fragen waren schon oft aufgeworfen worden; Kant, Göthe, Büffon, Lamark, Ampère, Geoffroy, St. Hilaire neigten bereits zur Annahme des Ausganges aller Lebensformen von einer gemeinsamen Urmutter. Am vollständigsten aber wurden diese Fragen untersucht in dem 1859 erschienenen Buche des Engländers Charles Darwin: „Ueber die Entstehung der Arten im Pflanzen- und Thierreiche". Von der Voraussetzung ausgehend, daß die Fülle der Lebensformen aus Einem einheitlichen Lebenskeime sich entfaltet habe im Laufe der Zeiten, sucht Darwin in seinem Werke die für seine Hypothese günstigen Erfahrungen mit Fleiß und Eifer zusammenzustellen; aber auch die Bedenken, welche der Theorie gegenüberstehen, verschweigt er nicht. Bei seinen Begründungen der Entwickelung des Vielen aus dem Einen, geht er besonders davon aus, daß der Mensch im Stande ist, bestimmte Eigenthümlichkeiten an Pflanzen- und Thierformen hervorzurufen und durch Cultur oder s. g. künstliche Züchtung fortzupflanzen. Darwin nimmt nun an, daß auch im wilden Leben sich Eigenthümlichkeiten erzeugen und fortpflanzen, somit sich erhalten könnten, und desto leichter könne die Erhaltung geschehn, je mehr die besonderen Eigenthümlichkeiten der Lebensweise des Organismus angemessen seien. So nimmt denn Darwin eine der künstlichen Züchtung ähnliche natürliche Züchtung an und sucht zu zeigen, wie an der Hand derselben beim Kampfe um's Dasein aus Einem Stamme die verschiedensten Arten sich entwickeln konnten.

Darwin sagt z. B. (II. Aufl. übers. von Bronn S. 153): „Wenn während einer langen Reihe von Zeitperioden und unter veränderten Lebens-Bedingungen die organischen Wesen in allen

Theilen ihrer Organisation abändern; wenn ferner wegen ihres Vermögens geometrisch schneller Vermehrung alle Arten in jedem Alter, zu jeder Jahreszeit und in jedem Jahr einen ernsten Kampf um ihr Dasein zu kämpfen haben was sicher nicht zu läugnen ist: dann meine ich, im Hinblick auf die unendliche Verwickelung der Beziehungen aller organischen Wesen zu einander und zu den äußeren Lebens-Bedingungen, welche eine endlose Verschiedenheit angemessener Organisationen, Konstitutionen und Lebensweisen erheischen, daß es ein ganz außerordentlicher Zufall sein würde, wenn nicht jeweils auch eine zu eines jeden Wesens eigener Wohlfahrt dienende Abänderung vorkäme, wie deren so viele vorgekommen, die dem Menschen vortheilhaft waren. Wenn aber solche für ein organisches Wesen nützliche Abänderungen wirklich vorkommen, so werden sicherlich die dadurch bezeichneten Individuen die meiste Aussicht haben, den Kampf um's Dasein zu bestehen, und nach dem mächtigen Princip der Erblichkeit in ähnlicher Weise ausgezeichnete Nachkommen zu bilden streben. Dieses Princip der Erhaltung habe ich der Kürze wegen Natürliche Züchtung genannt; es führt zur Vervollkommnung eines jeden Geschöpfes seiner organischen und unorganischen Lebens-Bedingungen gegenüber und mithin auch in den meisten Fällen zu einer Vervollkommnung ihrer Organisation an und für sich. Demungeachtet können tiefer stehende und einfachere Formen lange ausdauern, wenn sie ihren einfacheren Lebens-Bedingungen gut angepaßt sind."

Darwin sagt ferner (S. 518): „In allen organischen Wesen ist, soviel jetzt bekannt, das Keimbläschen dasselbe. Daher alle individuellen, organischen Wesen von gemeinsamer Entstehung sind. Und selbst was ihre Trennung in zwei Hauptabtheilungen, in ein Pflanzen- und Thierreich betrifft, so giebt es gewisse niedrige Formen, welche in ihren Charactern so sehr das Mittel zwischen beiden halten, daß sich die Naturforscher noch darüber streiten, zu welchem Reiche sie gehören und Professor Asa Gray hat bemerkt, daß Sporen und andere reproductive Körper von manchen der unvollkommenen Algen zuerst ein charakteristisch thierisches und dann erst ein unzweifelhaft pflanzliches Dasein besitzen. Nach dem Principe der natürlichen Züchtung mit Divergenz des Charakters erscheint es auch nicht unglaublich, daß sich einige solche Zwischenformen zwischen Pflanzen und Thiere entwickelt haben müssen. Und wenn wir dies zugeben, so müssen wir auch zugeben, daß alle organischen Wesen, die jemals auf dieser Erde gelebt, von irgend einer Urform abstammen („welcher das Leben zuerst vom Schöpfer eingehaucht worden ist;" ein Zusatz der 1. Aufl., welcher in der 2. wegblieb). Doch beruht dieser Schluß wesentlich auf Analogie, und es ist unwesentlich ob man ihn annehme oder nicht (d. h. ob man annimmt, was Darwin S. 518 sagt: „Ich glaube, daß die Thiere von höchstens einer oder fünf und die Pflanzen von ebensoviel oder noch weniger Stammarten herrühren."). Aber anders verhält sich die Sache mit den Gliedern einer jeden großen Klasse, wie der Wirbelthiere oder Kerbthiere; denn hier haben wir in den Gesetzen der Homologie und Embryonologie einige bestimmte Beweise dafür, daß alle von einem einzigen Urvater abstammen."

Weiter heißt der Schluß des Werkes (524, 525): „Es ist anziehend beim Anblick eines Stückes Erde bedeckt mit blühenden Pflanzen aller Art, mit singenden Vögeln in den Büschen, mit schaukelnden Faltern in der Luft, mit kriechenden Würmern im feuchten Boden sich zu denken, daß alle diese Lebensformen so vollkommen in ihrer Art, so abweichend unter sich und in allen Richtungen so abhängig von einander, durch Gesetze hervorgebracht sind, welche noch fort und fort um uns wirken. Diese Gesetze, im weitesten Sinne genommen, heißen: Wachsthum und Fortpflanzung; Vererbung mit der Fortpflanzung, Abänderung in Folge der mittelbaren und unmittelbaren Wirkungen äußerer Lebensbedingungen und des Gebrauchs oder Nichtgebrauchs, rasche Vermehrung bald zum Kampfe um's Dasein führend, verbunden mit Divergenz des Characters und Erlöschen minder vervollkommneter Formen. So geht aus dem Kampfe der Natur, aus Hunger und Tod unmittelbar die Lösung des höchsten Problems hervor, das wir zu fassen vermögen, die Erzeugung immer höherer und vollkommneter Thiere. Es ist wahrlich eine großartige Ansicht, daß der Schöpfer den Keim alles Lebens, das uns umgiebt, nur wenigen oder nur einer einzigen Form eingehaucht habe und daß, während dieser Planet den strengen Gesetzen der Schwerkraft folgend sich im Kreise schwingt, aus so einfachem Anfang sich eine endlose Reihe immer schönerer und vollkommnerer Wesen entwickelt hat und noch fort entwickelt."

Diese Stellen werden genügen, die Anschauungen Darwin's Ihnen vorzuführen. Also Pflanzen und Thiere möglicherweise aus Einer Urzelle, jedenfalls die Hauptklasse von je Einem Urvater, aus dem durch Divergenz die Vielheit der Formen entstand. „Großartige Ansicht!" ruft er aus, „daß der Schöpfer nur Einer Form den Lebenskeim einhauchte und aus dieser die Vielheit sich entwickelte!" Und in der That, es liegt in dieser Ansicht großartige Einfachheit! Selbst Laien in der Naturwissenschaft, literarisch Gebildete, haben gehört von Göthe, daß er der Urpflanze nachstrebte, seine Metamorphose der Pflanzen war ihnen geläufig und nun fühlen sie sich erfreut, daß das, was ihnen seither nur dichterische Anschauung hieß, jetzt wissenschaftlichen Werth erhielt durch die das Wort von der Zunge nehmenden Aussprüche Darwin's: natürliche Züchtung, Kampf um's Dasein! Wir dürfen uns daher nicht über das Aufsehen erstaunen, welches Darwin's Schrift erregte. Aber die Erregung der Begeisterung des ästhetischen Gefühls ist nicht das Bestimmende für die Wahrheit; auch Märchen können begeistern und denkbar möglich sein.

Wenn Darwin seine Theorie für wahr hält, weil er begeistert ist für die großartige Einfachheit einer Schöpfung, worin

Gott einen in der Entwicklung zerfallenden Keim schuf, so ist das eine Geschmacksache, bei welcher, wie bei allem Geschmack, nicht zu streiten ist. Eben deshalb aber haben auch jene kein kleineres Recht für sich, welche, wie Agassiz, begeistert sind für die großartige Schöpferkraft eines gleichsam platonischen Urbildes. Eines Gottes, der in der Fülle der Kraft den Gedanken des Lebens in allmöglichen Formen denkt und diese gedachten Bilder zu verkörperter Erscheinung bringt. Nicht ein menschlich sich versuchender Gott ist er, wenn er je nach Erkaltung der Erde neue Formen gestaltete, er ist nur ein freithätiger Bildner, der sich anschmiegt an den von ihm selbst gesetzlich gewollten Zustand der ersten Schöpfungsstufe.

Nicht die Begeisterung, nicht der Werth der Geschmacksache entscheidet, ob Plato's Gott, der Urbilder Abbildende, ob Darwin's Gott, der entwickeln Lassende, der für wahr zu haltende ist. Die Entscheidung wird gebracht durch Untersuchung der Frage: ob bei den gegebenen Voraussetzungen der Gesetze des Stoffs die Entwickelung möglich ist? Sehen wir, wie sich Darwin zu dieser Frage nach der Entwickelungsmöglichkeit verhält.

Darwin vertheidigt sich (2. Aufl. S. 94) dagegen, daß man seinen Ausdruck „Natural Selection" (Bronn übersetzte ihn mit Zuchtwahl, Züchtung, Auswahl) mißverstanden habe; man werfe ihm vor, der Ausdruck „Selection" setze ein Bewußtsein voraus in den Thieren, und doch hätten die Pflanzen keinen Willen und sei der Ausdruck auf sie nicht anwendbar." „Es unterliegt allerdings, sagt er, keinem Zweifel, daß buchstäblich genommen „Natural Selection" ein falscher Ausdruck ist, wer hat aber je den Chemiker getadelt, wenn er von einer Wahlverwandtschaft unter seinen chemischen Elementen gesprochen? und doch kann man nicht sagen, daß eine Säure sich die Basis auswähle, mit der sie sich vorzugsweise verbinden wolle. Man hat gesagt, ich spreche von „Natural Selection" wie von einer thätigen

Macht oder Gottheit; wer aber erhebt gegen andere einen Einwand, wenn sie von der Anziehung reden, welche die Bewegung der Planeten regelt? Jedermann weiß, was damit gemeint, und ist an solche bildliche Ausdrücke gewöhnt; sie sind ihrer Kürze wegen nothwendig. Ebenso schwer ist es, eine Personificirung der Natur zu vermeiden, und doch verstehe ich unter Natur blos die vereinte Thätigkeit und Leistung der mancherlei Naturgesetze. Bei ein bischen Bekanntschaft mit der Sache sind solche oberflächliche Einwände bald vergessen."

Hiergegen ist nun zuerst zu sagen, daß man den Ausdruck Natural Selection nicht mit dem von Wahlverwandtschaft entschuldigen soll, einmal, weil es wirklich eine schlechte Bezeichnung ist und man richtiger mit Berthollet sagt: diejenigen Atome verbinden sich am raschesten, welche in Folge des gewinnenden Aggregatzustandes am leichtesten luftartig entweichen oder schwer niederfallen. Zweitens aber auch, weil beim Ausdruck Wahlverwandtschaft jeder Chemiker ihn als bildliche Bezeichnung weiß und annimmt, während der Ausdruck „natürliche Züchtung" kein erklärendes Bild, sondern der Ausdruck eines allgemein gültigen Gesetzes sein will. Einzuwenden ist ferner, daß bei wissenschaftlicher Begründung man sich die Mühe nehmen soll, bildliche, personificirende Ausdrücke „der Kürze wegen" zu vermeiden. Denn nicht wird, wie Darwin meint, bei Bekanntschaft mit der Sache der oberflächliche Einwand gegen solches Wort beseitigt, sondern die Erfahrung zeigt stets, daß man solche Worte in oberflächlicher Weise benutzt, um über die wissenschaftliche Begründung Sand zu streuen, oder durch poetisirende Begeisterung wegzuhelfen.

Darwin sagt z. B. S. 96: „Der Mensch kann absichtlich nur auf äußere und sichtbare Charactere wirken, die Natur (wenn es gestattet ist, die natürliche Erhaltung veränderlicher und begünstigter Individuen, während des Kampfes um's Dasein zu personificiren) fragt nicht nach dem Aussehen, außer wo es zu irgend einem Zwecke nützlich sein kann. Sie kann auf jedes innere Organ, auf den geringsten Unterschied in der organischen Thätigkeit, auf die ganze Maschinerie des Lebens wirken. Der Mensch wählt nur zu seinem Nutzen, die Natur nur zum Nutzen des Wesens, das sie pflegt. — Wie flüchtig sind die Wünsche und Anstrengungen des Menschen! wie kurz ist seine Zeit! wie dürftig sind mithin seine Erzeugnisse denen gegenüber, welche die Natur im Verlaufe ganzer geologischer Perioden anhäuft! Dürfen wir uns daher wundern, wenn die Naturproducte einen weit „ächteren" Character, als die des Menschen haben, wenn sie den verwickelten Lebensbedingungen weit besser angepaßt sind und das Gepräge einer weit höheren Meisterschaft tragen? Man kann figürlich sagen, die natürliche Züchtung sei täglich und stündlich durch die ganze Welt beschäftigt, eine jede auch die geringste Abänderung ausfindig zu machen; sie zurückzuweisen, wenn sie schlecht und sie zu erhalten und zu verbessern, wenn sie gut. Still und unmerkbar, allzeit geht das so fort. Wir sehen nichts von diesen langsam fortschreitenden Veränderungen bis die Hand der Zeit auf eine abgelaufene Welt-Periode hindeutet, und dann ist unsere Einsicht in die längst verflossenen Zeiten, so unvollkommen, daß wir nur das Eine wahrnehmen: daß die Lebensformen jetzt ganz andere sind, als sie früher gewesen."

Gewiß, wenn die Personificirungsausdrücke dazu dienen, kurz zu sein, so muß man gestehen, sie hindern auch nicht an Längen und ohne viel Suchen kann man viele solcher „Kürzen", welche die wissenschaftliche Begründung erleichtern sollen, im Buche finden. Also Darwin sagt: „Der Mensch wählt zu seinem Nutzen, die Natur zum Nutzen des Wesens, das sie pflegt." Gut. Da wir aber die Personificirung fern halten sollen und nicht in „Kürze" reden wollen, so setzen wir Darwin's obige Definition der Natur (a. a. O. S. 94) ein und sagen: Der Mensch wählt zu seinem Nutzen, die vereinte Thätigkeit und Leistung der mancherlei Naturgesetze wählt zum Nutzen des

Wesens, das sie pflegt. Darwin's Satz hieße also: Die vereinte Thätigkeit der Naturgesetze wählt zum Nutzen des Wesens; oder noch genauer lautet er: Die gesammten leuchtenden, wärmenden, electrischen, chemischen Kräfte, die gesammten Wechselbeziehungen der Atome wählen zum Nutzen. Aber haben diese Kräfte Vernunft zum Wählen nach dem Nutzen? Gewiß nicht! Darwin sagt es auch nur figürlich, streng wissenschaftlich heißt es: Die leuchtenden, wärmenden, electrischen, chemischen Kräfte vereint wirken auf einen betreffenden Organismus und wirken dabei Erscheinungen, die sie dem Gesetze der Trägheit nach nothwendig vollziehen müssen. Von Wahl und Nutzen ist keine Rede. Aber ohne diese Worte würde Darwin's Satz nicht ganz sagen, was Darwin bezweckt; der Satz würde nicht so schön und verlockend lauten. Wer freilich wird sich auch gleich die Zeit und Mühe nehmen die „Kürzen" durch die wahren Längen zu ersetzen! Und so vergißt man über die dichterisch schöne Phrase, daß sie wissenschaftlich nichtssagend ist. In der citirten Stelle heißt es: „Die Natur ist anhaltend bedacht, die geringsten Abänderungen ausfindig zu machen, das Schlechte zu verwerfen, das Gute zu erhalten und zu verbessern." Der Anfang lautet grade, wie das spartanische Gesetz, wie Plato's und Aristoteles' Vorschläge: krüppelhafte Kinder werden bei der Geburt getödtet! Auch die Natur beseitigt schlechte Formen, Mißgeburten, aber nicht aus Sorge und Bedachtsein, sondern weil das in seiner Entwickelung gestörte Junge untergehen muß, wenn es aus dem Mutterleibe geworfen ist, da es den normalen Verhältnissen nicht gewachsen ist. Wenn man deshalb auch sagen mag: Die Natur vernichtet das Schlechte, erhält das Gute! so ist damit noch keineswegs das Weitere zu sagen: Die Natur verbessert das Gute.

Noch sagt Darwin z. B. 513: „Man könnte sagen, die Natur habe Sorge getragen, durch rudimentäre Organe und ho-

Durch Personificirung wird Wissenschaft zur Dichtung.

meloge Gebilde uns ihren Abänderungsplan zu verrathen, welchen wir außerdem nicht verstehen würden."

Aber man muß einwenden: man könnte nicht allein nicht so sagen, sondern man darf auch nicht so sagen, denn chemische Kräfte haben nicht Sorge zu tragen. Dies sind aber jene figürlichen Ausdrücke, jene Fäden Eulenspiegel's, denen der feste Knopf als Halt fehlt, die daher leicht überall hinschlüpfen und welche deshalb so gefährlich für die Wissenschaft sind, weil sie sich überall da einstellen, wo man mit der wissenschaftlichen Begründung nicht weiter weiß, und weil sie überdies bei dem Glanze der Bildlichkeit den Schein erwecken, der fraglichen Untersuchung sei Grund und Boden gegeben. Und fragen wir nun nach dem Grund und Boden von Darwin's Theorie, so ist freudig anzuerkennen, daß, seit der wahrheitsstrebende Mann die zeitgemäße Losung ausgab: Kampf um's Dasein! natürliche Züchtung! eine Menge Thatsachen entdeckt wurden, welche die Wissenschaft mit neuen Gesichtspunkten mächtig bereicherten; aber in der eigentlichen Frage: über die Fortentwickelungsfähigkeit der Arten, über das Entstehen der Vielheit aus der Einheit ist noch kein Schritt geschehen. Die Thatsachen lassen sich deuten wie man will, und da er selbst, wie wir citirten, vom stillen, unmerkbaren Wirken der Natur spricht, so spricht er damit auch aus, daß dem Gesetze natürlicher Züchtung noch die thatsächlich wissenschaftliche Feststellung fehlt; daß ihm zur Zeit nur noch der Werth eines denkbar möglichen Gesetzes zukommt. Die Zeit muß lehren, ob es Wahrheit hat oder nicht. Aus diesem Grunde haben aber auch andere noch ein Recht das Gegentheil von Darwin anzunehmen. Namentlich da es uns scheint, er habe etwas allzu weiten Gebrauch von personificirenden Ausdrücken, namentlich dem „der Natur" gemacht. Es ist dies ein Wort, von dem wir behaupten möchten, daß es nicht eher eine wahre Naturwissenschaft wird aufkommen lassen, als bis es — „Natur" und das Wort „Materie" mit ihm — völlig aus den wissenschaftlich beweisenden Schriften verbannt ist. Jeder denkt sich bei „Natur" doch immer nur das, was er will, jeder braucht es im vagsten Sinne und wenn man einen bestimmten Sinn einsetzt, so heißt es: ja so war es nicht gemeint. Als ob nicht eine feste Begriffsbestimmung das Erste in aller Wissenschaft wäre, als ob nicht Galilei, Newton ihren Ruhm durch Klarheit der Begriffsbestimmungen davongetragen hätten. Aber freilich die heutige empiristische Zeit hält alle Logik und alle Begriffe für zeitvergeudend.

Heute rühmt sich Jeder Gott weiß, welcher Heldenthat, wenn er an die Stelle von: „Das ist von Gott so" setzte: „Das ist von Natur so", als ob der Name die Sache beseitige. Diesen Reden gegenüber behaupte ich denn, keine Natur in der Wissenschaft zu kennen, sondern nur Thiere, Pflanzen, Steine und noch lieber: Eichen, Buchen, Löwen, Diamanten u. s. w. Ich kenne keine Materie, aber Sauerstoff, Wasserstoff, Kohlenstoff u. s. w. Und wie wir oben dem Gesetz der Trägheit zufolge, es für thatsächlich unmöglich erklärten, daß der unorganische Gruppirungszustand der Atome übergehe in den der organischen Stoffwechselbewegung, so nehmen wir auch an, weil es thatsächlich noch nicht feststeht, daß Eichen und Buchen als Söhne oder Vettern von Einem Urkeime abstammen, daß auch im Organischen das Trägheitsgesetz herrscht, daß nur ein Schwanken der Arten innerhalb gewisser Grenzen, keine Fortbesserung in's Unendliche stattfindet. Und es ist kein bloß figürliches Bild wenn wir zusetzen: Wie die Planetenstörungen nur periodisch sind und sich stets ausgleichen; wie die großen Achsen der Planetenbahnen unveränderlich bleiben, so nehmen wir auch im Organischen keinen Fortgang einer Aenderung in's Unendliche an, sondern ein Bestehenbleiben innerhalb gewisser Grenzen. Die Erfahrung giebt freilich bis jetzt noch keine scharfe Bestimmung dieser Grenzen.

Wie wir sehen, verbleibt Darwin mit seiner Lehre der

Entwickelung des Einen in's Andre, oder der Entwickelung der Einen Urzelle in Alles, in Löwen und Hasen, in Feigen und Aloe, innerhalb Eines Gebietes, des Organischen, stehen. Seine Lehre berührt nicht jene Entwickelungslehre des Einen in's Andre des Materialismus, nach welchem das Unorganische in's Organische übergehen soll. Darwin schreibt sogar (S. 514) mit Befriedigung: „Ein berühmter Schriftsteller und Geistlicher hat mir geschrieben, er habe allmählich einsehen lernen, daß es eine ebenso erhabene Vorstellung von der Gottheit sei, zu glauben, daß sie nur einige wenige der Selbstentwickelung in andere und nothwendige Formen fähige Urtypen geschaffen, als daß sie immer wieder neue Schöpfungsacte nöthig gehabt habe, um die Lücken auszufüllen, welche durch die Wirkung ihrer eigenen Gesetze entstanden seien."

Indeß ganz fest scheint Darwin in dieser Frage nicht zu stehen. Das Weglassen jenes Schöpfungszusatzes bei der 2. Aufl. weckt fast den Schein, als ständen solche Schöpfungsausdrücke an andern Orten personificirender Kürze wegen da. Jedenfalls wurde Darwin durch den begeisterten Zuruf des Materialismus schwankend, als er diesem zu Liebe den Zusatz wegließ. Und begeistert war der Ruf des Materialismus!

Büchner in seinen „Sechs Vorlesungen über Darwin's Theorie" sagt (2. Aufl. S. 18): „Darwin's Buch verbannt aus der Wissenschaft das Ungewöhnliche, Plötzliche und Uebernatürliche und setzt an dessen Stelle das Princip allmählicher, naturgemäßer Entwickelung auf Grund bekannter und auch heute noch wirksamer Naturkräfte".

Häckel, in seiner „natürlichen Schöpfungsgeschichte" sagt (2. Aufl. S. 5): „Man kann die Abstammungslehre als die mechanische Erklärung der organischen Formerscheinungen oder als Lehre von den wahren Ursachen der organischen Natur bezeichnen". (S. 6): „Der unschätzbare Werth der Abstammungstheorie für die Biologie liegt also, wie bemerkt, darin, daß sie uns die Entstehung der organischen Formen auf mechanischem Wege erklärt und deren wirkende Ursachen nachweist. Nothwendige und unvermeidliche Folgerung dieser Theorie ist die Lehre von der thierischen Abstammung des Menschengeschlechts." S. 21: „Wir gelangen durch Darwin's Lehre zur äußerst wichtigen Ueberzeugung, daß alle Naturkörper, die wir kennen, gleichmäßig belebt sind, daß der Gegensatz, welchen man zwischen lebendiger und todter Körperwelt aufstellt, nicht existirt. Wenn ein Stein, frei in die Luft geworfen, nach bestimmten Gesetzen zur Erde fällt, oder wenn in einer Salzlösung sich ein Krystall bildet, so ist diese Erscheinung nicht mehr und nicht minder eine mechanische Lebenserscheinung als das Wachsthum oder das Blühen der Pflanzen, als die Fortpflanzung oder die Sinnesthätigkeit der Thiere, als die Empfindung oder die Gedankenbildung der Menschen. In dieser Herstellung der einheitlichen oder monistischen Naturauffassung liegt das höchste und allgemeinste Verdienst der von Darwin reformirten Abstammungslehre."

In der That, Darwin hat Unendliches geleistet, wenn er das alles leistete, was Büchner und Häckel behaupten. „Er verbannte das Uebernatürliche", sagt Büchner. „Er gab uns die Ueberzeugung, daß Steinfall, Pflanzenwachsen, Gedankenbildung alles Eins, alles mechanische Erscheinung, alles mechanisch erklärbar ist", sagt Häckel. Aber leistete Darwin wirklich dies alles? Nein! Denn er hat im ganzen Buche auch keine Zeile, die darauf hinweist.

Wenn Darwin das Uebernatürliche aufgehoben hat, so muß er die Urzeugung, das Uebergehen aus dem unorganischen Zustand in den organischen bewiesen haben, aber die einzige Stelle, wo er die Urzeugung erwähnt, sagt, daß sie nicht anzunehmen sei. Es geschieht dies, als er gegen den ihm gemachten Einwand spricht, daß die vielen unvollkommensten Wesen nicht erklärlich seien bei dem Bestreben der organischen Wesen nach höheren Stufenleitern. Er sagt (S. 144): „Warum haben diese viel höher ausgebildeten Formen nicht schon überall die minder vollkommenen ersetzt und vertilgt? Lamarck, der an eine angeborene und unumgängliche Neigung zur Vervollkommnung in allen Organismen glaubte, scheint diese Schwierigkeit so sehr gefühlt zu haben, daß er sich zur Annahme veranlaßt sah, einfache Formen würden überall und fortwährend durch Generatio aequivoca neu erzeugt. Ich habe kaum nöthig zu sagen, daß **die Wissenschaft auf ihrer jetzigen Stufe die Annahme, daß lebende Wesen jetzt irgendwo aus unorganischer Materie erzeugt werde, keineswegs gestattet.** Nach meiner Theorie dagegen bietet das gegenwärtige Vorhandensein niedrig organisirter Thiere keine Schwierigkeit dar, denn die natürliche Züchtung schließt denn doch kein nothwendiges und allgemeines Gesetz fortschreitender Entwickelung ein: sie benützt nur solche Abänderungen, die für jedes Wesen in seinen verwickelten Lebensbeziehungen vortheilhaft sind. Und nun kann man fragen, welchen Vortheil (soweit wir urtheilen können) hat ein Infusorium, ein Eingeweidewurm oder selbst ein Regenwurm davon haben können, hoch organisirt zu sein? Haben sie keinen Vortheil davon, so werden sie auch durch die natürliche Züchtung wenig oder gar nicht vervollkommnet werden und mithin für unendliche Zeiten auf ihrer tieferen Organisationsstufe stehen bleiben."

Ich konnte mich nicht enthalten, diese Stelle weiter zu citiren, als es der Urzeugung wegen nöthig ist, aber der Schlußsatz zeigt zu sehr, wie die Lehre der natürlichen Züchtung noch eine offene Frage ist, als daß ich ihn weglassen möchte. Also den Infusorien, Eingeweidewürmern, ist es nicht von Nutzen, vervollkommnet zu werden? Was bleibt denn da übrig? Nach Häckel sind die s. g. Moneren an den Anfang des organischen Lebens zu stellen, weil sie nur structurlose, gleichartige Masse haben; aber was haben diese für einen Vortheil, höher organisirt zu sein? (Vgl. auch Bd. I. S. 269). Und weil überhaupt jedes lebende Wesen in seiner Art vollkommen ist, wo kommt da der Anfang der Vervollkommnung, der Anfang natürlicher Züchtung her? Muß nicht grade bei der Vollkommenheit jeder Art alles beim Alten bleiben und, beherrscht vom Gesetze der Trägheit, in seiner Anfangsschranke verharren? Es bleibt daher für Darwin nichts übrig, als anzunehmen, daß Einzelne Infusorien, z. B. aus ihrer Vollkommenheit herausschreitend, Mißbildungen zeigen und daß dann diese Mißbildungen zur Vervollkommnung benutzt werden. Aber wenn nun Darwin sich nur auf Einzelheiten stützen kann, wo ein in seiner Art vollkommnes Wesen durch eine Mißbildung, also gleichsam durch eine Dummheit, die es in seiner Entwickelung machte, der Anlaß wurde zu einer natürlichen Züchtung, so daß dann das Einzelwesen hinterher bei den äußeren Umständen sich zu bedanken hat, daß sie so freundlich waren, die anfängliche Mißbildung und Dummheit als eine Verbesserung erscheinen zu lassen, — wenn also Darwin sich nur auf solche einzelne Fälle stützen kann und will, da er sagt: „Die natürliche Züchtung braucht kein nothwendiges und allgemeines Gesetz zu sein", was hat denn dies vermeintliche Gesetz überhaupt für einen Werth gegenüber jener berühmten allgemeingültigen, mit starrer Nothwendigkeit in allen Zeittheilchen wirkenden Naturgesetzen eines Galilei, eines Newton? Ist doch ein Gesetz, das nicht allgemein nothwendig wirkt, ein vollkommener Widerspruch; ein Messer ohne Klinge, woran der Stiel fehlt; ein Eulenspiegelscher Faden ohne Knopf.

Indeß wir führten das Citat an, der Urzeugung wegen, daß Darwin sie für die Jetztzeit nicht mehr annimmt. Läßt er sie vielleicht früher gelten? Nein! wenigstens spricht er sich nirgends dafür aus. In seinem XI. Capitel, wo er von Schöpfungsmittelpunkten spricht und wo es so nahe gelegen hätte, die Urzeugung zu berühren, beweist er nur (S. 385) die Möglichkeit, daß jede Art nur in einer einzigen Gegend entstanden sei, daß sie von diesem Mittelpunkt aber gewandert sei, soweit Mittel und Subsistenz gestatteten. Darwin setzt überall die Keime als gegeben voraus, ohne die Entstehung zu berühren. Ja, auch Seite 499, wo er zusammenfassend die seiner Lehre entstehenden Schwierigkeiten hervorhebt, sagt er: „Wie bedeutend aber auch diese mancherlei Schwierigkeiten sein mögen, so genügen sie doch nicht, um meine Theorie einer Abstammung von einigen wenigen erschaffenen Formen mit nachheriger Abänderung derselben umzustoßen." Also: erschaffene Formen! Und noch einmal erwähnt Darwin der Schöpfung. Es ist S. 445, 446, wo er von dem Werthe seiner Lehre für das natürliche System redet. „Viele Schriftsteller", sagt er, „betrachten das System nur als ein Fachwerk, ähnliches zusammenzustellen, unähnliches auseinander zu halten. Das Sinnreiche und Nützliche dieses Systems ist unbestreitbar; doch glauben einige Naturforscher, daß das natürliche System noch eine weitere Bestimmung habe, nämlich die, den Plan des Schöpfers zu enthüllen; so lange als es aber keine Ordnung im Raume oder in der Zeit oder in beiden nachweist und als nicht näher bezeichnet wird, was mit dem „Plane des Schöpfers" gemeint sei, scheint mir damit für unsere Kenntniß nichts gewonnen zu sein."

Wir sehen, Darwin ist nichts weniger als Materialist, er will sogar den Plan des Schöpfers kennen lernen. Es fällt ihm gar nicht ein, Alles mechanisch erklären zu wollen, alles Uebernatürliche entfernt zu haben, wie Häckel und Büchner von ihm behaupten. Büchner weiß es auch recht gut, daß es eigentlich nicht Darwin ist, welcher das Uebernatürliche entfernte, sondern daß es die Ausleger desselben sind. Und eben weil Darwin annimmt, ein Gott habe einer Urform Leben eingehaucht, so sagt Büchner in seinen Vorlesungen über Darwin (2. Aufl. S. 98): „Wäre dies letztere der Fall, so hätte die Theorie abermals, wie man zu sagen pflegt, „ein großes

Loch", denn sie würde eben immer ein Wunder oder einen übernatürlichen Vorgang zu ihrer Voraussetzung haben." In der That, es läßt sich eher behaupten, daß die Logik des Auslegers ein Loch habe, nicht aber Darwin's Lehre; denn deren Aufgabe ist ja gar nicht, das Loch der Urzeugung zuzustopfen. Darwin fragt nicht nach dem Entstehen der Organismen, sondern nach der der Arten, d. h. er setzt überall schon Leben und zwar „erschaffenes" voraus. Und gerne mache ich hier die Worte Dub's (Kurze Darstellung der Lehre Darwins S. 285) zu meinen eigenen: „Wir können mit Huxley fragen: „„Warum hat denn die Theorie des Copernicus ein Loch, weil er nicht zeigt, welches die Ursache der Planetenbewegung sei?"" Hat die Theorie Newton's deshalb ein Loch, weil er nicht die Ursache der Gravitation angiebt?!"

Aber stopfte Büchner das Loch zu? Gab er an, wie der unorganische Zustand in den organischen übergehe? Hat er das für ihn Denkbarmögliche, für uns bei dem Trägheitsgesetze der Atome thatsächlich unmögliche Uebergehen des Einen Bewegungszustandes in den Andern zu einem für Jedermann Denknothwendigen gemacht, indem er das wirkliche Geschehen der Urzeugung bewies? Folgen wir seiner dialectischen Methode, mit welcher er Hegel's Princip vom Umschlagen des Einen ins Andere zu stützen sucht.

Im Capitel „Die Urzeugung" in seinem den geistigen Schlendrian aufrüttelnden Buche: Kraft und Stoff, sagt Büchner (3. Aufl. S. 73): „Es scheint heute ein allgemeines durchgreifendes Gesetz der organischen Welt zu sein: Omne vivum ex ovo, d. h. Alles, was lebt, entsteht nur aus einem vorher dagewesenen Keim, welcher von gleichartigen Eltern erzeugt worden ist." Was hier ein „allgemeines durchgreifendes Gesetz" scheint, das gestaltet sich S. 75 und 76 schon anders: „Den vorhin ausgesprochenen Satz: Omne vivum ex ovo haben wir näher dahin zu bestimmen, daß derselbe, wenn auch für die unendliche Mehrzahl aller Organismen gültig, doch selbst unter unseren heutigen Verhältnissen nicht ein durchaus und vollkommen durchgreifender zu sein scheint. Wenigstens ist die wissenschaftliche Streitfrage der s. g. Generatio aequivoca der unfreiwilligen oder ungleichartigen Zeugung immer noch nicht eine völlig erledigte. Die Generatio aequivoca bedeutet eine Zeugung organischer Wesen ohne vorher dagewesene gleichartige Eltern oder Keime, bloß durch das zufällige oder nothwendige Zusammentreffen anorganischer Elemente und Naturkräfte, oder auch aus einer organischen, aber nicht von gleichartigen Eltern gelieferten Materie. Haben nun auch die neuesten wissenschaftlichen Forschungen dieser Art von Zeugung, welcher man früher einen sehr ausgedehnten Wirkungskreis zuschrieb, immer mehr wissenschaftlichen Boden entzogen, so ist es dennoch nicht unwahrscheinlich, daß dieselben für die kleinsten und unvollkommensten Organismen auch heute noch möglich ist." Also was S. 73 allgemeines Gesetz scheint, ist S. 75 schon nicht völlig durchgreifend und das Gegentheil wahrscheinlich. Die Gründe für diese Wahrscheinlichkeit werden in die Anmerkung verwiesen S. 76: „Verf., von seinem Standpunkte aus, hegt aus allgemeinen Gründen keinen Zweifel an der Urzeugung in heutiger Zeit." Büchner giebt indeß nicht an, welches seine „allgemeinen Gründe" sind. Höchst wahrscheinlich stammen sie nicht aus der Wissenschaft, sondern aus der Opposition gegen die „Gläubigen". Indem Büchner nun dazu übergeht, daß so viele Gläubige seien, die für das erste Leben einen schaffenden Gott annehmen, sagt er S. 77: „Man könnte nun diesen Gläubigen, ohne sich allzuviel mit einer natürlichen Erklärung des organischen Wachsthums zu bemühen" (aber ist diese Bemühung nicht grade Sache der Wissenschaft?), „antworten, es seien die Keime zu allem Lebendigen, versehen mit der Idee der Gattung, von Ewigkeit her und der Einwirkung gewisser äußerer Umstände harrend in jener formlosen Dunstmasse, aus welcher heraus die

Erde sich nach und nach consolidirt hat, oder im Weltraum vorhanden gewesen, und indem sie sich nach Bildung und Abkühlung der Erde auf diese niederließen, nur da und dann zufällig zur Ausbildung und Entwickelung gekommen, wo sich grade die äußeren nothwendigen Bedingungen dazu fanden. Damit wäre die Thatsache jener Aufeinanderfolge organischer Schöpfungen hinreichend erklärt und eine solche Erklärung mindestens weniger abenteuerlich und weniger weit hergeholt, als die Annahme einer schaffenden Kraft, welche in jeder einzelnen Periode der Erdbildung sich damit belustigt hat, Pflanzen- und Thierarten hervorzubringen und sich damit gewissermaßen langwierige und für eine als vollkommen vorgestellte Schöpferkraft gewiß ganz unnöthige Vorstudien für die Erschaffung des Menschen zu machen."

Gewiß ist es eine sehr mühelose Erklärung, den Gläubigen gegenüber zu sagen: „Die Keime existirten von Ewigkeit, mit der Idee der Gattung versehen, im Weltraum." Aber ist diese Vorstellung weniger abenteuerlich, als die eines sich „an Vorstudien belustigenden" schaffenden Gottes? Hat sich Büchner eine Vorstellung gemacht von jenen Keimen mit der Idee der Gattung im Weltraum? Sie aßen nicht, sie tranken nicht, am wurzelaufnehmenden Grund und Boden hafteten sie auch nicht, aber die gütige Ewigkeit erhielt sie gesund. Ich glaube, Büchner dachte bei seinen Keimen „mit der Idee der Gattung" an die platonischen Ideen, da ihm aber ein Platonischer bildender Gott zu abenteuerlich ist, so läßt er seine Ideen im Weltraum herumfliegen, bis sie merken, ein Jahr 1866 sei gekommen und die Zeit, um Grund und Boden zu annectiren und die Erde mit der Freude an verwirklichten Ideen zu füllen, sei günstig. Was hat aber nun Büchner gewonnen? Die Gläubigen sagen: „ein von Ewigkeit seiender Gott verwirklicht Ideen, wenn die Zeit erfüllt ist." Büchner sagt: „von Ewigkeit seiende Ideen existiren, sie müssen aber warten, bis die Zeit erfüllt ist und sie durch äußere Umstände verwirklicht werden können." Hat nun Büchner sich vom Boden der Gläubigen entfernt?

Büchner fährt indeß an obiger Stelle (S. 78, 79) so weiter: „Doch bedürfen wir solcher Behelfe nicht; im Gegentheil weisen die wissenschaftlichen Thatsachen mit großer Bestimmtheit darauf hin, daß die organischen Wesen, welche die Erde bevölkern, nur einem in den Dingen selbst liegenden Zusammenwirken natürlicher Kräfte und Stoffe ihre Entstehung und Fortpflanzung verdanken und daß die allmälige Veränderung und Entwickelung der Erdoberfläche selbst die alleinige oder doch hauptsächlichste Ursache für jenen allmäligen Anwachs des Lebendigen wurde. Wie und auf welche genauer zu bestimmende Weise dieser Anwachs jedesmal im Einzelnen vor sich ging, kann allerdings bis jetzt noch in keiner Weise mit wissenschaftlicher Bestimmtheit gesagt werden, wenn auch zu hoffen ist, daß spätere Forschungen hierüber ein genaueres Licht verbreiten werden. Doch reichen unsere Kenntnisse wenigstens so weit, um uns die spontane Entstehung der organischen Wesen und die allmälige langsame Hervorbildung der höheren Formen aus vorher dagewesenen niedrigeren und unvollkommeneren, unter steter Bedingniß durch die äußeren Zustände des Erdkörpers und ohne Eingriff einer unmittelbaren höheren Gewalt, zur höchsten wissenschaftlichen Wahrscheinlichkeit ja subjectiven Gewißheit zu machen." S. 82 heißt es: „Eine ununterbrochene Reihe der vielfachsten und mannigfachsten Uebergänge und Aehnlichkeiten verbindet die ganze Thierwelt unter einander vom Niedrigsten bis zum Höchsten. Selbst der Mensch, der sich in seinem geistigen Hochmuthe weit erhaben über die ganze Thierwelt dünkt, ist weit entfernt von diesem Gesetze eine Ausnahme zu machen." Es folgen nun Betrachtungen, welche, obgleich fünf Jahre vor Erscheinen von Darwin's Buch angestellt, ganz im Sinne Darwin's lauten und ganz mit dessen Lehre in Zusammenhang stehen, aber mit der Urzeugung selbst nichts zu thun haben. Der poetische Sinn ist dabei nicht zu verkennen, z. B. S. 85 heißt es: „Je jünger die Erde war, um so mächtiger und bestimmender mußten auch ihre Einflüsse auf die Keime sein." Also auch die jugendliche Frische, der Turnermuth muß wirken, obgleich die Kräfte der Natur seit Ewigkeit gleich sind. Dabei kann ich nicht umhin, eine Bemerkung einzuschieben. Der Materialismus, wie hier Büchner, stützt sich auf die Länge Zeit, wodurch Veränderungen hervorgebracht werden können. Aber man muß sich hüten, in die Dichtung zu gerathen. Es ist wohl richtig, zu sagen: in Millionen Jahren kann der Monte Rosa in das Mittelmeer und die Nordsee abgelagert sein, denn Verwitterung, Windtreibung, Wasserabspülung ist ein stets gleichartig verbleibendes, in jedem Zeittheilchen stattfindendes Geschehen. Kann man aber mit demselben Rechte sagen: „Bei der Schwierigkeit des Zusammentreffens der Umstände kann die Urzeugung aus Atomen vielleicht in Millionen Jahren einmal stattfinden, ja, da es auf Zeit nicht ankommt, so können wir auch Trillionen Jahre sagen." Hat man aber ein Recht zu solchen Reden? Gewiß nicht! Die Atome müssen in stets gleicher Weise sich gruppiren, trotz unorganischer Mannigfaltigkeit; aber wenn sie innerhalb Millionen Jahre nicht den Weg ins Organische fanden, so finden sie ihn auch in millionen und einsten Jahre nicht. Und wenn dies Finden des Weges ins Organische ihnen Naturgesetz ist, so müssen sie stets und zu jeder Zeit in diesem Thun verbleiben.

Gehen wir zu Büchner zurück. Er führt nun weiter Thatsachen vor, welche für die Fortentwickelung der Arten beweisen sollen, aber auch grade so gut in anderem Sinne gedeutet werden können, so daß Büchner stets seine subjective Ueberzeugung beifügt, die Thatsachen müßten in seinem Sinne aufgefaßt werden, und er hoffe, daß die Zukunft den wirklichen Beweis liefern werde. Nachdem also so auf die Zukunft vertröstet wird, daß sie die Veränderlichkeit der Arten als Thatsache beweise und nur S. 76 aus allgemeinen Gründen von des Verfassers Standpunkte aus die Urzeugung als heute noch stattfindend behauptet wurde, kommt Büchner S. 94 noch einmal darauf zurück in folgendem Schluß: „Unzweifelhaft muß auch der Generatio aequivoca in vorweltlicher Zeit eine größere Bedeutung eingeräumt werden, als heute, und es mag kaum geläugnet werden, daß damals auch höher organisirte Wesen als heute auf diesem Wege mußten entstehen können. Sichere Kenntnisse indeß oder auch nur gegründete Vermuthungen über das Nähere dieses Verhältnisses besitzen wir heute nicht und wir sind weit entfernt, diese Unwissenheit nicht eingestehen zu wollen. Mag uns indeß noch so Vieles und Manches über die genauere Art der organischen Schöpfung unklar und zweifelhaft sein, soviel können wir doch mit Bestimmtheit sagen, daß sie ohne Zuthun äußerer Gewalten vor sich gegangen sein kann und muß."

Bravo Büchner=Cartesius! Oder ahmt hier Büchner nicht den Cartesius nach (siehe Bd. I. S. 233, 241), der da sagt, man müsse, um zur Wahrheit zu gelangen, von allem sinnlich Wahrnehmbaren, also von allen Thatsachen der Erfahrung abstrahiren und man müsse sich nur an die Gewißheit des Denkens, an das „Ich denke, so bin ich" halten? S. 74 hatte Büchner den Satz: „Alles Leben aus einem Ei" als ein „wie es scheint" durchaus allgemeines durchgreifendes Gesetz angeführt. S. 75 wird dies Gesetz schon als ein „wie es scheint" nicht durchaus und vollkommen durchgreifendes hingestellt. S. 76 wird schon das Gegentheil, also die Thatsache der Urzeugung als wahrscheinlich auch heute noch möglich behauptet; die Gründe sind Büchner's subjectiver Standpunkt (S. 76) und seine Hoffnung auf die Zukunft. Nachdem dann S. 77 ein Bild ideenvoller gesundverbleibender Keime im Weltraum gegeben wurde, wird S. 78 gesagt, daß wissenschaftliche Thatsachen mit großer Bestimmtheit darauf hinweisen, daß die Organismen durch Zusammenwirken der Stoffe entstanden sind; denn obgleich die

Einsicht fehlt, so bleibt doch die Hoffnung bestehen, und deshalb wird die Sache denn (S. 79) subjective Gewißheit und deshalb denn endlich S. 94: mag in dem Uebergang des Einen ins Andere, des Unorganischen ins Organische, also der organischen Schöpfung auch noch so viel unklar und zweifelhaft sein, so muß doch mit Bestimmtheit gesagt werden, daß dies Umschlagen des Unorganischen ins Organische, die Entstehung des Lebens auf der Erde ohne Zuthun einer Gottheit vor sich gegangen sein kann und muß.

. Triumph, Cartesius! Dein Spötter Büchner, der Dein „Ich denke, so bin ich" einen logischen Seiltänzersprung und als dem blödesten Verstande verächtlich nennt (Bd. I. S. 241), der seiltanzt selbst und übergipfelt Dich noch! Denn nicht allein muß er mit Dir bekennen, daß das Denken, die Seele und die Triebkraft unseres Daseins ist, daß nur das uns zweifellose Wahrheit ist, wessen wir in unserem Ich selbst gewiß sind. Nein! Er springt noch weiter. Du schlossest nur aus der Gewißheit Deines Denkens auf die Gewißheit Deines Seins, Deines Ich, aber Büchner sagt noch: Ich denke mir die Organismen mechanisch entstanden und deshalb ist es so. Er sagt: Ich denke und so ist auch das Nicht-Ich oder die Außenwelt, in der Weise, wie ich mir denke.

Obgleich „sichere Kenntnisse oder auch nur gegründete Vermuthungen (S. 94) wir nicht haben" und obgleich Büchner nur von sinnlich wahrnehmbaren Erfahrungsthatsachen ausgehen will, aber doch von allen Beobachtungen eines Ehrenberg und anderer Naturforscher, welche beweisen, daß, wo wir Leben sehen, ein Keim vorausging, daß auch Ammien und Larven im Generationswechsel einen Keim voraussetzen, abstrahiren muß, um zu seinem Ziele zu gelangen — obgleich also die Kenntnisse fehlen, obgleich allgemein gültige sinnliche Beobachtungen außer Acht gelassen oder verworfen werden müssen, so muß trotz alledem das Umschlagen des Unorganischen ins Organische, das Entstehen der Organismen auf mechanischem Wege stattfinden, weil Büchner-Cartesius es sich nicht anders denken kann!

Wir stehen am Schlusse unserer Aufgabe, denn nur uneigentlich wandten wir uns eben gegen Büchner. Wir mußten es thun, weil auf ihn sich oft berufen wird, z. B. Häckel (a. a. O. S. 98) sagt: „Hervorzuheben ist unter den deutschen Naturphilosophen noch Louis Büchner, welcher in seinem weitverbreiteten allgemein verständlichen Buche „Kraft und Stoff" 1855 die Grundzüge der Descendenztheorie selbständig entwickelte . . . . und sehr einleuchtend zeigte, daß die Entstehung der ursprünglichen Urformen nur durch Urzeugung denkbar sei." Zum Dank für dies, wie wir behaupten, ungerechtfertigte Lob Häckel's beruft sich denn Büchner (Vorles. über Darwin, 2. Aufl. 110, 113) wieder auf Häckel, „der durch seine Monerentheorie den Schwierigkeiten der Urzeugung (welche er, vornehm klingender, Autogonie, Selbstzeugung nennt) ein Ende gemacht habe". Aber außer subjectiven Ansichten findet sich bei Häckel nichts.

Wir hatten indessen, von Büchner redend, den ganzen Materialismus der Naturwissenschaft im Auge und wandten uns gern an den Mann, der den Muth hatte und das Verdienst hat, dem Denken seiner Gleichgesinnten in klar durchsichtiger, geistreicher Weise Ausdruck gegeben zu haben. Viele sind, die ihn schelten, ohne ihn lesen zu wollen, und doch in derselben Weise dasselbe beweisen. Wenn die Hoffnung nicht wär', sie lebten nicht mehr, denn die Hoffnung allein macht ihnen wahr, was nur Schein; und so leben sie der Zuversicht, daß einst werd' kommen der Tag, wo das Aug' das zu Hoffende wahrnimmt. Und indem sie aus Opposition gegen eine engsinnige Theologie das Gegentheil derselben behaupten, suchen sie wie Schelling und Hegel ihren vorgefaßten Begriff zu beweisen, indem sie aus der Erfahrung aufnehmen, was ihnen beliebt, und indem sie zufrieden sind, das Denkbarmögliche ihrer Anschauung gezeigt zu haben.

Man hat die Philosophie des Cartesius den subjectiven Idealismus genannt, weil er nur von seinem Ich und den im Ich angeborenen Ideen ausgehen will, und deshalb nur Denkbarmögliches, nur das für einzelne Menschen Gewisse erreicht. Wir müssen nun erklären, daß der Materialismus eigentlich auch nichts anderes ist als subjectiver Idealismus. Wir haben früher (Bd. I. 238, 258) gehört, wie der Materialist Gassendi dem Cartesius gegenüber mit Recht behauptet, man könne nicht von allem sinnlich Wahrnehmbaren abstrahiren und man könne deshalb nicht von der reinen Selbstgewißheit ausgehen. Cartesius behauptet also zwar in der Selbstgewißheit zu bleiben und mit Verwerfung sinnlicher Wahrnehmung sein System aufzubauen, aber es bleibt bei der bloßen Behauptung, denn er, der Freund der Naturbeobachtung und der geniale Erfinder der analytischen Geometrie, nimmt in seine Selbstgewißheit auf, was er will. Nun ist zu behaupten, daß es der Materialismus nur umgekehrt macht; daß ihm der umgekehrte Vorwurf des Gassendi zu machen ist. Es ist gar nicht möglich, nur von der Sinnlichkeit auszugehen und vorausgesetzte Begriffe zu umgehen. Denn alles Sprechen ist ja schon ein Arbeiten mit Worten, d. h. mit abstracten und oft willkürlichen Theilbenennungen von Dingen. Der Idealismus beginnt deshalb schon beim Sprechen, und wir alle leben von Ideen, Vorstellungen und Begriffen. Der Materialismus stellt deshalb wohl die Behauptung auf, nur von sinnlicher Erfahrung auszugehen, aber im eigentlichen Grunde lebt er von den idealen Vorstellungen der Dinge und ist ihm seine Selbstgewißheit, sein „Nicht=anders=denken=können" das einzig Wahre, nach welchem er die Erfahrung deutet und wonach er wegläßt, was ihm nicht gefällt. Ihm sind, wie dem Cartesius: denkbare Möglichkeit und Klarheit der Vorstellung die Kriterien der Wahrheit. Deßhalb befindet sich der Materialismus auf keinem anderen Standpunkte, wie auf dem des subjectiven Idealismus. Er bringt es wie dieser nur zu einem Denkbarmöglichen. Denn da er mit der wissenschaftlichen Begründung in der Hoffnung geht und sie auf die Calenden schreiben muß, so fehlt ihr der Werth einer objectiven Wahrheit. Es trägt diese Lehre keine Denknothwendigkeit für Jedermann in sich. Es hat deshalb auch der Materialismus der Naturwissenschaft nicht mehr wissenschaftlichen Werth, als die Behauptung des orthodoxesten, wortklaubendsten Geistlichen, wenn dieser, an dem Materialismus des Wortlautes festhaltend, sagt: „Ich kann nicht anders denken, ich kann nicht anders glauben: als daß Bileam's Esel geredet."

Aber auch wir haben das Recht, ohne daß uns der mitleidige Spott, abenteuerlichem Köhlerglauben nachzuhängen, zu theil werden darf, unser Resultat zu sagen: Weil eben so gut, wie man aus chemischen Atomen ein selbstbewußtes Leben entstehen lassen will, man auch aus einer selbstbewußten Kraft chemische Atome entstehen lassen kann; und weil das Trägheitsgesetz den Uebergang einer träge verharrenden Gleichgewichtslage der Atome in stoffwechselnde, fortpflanzungsübende Bewegung, also die Entstehung der Organismen aus dem Unorganischen hindert, weil ferner aus einem Nichts nicht ein Etwas wird, also aus chemischen Atomen ohne Selbstbewußtsein keine chemischen Atome mit Selbstbewußtsein werden können; so ist die Annahme einer Schöpfung, als das Werk einer selbstbewußten Fülle der Kraft, ein Muß für die Wissenschaft, eine Denknothwendigkeit für Jedermann.

Vierter Vortrag.

Was ist Naturwissenschaft?

Lassen Sie mich die Antwort auf unsere diesmalige Frage gleich voranstellen und sagen: „Naturwissenschaft ist Gottwissenschaft". Indem wir aber hiermit die Naturwissenschaft zu einer geistigen Wissenschaft machen, erregen wir vielleicht den Eifer gewisser Philologen, die da behaupten, daß nur die Sprachwissenschaft, und zwar die alte, den Adel geistiger Kraft gewinnen lasse. Uns philologisch zu wehren, führen wir daher das bereits erwähnte Wort Plato's an (Bd. I. S. 267): „Ich behaupte, daß, wo von Natur geredet wird, von göttlicher Kunst zu reden ist." Wir citiren weiter aus dem Lande des elegant redenden Cicero die Worte Seneca's. Er sagt (De benefic. 4, 7, 8), „wenn wir von der Natur reden, die etwas an uns gethan habe, so ist das nur ein anderer Name für die Gottheit, die in's Ganze der Welt und ihre Theile verwoben ist" (Döllinger a. a. O. 574). Wir reden also nur mit Plato und Seneca, wenn wir, wahres Wort einsetzend, sagen: Naturwissenschaft ist Gottwissenschaft.

Andere Eiferer werden wir aber wohl noch durch unsere Antwort erregen; jene Populartheologen, jene Geistlichen nämlich, die da auf der Kanzel stehen und reden: „Sehet da, Ihr lieben Brüder, da hat sich ein Mörder vor Gericht damit entschuldigt, daß er für seine That nichts könne, denn alles sei ja nur mit Nothwendigkeit wirkende Materie, und so sei auch seine That ohne sein Wollen geschehen. Die Nothwendigkeit habe ihn getrieben. Sehet Ihr nun, liebe Christen, die Folge der modernen Naturwissenschaft, welche eine mit Nothwendigkeit wirkende Materie verkündet? Ja, diese Herren der Naturwissenschaft, für alles haben sie Augen, das kleinste Infusionsthierchen sehen sie mit ihren Mikroscopen, aber die Größe sittlicher Erhebung zu Gott sehen sie nicht!" Gewiß, Sie alle haben schon mit populartheologischer Salbung verkünden hören: „Die Naturwissenschaft ist die Wiege der Gottlosigkeit und des schlechten Lebenswandels."

Und solcher Behauptung gegenüber sage ich jetzt: Naturwissenschaft ist Gotteswissenschaft! In der That, der heilige Ort, von dem die Gegner reden, könnte mich fast stutzig machen an meiner Behauptung, indeß bringt mich grade die Schroffheit der Eiferer gegen die Natur in die glückliche Lage, mit gleicher Schroffheit erwiedern zu dürfen: „Die Populartheologie ist die Wiege der Gottlosigkeit und des schlechten Lebenswandels." Zum Beweise, daß dies zu allen Zeiten so gewesen, darf ich die altclassische Zeit anführen, wo, wie bereits (Bd. I. S. 118) erwähnt ward, Pythagoras und Plato u. A. eiferten gegen die Popularreligion, weil jeder seine eigene Schandthat entschuldige damit, daß die Götter Gleiches thäten. Und in der neueren Zeit? haben wir da nicht Entschuldigungen genug gehört, die aus der Populartheologie genommen sind? Ist ein Ravaillac'scher Königsmord nur dann Sünde, wenn er als unfrei geschehen, entschuldigt wird durch nothwendig wirkende Materie? Ist er keine Sünde mehr, wenn die That, als unfrei geschehen, entschuldigt wird durch eine nothwendige Folge der Prädestination, des Fatalismus, der Vorherbestimmung Gottes? Wenn die Schurkerei geschehen heißt „zur Ehre Gottes?" Wenn sie entschuldigt wird durch den Zweck, der da heilige das Mittel?" Und wie viel Selbstentschuldigungen geschehen nicht im Leben, weil gottloser Wandel leicht aufgenommen wird, da „Gott langmüthige Geduld übe", und weil der Volksverstand der Meinung ist: Kirchenstrafe und Absolution tilgten die Sünde, und eine neue sei in gleicher Weise leicht zu tilgen! Und wie leicht ist in unsrer confessionseifrigen Zeit das Tragen des Kreuzes gemacht! Ein umgekehrtes Mittelalter erleben wir jetzt. Damals wurde verflucht, wer um irdische Güter zu gewinnen, seine Seele durch Unterschrift vermachte. Heute gilt es als das Alleinseligmachende, als das allein Gehalt und Amt erwerbende, seine Namensunterschrift setzen unter den engen Rahmen einer Wortformel. Ein ganzes Leben sittlich christlicher Treue und Liebe wiegt nichts gegen solche papierne Unterschrift. Aber dies leicht erkaufte Seelenheil, dieser Tropfen „Tinte" schützt und befreit er von aller Schlechtigkeit? Oder verhüllt er nicht grade oft heuchlerisch schurkisches Seeleninnern?

Wahrlich, es kann uns nicht wundern, wenn den Wirkungen der Populartheologie und dem Engsinn des Buchstaben-Materialismus gegenüber eine Lehre auftritt, die in sittlicher Entrüstung über den selbstgefällig herrschsüchtigen Hochmuth orthodoxer Geistlichkeit nur das Gegentheil von deren Lehren gelten lassen will, und ein sittliches Dasein gründen möchte bei der Verwerfung von Gott, Freiheit, Unsterblichkeit. Diese Lehre eifert denn natürlich auch gegen unsere obige Antwort. Es ist die Lehre des Natur-Materialismus, welche behauptet: „Naturwissenschaft lehrt, daß alles nur durch die sichtbar wirkende Materie geschieht." Gegen diese Lehre ist unsere Aufgabe besonders gerichtet. Und unsere Frage könnte daher auch heißen: Ist Materialismus möglich? Bei Untersuchung dieser Frage erinnern wir nur noch wiederholt daran, daß wir es dabei nur mit jener theoretischen Lehre der Weltentwickelung aus atomistischer Materie zu thun haben, nicht mit jenem practischen Materialismus, welcher Wissenschaft „Wissenschaft" und Gott

„Gott" sein läßt und in Essen und Trinken, Reichthum und Bequemlichkeit das höchste Lebensglück findet.

Wir gingen in unseren seitherigen Aufgaben meistens davon aus, daß wir eine Worterklärung voranstellten. Es scheint uns diesmal jedoch zweckmäßiger, Worterklärungen ans Ende zu verweisen und gleich damit zu beginnen, das Wesen der Naturwissenschaft zu bestimmen. Nur die Eine Erklärung ist festzuhalten, daß wir vorerst unter Natur alles verstehen, was nicht von Menschenhänden gemacht ist.

I. Die Naturgeschichte.

Wir sehen Jemanden durch Berg und Thal wandern, die verschiedensten Pflanzen einsammeln; die ähnlichen zusammenstellen, die unähnlichen davon trennen, und sehen ihn so eine Kenntniß der unendlichen Formenwelt gewinnen, indem er sie in übersichtlicher, systematischer Ordnung sich vorstellt. Wir nennen ihn einen Naturforscher, obgleich er nur eigentlich ein Pflanzenforscher, ein Pflanzensammler ist. So nennen wir auch Naturforscher den, der die verschiedenen Thiere oder Steine, oder zur Nachtzeit mit dem Fernrohr die vielen leuchtenden Himmelskörper aufsucht. Strenger hätte man von Thier-, Stein-, Sternforschern zu reden. Die einzelnen Naturforscher betrachten also nur einzelne Dinge der Natur, und dies zusammenfassend, wäre „Natur" der Inbegriff alles sinnlich wahrnehmbaren, wozu wir denn freilich auch das nicht in feste Gestalten Zerfällte, die gestaltlose Luft, das Wasser, die Erde, das Licht zu rechnen hätten. Achten wir noch darauf, daß sinnlich wahrnehmbar auch Kunstgegenstände sind, wie Tische, Häuser, Uhren u. s. w.; daß wir unter „wissen" im Allgemeinen verstehen „eine klare Vorstellung von dem Dasein und der Art einer Sache haben", so erhalten wir als erste Erklärung:

Naturwissenschaft ist die Kenntniß der Körper, der Formen von allem sinnlich Wahrnehmbaren, das nicht von Menschenhänden gemacht ist.

Nun ist aber eine Pflanze, z. B. eine Rose, kein sich stets gleichbleibendes Ding. Der in die Erde gelegte Samen entfaltet sich, erhebt sich aus dem Boden; Stamm und Blatt unterscheiden sich. Welche Mannigfaltigkeit der Formen zeigt sich an der einzelnen, sich entfaltenden Pflanze! Welches Interesse ist es, dieser Umwandlung oder Metamorphose des Ganzen, dieser Entwickelung der einzelnen Theile, der Morphologie, zu folgen, sie zu beobachten! Als man mit Erfindung und Vervollkommnung der Vergrößerungsgläser, dieser Entwicklung der Gestalten mehr folgen konnte, als namentlich die berühmten Untersuchungen von Schwann und Schleiden feststellten, daß die kleinsten mikroskopisch sichtbaren Bestandtheile bei Pflanzen- und Thierkörpern die Gleichen wären, nämlich verschieden gestaltete Bläschen mit verschiedenem Inhalte, die sog. Zellen; da reizte diese Untersuchung der Erkenntniß des Baues der Pflanzen aus Zellen, sowie der Entwickelung zu Fasern, Gefäßen, Geweben und Organen so sehr, daß man in diesen Untersuchungen die eigentliche Pflanzenkunde zu besitzen meinte und die Pflanzensammler als „Heusammler" verspottete. Es ist die Schule des genialen Schleiden, welche anfangs gegen die von Linné, welche nur äußere Merkmale, wie Staubgefäße, Blattformen u. s. w. betrachtete, also spottend sich aussprach. Bald aber zeigte sich, daß der innere Zellenbau der Pflanzen in der äußeren Gestaltung sich abspiegele. So sind eigentliche Zellenpflanzen stengel- und blattlose Gebilde; Pflanzen mit Zellen und Gefäßbündeln dagegen zeigen Stengel und Blatt. Wo die Gefäßbündel im Blatte netzadrig verlaufen, da zeigt der Stamm ringförmig gestellte Gefäße, sog. Jahresringe, da keimt der Samen mit zwei Keimblättern aus dem Boden hervor. Wo die Blätter streifennervig sind, da zeigt der Stamm zerstreut stehende Gefäße, da keimt der Samen mit einem Keimblatt u. f. w. Jetzt wurden die Zellenguder selbst Heusammler. Man erkannte, daß eins ohne das andere keinen Vollwerth habe, und daß die Pflanzenkunde nicht allein als Kenntniß der äußeren Formen in systematischer Uebersicht zu fassen ist, sondern daß der innere Bau, die Entwickelung der Gestalten, ihr Werden, ebenso dazu gehören.

Diese Erweiterung des Gesichtskreises fand auch bei der Erkenntniß der Thiere statt. Auch bei den Steinen mußte man sich gewöhnen, statt nur auf äußere, physikalische Eigenschaften, wie Farbe, Härte, Gestalt u. f. w. zu sehen, auch ihre innere Zusammensetzung, die chemischen Bestandtheile und das Werden im chemischen Proceß zu beachten. Bei den Sternen genügt ebenfalls die einfache Aufzählung und äußere Beschreibung nicht, und unsere Zeit rechnet es sich mit Recht zu keinem kleinen Triumphe an, daß in ihr es Bunsen und Kirchhoff glückte, in der Spectralanalyse Handhaben zu finden, den inneren chemischen Bau, die Elemente der Sterne zu erkennen.

Wenden wir diesen erweiterten Gesichtskreis auf die Naturwissenschaft überhaupt an, so finden wir den oben aufgestellten Begriff zu eng und wir müssen als zweite Erklärung sagen:

Naturwissenschaft ist die Kenntniß der Formen des sinnlich Wahrnehmbaren, und die Kenntniß der Entwickelung, des Werdens dieser Formen.

II. Die Naturlehre.

Der eben beschriebene Theil der Naturwissenschaft ist es, welcher vorzugsweise Naturgeschichte genannt wird und der sich also mit Beschreibung der inneren und äußeren Gestaltung der Naturkörper und ihrer morphologischen Entwickelung beschäftigt. Bei ihr wird jeder Naturkörper allein und für sich betrachtet; aber es ist klar, daß wir die Naturkörper auch in ihrer Wechselbeziehung zu einander, ihrer Wechselwirkung auf einander betrachten können und müssen. . Die Erforschung der Erscheinungen und die Gesetze dieser Wechselwirkungen der Naturkörper umfaßt im Allgemeinen das Gebiet der f. g. **Naturlehre** oder der **Physik** im weitesten Sinne. Sie ist, da man die Ursachen einer Wirkung auch Kraft nennt, die **Lehre von den Kräften der Natur.** Indem wir nun auf diese f. g. Kräfte einen Blick werfen wollen, beginnen wir mit den Pflanzen, da sie seither unser Anfang waren.

Organische Kräfte. Es ist klar, es könnte Jemand sein, der lahm an sein Zimmer gebannt, sich durch Freunde alle möglichen Pflanzen senden ließe; Pflanzen, sowohl im Keim= wie im Blüthen= und Fruchtzustande. Gewiß könnte sich dieser zu zu dem naturgeschichtlichen Standpunkte der Pflanzenkunde erheben; er könnte es zur Kenntniß der Formen und zur Kenntniß des Werdens derselben bringen, aber wäre dies eine erschöpfende Wissenschaft? Keineswegs. Jedermann weiß, daß eine Pflanze sich nicht allein entwickeln kann, sie braucht einen Boden, an dem sie haften, aus dem sie Nahrung nehmen kann; und sicher gehört zu einer vollständigen Pflanzenkunde auch die Kenntniß der Abhängigkeit der Pflanzen von Boden, Luft und Wasser. Daß die Pflanze, aus dem Boden herausgerissen, stirbt, das ist bekannt, seit es Menschen giebt, aber über das Verhältniß des Zusammenhangs sind erst seit wenig Jahrzehnden klarere Anschauungen gewonnen. Man sah freilich, daß die Pflanzen aus Theilen beständen, so gut wie der Boden, in dem sie wuchsen, aber daß sich in den Theilen der Pflanze die des Bodens wiederfänden, schien unglaublich. Man meinte, sie müßten verschieden sein, und die Pflanze, wenn sie sich nähre, wandle die aus dem Boden genommenen Stoffe um, so daß die Stoffe lebender Körper keine Aehnlichkeit hätten mit dem der Steine. Und wenn man sah, daß ein Acker kein Korn mehr trage, so sagte man: „Der Acker ist mürbe!" und ließ ihn brach liegen. Man wußte nicht, daß der Acker erschöpft ist, weil durch

jahrelange Fortfuhr von Kornbestandtheilen der Boden keine
Nahrung mehr bieten kann. Jetzt weiß man, daß die Pflanze
nichts enthält, als was im Boden ist, und wenn sie mit Kupfer=
lösung gegossen wird, so stirbt sie an Kupfervergiftung, weil sie
unfähig ist, sich dem dargebotenen schädlichen Stoff zu entziehen
oder ihn umzuwandeln. Indeß verhält sich die Pflanze keines=
wegs ganz passiv gegen den Boden; und wenn ein solcher alle
Bausteine, alle Stoffe enthält, die für Roggen, Klee, Kartoffeln
u. s. w. nöthig sind, so hängt es von dem Baumeister ab, mit
welchen Stoffen gebaut werden soll, d. h. es hängt von dem
Samen ab, welche Stoffe er vorzugsweise an sich zieht. Der
Landmann, der auf seinem Acker Wechselwirthschaft treibt, weiß
es wohl, daß im 1. Jahre Kartoffeln oder Runkelrüben vor=
zugsweise Kali; im 2. Weizen vorzugsweise Kiesel; im 3. Klee
vorzugsweise Kalk an sich ziehen u. s. w. Es sind Liebig's
Verdienste um Feststellung der Wechselbeziehung von Pflanze und
Boden, an die wir als epochemachende hier zu denken haben.

So ist also beim Wachsen der Pflanzen, weder der Boden,
noch die Pflanze nur passiv, leidend; beide sind activ, thätig.
Sie stehen in Wechselwirkung zu einander, und da man da,
wo ein Körper auf einen andern wirkt, von einer Kraft spricht,
so spricht man von einer **Bodenkraft**, einer **Nährkraft des
Bodens**; man spricht, da die Pflanze gleichsam Stoffe aus=
wählt, von einer **specifischen Anziehungskraft, einer
wesentlichen Kraft der Pflanze**. Sicher gehört die Kennt=
niß der Wechselbeziehungen von Pflanzen und Boden zur Pflan=
zenkunde, aber wir sehen zugleich, wie sich die Betrachtung ins
Unendliche verliert. Wir können ja die Pflanzen in ihrer Be=
ziehung zu jedem beliebigen Körper betrachten. Wir können sie
in Beziehung zur Luft und Luftfeuchtigkeit betrachten und dabei
den durch unsinnig Ausroden der Wälder herbeigeführten Wasser=
mangel in Flüssen, und damit die dadurch gestörte Flußschifffahrt
erkennen. Wir können die Pflanzen betrachten in ihrer Wirkung

auf Thier- und Menschenleben und lernen so ihre nährenden, schädlichen, giftigen Wirkungen und Kräfte kennen; ja von ästhetischer Kraft der Pflanzen ist zu reden, insofern ihre Gestalt das Gemüth des Menschen verschiedenartig erregt. So also die verschiedenen Wechselbeziehungen der Pflanzen ihre Kräfte betrachtend, gewinnen wir einen erweiterten Gesichtskreis über sie und sagen: Pflanzenkunde ist Kenntniß der Formen, der Entwickelung und Kräfte der Pflanzen.

Bei den Thieren wiederholt sich das bei den Pflanzen Gesagte. Auch hier zeigten erst wenig Jahrzehnde, daß im Leibe das ist, was als Nahrung in ihn kam. Der thierische Leib hat keine umwandelnde Macht über die ihm gebotenen Stoffe. Phosphor und Eisen sind im Gehirn dieselben Stoffe, wie ein Zündholz und Dampfhammer. Die chemischen Stoffe, als Bausteine des Fleisches, des Blutes, der Knochen, können im Leibe nicht verändert werden; Giftmischern wird es stets glücken, den Leib zu tödten, weil derselbe unfähig ist, in der Wechselwirkung mit den Giftstoffen den störenden Einfluß derselben zu wiederstehen. Aber wir sehen auch wieder, daß Hund, Katze, Mensch von derselben Nahrung leben können und daß trotz dieser Nahungsgleichheit die Producte verschieden sind, so daß wir wie bei den Pflanzen so auch bei den Thieren von einer **specifischen Stoffanziehungskraft, einer wesentlichen Kraft der Ernährung** reden können. Wir finden aber auch in dem **Thierleben** Wechselbeziehungen, von denen bei den Pflanzen nichts wahrzunehmen ist. Jedermann weiß, daß eine Kuh eine neue Stallthüre anglotzt, da das neue Bild einen neuen Reiz ausübt auf die seither gewohnte Reihe von Bildern. Wir sehen also hier eine Aeußerung, die wir als **Bewußtseinsäußerung** bezeichnen und von der bei den Pflanzen nichts vorkommt. Dies innerliche Vergleichen von neuen Bildern mit schon innerlich vorhandenem oder gewußtem, dies Denken in Bildern, ist aber nicht die höchste Thätigkeit, die bei dieser Thüre entwickelt werden kann. Die Kuh, wenn die Thüre geöffnet wurde, geht in den Stall, läßt es sich wohl sein, und bei einer nächsten Rückkehr zum Stalle verschmolz sich schon das angeschaute Bild der neuen Thüre mit den längst aufgenommenen Bildern von Hofraum und Stall, und die Erinnerung an die im alten Stall genossene Nahrung und Ruhe wird ihr das neue Thor nicht mehr anstaunenswerth machen. Aber der Führer des Thieres, der Mensch, wird er bei diesen angeschauten Bildern stehen bleiben? Wohl nur selten. Er wird sich äußern: „Das ist recht, daß das alte, wacklige Ding endlich fortkam, denn da eine Thür ein Mittel ist, äußere Gäste, Sturm oder Diebe, abzuhalten, so taugte die alte längst nicht mehr." Und wohl noch längere Zeit wird er sich der Thür-Erneuerung freuen. Wir nennen diese Art der Bewußtseinsäußerung Begriffsentwickelungsthätigkeit, Denken in Worten; sie wurde seither nur am Menschen beobachtet, und da diese innere Thätigkeit stets begleitet ist von dem kleinen Wörtchen „Ich" und „Selbst", so nennt man diese Art der Kraftentfaltung auch das Selbstbewußtsein des Menschen.

Unorganische Kräfte. Die bis jetzt genannten Kraftäußerungen zeigen sich an Organismen, d. h. an Körpern, welche ihrer Form nach zusammengesetzt sind aus ungleichen Theilen, wie Kopf, Fuß, Wurzel, Blüthe; diese heißen Organe oder Werkzeuge, da sie zu Einzelverrichtungen für das Ganze dienen. Die einfachste Ungleichheit, wie sie bei den niedersten Pflanzen und Thieren vorkommt, besteht indeß nur in einer bläschenartigen Zellenwand, welche einen unterschiednen Inhalt einschließt. Solche Naturkörper heißen ihrer Gestalt nach: organische oder organisirte; ihrer Entwickelung nach: lebende. Ihr Körper ist in steter innerer Bewegung. Stoffe werden aufgenommen und abgegeben und nur durch solchen Stoffwechsel besteht der Einzelkörper. Nach einiger Zeit ist der Stoffwechsel abgelaufen, der Körper zerfällt, das Leben stirbt, aber vorher war der Körper fähig durch Fortpflanzung diese Art des Einzelkörpers fortdauern zu lassen. Sie zeigen also eine stoffwechselnde, fortpflanzungsfähige Bewegung. Neben diesen organischen oder lebenden Körpern sind dann die übrigen unorganisch, sie sind ihrer ganzen Masse nach aus gleichartigen Theilen bestehend, sie besitzen also keine Organe, haben kein Leben, also nicht Stoffwechsel, nicht Fortpflanzung; ihr Inneres ist mehr oder weniger ruhig und wenn sie ihrer Bildungsstätte entnommen sind, so vergrößern sie sich nicht mehr durch Wachsen, wie der seiner Frucht entnommene Samen. Von den Wechselbeziehungen dieser unorganischen, leblosen Körper redend, wenden wir uns zuerst zu dem gestirnten Himmel über uns.

Die Schwere. Es war eine sinnige und natürliche Betrachtungsweise der Menschen, wenn sie zuerst das lebenerweckende, segenbringende, befruchtende Licht als freundliche Macht göttlich verehrten; wenn sie der Sonne als leuchtendstem Körper Altäre errichteten und dankbar Opfer brachten. Das ruhig flimmernde, glänzende Sternenlicht, die Ordnung und Sicherheit der Sternenbahnen mußten sie nicht die Sehnsucht der Menschen erwecken, da deren Leben von steter Noth, von Tod und Zerrüttung umgeben ist? Die Sterne galten als Götter, galten als ewig klare, heiter ruhige, von Noth und Elend unberührte selige Wesen, die auf das Treiben der mühebeladenen Menschen freundlich herabsahen, und wollten, daß aus dem Blinken und Winken der Sterne und ihrer Stellung der Mensch bei Zweifel und Noth Rath und Hülfe der Götter erkenne. Welch freundlicher Glaube! Und wie rasch entartete er in häßlich betrügerische Astrologie!

Die Vorstellung, daß die Himmelskörper selige Wesen seien, war lange gültig. Aus früheren Vorträgen erinnern wir uns, wie nach Aristoteles die Himmelskörper, eben weil sie selige Wesen waren, in der vollkommensten Bahn gehen mußten, in der Kreisbewegung, diese war ihnen „von Natur her" eigenthümlich. Von Plato hörten wir, daß er in seiner Politik er-

zählen läßt, die Umdrehungsachse des ganzen Himmels sei eine
große diamantene Spindel, die vom Schicksal zwischen seinen
Knieen gehalten werde; Ringe seien an dieser Achse mittelst
Stäben befestigt und in ihrem Umkreis bewegten sich die Planeten. — Es mag sein, daß auch heute noch zuweilen der gemeine Menschenverstand meint, solche Spindeln und Reise
müßten als Stütze und Träger der Himmelskörper da sein; der
Astronom sah sich gezwungen, diese starren Träger aufzugeben
und die Sterne freier im Raume kreisen zu lassen. Was nun
ermöglichte den freieren Lauf? Die Aristotelische Erklärung,
daß die Sterne, weil sie Götter seien, sich selbst bewegten, konnte
im Christenthum nicht gehalten werden; man war gezwungen,
die Sterne als Massen, ähnlich der Erde, anzunehmen. Da schien
es denn unmöglich, daß sie selbst sich bewegen sollten; der schwere,
irdische Stoff galt so roh, so grob, so wenig zur Bewegung geeignet, daß man meinte, einen anderen Stoff nöthig zu haben,
der die Erde und die Planeten rotiren macht. Das Vorbild zu
diesem Hülfsstoff zur Bewegung war zu finden in jenen feineren
Atomen Demokrit's, die am meisten theilhaftig der Feuer-
natur und ungehinderter Beweglichkeit wohl dienen konnten, die
Rotation der Sterne zu bewirken. Namentlich, wenn man diesem
Stoffe mit Aristoteles eine Kreisbewegung „von Natur" zuschrieb. Es war Cartesius, der solchen Wirbelstoff ersann;
dieser war die feinste Materie, die als eine ätherische, leichtbeweg-
liche Materie, als ein Fluidum, durch stets wirbelnde Bewegung
die schweren, bewegungsträgen Massen der Planeten mit sich
fortreißen sollte. Aus ihm bestanden nach ihm die selbstleuchten-
den Sonnen und Fixsterne.

Erinnern wir uns daran, daß in jener Zeit die Begriffe,
Stoff und Kraft, völlig auseinanderfielen. Aber wenn die feineren
Atome das Recht hatten, Kraft zu sein, sollten da die gröberen
dies Recht nicht auch haben? Sollte die Vorstellung, daß der
irdische Stoff unfähig sei, Bewegung zu veranlassen, nicht un-

wissenschaftlich sein? Sollte die Wirbelmaterie nicht eine zweck=
lose Annahme sein?

Aehnliches dachte vielleicht Newton, der Mann, dessen Erklärungsweise dieser Erscheinungen heute und wohl immer als
die wahre angesehen wird. Er soll, als er einst einen Apfel
fallen sah, sich gefragt haben, ob nicht dieselbe Kraft, die den
Fall des Apfels zur Erde veranlasse, auch den Mond gegen die
Erde fallen mache und so auch die Erde gegen die Sonne. Viele
erklären diese Erzählung für ein Märchen, da der Apfelfall zu
unbedeutend sei gegen den Mondumlauf. Indeß ist es grade die
Eigenthümlichkeit des Genies, im Kleinsten das Größte wieder=
zufinden und überdies konnte Newton diese Frage nicht anders
lösen, als durch Analogie. Eine Erscheinung der Erde mußte
ihn dazu erregt haben. Seine Rechnungen bewiesen ihm die
Richtigkeit seiner Vermuthung, daß Mond und Erde gegen
einander fallende Körper seien. Wie diese, fallen alle Himmelskörper gegen einander, die Großen gegen die Kleinen, die Kleinen
gegen die Großen; jeder Körper im Verhältniß seiner Masse, so
daß die Kleinen den Großen folgen müssen. Dies die Lehre
Newton's. Und richtig ist es hervorzuheben, daß sie ihre Begründung nicht findet, wie die Wirbel von Cartesius, weil
dies „die einfachste, somit die natürlichste Annahme ist und somit
ohne Grund für das Gegentheil ist", sondern die Begründung
liegt darin, daß die bei den Planeten berechneten Massen und
Entfernungen sich in gleichen Verhältnissen wirksam zeigten, wie
beim fallenden Apfel.

Nicht ist also die Sonnenmaterie aus feinerem Stoff wie
die Erde. Nein! nicht verschieden, sondern gleichartig ist die
Materie beider; gleichartig ist die Materie aller Himmelskörper,
gleichartig wirkt sie; und da man sagte, der Apfel fällt, weil er
schwer ist, so behielt man den Ausdruck auch bei den Himmels-
körpern bei. Sie fallen gegen einander, sagte man, weil sie
schwer sind, oder, indem man das Eigenschaftswort zum Haupt-

wort machte, durch ihre Schwere. Schwere, Schwerkraft nennt man also die Wechselwirkung der Massen auf einander, und da durch diese Wirkung die Massen einander anziehen, so spricht man auch von Zugkraft. Für Schwerkraft braucht man auch das lateinische Wort: Gravitation, daher denn auch die Ausdrücke: Die Körper gravitiren gegen einander, ziehen sich an. Also nicht diamantene Spindeln und Reifen, nicht Wirbel sind nöthig: Die Masse, die Materie selbst ist das Bewegung Machende, das beweglich Bewegende!

Nun kann man einwenden, wie kommt es, daß nicht alle Himmelsmassen in Einen Klumpen zusammenfallen, da ja alle einander anziehen? Man wird fragen, warum fällt der Mond und kommt doch nicht zur Erde? Gestatten Sie mir, wie vorhin von dem „Märchen" des Apfelfalls, auch jetzt von Märchen oder vielmehr von Analogien und Aehnlichkeitsbildern auszugehen. Denken Sie an das Kinderspiel: den Kreisel. Wie schwer ist es, ihn ruhend stehen zu lassen; aber wir ertheilen ihm einen Schwung und er steht fest in drehender Bewegung. Wie ist es schwer, auf einem stillstehenden Velocipede im Gleichgewicht zu bleiben; aber bewegt, rotirend, ist Sicherheit des Nichtfallens da. So sind auch Mond, Erde und alle Himmelskörper Massen, die nicht zum Fallziel gelangen können. Es ist Galilei's Gesetz der Trägheit, welches Aufschluß giebt über die Ursache des Nichtaufeinanderfallens. Wir sahen an anderem Orte, wie Aristoteles meinte, es gäbe Körper, die von Natur aus eine kreisförmige, wirbelnde Bewegung hätten, während andere gradlinige Bewegung hätten. Des Cartesius Wirbeltheorie lehnte sich noch an diese alte Vorstellung an. Galilei aber lehrte, daß alle Körper gleiche Rechte, gleiche Art der Bewegung hätten, daß alle Körper sich gradlinig fortbewegen müßten in der Richtung des Stoßes, der ihnen geworden. Eine Kanonenkugel müßte sich also eigentlich gradlinig fortbewegen, wenn nicht äußere Umstände, wie der Zug der Erde ihre Bahn zu einer gekrümmten machten. Aeußere Einflüsse verändern also die ursprünglich gradlinige Bewegung eines Körpers; nicht er selbst kann von innen heraus die Richtung verändern. Dies nennt man das Gesetz der Trägheit; man versteht also darunter das Verharren des Körpers in einem jeweiligen Zustande, er mag ruhen oder bewegt sein; man nennt auch Beharrungsvermögen der Körper diese Unfähigkeit sich selbst in einem andern Zustand zu erheben. Andere mögen es, wie früher die Rede war, das Gesetz der Identität oder des Sichselbstgleichbleibens nennen.

Vermöge dieser Trägheit würde jeder himmlische Körper in jedem Zeittheilchen die auf seiner Bahn gerade einnehmende Richtung fortsetzen müssen in grader Richtung, die Zugkraft hindert aber dies Entfliehen, macht die gradlinige Bahn zur gekrümmten und fesselt das Kleine ans Größere in rotirenden Umschwung. Diese Trägheit der Bewegung, da sie stets vom Centrum des zugkraftübenden Körpers fortstrebt, nennt man daher auch Flieh- oder Centrifugalkraft, im Gegensatz zur anderen, als der Centripetalkraft.

Die trägen einander fliehenden und anziehenden Massen tragen sich also selbst im Weltraum, ist nun vielleicht über ihre Form etwas entschieden? Das ist es. Messungen bewiesen daß die Erde keine Kugel ist, sondern an den Polen abgeplattet ist, eine Melonenform besitzt. Die Masse ist also ungleichachsig, die Längenachse kleiner als die Breitenachse. Diese Form, diese Gestalt des Weltatoms, ist aber von Einfluß für gewisse Erscheinungen.

Die Erde rotirt um die Sonne; aber der Astronom Bradley nahm wahr, daß unabhängig von dieser Rotation die Erdachse einer Schwankung unterworfen sei, bei welcher die Erdpole innerhalb 18 Jahren eine kleine Ellipse beschrieben. Er nannte Nutation, Wanken der Erdachse, diese Erscheinung und bewies, daß sie bedingt werde durch die Form der Erde; sie

Die Form schwerer Körper. Licht und Wärme.

werde verursacht durch die Anziehung des Mondes auf die abgeplattete, am Aequator gleichsam mit einem ringförmigen Wulst versehene Erdkugel. Schon vorher war durch Newton bewiesen, daß die seit Hipparchos entdeckte Erscheinung der Präcession, oder des Vorrückens der Tag- und Nachtgleichen, bewirkt werde durch den Einfluß der Sonne auf die abgeplattete Erde. Auch hierdurch wird die Erdachse bewegt und ihre Pole beschreiben einen Kreis von 25600 Jahren. Wir sehen daher, daß, wenn es auch für die Umdrehungsgeschwindigkeit der Planeten um die Sonne einerlei ist, ob sie rund, gleichachsig oder abgeplattet, ungleichachsig sind, so kann man doch nicht in allen sagen: bei Betrachtung der Erscheinungen der Schwere hat die Form der anziehenden Massen keinen Einfluß. Die Form wirkt mit; und zwar unabhängig von der Rotation der Massen kann dadurch Schwankung, Drehung der Körper entstehen. Die **ungleichachsige Gestalt erzeugt Schwankung wechselwirkender Atome.**

Licht und Wärme. Verlassend die gravitirenden Weltmassen, ist es wohl naturgemäß, zu Erscheinungen überzugehen, welche für die Erde an ihren Führer im Planetenraum wesentlich verknüpft sind, zu: Licht und Wärme. — Wir erhalten unser Licht von der Sonne und es lag nahe anzunehmen, daß von der Sonne kleine Theilchen fortgeschleudert würden, welche ringsum Helligkeit verbreiteten. Selbst Newton lebte dieser Ansicht. Gegen diese s. g. **Emissions-Theorie**, Fortschleuderungslehre, traten namentlich der Engländer Young und der Franzose Fresnel überzeugend auf; sie zeigten, daß zwei Lichtstrahlen, die einander begegneten, Dunkelheit erzeugen könnten, was nicht möglich wäre, wenn Lichtstoff mit Lichtstoff zusammenträte. Der Franzose Arago zeigte noch, daß bei dieser Begegnung, der s. g. **Interferenz**, die chemische Wirkung aufhöre, was ebenfalls gegen einen fortgeschleuderten Lichtstoff spricht. So bildete sich d. s. **Undulations-Theorie**, die Wellenlehre des Lichtes aus. Nicht in der Fortschleuderung eines Stoffes, sondern nur in der Bewegung eines Stoffes beruht hiernach die Lichterscheinung. Wie in einem Wasser, das durch einen Stein bewegt wurde, die Erschütterung in Wellenlinien sich weiter und weiter pflanzt, so gehen Lichtwellen aus vom leuchtenden Körper zum beleuchtenden. Wellenthal und Wellenberg einander begegnend, geben Dunkelheit. Man läßt diese Bewegung vor sich gehen in einem im ganzen Universum verbreiteten Mittel, einem flüssigbeweglichen Stoffe, den man Aether nennt, dessen Dasein auch von Seiten der Astronomen begründet wird und die ihm Anziehungskraft und Widerstandskraft gegen die schweren Massen beilegen. Man möchte den Aether neuerdings wieder als willkürliche Annahme entfernen; man möchte die verdünnteste Luft an seine Stelle setzen, aber durch den luftleeren Raum sogar bringt ein Lichtstrahl; Licht pflanzt sich also unabhängig von Luft-Atomen fort. Eine Fortpflanzung, die wie der Däne Olaf uns lehrte, mit einer Geschwindigkeit von 40000 Meilen in der Secunde stattfindet. Der Aether wird nicht zu einer allseits gleichen Wellenbewegung erregt; er schwingt mit größerer und kleinerer Wellenlänge und hierin ist die Farbe der leuchtenden Körper begründet.

Die Wärme, die gewöhnliche Begleiterin des Lichtes, mußte sich dieselben Ansichten über sich gefallen lassen, wie das Licht. Früher ein fortgeschleuderter Wärmestoff, heißt sie jetzt auch eine Wellenbewegung eines Aethers. Aber gehen Licht- und Wärmewellen in demselben Aether vor? Oder liegen ihnen zweierlei Aether zu Grunde? Eine zeitlang glaubte man die erste Frage verneinen zu müssen. Man sagte, wenn Wärme und Licht demselben Aether angehören, so müssen sie überall zusammen vorkommen, aber das Mondlicht zeigte keine Wärmestrahlen; ferner sagte man, durchsichtige Körper müßten beiderlei Strahlen gleichmäßig durchlassen, aber es gäbe Körper, z. B. Glas, das durch Kupferoxid gefärbt ist, welche nur Licht, nicht Wärme durchließen. — Diese Einwände wurden aber beseitigt. 1846 wies der Italiener **Melloni** im Mondlicht wirklich Wärmestrahlen nach; und das verschiedene Verhalten durchsichtiger Körper gegen Licht- und Wärmestrahlen erklärte man aus der Wechselwirkung der Körperatome und der Aetherwellen. Man sagte, ungleiche Wellenlängen müßten ungleichen Widerstand beim Durchgang durch das Innere der Körper erfahren. Diese Wechselwirkung ward als eine thatsächliche nachgewiesen durch die 1852 vom Engländer **Stockes** entdeckte **Fluorescenz**; hierbei zeigte sich, wie bei dem Opalisiren einer Chininlösung, daß die festen Atome Einfluß haben auf die Vergrößerung oder Verkleinerung der Wellenlängen. Die größeren und langsameren Wellenlängen erscheinen als Wärme, die kleineren, rascheren als Licht. Steinsalz läßt Licht- und Wärmestrahlen gleichmäßig hindurch; untersucht man nun das Bild oder Spectrum eines durch Steinsalz gegangenen Strahles, so zeigt sich das Maximum der Wärme im Dunkel außerhalb des Roths; die größte Helligkeit im Gelben, und über dem Violett hinaus im Dunkeln liegt das Maximum der photographisch wirkenden, der s. g. chemischen Strahlen. Früher sagte man, das Licht wirkt leuchtend, wärmend, chemisch u. s. w., jetzt weiß man, daß der Ausdruck eigentlich unrichtig ist, da es der Aether ist, dessen Schwingungen bei einer gewissen Größe auf das Gefühl als Wärme wirken, bei einer andern als Licht auf die Netzhaut und bei einer andern chemisch zersetzend, ja auch Electricität und Magnetismus erregend.

Nun kann man noch fragen: Sind denn die Wärmeerscheinungen wirklich Aetherwellen? Sehen wir nicht, wie die Wärme die Körper schmilzt, verflüchtigt? Geht hier nicht vielleicht die Erscheinung an den Atomen statt an den Aether vor? Aber der Lichtäther selbst bringt Atombewegung bei chemischer Zersetzung hervor und ein Beweis dafür, daß die Wärme auf Aetherwellen beruht, liegt darin, daß die strahlende Wärme, d. h. die welche

von einem erhitzten Körper, einem Ofen ausgeht, auch durch einen
atomleeren, einen luftleeren Raum bringt, wie das Licht. Dieses
schließt natürlich nicht aus, daß, wenn die Wärme in einem
Körper fortgeleitet wird, hierbei die Bewegung des Aethers sich
den Atomen mittheilen kann, ja bei der Wechselwirkung beider
sogar mittheilen muß; so werden die Erscheinungen des Schmel-
zens, Verdampfens, der Flamme herbeigeführt durch strahlende
Wärme. Umgekehrt erzeugen Reibung der Körper, Stoß der
Atome, mit deren Erschütterung auch Aetherschwingung, d. i.
Wärme und Licht. Am längsten bekannt ist die Erzeugung der
Aetherbewegung zu Feuererscheinung bei dem Bewegtsein der
Atome im chemischen Processe. Die Thatsache, daß Wärme erzeugt wird durch Reibung und Stoß, erregte erst seit neuerer
Zeit die Aufmerksamkeit, und John Tyndall beginnt daher
mit Recht sein berühmtes Werk: Die Wärme als Art der
Bewegung, mit diesen Wärmeerregern. — Gestatten Sie mir
diese Notiz, um Sie aufmerksam zu machen, wie der Gesichtskreis hierdurch ein erweiterter ist. In unserer civilisirten Bequemlichkeit dachten wir seither bei Wärme nur an unser behagliches
oder fröstelndes Gefühl; die Lehre der Wärme war ohne Erinnerung an den Ofen nicht zu beginnen und nur als fabelhafte Ra-
rität ward erzählt von Indianern, die durch Reibung Feuer
machten. Heute dagegen finden wir Wärme überall, bei dem
Fußtritt selbst auf dem knirschenden Schnee. Die Möglichkeit dieses Fundes begann, seit es gelang, die Wärme unabhängig zu machen vom Wärmegefühl; seit wir Wärme „sehen"
an dem Thermometer, seit wir sie sichtbar machen können durch
electrisch-magnetische Erscheinungen.

Electricität, Magnetismus. Lassen Sie mich das Letzt-
gesagte benutzen, um überzugehen zu Erscheinungen, die seit
Ihrer Kindheit Ihr höchstes Erstaunen erregten. Wer von
Ihnen freute sich nicht schon früh des Spieles, eine Siegellack-
stange zu reiben und kleine Papierstückchen anziehen zu lassen?

Wer hing nicht ein Hollunderkügelchen auf und freute sich nicht am Angezogen- oder Abgestoßenwerden desselben durch die geriebene Stange? Welches Erstaunen aber gar, wenn Sie den Funken einer Electrisirmaschine leuchten sahen, seine stechende Schmerzerzeugung empfanden, sein Knistern hörten! Nicht kleiner war Ihr Erstaunen, wenn Sie ein Eisen sahen, welches kleinere Eisentheilchen anzog und linienförmig aneinanderreihte, so daß an den Enden des Eisens das meiste, in der Mitte am wenigsten angezogen war. Sie sahen dann weiter, wie diese Enden, die Pole des schwebend aufgehängten Eisens stets nach Norden und Süden gerichtet wurden, so daß es dem Schiffer, dem Wandrer ein Weiser, ein Compaß sein konnte. Welche Verwunderungen erregen diese Erscheinungen, deren Name „Electricität" und „Magnetismus" selbst so viel fremder als „Licht" und „Wärme" klingen!

Die alten Griechen nannten den Bernstein Electron, und an ihm fanden sie zuerst das, was wir jetzt öfter am Siegellack hervorrufen. Wir würden Siegellackkraft sagen, wenn die Griechen sie nicht schon Bernsteinkraft getauft hätten. Electrische Kraft besagt also nichts anders, als die Ursache von Erscheinungen, die man zuerst am Bernstein entdeckte. Seit diesem Namengeben sind die Entdeckungen weiter und weiter gediehen. Franklin, der kühne Republikaner, lockte mit seinem aufsteigenden Drachen den Blitz aus den Wolken, beweisend, daß Blitz und Donner im Großen, was der electrische Funke im Kleinen. Der Franzose Coulomb zeigte, daß kein Stoff sei, der nicht durch Reibung electrische Wirkung äußere; und seit Galvani und Volta ward in der Berührung ungleicher Körper, als Erreger von Electricität, der Reibung ein Concurrent zur Seite gestellt, der bei der Größe seiner Wirkungen, bei seiner Anwendbarkeit im öffentlichen Leben in Galvanoplastik, Telegraphie, Leuchtthurmbeleuchtung, seinen älteren Bruder, die Reibungselectricität, viel in Hintergrund stellte. Faraday zeigte

noch, daß nicht die **unmittelbare** Berührung zweier ungleich=
artiger Körper nöthig sei; ihre **Wechselwirkung** überhaupt er=
zeuge Electricität. „Es läßt sich der Begriff der Contactkraft
auf anziehende und abstoßende Kräfte überhaupt zurückführen",
sagt Helmholtz (Erhaltung der Kraft. 1847 S. 47).
Nun wissen wir, daß nichts geschieht beim Zusammenkommen
ungleicher Stoffe, das nicht von Electricität begleitet ist. Legen
wir die kältere Hand an die heißere Stirne, berühren wir die
spitze Messerschneide mit einer stumpfen Gabelspitze, hauchen wir
an eine Fensterscheibe, so erregen wir stets electrische Thätig=
keiten. Unser Kupfer und Silber im Geldbeutel, ja ein
schmutziger und ein reiner Thaler in Berührung kommend, sind
electrisch thätig. Nichts sinnliches geschieht ohne solche Bern=
steinkraft, und wir sehen der Bernstein diente nur zur Taufe
von Erscheinungen, die allseitig verbreitet sind, die man aber im
gewöhnlichen Leben nicht wahrnimmt, da sie im Augenblicke des
Auftretens wieder abgeleitet werden; aber dem Physiker gelingt
es, sie bei seinen Experimenten sichtbar zu machen, indem er die
Umstände entfernt, die ihre Sehbarkeit hindern im Leben.

So ist es auch mit der **magnetischen Kraft**. Ein Eisenerz
der Stadt **Magnesia** in Kleinasien zeigte zuerst die Erscheinung,
und so gab es ihr den Namen. Jahrhunderte lang galten Eisen
und Nickel als die beiden Metalle, welche allein mit dieser
Thätigkeit begabt seien, und dies erregte das Wunderbare der
Erscheinung. Jetzt sind es kaum Jahrzehnte, daß man diese
Kraft als Gemeingut aller Körper weiß. Nur zeigte sich der
Unterschied, daß, während die Einen sich mit Eisen nach Nord
und Süd richten, so stellen sich die Andern entgegengesetzt, gleich=
sam von Ost nach West. Der Entdecker **Faraday** nannte jene
Körper **paramagnetisch**, diese **diamagnetisch**.

Was ist nun die Erklärung, die man von diesen Erschei=
nungen hat? Eigentlich keine. Ein Fortschritt ist der, daß man
jetzt weiß, daß für magnetische und electrische Erscheinungen das=

selbe Substrat vorhanden sein muß; aber welches ist dies? Man spricht von einem gewichtslosen Fluidum; aber dieses müßte dann mit den Atomen fest verbunden sein, da es nicht wie Licht durch einen atomleeren, luftleeren Raum hindurchgeht. Man ließ mit dem Franzosen Ampère die Atome von Strömen umkreist sein, welche Träger dieser Erscheinungen heißen. Aber das ist nur eine andere Form des alten Fluidums, und wir können behaupten, in diesen Fluiden und Strömen finden sich jene Wirbel von Cartesius wieder, die man ersann, da man den Stoff zu unfähig zu selbsteigner Thätigkeit hielt. Andere übertrugen denn auch die electrische Kraft den Atomen selbst. Aber wohl zu merken, die Atome nicht in ihrer Eigenschaft als Schwerkraft wirkende waren electrisch, sondern neben dieser Kraft war ihnen die electrische theilhaftig. Jedes Atom wirkte schwerkräftig und hatte zugleich seinen positiven und negativen Pol. Es war die Zeit, wo die Electricität als Ursache chemischer Verbindung galt, wo man die Atome gleichsam mit den deutschen Farben angestrichen sich vorstellte; das schwarze Ende trug die Aufschrift: „Hier ist Nordkraft", das rothe: „Hier ist Südkraft" und die weiße Mitte: „Hier ist neutraler Indifferentismus". Während hier zwei Fluiden jedes Atom erfüllen, so sagten Andere, es gäbe nur Ein Fluidum, aber ein wichtiger Streit war nun, ob Verdichtung oder Verdünnung des Aethers als positive oder negative Kraft zu fassen sei. — In der That, das darüber Geltende sind zur Zeit mehr oder weniger willkürliche Annahmen, denen das Recht der Begründung abgeht. Schließen wir dies Geständniß des Nichtswissens mit der vorsichtigen Aeußerung Tyndall's, in seiner Gedenkschrift über Faraday (S. 136) „Ich neige stark dazu, den electrischen Strom, rein und einfach, für eine Bewegung des Aethers zu halten"; (ähnlich in seiner Wärme, 4. Aufl. S. 250). Er neigt dazu, „weil die Electricität ein Bewegungsvorgang ist, und weil bis jetzt sich nur eine Substanz gezeigt hat, welche fähig wäre, eine

Kraft mit dieser Geschwindigkeit fortzuleiten, nämlich der Lichtäther." —

Physikalisches und Chemisches. Wir wollen jetzt Erscheinungen erwähnen, welche man nicht zweifelnd als Wirkungen des widerstandleistenden, festen und schweren Stoffes betrachtet. Da lenken wir denn zuerst unsern Blick auf eine Erscheinung, die uns, ähnlich dem Lichte, Kunde giebt vom Dasein von Dingen, ohne daß wir sie unmittelbar berühren. Wie wir durch das Licht Kunde erhalten von fernen Dingen, wenn die von ihnen erregte Wellenbewegung des Aethers erregend unsere Netzhaut trifft, so auch bringt uns der Schall Kunde ferner Dinge. Auch hier wird Kunde gebracht durch Fortpflanzung einer Wellenbewegung bis zu unserm Ohre; aber nicht der Aether ist leitender Stoff, denn luftleerer, atomfreier Raum pflanzt den Schall nicht fort, es sind die festen Atome selbst, welche von der Bewegung des tönenden Körpers, dem gerührten Trommelfell, der gestrichenen Violinsaite in Wellenbewegung gesetzt werden. Auch ist ein Unterschied in der Wellenschwingung; die Aethertheilchen bewegen sich transversal, d. i. hin und her senkrecht gegen die Linie, in der sich das Licht fortpflanzt; die Schallwellen dagegen longibutinal, d. i. hin und her in der Richtung, in der sich der Schall fortpflanzt.

Noch sind die Wohlgerüche und schlechten Dünste zu erwähnen, die, unsere Riechnerven erregend, uns Kunde geben können von fernen Dingen, aber freilich bei der Flüchtigkeit der Substanzen wird die Kunde durch unmittelbare Berührung gebracht. Diese Flüchtigkeit selbst aber, bei der Feinheit des Stoffes, ist ein beliebtes Beispiel für die Vertheidiger unendlicher Theilbarkeit der Materie. Mit den Geruchserscheinungen gehen wir denn über zu jenen Wahrnehmungen, die wir an den Körpern bei unmittelbarer Berührung, mit dem Gefühle, an dem Widerstand, den sie unsrer Muskelthätigkeit entgegensetzen, machen. Es sind Erscheinungen der Festigkeit, die hierher gehören und die wir aus der verschieden großen Anziehung der kleinsten Theile erklären und wobei derselbe Körper je nach den äußeren Umständen, bald wie Eis in starrem Zusammenhalt der Theile, bald wie Wasser in flüssigem, bald wie Dampf in luftigem Zustand existiren kann. Nicht die verschiedenen Arten dieses Zusammenhaltes, der Cohäsion, sind hier zu erwähnen. Aufmerksam zu machen ist hier nur auf eine Bezeichnung, die von größter Wichtigkeit ist, nämlich: chemisch und physisch. Man nennt den Uebergang von Wasser in Dampf und Eis eine physikalische Erscheinung. Wir sehen, wie verschiedene Formen ein Körper annehmen kann, aber er ist derselbe Körper geblieben. Dies ist wichtig beim Verstehen dessen, was physikalische Eigenschaften oder Kräfte sind. Der Bernstein, an dem Sie electrische Erscheinungen betrachten, das Eisen, das Sie durch Wärme schmelzen, das Glas, durch das Sie das Licht in Farben zerlegen, die Glocke, die sie tönend machen u. s. w., alle diese Körper bleiben während des ganzen Experimentes was sie sind. Nicht wird der Körper bei physikalischen Wirkungen zu etwas anderem, als er war. Dagegen bei chemischen Wirkungen hören die Körper auf zu sein, was sie waren. Aber Sie erkennen gleich das Willkürliche dieser Bestimmung. Wenn ein Tropfen Salzsäure auf Eisen fällt und anhaftet, so sagt man, das sei die physikalische Eigenschaft der Adhäsion, des Zusammenhalts ungleicher Stoffe, die hier wirke. Aber bald sehen Sie, wie die erst an der Oberfläche abhärende Säure sich tiefer und tiefer einfrißt, und wenn Sie gar das Eisen in die Säure legen, so verschwindet allmählig das Metall, es wird aufgelöst, und wenn Sie die Flüssigkeit verdunsten lassen, so scheidet sich statt des Eisens ein grünliches Salz aus. Jetzt aber sagt man: ein chemischer Proceß fand statt, weil hier ein Körper auftritt, der früher nicht da war. Aber wo ist nun Anfang und Grenze, wo Chemie und Physik? Der beginnende Proceß heißt Adhäsion, die vollendete Adhäsion heißt chemische Verbindung.

Gewiß, diese Trennung von physikalischen und chemischen Eigenschaften ist nichts in der Natur selbst wesentlich Unterscheidendes, es ist nur Bequemlichkeit des Menschen diese Unterschiede zu machen, da in der That die Beobachtung dieser oder jener Art von Eigenschaften eine eigene Art von Arbeitsrichtung erfordert.

Wir begreifen aber dabei auch leicht, warum physikalische Wirkungen in chemische übergehen, oder sie veranlassen können. Wenn wir Holz mit einem **scharfen Körper zerschneiden**, so nennen wir dies die **mechanische, physikalische Theilung**. Hierbei bleibt Holz Holz, oder Basalt bleibt Basalt u. s. w. **Die Theile bleiben was das Ganze ist.** Aus der Vielheit der zu theilenden Körper kommen wir dabei nicht heraus; wir bleiben bei dem was wir sehen, bei Knochen-, Eisen-, Fleisch- u. s. w. Theilchen. Aber es ist klar, über das innere Bestehen dieser Körper erfahren wir dabei nichts. Diese mechanische Theilbarkeit der Körper ist es, für welche Viele noch so glücklich sind, Zeit übrig zu haben, indem sie aus ihr die unendliche Theilbarkeit der Materie ableiten. Sie läugnen das Bestehen der Körper aus Atomen, da sie sich nicht denken können, daß es kleinste Theilchen gäbe, die nicht getheilt werden könnten. Offenbar aber geht dies: „Sich nicht denken können" die Materie selbst nichts an, und wenn ein anderer sagte: „Ich kann mir die Körper nur denken als bestehend aus Atomen", wer hat dann Recht? Wahrscheinlich, wenn es zum practischen Austrage käme, derjenige, welcher die stärksten Fäuste hat, denn das Recht, sich Möglichkeiten zu denken, hat Jeder. Glücklicherweise aber brauchen wir die Fäuste nicht; eine andere, die s. g. **chemische Theilung** giebt uns Thatsachen an die Hand, die uns freimachen vom bloß denkbar Möglichen.

Wir sagten, daß mit einem **scharfen Messer** Holz mechanisch leicht zu theilen sei, aber lassen Sie die Theilung mit Hindernissen vor sich gehen, nehmen Sie ein stumpfes, nehmen sie ein Holzmesser, und sie werden bei raschem, indianerkunstfertigem „Säbeln", statt einfacher Theilung, sehen, wie das Holz schwarz, kohlig wird, in Brand geräth. Das Holz ist jetzt verschwunden, es ist in lauter Rauch zertheilt. Dies ist chemische Theilung, wo die Theile ungleich sind dem Ganzen. Es ist die durch Reibung veranlaßte Wärme, welche diese Zersetzung einleitete. Ebenso findet Zersetzung statt durch Electricität: ein Blitz zerstört ein Haus. Ein Photograph legt einen Thaler in Salpetersäure; der Thaler verschwindet und beim Verdunsten scheidet sich statt des Silbers ein salpetersaures Silberoxid aus. Man nennt Verwandtschaft solche Wechselwirkung zweier Körper, wie Säure und Metall, durch welche die Zertheilung oder Zersetzung eines daseienden Körpers, sowie eine neue Verbindung, eine neue Atomlagerung herbeigeführt wird. Wenn der Photograph die salpetersaure Silberlösung dem Sonnenlicht aussetzt, so scheidet sich Silber wieder aus. Diese vier, Licht, Wärme, Electricität, Verwandtschaft, weiter keine, sind Ursachen chemischer Processe. Während Silber bei Einwirkung dieser Kräfte, d. i. nach dem Vorherigen, bei Einwirkung bewegter Aether- und schwerer Atome, chemisch unverändert, nur physikalisch verändert wird, so wird Rauch als Holzzersetzung, noch weiter chemisch zersetzt in chemisch unveränderliche Theile. Wir wissen von früherem Vortrage, wie aus der Vielheit irdischer Körper nur eine geringe Zahl, etwa 63 chemisch unveränderlicher Stoffe, sogenannte Elemente, ausgeschieden werden. Wir wissen auch, wie diese Elemente in bestimmten Gewichtsverhältnissen sich verbinden, und dadurch verschieden gestaltete Körper liefern. Keine Verbindung enthält alle Elemente, sie bestehen meistens nur aus Combinationen von 2 oder 3 oder 4 Elementen. Diese Combinationen der 63 Elemente zu 2, 3 oder 4 können noch dadurch eine unendliche Mannigfaltigkeit von Verbindungen erzeugen, daß die Combinationen nicht allein in einfachen Verhältnissen, sondern auch in vielfachen stattfinden können; daß ferner Atomgruppen wieder die Rolle von einfachen Elementen zu spielen vermögen, so daß, indem Zusammengesetztes ein Einfaches substituirt, eine zusammengesetztere Verbindung entsteht. Eine weitere Ursache zur Vielheit der Verbindungen liegt in der Natur der Elemente, daß sie ein-, zwei-, mehratomig sind.

Die Verschiedenheit chemischer Zusammensetzung giebt sich auch in der äußeren Beschaffenheit, in physikalischen Merkmalen kund; indeß tritt jede Verbindung entweder in festem, oder in flüssigem oder in luftförmigem Zustande auf. Feste Verbindungen zeigen oft große Regelmäßigkeit begränzender Flächen und heißen dann Krystalle. Mehrere solcher Verbindungen kommen in der Natur denn oft gemengt zu Körpern vor. Die Steine, Felsarten sind fast immer solche Gemenge oder Agglomerate.

Fragen Sie nun nach der Kraft, die im chemischen Proceß wirkt, so sind hierüber die Acten noch nicht geschlossen. Die ungleichartigen Theile, die in einem Gemenge äußerlich sichtbar aneinanderhaften, läßt man durch Adhäsion verbunden sein, aber wir sprachen schon, wie man eine Verbindung als eine vollendete, eine in das Innere der Körper gedrungene Adhäsion betrachten kann. Man nennt Affinität, Verwandtschaft die Kraft der Verbindung, eine Kraft, welche namentlich der Schwede Bergmann und der Franzose Berthollet für einerlei mit der Schwerkraft betrachteten.

Dies sind nun die Erscheinungen, welche das Gebiet der Wechselwirkung der Naturkörper umfassen. Da nun sicher zur vollen Erkenntniß der Naturkörper, dieser Theil der Naturwissenschaft, die Naturlehre, hinzugehört, so sagen wir überhaupt jetzt erweiternd:

> Naturwissenschaft ist die Kenntniß der Form, der Entwickelung und der Wechselwirkung oder der Kräfte der Naturkörper.

III. Die Naturphilosophie.

Sie werden sich wohl kaum erstaunen, noch einen andern Theil der Naturwissenschaft hier vorgeführt zu sehen. Denn wie

Sie wohl bei der Naturgeschichte schon fühlten, daß eine Beschreibung des Einzelkörpers mit Nothwendigkeit dazu hinführt, diesen Einzelkörper in seiner Wechselbeziehung mit anderen zu betrachten, also die Krafterscheinungen der Naturkörper kennen zu lernen, so werden Sie sich seither bei Aufzählung dieser verschiedenen Kräfte in der Natur nicht eines unbefriedigten Gefühls haben erwehren können, bei der Frage: In welchem Zusammenhang? In welcher Beziehung stehen diese verschiedenen Kräfte zu einander? Wir lernten kennen die lebende Pflanze, mit ihrem kleinsten Organ: der **stoffwechselnden, fortpflanzungübenden Zelle**; wir lernten die lebenden Thiere mit ihrer **Bilder und Anschauungen vergleichenden Bewußtseinsäußerung**, den lebenden Menschen mit seinem **bilderreichen, begriffentwickelnden Selbstbewußtsein**. Wir lernten kennen ein Gebiet des **Unorganischen**, des **Nichtstoffwechselnden**, des **Nichtfortpflanzungsfähigen**; in ihm kreisen die Himmelskörper bei träger Bewegung vom Band der Schwere gehalten in ewiger Ruhe; in ihm bauen sich feste, flüssige, luftige Massen auf, deren einander anziehende Theile in mehr oder weniger innigem Gleichgewichte neben einander verharren, wir sahen diese Massen von Licht- und Wärme-Aetherwellen umbrandet und erschüttert, in ihrem inneren Zusammenhang gefährdet, und zu neuem, andrem Zusammentreten ihrer Atome stets erregt. Wir sahen das Spiel electrischer, magnetischer Kräfte: aber diese Vielheit von Leben, Denken, Schwere, Wärme, Licht, Electricität, in welchem einheitlichen Zusammenhang steht sie? Sind es neben einander existirende Kräfte? Sind es Erscheinungen, entwickelt aus einem und demselben Quell? Gewiß, diese Fragen gehören zur vollen Erfassung des Naturganzen und ihre Untersuchung bildet eben das mit **Naturphilosophie** bezeichnete Gebiet. Aber es ist klar, daß eine völlige Sonderung dieses Gebietes von dem vorherigen nicht stattfinden kann. In der Naturlehre wird die Frage nach dem

Zusammenhang von Schwere und Electricität wohl stets Interesse haben, aber sie läßt sie absichtlich außer Acht, weil sie einstweilen in der Einzelbetrachtung der Kräfte ihre Aufgabe findet. Umgekehrt gehen gelöste philosophische Fragen als Thatsachen in die Naturlehre ein. Jahrtausende lang philosophirte man über den Kreislauf der Gestirne; heutzutage weiß jeder Schulbube, daß sie kreisen nach dem Gesetze der Kraft die auch den Stein fallen macht. Jeder Schulbube brüstet sich mit der Kenntniß dieser „Erfahrungsthatsache;" aber kaum einer weiß, daß der Entdecker Newton, nachdem er den Gedanken: „Sind Mond- und Steinfall Folgen gleicher Ursache?" zuerst hatte, seine darauf bezüglichen Rechnungen mit Unmuth wieder in Schrank verschloß, vielleicht sagend: „Wozu die Zeit vergeuden mit philosophischen Träumereien, man lockt doch damit keinen Hund vom Ofen!" Da erhält er 1682, etwa 16 Jahre später, eine neue Angabe über die Größe des Erdhalbmessers, er rechnet neu und seine „Träumerei" war wissenschaftliche Thatsache geworden.

Ob es gerechtfertigt ist, diesen Theil der Naturwissenschaft mit Naturphilosophie zu bezeichnen, könnte man fragen, da in deutschen Landen seit Schelling, Oken dies Wort in großen Verruf gekommen ist. Doch in der That, die heutige Zeit liebt dasselbe, was jene. Lesen Sie Darwin's, lesen Sie Häckel's Bemühungen die vormenschliche Gestaltungswelt zu schildern, und Sie werden gestehen, daß hier ein Jagdmachen auf phantastische Nebelfiguren ist, die zu treffen ein Schelling und Oken keine besseren Schützen waren. Ja wir glauben, die Irrfahrten des Odysseus, des Herzog Ernst, Gulliver's Reisen u. s. w. werden einst noch als wissenschaftliche Fundgruben der Vorarbeiten der Natur bis zum heutigen Menschen benutzt. Diesem Darwinismus, der Freude heutiger Naturforscher, liegt das Streben zu Grunde aus sinnlich wahrgenommenen Einzelheiten Unsinnliches herauszuspeculiren, um den Uebergang des Einen ins Andere, um den Zusammenhang der verschiedenen Stufen des

Naturganzen begreifend zu erfassen. Dies Streben trug von je den Namen **Naturphilosophie** und wird ihn behalten. In England blieb der Name immer in Ehren, und den Hinweis mag ich daher hier nicht vermeiden wie dieses Land eines **Baco, Locke, Mill**, denen Erfahrung und inductive Logik das höchste galt, einen **Darwin** in unsren Tagen erzeugte, dessen Philosophie mehr und mehr aus der Erfahrung heraustretend im speculativen Nebel sich zu verlieren droht. Einen Mann aber brachte es auch hervor, dessen experimentelles Arbeiten bei stetem Beziehen des Einzelnen auf das Ganze für alle Zeiten das Thun eines **wahren Naturphilosophen** bezeichnen wird: es ist **Michael Faraday** (vergl. seine Gedenkschrift von Tyndall).

Indem wir nun in die Skizze der Naturphilosophie selbst eingehen, erinnern wir an das Ziel unsrer Aufgabe, welche eine gewisse Polemik nicht vermeiden kann. L. Büchner in seinen Vorles. über Darwin (II. Aufl. S. 273) sagt: „Die Herren Philosophen haben es schließlich dahin gebracht, daß einer ihrer Koryphäen selbst unter dem Beifall der Welt erklären darf: „Die Geschichte der Philosophie ist eine Geschichte des Irrthums mit vereinzelten Lichtstrahlen" (O. F. Gruppe, Gegenwart und Zukunft der Philos. in Deutschland). Ein wahreres Wort ist nie gesprochen worden, und die einzige philosophische Richtung, für welche dasselbe nicht gilt ist — der Materialismus." Wir haben zu sehen, ob die Lehre, für welche der **Materialismusfrohe** so begeistert ist, nur lichtstrahlend, nicht auch voll Irrthümern einhergeht.

Logik. In der Naturphilosophie, wie in aller Philosophie, ist es der Mensch der selbstgewiß werden will, des ihn Umgebenden. Die begrifferstrebende Geisteskraft des Menschen ist es, die sich freithätig zur Außenwelt in Beziehung setzt, ihr Sein und Wesen zu erkennen. Es war Kant, der wie öfter erwähnt als ein Copernicus der Philosophie, die Weltanschauung von dem Wesen menschlichen Geistes abhängig machte, während vor ihm der Geist gleichsam passiv durch Angeborensein, oder durch einfachen Abklatsch der Außenwelt ins Innere, seine Vorstellungen besitzen sollte.

Raum und Zeit. Mit dieser Aufstellung des wahren Principes der Selbständigkeit des Geistes schlug aber Kant falschen Weg ein, denn statt das Wesen des Geistes zu untersuchen in seiner Beziehung zu den übrigen Wesen der Außenwelt, statt also die Erfahrung zu fragen, die ihm sonst das allein Gewißheit gebende Princip hieß, da isolirte er sich hierbei auf seinem Studirstuhl und mit geschlossenen Augen gleichsam sprach er: „Wir können von allem abstrahiren, nur nicht von Raum und Zeit, deshalb sind beides nothwendige Anschauungsformen unsres Geistes und wir wissen nicht ob Raum und Zeit auch der Außenwelt zukommen." Wir wollen nicht die Gründe hier aufsuchen, wie Kant zu dieser Behauptung kam, wie er in Raum und Zeit angeborne Ideen bestehen ließ, die er überall sonst verwarf. Wir haben eben nur die Gegenwart im Auge, in welcher so oft noch auf Kant, als einen unfehlbaren, hingewiesen und behauptet wird: „Wir können nicht wissen ob Raum und Zeit in der Welt, denn Kant lehrte, daß es nur menschliche Anschauungsformen sind." Es sind grade Freunde materialistischer Lehre, welche Kant citiren, um der Selbstgewißheit der Idealphilosophie zu opponiren, und diese zu erinnern, daß man nichts sicher wissen könne. Jedoch der Verdacht wird wach, dies Citat geschehe nur der Oppositionslust, und des Schmucks mit falschen Locken wegen; man möchte thun als kenne man philosophische Schriften. Dieselben nämlich, welche Kant citiren, rühmen freudig selbst auf derselben Seite, die Entdeckungen der Neuzeit; welche Unendlichkeit von Formen sie nachweise, wie sie die Unveränderlichkeit der Volumverhältnisse bei chemischen Verbindungen zeige, wie sie lehre daß das Licht von der Sonne 6 Minuten, vom nächsten Firstern 3 Jahre zu uns brauche; wie die Entwickelung der Erde, die Darwinistische Ausbildung menschlicher Form millionen Jahre bedürfe. D. h. Thatsachen werden vorgeführt, welche beweisen, daß in der Natur wirklich ein Nebeneinander und Auseinander von Dingen besteht, daß in ihr wirklich ein Nacheinander, eine Aufeinanderfolge von Erscheinungen stattfindet, woran des Menschen Geist nicht rücken kann, die er als in der Außenwelt existirend in seine Betrachtung aufnehmen muß. Die Wahrheit ist daher, daß Raum und Zeit menschliche Wortformen sind, um ein Nebeneinanderbestehen, ein Abgegrenztsein des Erscheinenden, als räumlich, um die Aufeinanderfolge der Erscheinungen als zeitlich sprachlich auszudrücken. Man kann daher auch sagen: Raum und Zeit sind nothwendige Anschauungsformen des Menschen, weil ihm die Erfahrung stets Verhältnisse des Neben- und Nacheinander vorführt; wir müssen sagen, weil also die Natur oder „das Ding an sich" Zeit und Raum an sich hat, so muß auch der Mensch diese Anschauungsform haben, sonst könnte er räumliche und zeitliche Verhältnisse der Außenwelt gar nicht erfassen. Dabei ist denn noch auf das Reden hinzublicken, daß wir nichts von absoluter Zeit, von absolutem Raum wüßten; ein Reden, das wenig mehr als ein Wortedrehen ist. Denn weil Zeit und Raum nur sprachliche Bezeichnungen für Erscheinungsverhältnisse sind, so existiren Zeit und Raum absolut, d. h. losgelöst von Verhältnissen, nur als Wortvorstellungen. Wenn man dann noch sagt, das Reden von Jahren, Secunden, Metern, Zollen sei ein Reden nach menschlichen Vergleichungen, so ist es freilich richtig. Der Siriusbewohner mag andere Einheiten als Maaßstab haben, aber auch er wird dabei die Unveränderlichkeit von Atom- und Volumverhältnissen, die Unveränderlichkeit der Lichtfortpflanzung beim Durchmessen des Raumes von Stern zu Stern u. s. w. erkennen müssen.

Materie und Kraft. Diese Verwechslung von Worten, als sprachlichen Benennungen, mit den benannten Dingen und Erscheinungen selbst, war von je der Quell von Irrthümern in der

Philosophie. Bei dem Worte „Materie" wiesen wir oft darauf hin; wir weisen des Folgenden wegen darauf zurück und fügen hier nur kurze Bemerkungen bei. Kant sagt in seiner Naturphilosophie: „Die Materie nimmt ihren Raum ein zufolge widerstehender Kraft," hiernach ist es also die Materie selbst, die ihren Raum schafft durch ihre widerstandleistende Kraft; stimmt dies aber mit dem Anfang seiner Kritik der reinen Vernunft, wonach der Raum nur menschliche Anschauungsform? Nach seiner Naturphilosophie existirt der Raum als Widerstandskraft. Man könnte daher auch fragen, ob dies Widerstehende so ohne Weiteres von sich abstrahiren lasse, wie Kant willkürlich sich erlaubte. Zu seiner Zeit wo die Materie vielfach nur als ein Ausgedehntes betrachtet wurde, da konnte freilich solche Abstraction von kraftloser Materie wenig auffallend sein; die heutige Zeit aber, welche angeregt durch Kant's Erklärung: „Die Materie ist ein Bewegliches mit bewegender, anziehender Kraft," die Materie als kräftiges auffaßt, würde wohl eher sagen: Wir können von allem abstrahiren nur nicht von der Schwere, der Zugkraft. Aber solche Abstractionen können überhaupt nur dazu dienen, um gewisse Beziehungen bei einseitiger Betrachtung schärfer erkennen zu lassen.

Wir machten an andrer Stelle aufmerksam, wie Kant und Faraday Aehnlichkeit zeigten in der Betrachtung von Materie. Sie eifern gegen Atome, nehmen Kraftcentren an mit anziehender Wirkung ins Unendliche und nehmen unendliche Durchdringung an. Aber auch hier ist es wohl mehr ein Verweilen bei Worten, als bei Thatsachen. Wenn ich von „Materie" überhaupt rede, so ist dies ein einheitliches, von dem ich aussagen kann, daß es ins Unendliche theilbar ist, allesdurchdringend, ins Unendliche wirkend. Aber die Sache ändert sich schon wenn ich von zwei Materien rede, denn hierbei hat weder die unendliche Theilbarkeit, noch die unendliche Durchdringlichkeit einen Werth, denn bei aller unendlichen Wirkung müssen sie als für sich bestehende, raumwiderstrebende Kräfte unterschieden und somit „nebeneinander" bleiben. Kant aber nimmt unendliche, ursprüngliche, verschiedene specifische Raumerfüllungen an; Faraday nennt diese Raumerfüllungen Kraftcentren. Aber geben sich diese nicht dadurch kund, daß sie räumlich unterschieden, also auch atomistisch nebeneinander wirkend sind? Ob es nun Werth hat, die Wirkung solcher Centren oder Atome als ins Unendliche gehend anzunehmen mit Kant und Faraday, das steht dahin, wenn wir uns nur an die Eine Zahl halten, daß das Licht drei Jahre braucht vom nächsten Fixstern zur Erde. Wenn nun eine Waschfrau ein Hemde mit Chlor bleicht, und dabei tritt ein Chloratom an die Stelle eines Wasserstoffatoms, ist dann wohl mit Faraday zu sagen (bei Tyndall S. 118): „Jedes einzelne Atom dehnt sich so zu sagen durch das ganze Sonnensystem aus, doch so, daß es immer sein eigenes Kraftcentrum hat?" Welche Zeit wäre wohl erforderlich um das Thun der Waschfrau bis ans Ende des Atoms gelangen zu lassen? Es wird wohl naturgemäßer sein, die Wirkungsgröße auf eine begrenzte Weite sich erstrecken zu lassen. Das Atom vollzieht dann rasch seine Substitution, während nach diesem Geschehen, die von ihm übertragene Bewegung sich von Atom zu Atom ins Weite fortpflanzen kann. Hier aber bei der Frage nach der Weite der Wirkung stehen wir überhaupt vor ungelösten Räthseln der Welt. Der Zusammenhalt schwerkräftiger Erdmasse und Sonnenmassen bleibt gleich unerklärt, mögen wir nun bei Annahme allmähliger Luftverdünnung beide Masse einander berühren lassen, oder mögen wir Wirkung in die Ferne gelten lassen. Die Räthsel bleiben wenn wir zu kleinsten Atome übergehend, ihre Wechselwirkung aus kleinen Entfernungen betrachten. Faraday läßt die Wirkung der Kräfte in Linien vor sich gehen. Bei Schwerkraft, Magnetkraft, sieht er diese Linien. Diese Kraftlinien vermögen nach ihm Schwingungen zu machen und fortzuleiten, ja er meint, dadurch ließe sich vielleicht die Annahme eines Licht=Aethers vermeiden, aber wir müssen mit Helmholtz sagen: „Wenn die Kraftlinien schwingen und Schwingungen fortleiten sollen, so können sie dies nur, wenn sie selbst Beharrungsvermögen haben d. h. eine Masse sind. Dann kommen wir wieder zur Vorstellung des Aethers zurück, d. h. der den Weltraum füllenden, trägen, wenn auch vielleicht nicht schweren Masse" (bei Tyndall S. 126).

Es zeigt sich, daß alle Versuche Kräfte ohne Materie anzunehmen und umgekehrt, nur einseitige Abstractionen sind; davon herrührend, daß man Kraft und Stoff, weil sie sprachlich verschiedene Ausdrücke sind, auch in der Natur als verschiedene Dinge finden zu müssen vermeinte. In der Natur ist nur Wirkendes und mit dem Umgebenden in Wechselbeziehung stehendes. Wir reden von Stoff, wo wir absehen von der Thätigkeit der Wechselwirkung des Dings, und seine Gestalt, Farbe u. s. w. betrachten; wir reden von Kraft, wenn wir absehend von Farbe, Gestalt seine Wechselwirkung mit anderen Dingen aufsuchen. Man könnte einwenden: wenn Kraft und Stoff nur sprachliche Abstractionen sind, für etwas, das in Wirklichkeit stets zusammen ist, so müßte statt des berühmten Gesetzes von Helmholtz: Erhaltung der Kraft, auch gesagt werden können: Erhaltung des Stoffs; und dann wäre das Gesetz nichts neues, da die Unveränderlichkeit des Stoffs seit Lavoisier festgestellt ist. Indeß die neue Formel leitet den Blick des Forschers in neue Richtungen und er bringt jetzt in das Innere von Erscheinungen ein, wo er sonst mit dem äußeren Anblick sich begnügte. Wenn eine schwere Metallmasse mit einem Pfundstein geschlagen wird, so bleibt die Masse äußerlich unverändert, aber man verfolgt jetzt die Wirkung des Schlages bis ins Innere der Massen; man findet die kleinsten Theilchen erschüttert, bewegt, man findet Wärme erzeugt. Zu dieser Verfolgung äußerlich unsichtbarer Verhältnisse regt die neue Formel an und so ist es ein neues Gesetz, obgleich es im Grunde zurückgeht auf die Erhaltung des Stoffes. Wenn wir mensch=

liches Thun im Auge haben tritt dieser Zusammenhang vielleicht weniger hervor, kann man doch eine Pfundmasse bald 1, bald 10, bald 999 Fuß u. s. w. fallen lassen und jedesmal ändert sich die Größe der Kraftwirkung. In der Natur zeigt sich die Abhängigkeit leichter. Die Erde kreist um die Sonne in einem Jahre; ihre Arbeit d. h. die innerhalb der Bahn fortbewegte Masse bleibt stets dieselbe. Die Bahn ist aber völlig bedingt von der Masse, d. i. von der Summe des Stoffes. So muß im Ganzen der Natur die Kraftgröße die Gleiche bleiben, weil die in ihrer Wechselwirkung arbeitenden Massen nach Lavoisier unverändert groß bleiben.

So verlieren sich also die Ausdrücke: Zeit und Raum, Kraft und Stoff ins sprachliche Gebiet und es bleibt uns nichts übrig, als in der Natur selbst zu suchen das was als Einzelwesen von dem Umgebenden, als ein Nebeneinander, ein Räumliches sich unterscheidet; in der Natur selbst müssen wir die Verhältnisse aufsuchen in denen die Erscheinungen nacheinander, zeitlich vor sich gehen; in der Natur selbst müssen wir aufsuchen, was es für Kräfte oder Stoffe giebt. Wir sehen aber auch, wie sehr es nichtssagende Phrase bleibt, wenn der Materialismus sagt: Alles besteht aus Materie oder Stoff. Er könnte grade so gut sagen wie der Idealist: Alles ist aus Kraft. Die Formel des Materialismus: Alles ist Stoff und geschieht durch Stoffverbindung, besagt eigentlich nur: Alles ist ein Sein, ein Seiendes und Alles geschieht durch Verbindung von Seiendem. Die Formel des Idealisten: Alles ist Kraft, besagt: Alles ist wirkend, und stellt damit die thätige Seite des Seienden in Vordergrund.

Die Vielheit der Naturkräfte. Aber wie sehen, wie diese Formeln überhaupt werthlos sind, ohne Kenntniß des Wesens der Kraft, des Wesens der Materie, woraus sich Alles bilden soll. Wir sehen aber auch wie der Materialismus Nebel verbreitet bei seinem steten Reden von „kraftbegabten" Stoffen; er sollte statt dieser inhaltsleeren Worte, die specifischen Verschiedenheiten der Materie selbst vorführen, den Sauerstoff, Wasserstoff u. s. w. und suchen wie weit diese Atome es thatsächlich bei ihren Verbindungen bringen.

Da ist es denn nun auch wieder das Wesen des philosophirenden Menschen, welches die Materie als ein mit verschiedenen Eigenschaften begabtes erscheinen läßt. Der Mensch ist ein sehendes, hörendes, fühlendes, riechendes, schmeckendes Wesen, er unterscheidet also die Dinge als leuchtende oder farbige, als tönende, Gesichts-, Geruchs-, Geschmack-erregende.

Seit nun Kant sagte, wir können von dem „Ding an sich" nichts wissen, denn Raum und Zeit sind angeborne Anschauungen und die Dinge erscheinen uns nur als tönend, farbig, süß oder hart, weil es in unsrer Natur liegt, die Dinge in dieser Weise aufzufassen, seit dieser Zeit gilt es als Weisheit, Kant zu citiren, und zu sagen: „Wir können nichts wissen über die Eigenschaften der Dinge, denn ihre Farbe, ihr Geruch, ihr Geschmack u. s. w. sind nur Anschauungsformen des Menschen, und kommen den Dingen selbst an sich nicht zu." Man spricht dies Kant nach, obgleich grade seit ihm es festgestellt ist, wie alles auf Wechselwirkung beruht, und wie neben der freithätig wahrnehmenden Kraft des Menschen eine gesetzmäßige Thätigkeit im erscheinenden Ding vor sich geht. Ein tönender Körper ist ein bewegter Körper, seine Theilchen befinden sich in Schwingung, die durch die umgebende Luft in Wellenbewegung zu unsrem Ohre fortgeleitet wird, wo sie den Gehörnerven zur Tonempfindung erregt. Der Ausdruck: „Ein Körper hat einen hellen Ton," will daher nur sagen: „Die Schwingungen die von ihm ausgehen, wirken auf unser Ohr so, daß wir hellen Ton empfinden." Der Körper hat also den Ton nicht als Eigenschaft in seiner Masse, aber er hat die Eigenschaft so zu wirken. Die Rose ist roth, weil sie roth wirkt, d. h. weil sie die Eigenschaft hat Aetherwellen auszusenden, die auf unsrer Netzhaut die von uns als

roth bezeichnete Empfindung veranlassen. Der Essig schmeckt und
riecht sauer, weil diese chemische Verbindung die Eigenthümlichkeit hat Geschmacks- und Geruchsnerven in einer Weise zu erregen, die man mit sauer bezeichnet. Also Farbe, Ton, Geruch
u. s. w. kommen der Materie an sich nicht zu, nur bei der
Wechselbeziehung zum Menschen treten sie auf; der Materie allein
kommen nur Schwingungen, Bewegungen zu, welche verschiedene
Empfindungen erregen können. Es sind Schwingungen die aber
in den betreffenden Körpern eigenthümlich sind, auch wenn
keine Menschen da sind, sie wahrzunehmen.

Der Einfluß, den diese Vielheit der Sinne auf die Naturbetrachtung ausübt, ist nicht zu verkennen. Die Natur selbst wird
dadurch in eine Vielheit von Stoffen oder Kräften zerlegt, welche
thatsächlich nicht existirt. Licht und Wärme welche Empfindungs-
verschiedenheiten führen sie herbei! Es ist nicht zu verwundern,
wenn man Lichtstoff und Wärmestoff annahm, also zwei
verschiedne Substanzen zur Erklärung verschiedner Wirkung. Erst
die Wissenschaft mußte hier Einheit lehren, sie zeigte die ungleiche Wirkung herrührend von der ungleichen Schwingungs-
weiten der Wellen desselben Aethers. Welche Schwierigkeiten kostete es zu zeigen, daß die Schwerkraft des Steines
dieselbe ist mit der Bewegungskraft der Sterne! Und noch!
Welche verschiedenen Kräfte scheinen zusammenhangslos nebeneinander zu stehen! Schwerkraft, Verwandtschaft, Electricität, Adhäsion u. s. w. sind noch ohne Zusammenhang, und selbst physikalische und chemische Kräfte scheinen Viele als nebeneinander
bestehend anzusehen, wenn sie materialismuseifrig die „Materie als die Summe physikalischer und chemischer
Naturkräfte" erklären.

Man sagt z. B. die Atome sind schwer; aber wir sehen auch
electrische Erscheinungen, wie den schnellen Blitz; aus der Schwere,
sagt man, lassen sich diese Erscheinungen nicht erklären, also muß,
folgert man, ein anderer Träger, ein Fluidum, da sein, zumal

die schweren Atome die Bewegung nicht so rasch fortbewegen
können. Wir sehen, trotz Newton, ist hier die Griechenvor-
stellung des rohen bewegungsträgen Stoffes festgehalten und
einem Fluidum, oder Cartesischen Wirbelströmen wird übertragen, was für Atome nicht erlaubt sein soll. — Man sagt, die
schwerkräftigen Atome ziehen einander an, auch in der chemischen
Verwandschaft ziehen sich die Atome an, aber Schwerkraft und
Verwandtschaft lassen sich nicht aufeinander zurückführen, folg-
lich heißt es, sie seien verschiedene Kräfte. Der Consequenz zufolge müßten also neben den schwerkräftigen Atomen auch ver-
wandtschaftskräftige Atome, oder ein diese Erscheinung bewirkendes
Fluidum angenommen werden.

Gewiß, auf diese Weise zerfällt die ganze Natur in eine
Summe nebeneinanderbestehender Kräfte; aber zugleich verlieren
auch die meisten die Nothwendigkeit ihres Daseins in der Natur.
Die Schwere vereint die Atome zu Sonnensystemen; aber was
ist die Arbeit der Verwandschaft? Wahrscheinlich existirt sie nur,
damit der Mensch Chemie treiben kann? Der chemische Proceß
geht unter Bewegung der Atome vor sich, aber gleichzeitig geht
electrische Fluidumbewegung neben her. Wozu diese Begleitung?
Wohl nur, daß man Städte beleuchten kann mit electrischem Licht?

Die Betrachtung der Natur in dieser zerfällten Weise ist mit
Recht das Thun der Physiker und Chemiker, denn nur so durch
Arbeitstheilung kann das Einzelne verfolgt werden, aber mit Unrecht werden von ihrer Seite grade in jetziger Zeit Bemühungen
Einheit in der Vielheit zu finden, als philosophische Träumerei,
als willkürliche Einfälle hingestellt. Man vergißt, daß auch Newton's Entdeckung erst nur ein Einfall war. Und sehen wir nicht
auch auf anderm Gebiete Einfälle zu Thatsachen werden? Als
Göthe seine Lehre der Metamorphose der Pflanzen Schiller'n
als Erfahrungsthatsache auseinandersetzte, fertigte dieser — und
die damaligen Naturforscher auch — ihn ab mit den Worten:
„Das ist eine Idee!" Heute gilt diese Idee als Thatsache. Und

so werden noch viele Ideen und Einfälle Wahrheiten werden. Werden doch bei fraglichen Untersuchungen die vorhandenen Größen stets nach einem bestimmten Einfall, einem Gedanken in Wechselbeziehung gebracht. Der Mathematiker rechnet aus dem was er in Beziehung setzte keinen Gedanken heraus, das Resultat zeigt nur die Begründung, die Wahrheit seiner Idee.

Es sind aber auch noch Andere, welche auf dem Boden dieser nebeneinandergefallenen Naturkräfte stehen und zwar namentlich popularisirende Naturforscher, welche in materialistischer Philosophie machen. Für sie ist es Glaubensartikel, daß wo eine Erscheinung ist, auch eine Kraft vorhanden, daß aber wo Kraft ist auch Stoff da ist. Da es nun noch nicht gelang Schwerkraft in Electricität überzuführen, so gelten beide als geschiedene Kräfte und zwar natürlich an geschiedene Stoffe gebunden; so daß der Materialismusfrohe ein electrisches Fluidum für eine wissenschaftliche Annahme annimmt. Nun zeigt sich aber leicht seine Willkür. Electrische Fluiden nimmt er also als wissenschaftliche Hypothese an; wenn aber Jemand sagt: Lebenserscheinungen giebt es, aber es ist noch nicht gelungen aus chemischen Atomen einen lebenden Körper darzustellen, also ist Chemismus und Leben etwas Verschiedenes; die Lebenserscheinungen beruhen auf einer Lebenskraft, einem Lebensfluidum; — dann erhebt sich der Materialismus und nennt solche Annahme antiquirten Unsinn. Also während die Folgerung: weil Schwerkraft nicht in Electricität überzuführen ist, so existirt ein eigenes Fluidum für diese, consequent die analoge Folgerung forderte: Weil Chemismus nicht in Leben überzuführen ist, so existirt ein Lebensfluidum; so schlägt jetzt plötzlich die Folgerung in einen anderen Schluß über. Man folgert: „Aus der Unmöglichkeit den Chemismus experimentell in Lebenskraft überzuführen, folgt die Unsinnigkeit sie anzunehmen, sie existirt nicht."

Gewiß, diese verschiedene Schlußweise ist zu sonderbar, um nicht aufzufallen. Also auf einer Seite wird das Recht hingestellt eigenthümliche Kräfte, Fluiden, anzunehmen, auf der anderen Seite wird es verboten. Wenn ein Blitz ein Haus zerschlägt, so darf dies ein Fluidum gethan haben, und seine Annahme heißt wissenschaftliche Hypothese, weil man die Kraft der Schwere hierzu noch für ungenügend findet. Wenn dagegen Humboldt's Kosmos vorliegt, und jemand erklärt ihn als Product einer geistigen Kraft, so nennt dies der Materialismus eine unwissenschaftliche Erklärungsweise und behauptet den Kosmos als Product chemisch-physikalischer Kräfte; obgleich er gesteht, noch keine genügende Erklärung dafür gefunden zu haben. Sicher, so lange der Materialismus selbst noch zur Erklärung von Erscheinungen Fluiden annimmt, so darf er das Recht zu solchen Annahmen da nicht absprechen, wo sie ihm nicht gefallen. Erklärlich ist aber diese Willkür des Materialismus, denn da er sich erhob an dem Fiasco das Schelling und Hegel gemacht hatten, so erhob er dem geistigen Urgrund gegenüber den Stoff als Urquell, und wie zu Hegel's Zeiten das Reden vom Absoluten, so ist jetzt das Reden vom Stoff als Urquell zur Manie geworden; und bei dieser einseitigen Befangenheit erblickt man es nicht als Widerspruch: ein electrisches Fluidum als wissenschaftliche Hypothese festzuhalten, ein Lebensfluidum aber als Unsinn zu verwerfen.

Die Einheit der Naturkräfte. Versuchen wir es nun ein Bild dieser Materie zu geben, und zwar ohne Hilfe hypothetischer Fluiden. Wir müssen seit Newton die Materie betrachten mit Kant, als ein beweglich Bewegendes mit anziehender Kraft. Dies Einheitliche zeigt sich aber, zerfällt in „ursprünglich specifische Raumerfüllungen", wie Kant sagt, oder in Atome, wie wir sagen. Als existirend setzen die Einzelnen den Umgebenden begrenzenden Widerstand entgegen, wobei denn die Einen bei ihrer Raumerfüllung in einer gewissen Unveränderlichkeit verharren, andere dagegen bei ihren molecularen Verbindungen eine gewisse Veränderlichkeit zeigen. Die räumlich Unveränderlichen bilden den Aether, der mit größerer oder kleinerer Wellenschwingung den Raum erfüllt. Zwischen ihm, dem wenig schwerkräftigen, schwimmen denn die Raumveränderlichen, Zugkräftigeren in etwa 60 elementar verschiedenen Arten; diese sind es, die man gewöhnlich bei dem Namen „Atome" im Auge hat. Alle Atome, die des Aethers wie die des Festen, Flüssigen, Luftigen sind träge, d. h. sie verharren in der erlangten Bewegung. Nach der Herkunft der Bewegung überhaupt zu fragen, ist hiernach nicht nöthig, denn sobald wir Atome überhaupt als existirend annehmen, so setzen wir bei ihrer Wechselanziehung auch Ursachen der Bewegung.

Die Chemie lehrte uns mehratomige Atome kennen, d. h. Atome, wo eins nur im Stande ist, ein einzelnes Atom eines andern Elementes zu einer Verbindung festzuhalten; andere sättigen 2 oder 3 oder 4 Atome eines andern Elementes. Kekulé zeigte nun, wie der vieratomige Kohlenstoff die Eigenschaft hat, sich mit sich selbst vielfach zu verbinden, so daß dabei stets Anziehungskräfte nach außen frei bleiben. Zwei Kohlenstoffatome, die einzeln beide 4-atomig sind, besitzen zusammen verbunden nach außen noch 6 Verbindungseinheiten frei, mit denen sie also 6 andere Atome zur Verbindung anziehen können. 3 verbundene Kohlenstoffatome haben 8, und 4 verbundene 10 freie Einheiten. Vielleicht ist es gestattet, diese schöne Entdeckung als Bild zu gebrauchen für die Erklärung der Erscheinung, daß mächtige Atommassen, nachdem sie zu einem einheitlichen Ganzen sich verbanden, noch Zugkraft nach außen frei behalten, und als Weltatom gleichsam in Wechselwirkung tretend mit andern Weltatomen das bewegliche Gleichgewichtsspiel der Sonnensysteme, Milchstraßheere bilden. Innerhalb einer jeden solchen Masse sind die einzelnen Atome nicht in starrer Ruhe, sondern die Beweglichkeit dauert fort, wenn auch bei den festen, flüssigen, luftigen Aggregatzuständen der Körper in relativer Verschiedenheit. Alles steht durch wechselseitige Anziehung in steter Beziehung zu einander. Für die Sonne ist es gleichgültig, ob eine Aenderung in der Lage der Erdatome gemacht wird; ob also z. B. 1 Pfund Erde von Paris nach Berlin gebracht wird. Aber an der früheren Stelle hatte sich die Atommasse in's Gleichgewicht gesetzt mit den nächstliegenden Erdtheilchen. Dieses Gleichgewicht wird mit der Wegnahme gestört und neues muß sich bilden. Das Gleiche tritt da ein, wo die Masse hingebracht wird. Natürlich müssen bei dieser Störung und Wiedergewinnung des Gleichgewichts Bewegungserscheinungen der Atome stattfinden.

Wir berühren Kupfer mit Zink, bei beiden Stücken waren die Atome in Gleichgewichtslage; nun kommen die wechselseitig anziehend wirkenden Atome in Berührung, muß nicht neue Gleichgewichtsrichtung mit Atombewegung eintreten? Ein heißes Zinkstück berührt ein kaltes; in jenem stehen die Atome entfernter von einander als in diesem, wird nicht dieser Unterschied der Zugrichtung genügen, eine richtende Bewegung der Atome herbeizuführen? Die Berührung eines gehämmerten, dichten Metallstückes mit einem nicht gehämmerten, weniger dichten Metallstücke führt ebenfalls Bewegung der Atome herbei. So kann nichts geschehen, ohne daß die wechselwirkende Zugkraft der Atome gegenseitige Bewegungen veranlaßt; die Berührung, der Contact, hat hierbei weiter keinen Einfluß; als daß die wechselseitig anziehenden Atome in die Sphäre ihrer Wirkung gelangen. Gewöhnlich nehmen wir von solcher Atombewegung nichts wahr, da die Störung zu rasch wieder geordnet ist und oft nicht an dem Körper gestaltändernd, chemisch zersetzend wirkt. Oft freilich wird die Atombewegung sichtbar durch Erregung von Licht- und Wärmewellen. Man spricht dann von electrischen Erscheinungen, die der Physiker sichtbarer zu machen und in ihrem gesetzmäßigen Auftreten zu studiren sucht. Bei solcher Wechselwirkung muß eine verschiedene Richtung stattfinden; die Atome des einen Körpers a sind gegen die Atome des Körpers b gerichtet, und die von b nach a; wenn nun die beiderseitige Störung so groß ist, daß der seitherige Zusammenhalt aufgehoben wird, so treten die Atome zu neuer Verbindung zusammen, oder bei deutlichem Zwischenraume beider erregter Körper springen bewegte Atome einander entgegen, Licht- und Wärmewellen um sich erregend zu zündenden Funken, und die Luft erschütternd zu hörbaren Schallwellen. Dieses gegenseitige Ueberspringen von festen Theilchen, selbst von Gold- und Silbertheilchen im electrischen Funken, welches der Italiener Füsinieri zuerst feststellte, ist wohl ein gewichtiger Grund gegen die Fluidalhypothese. Wozu wäre das Atomüberspringen nothwendiger Begleiter des Fluidums? Warum soll das Atom zu schwerfällig sein zu electrischer Bewegung und soll erst das Fluidum dazu berechtigt sein, „weil es fein ist", und warum soll das „feine" Fluidum nun das „grobe" Goldatom auf den Rücken nehmen müssen? Entweder weil man das Ganze erklärt mit poetischer Stimmung in Analogie mit dem Nibelungenliede, wo bei dem Wettsprunge König Gunther's dieser den Sprung mit Hilfe des unsichtbaren, nebelbekappten Siegfried machte, oder die Erklärung geschieht, weil man von Cartesischen Wirbeln sich nicht frei machen kann. Man übersieht, wie durch Newton's Gravitationslehre die kleinsten Theile, die Atome, selbstkräftig wurden und wie durch dies Band der Schwere die Atome in einer solchen Wechselbeziehung stehen, daß die Störung des Einen sich blitzschnell in der Ferne kund geben muß; ja wir wissen sogar, daß diese Bewegung in Kupferdraht z. B. rascher, 60000 Meilen in der Secunde, sich fortpflanzt, als die Lichtbewegung in Aether, die nur 40000 Meilen beträgt; so daß sogar dieser Aether nicht einmal genügte die Bedingung der Schnelligkeit zu erfüllen, welche Tyndall vom Träger der Electricität fordert.

Bei dieser wechselseitigen Störung mag das eine Atom das zuerst zum Fall gebrachte sein, das andere also das zum Fall bringende; man kann jenes, um bekannte Namen vorzuführen, das negative, dieses das positive Atom nennen; man könnte Fallrichtung und

Zugrichtung unterscheiden. Es ist auch klar, daß das Atom a dem b gegenüber positiv, fallenmachend, dem c gegenüber negativ, fallend, sein kann. Thatsachen zwingen uns aber auch, jedem Atome selbst positive und negative Wirkung zuzuschreiben. Muß aber deshalb jedem Ende, oder Pole, eine verschiedene Eigenthümlichkeit zukommen? Gewiß nicht. Wenn **Windmühlflügel** sich drehen und der obere Flügel treibt die vor ihm stehenden Lufttheilchen nach Norden, der untere sie nach Süden, muß man dem **Oberen Nordkraft, dem Unteren Südkraft** zuschreiben? Gewiß nicht. Und wenn hier bei Bewegung eines doppelarmigen Hebels entgegengesetzte Kraftwirkungen gleichzeitig auftreten, sollte nicht ein Aehnliches bei der Erschütterung und Bewegung der Atome stattfinden? Freilich, seit die Griechen die Natur ästhetisch auffaßten und die Bahnen der Himmelskörper Kreise, die Sterne selbst Kugeln sein ließen, weil Kreis und Kugel die vollkommensten, harmonischsten Figuren seien, seit dieser Zeit hat man überall erst nachweisen müssen, daß es nirgends Kreise und Kugeln bei physischen Massen gäbe. Die Bahnen wurden als Ellipsen, die Gestirne als Ellipsoide erkannt. Die Erde zeigte sich als **ungleichachsig, melonenartig**. So auch wird die beliebte Vorstellung von runden Atomen als eine fehlerhafte erkannt werden. Denn keineswegs ist diese Annahme eine gleichgültige, und keineswegs ist die Gestalt eines Körpers ohne Bedeutung, wie dies noch Kant, obgleich er die Materie zum Dynamischen machte, anzunehmen scheint. Die dem anziehend Wirkenden zukommende Form muß von Einfluß sein auf die Art seiner Wirkung. Und den thatsächlichen Einfluß der Form des Atoms sahen wir schon oben, wo wir erwähnten, daß die rotirende Erdmasse in Folge ihrer **ungleichachsigen Form einer Schwankung, der Nutation** unterworfen ist. Solche Schwankungen müssen auch bei den kleinsten Atomen stattfinden, wenn sie ungleichachsig einander gegenüber stehen. Wie eine Reihe nebeneinander aufgestellter Karten der Länge nach niederfällt, wenn ein Endglied zum Fall gebracht wird, so theilt sich am Band der Zugkraft die erregte Schwankung des einen Atoms der ganzen Kette entlang mit. Man kann nun sagen: Atome, deren Achsen gleichstimmig schwingen, ziehen einander an während dieser Bewegung; Atome, deren Achsen ungleichstimmig schwingen, stoßen einander ab. Möglich noch, bei der Eigenthümlichkeit solcher Erscheinungen je nach den angewandten Stoffen, daß den Atomen und Molecülen eine gewisse Weltstellung von Haus aus zukommt; möglich, daß einigen in der Ruhelage die Richtung der Längenachse von Nord nach Süd, anderen die Richtung der Längenachse von West nach Ost zukommt. Daß Atome und Molecüle nicht in beliebiger, unbestimmter Art in dem Ganzen existiren, beweisen in der Chemie die Erscheinungen des Entstehungszustandes der Molecüle, beweist in so auffallender Weise das Ozon, als ein in seinem Innern gestörtes Sauerstoffmolecül. Hier zeigt es sich, daß aus seitheriger Verbindung freiwerdende Molecüle in träger Weise erst der Zeit bedürfen, um in den ihnen eigenthümlich zukommenden Zustand überzugehen.

Wenn wir diese Weltstellung der Atome daher zugeben müssen, so wird es erlaubt sein, den normalen Gleichgewichtszustand wechselwirkender Atome als den des stabilen Gleichgewichts zu bezeichnen; aber es ist klar, daß solch normaler Gleichgewichtszustand durch äußere Erregung allmählig in einen unnormalen Gleichgewichtszustand übergeführt werden kann, in welchem bei geänderter Lage der Molecüle auch die Anziehungserscheinungen nach außen geändert erscheinen. Man kann im Gegensatz zum stabilen, dies einen labilen Gleichgewichtszustand der Atome nennen, da, wenn die Erregung völlig aufhört, allmälig der alte Zustand wieder zurückkehrt. Es ist die eigenthümliche Zugkraft des Magnetes, die wir im Auge haben, die bei Nichtgebrauch wieder verschwindet, so daß der Stahl in seinen normalen Zustand zurückkehrt. Es sind die magnetischen Erscheinungen, die auf diese Weise in Zusammenhang zu bringen wären mit den übrigen Naturerscheinungen. Gewiß, es ist leicht möglich, daß die Drehung, welche die Atome beim magnetisirenden Streichen durch die Zugrichtung der einwirkenden Atome erlitten, eine andauernde werden kann. Dabei wäre noch darauf hinzuweisen, wie Anfangs die gedrehten Atome nach Aufhören des Striches wieder zurückzuschwanken suchen, dadurch begegnen sich denn bei Wiederholung des Striches entgegengesetzte Schwingungsrichtungen und es wird bei regelmäßigem Streichen in der Mitte ein indifferenter Interferenzpunkt sich zeigen, während bei unregelmäßigem Streichen ein Magnet mit mehreren indifferenten Punkten sich bilden kann. In diesen Punkten ist die Ablenkung von der normalen Lage die kleinste.

Nach dieser Anschauung wären also die magnetischen und electrischen Erscheinungen, beruhend auf veränderter Zugrichtung, bei Drehung und Schwingung ungleichachsiger Atome; sie fielen dabei auch nicht mehr zusammenhangslos neben die Schwerkraftserscheinungen, sondern wären eine nothwendige Folge der Wechselwirkung schwerkräftiger, ungleichachsiger Atome. Auch die im Allgemeinen vernichtende Wirkung, welche die Wärme auf diese Erscheinungen übt, fände ihren Grund darin, daß die anbrandenden Aetherwellen, theils der Drehung entgegenarbeiten, theils die Gleichmäßigkeit der Drehungsbewegung erschüttern und aufheben.

Führen wir diese einheitliche Betrachtung noch weiter. Stellen wir eine dünne Glasröhre in Wasser, so steigt das Wasser in der Röhre höher, als außen: man nennt die Erscheinung Adhäsion. Die wechselseitige Anziehung macht die Atome gegen einander gravitiren, aber da die Glasatome zu stabil stehen, so werden nur die leichtbeweglichen Flüssigkeitstheilchen zu einer gewissen Höhe gehoben. Wenn statt der Glasröhre eine thierische Haut, z. B. eine Schweinsblase, mit Syrup gefüllt, völlig zugebunden in Wasser liegt, so sind die Atome der Haut auch stabil, aber von der einen Seite gravitiren Zucker-, von der

andern Wasseratome und diese schießen sich an den starren Haut-
atomen vorbei in s. g. endosmottschem Austausch, bis innerhalb und außerhalb der Blase gleichmäßig zuckerhaltige Flüssigkeiten sich befinden. Hier ist also die Wand gleichsam nur das
Durchgangsthor, durch welches verschiedene Stoffe in Wechselwirkung gelangen und nun den seitherigen Zusammenhalt der
Cohäsion vernichtend und sich vermischend, in neue Gleich-
gewichtsverbindungen treten. Wenn ohne solche Wand die Stoffe
unmittelbar in Wirkung gebracht werden, wie im chemischen
Proceß, so findet diese neue Gleichgewichtsstellung der Atome
natürlich um so rascher statt. Die neue Verbindung kann dabei
luftig beweglich entweichen, oder fest sich niederschlagen, oder in
flüssiger Lösung bleiben. Es ist klar, daß chemische Processe von
Electricität, Licht und Wärme begleitet sein müssen, weil Atom-
und Aetherbewegung in ihnen stattfindet; es ist klar, daß Electricität, Licht, Wärme, Reibung, Berührung chemische Processe
erregen können, denn stets sind es hier Aetherwellen oder durch
Berührung und Reibung in gegenseitige Wirkungsnähe gekommene
zugrichtende Atome, welche Gleichgewichtsstörungen von Verbindungen veranlassen. Und so wollen wir der Vollständigkeit
halber hier auch nochmals darauf hinweisen, wie physikalische
und chemische Kräfte nur der Arbeitstheilung wegen vom Menschen festgehalten werden; in Wirklichkeit verhalten sie sich wie
Anfang und Ende derselben Wechselwirkung. Man legt Eisen
in concentrirte Salpetersäure, so tritt gegenseitige Atomstörung,
als Electricität wahrnehmbar, auf; die Säure haftet hierbei
am Metall, die Atome streben gegen einander zu gravitiren. Da
man aber keine Auflösung oder Zertheilung wahrnimmt, so nennt
man dies, weil die Gestalt der Körper bestehen bleibt, die
physikalische Erscheinung der Adhäsion. Nun setzen wir
etwas Wasser zu, wir verdünnen die Säure und sofort erfolgt
die heftigste Wirkung: Eisen und Säure verschwinden; jetzt
nennt man dies chemische Wirkung, weil hier Gestalt und

innere Beschaffenheit der in Wirkung getretenen Körper geändert ward. Aber was bewirkt das Wasser? Es gestattete den gegeneinander gravitirten Säure- und Eisentheilen, der Atomverbindung von entstandenem salpetersaurem Eisen, sich von der Metallmasse zu entfernen, dadurch wird neue Adhäsionsfläche gewonnen; neue Angriffspuncte für Eisen und Säure treten auf und das Eisen verschwindet allmählig. **Adhäsion** ist hiernach der Anfang des chemischen Processes, die Verbindung selbst ist das Ende, die vollendete Adhäsion oder Gravitation der Atome. In ihr setzte sich das erst äußerlich verhartende ins Innere der Körper fort; die verschiedenen Materien, die Atommassen durchdrangen einander und kamen nicht eher in ruhende Gleichgewichtsstellung als bis mit Kant zu reden, „im kleinsten Theilchen der gebildeten Verbindung dieselbe Proportion von Materien vorhanden ist, wie im Ganzen."

Dialectik. Nun werden Sie schon seit einiger Zeit gefragt haben, sieht denn das alles wie Gottwissenschaft aus? Und ich will jetzt die Gegenfrage stellen: Wenn Sie **hebräische Grammatik** treiben, die Gesetze hebräischer Lautlehre, Wort- und Satzbildung untersuchen, ist das Gottwissenschaft? Haben Sie dabei nöthig Gott als lebenden Urquell stets vor Augen zu haben? Gewiß nicht. Sie können die bänderreichste hebräische Grammatik schreiben ohne des Wortes „Gott" zu erwähnen und sollte sich jemand darüber beschweren, so können Sie ihm die bekannte Antwort von Laplace an Napoleon I. wiederholen: „Sire, in meiner Astronomie (Grammatik) steht das Wort nicht, weil ich Gott nicht nöthig hatte." Sie haben ihn nicht nöthig, weil Sie in einem einheitlich Gegebenen, in einem einzelnen Sprachgebiete verweilten, aber gehen Sie aus dem Vereinzelten heraus, betrachten Sie die Vielheit der Grammatiken bei der Vielheit der Sprachen und Sie werden nicht umhin können vom Zusammenhang der Vielheit, von ihrem Urquell zu reden; es wird eine Nothwendigkeit den Weg zur Allmacht einzuschlagen.

Wir hatten seither auch nicht nöthig von Gott zu reden, da wir nur gleichsam ein einzelnes Werk seiner Hände, die innere Beschaffenheit, die gesetzmäßige Einrichtung dieses Einen Gebietes betrachteten. Es ist das Eine Gebiet der Schwere, das wir kennen lernten in der Mannigfaltigkeit seiner Erscheinungen, und mag die angegebene Einfachheit auch vielleicht nicht bestehen, mögen electrische, chemische, schwere Kräfte neben einander bestehen, immerhin sahen wir wie dieses Gebiet es zu nichts weiter bringt, als zu unorganischen Körpern, zu Massen worin die Atome nach erlangter Gleichgewichtsstellung mehr oder weniger stabil, zu fester, flüssiger, luftiger Aggregatform vereint, neben einander in Trägheit verharren.

Nun aber giebt es noch organische Körper, bei welchen kein bloßes träges Nebeneinander-Verharren der Atome stattfindet, sondern deren Inneres bei Aufnahme und Abgabe von Stoffen in steter Stoffwechselbewegung sich befindet, und in deren Innerem durch Theilungsvorgänge der Masse oder durch Fruchtbildung wir die Ursachen zur Neubildung eines gleichen Körpers, eine s. g. Fortpflanzungsfähigkeit entdecken. Wie kommt nun in jene Welt des unorganisch leblosen, diese Welt des organisch lebenden? Es ist der Materialismus, der da lehrt das Lebende stamme vom Leblosen. Wir müssen daher seine Begründungen des dialectischen Umschlags vom Einen ins Andere untersuchen.

Die metaphysische Begründung. Wir beginnen mit einer materialistischen Begründung, die wir die metaphysische nennen, weil sie im Denkbar-Möglichen verbleibt; es ist die Begründung der Urzeugung. — Die Hausfrau, welche verdrießlich plötzlich Schimmel auf Eingemachtem sieht, der gemeine Mann der unerwartet eine Wanze im Holze findet, sie nehmen stillschweigend an, Schimmel und Wanze hätten sich an Ort und Stelle von selbst gebildet, sie nehmen unbewußt eine s. g. elternlose Entstehung der Thiere, eine Urzeugung derselben an. Eine Annahme

die schon Aristoteles an dem raschen Erscheinen von Mist=
käfern auf Aas wissenschaftlich zu begründen suchte. Später zeigte
sich, daß plötzlich erschienenes Leben nicht an solchen Orten „von
selbst" erzeugt wäre, sondern durch Wanderung oder Flug dahin
gekommen, aus Samen sich hier gebildet habe; nun hieß es:
Urzeugung giebt es nicht, jedes lebende stammt von Eltern ab.
Eine Formel die von Harvey so ausgesprochen wurde: Alles
Leben stammt von einem Ei. (Omne vivum ex ovo.)
Aber auch dieses Ei war schon das zusammengesetztere Product
von Einfacherem, und seit der Untersuchungen von Schwann
und Schleiden sagt man: Alles Lebende stammt von einer
Zelle, oder wie Virchow formulirte: Omnis cellula ab cellula.
Die Zelle, ein kleines stecknadelkopfähnliches hohles Gebilde mit
endosmotischer Haut ist gleichsam die von Göthe gesuchte Ur=
pflanze, sie ist gleichsam das Urthier; denn sie ist der Anfang
jeglichen Lebens, sie ist der kleinste sichtbare Bestandtheil, der in
verschiedener Entfaltung und Zusammensetzung, Pflanzen= und
Thierkörper bildet.

Die Frage, wie ist Materialismus, d. h. die Lehre der
Entwickelung des Organischen aus dem Unorganischen möglich?
gestaltet sich daher so: Wie ist die Zellbildung möglich
aus chemischen Atomen und Aether? Wir haben im anderen Vortrage, Galilei und Darwin, gehört, wie die materialistische Begründung dieses Uebergehens einfach darauf zurückgeführt werden kann, daß man sagt: Ich kann mir denken, daß
die Atome zu Zellen sich gruppiren. Wir behaupteten bereits
an jenem Orte, daß jene denkbare Möglichkeit eine thatsächliche
Unmöglichkeit sei, des Gesetzes der Trägheit wegen. Jetzt nun wo
wir die Materie, ihre chemischen und physikalischen Kräfte, von
allen Seiten betrachteten, wo wir in der That diese Materie,
das ist Aether und schwere Atome, nur im Zustande transver-
saler und longitudinaler Wellenbewegung befindlich, nur zu Massen
von starr versteinter, flüssig oder luftig beweglicher Gleichge-

wichtslage der Theilchen vereinigt sahen, jetzt nun behaupten wir aufs Neue der Trägheit der Materie wegen: Die Unmöglichkeit des Entstehens von Lebendem, Organischem aus Leblos-Unorganischem. Aber wir wollen an hiesiger Stelle auf unsre frühere Betrachtung noch einmal zurückkommen, denn wohl wird es wieder heißen: „Was hat um des Himmels Willen das Trägheitsgesetz mit der Urzeugung zu thun? Denn dieses Gesetz hat ja mit der chemischen Veränderung der Körper nichts zu thun; es sagt ja weiter nichts, als daß jeder Körper im Zustande der Ruhe oder Bewegung verharre, daß er nur durch äußere Umstände in eine neue Bewegung, oder zur Ruhe gebracht werden könne."

Das ist richtig; aber grade darauf, daß der Körper nicht aus sich selbst seinen Zustand ändern könne, gründen wir unsre Behauptung. Gewiß, es giebt eine unendliche Menge von Veränderungen auf der Erde, aber diese sind nicht trotz, sondern durch das Gesetz der Trägheit. Die Sonnenstrahlen treffen die rotirende Erde ungleich nach Tag und Nacht, nach Sommer und Winter. Welche Ursache zu Veränderungen, zu steter Beweglichkeit der Atome! Die ungleich erwärmten Luftschichten streben als Wind und Sturm sich wieder auszugleichen. Wasserdünste streben zur Erde und fallen als Regen. Durch Wind und Wetter verwittern die Berge; Flüsse schwemmen die Bergtheilchen nach fernsten Orten. Das Meer muß folgen dem Monde in Ebbe und Fluth. Im Innern der Erde vulkanische Gluthen können nicht Ruhe finden und brechen los, bald hier, bald dort. Welch ein Wechsel von Erscheinungen wird hervorgebracht bei dieser ewigen Unruhe; welche Veränderungen treten auf in den träge wirkenden Körpern! Aber ein ewig Gleiches, ein ewig Einerlei ist bei diesem Wechsel. Dies sind die Wellenbewegungen, dies sind die stets relativen Ortsveränderungen der Atome durch Zug und Stoß. Wir finden im Kreislauf der Erde um die Sonne auch periodisch wiederkehrende Erscheinungen; aber solche Kreisläufe, wie die Wiederkehr der Passate, der Monjuns, haben sie auch nur Aehnlichkeit mit dem Kreislauf im Stoffwechsel einer lebenden, fortpflanzungsfähigen Zelle? Wie kommt nun in diesen unorganischen Bewegungszustand der Materie plötzlich ein stoffwechselnder, fortpflanzungsfähiger Zellenmechanismus? Der Materialismus sagt, es läßt sich denken, daß die Bedingungen, die äußeren Umstände einmal so günstig waren, daß statt der Gleichgewichtsstellung der Atome zu chemischer Verbindung, sich eine Zelle gestaltete. Aber wir müssen uns wohl hüten unsere Formkenntniß in die Materie einzuschieben. Wir wissen, daß es Zellen giebt und stellen daher auch die Zelle isolirt der übrigen Erdmasse entgegen und reden von äußeren Umständen, welche jetzt freilich vorhanden sind, weil es Zellen giebt. Aber kann man von äußeren Umständen reden, ehe Zellen da sind? Alles war ja in jener vorpflanzlichen geologischen Periode der Erde nur eine in unorganischer Bewegung verharrende Materie. Kann man von günstigen Bedingungen reden, in jenem Sinne, daß dadurch die unorganische Bewegung in eine organische verwandelt wurde? Wo liegen denn die günstigen Bedingungen?

Nach dem Materialismus giebt es nur unorganische Materie, d. h. Aether und Atome, also müssen die Bedingungen in ihnen liegen; aber jedes einzelne Atom bewegte sich nur in der trägen Weise des Ganzen; wie kam es nun dazu sich aus dieser Bewegungsart herauszureißen und eine andere zu veranlassen? Gewiß, es ist ein Widerspruch gegen das Gesetz der Trägheit, wenn man die Urzeugung für möglich hält. Es ist ein Widerspruch, und mag man sich den Unterschied von Zelle und chemischer Verbindung auch noch so klein denken.

Aber freilich bei dieser vermeintlichen Kleinheit des Unterschieds hält man sich gewöhnlich nur an Aeußerliches, an den Oberflächenunterschied, der freilich, da Zellen und unkrystallisirte, amorphe Verbindungen mit krummen Linien begrenzte, rundliche Körper sein können, für die Netzhaut im Auge unbe-

Die metaphysische Begründung d. Materialismus.

deutend ist. Indeß in einen Körper sind die Atome in stabiler, ruhiger Gleichgewichtsstellung, in anderen bilden sie einen beweglichen, stoffwechselnden, fortpflanzungsfähigen Mechanismus. Was sind es nun für Umstände, welche solche Aenderung herbeiführen könnten? Man spricht von Eiszeiten auf der Erde, von heißeren Zeiten als jetzt, aber kann Wärme Leben erschaffen? Wenn Leben da ist, kann sie es befördern, wilde Pflanzen können in Treibhäusern umgestaltet werden; jedoch wo kein Leben ist, da macht sie keins, sie bringt nur Aenderungen in der Lage der Atome hervor, sie dehnt die Körper aus, zieht sie als Kälte zusammen; aber nie schafft sie Stoffwechsel. Der Chemiker weiß, daß bei der s. g. trockenen Destillation jeder Temperaturgrad seine bestimmte Gleichgewichtslage der Atome, seine bestimmte chemische Verbindung liefert, aber Leben wird keins erzeugt, d. h. die Atome verharren in ihrer trägen unorganischen Bewegung.

Der Materialismus glaubt oft seine denkbare Möglichkeit dadurch zu stützen, daß er sagt: „Ja schwierig wird solche Bildung gewesen sein und nur selten mögen sich die Atome zu solcher Zelle verbinden." Aber hat die Seltenheit was dabei zu thun? Erklärt man die Sache dadurch, daß man sagt, in Millionen Jahren ereignet sich ein solcher Fall vielleicht nur Einmal? Weder die Seltenheit, noch die Zeit hat bei Erklärung der Urzeugung was zu thun. Die Aufeinanderfolge geschehender Erscheinungen läßt uns die Vorstellung von dem bilden, was wir Zeit nennen; sie ist also in der Natur nichts was außerhalb dem in ihr geschehenden stehe. In der Natur geschieht aber nur das, was der sie bildenden Materie nothwendig, als urgesetzliche Weise zu wirken, zukommt; und so sehen wir in jedem Zeittheilchen die Atome der Materie zu chemischen Verbindungen zusammentreten, beim Verwittern der Felsen, beim fallenden Regen u. s. w. und wir dürfen überzeugt sein, daß wenn selbst trillionen Jahre vergingen, so lange die Atome in diesem trägen Thun verharrten, daß dann erst recht im trillionen und einsten Jahre der „seltene" Fall nicht eintritt, daß 100 Atome sich aus der trägen Masse herausreißen zu organischem Bewegungszustand. Ist das überhaupt noch eine naturgesetzliche Wirkungsweise der Atome, die nicht in jedem Zeittheilchen thätig ist, sondern als Seltenheit auftritt?

Man rückt in der Regel der Frage nach der Urzeugung in einer anderen Weise zu Leibe; in einer Weise, die zu vergleichen ist, dem Treiben von Wagner, in Göthe's Faust. Wagner kocht sich ein Menschlein, einen Homunculus, in seinem Glase heraus, aus „Menschenstoff, den er gemächlich componirt, in einem Kolben verlutirt und ihn gehörig cohobirt." In ähnlicher Weise kocht man Pflanzen- und Thierstoffe, und wundert sich bei der thatsächlichen Allverbreitung von Keimen und Sporen, bei der verschiedenen Lebensfähigkeit der Keime in Eis und Kochhitze, daß in solchen verkochten Flüssigkeiten, selbst auf Bergspitzen, wohin die Miasmen der Thäler nur vereinzelt gelangen, wieder sich vermehrende Keime zu vegetiren anfangen. In der That solche Versuche beweisen für die Urzeugung nichts, sie lehren höchstens, wie lange selbst in der Kochhitze Sporen lebensfähig bleiben. Die Urzeugung hat nicht aus organischen Körpern Organismen zu liefern, wie noch Büchner (Kraft u. St. XI. Aufl. S. 78) annimmt. Denn eben die erste Entstehung der Organismen ist ja die Frage. Die Urzeugung soll aus Leblosem Leben schaffen. Sie hat Unorganisches, sie hat chemische Atome statt zu einer chemischen Verbindung zu einem Zellenmechanismus zu gruppiren; und in der Lösung dieser Frage, ist der Materialismus noch nicht über das Denkbar-Mögliche hinausgekommen.

Im gleichen Gebiete des Denkbar-Möglichen verblieb der Materialismus auch in seinem Versuche die Mannigfaltigkeit von Pflanzen und Thieren aus der Annahme von urgezeugten Zellen zu erklären, in dem Darwinismus. Die alte Erfahrung, daß der Mensch eine gewisse Macht über das Wachsen von Pflanzen und Thieren habe; eine Erfahrung, die bereits Jakob im alten Testament zu benutzen suchte, indem er seine Schafe sich paaren ließ, gefleckte Stäbe vor sie hinstellend, um gefleckte Thiere zu erhalten; eine Erfahrung, welche die Chinesen früh benutzten Eichbäume in Blumenscherben zu züchten; die Thatsache ferner daß man durch Oculiren verschiedenste Obstsorten züchten könne, daß zwei verschiedene Thier-Arten, Pferd und Esel, durch Paarung Mittelformen, ein Maulthier, liefern könnten die Thatsache außerdem, daß aller Lebensanfang, sei es Thier oder Pflanze, der Oberfläche nach ein gleiches Gebilde, die Zelle ist, all dies benutzend hat Charles Darwin, die von uns früher schon betrachtete, Lehre aufgestellt, daß alles Leben von einer Urform abstamme, indem die Züchtung auch von der Natur durch den Kampf ums Dasein besorgt werde, indem ferner Eigenthümlichkeiten der Eltern in den Nachkommen sich forterbten. Die Bedeutung seiner Lehre liegt weniger in der behaupteten Einheit der Entwickelung, denn Andere vor ihm behaupteten dasselbe; die Bedeutung liegt darin daß er den Blick erweiterte; man hatte früher Pflanzen und Thiere wohl in Abhängigkeit betrachtet von Boden und Klima, aber er dehnte die Betrachtung aus auf den Einfluß welchen Pflanzen und Thiere auf sich selbst haben und wie so diesem Kampf ums Dasein die Form der Glieder und die Häufigkeit der Lebensform angemessen sei. In unsrer socialfragenden Zeit zündete das Schlagwort „Kampf ums Dasein" und der Materialismus zumal ergriff wie wir sahen begeistert, die in sein Fahrwasser fließende Lehre. Wir zeigten bereits, daß der Darwinismus mit der Frage nach der Urzeugung nichts zu thun hat. Darwin nahm einfach bereits Zellen an, unbekümmert woher, die Urzeugungsfrage ist ihm eine offene, die nur durch die begeisterte Erweiterung eines Häckel und Büchner geschlossen heißt.

Gesetzt aber, Zellen seien gegeben, so sahen wir, daß die eigentliche Lehre Darwin's von den Schöpfungsanhängern an=

genommen werden kann, so gut wie von den Materialismus=
frohen. Läßt sich ja doch ganz gut annehmen, Gott habe den
Keim des Lebens mit dem Gesetz der Fortentwickelung geschaffen.
Einstweilen aber verblieb Darwin's Lehre nur noch im Gebiet
des Denkbar-Möglichen. Die Thatsachen auf die man sich stützt
laſſen sich deuten, wie jedem gefällt.

Man hat z. B. Thiere gefunden, welche Reste oder Andeu=
tungen von Organen haben, z. B. Thiere die nur im Dunkeln
wohnen und die auch keine Augen haben, nur an deren Stelle
ein eigenthümlich Körperchen besitzen. „Seht, ruft der Dar=
winist, hier ein Beweis wie alles den Verhältnissen angemessen
ist; das Thier braucht kein Auge, so verkümmert das, was seine
des Lichts sich freuenden Voreltern freudig gebrauchten; bringt
das augenlose Thier unter andere Verhältnisse und ihr werdet
den Verhältnissen angemessen auch das jetzt nicht verwerthbare
Organ wieder sich ausbilden sehen." Ist aber das ein Beweis für
die Entwickelungslehre? Mit gleichem wissenschaftlichen Werthe
kann der Schöpfungsfrohe sagen: „Gott gab, um jede Art
von Lebensform zu schützen, eine gewisse Weite des Anpassungs=
vermögens; ein Thier in lichtlose Verhältnisse gekommen, wird
bei Nichtgebrauch der Augen sie verkümmern lassen, während
Gegenwart von Licht verkümmertes wieder voll werden läßt.
Man kann sagen, die s. g. verkümmerten Organe sind keines=
wegs Verkümmerungen, sondern Anlagen zu Organen. Wenn
ich die Schwimmblase des Fisches betrachte als die Anlage
zur Lunge, die sich weiter entwickeln wird und kann, wenn
äußere Umstände das Thier zum Landthier umbilden sollten, ist
das weniger denkbar möglich als jene Annahme, der Fisch stamme
von Landthieren, die Blase sei verkümmerte Lunge?

Man kann nach der Aehnlichkeit die Lebensformen zusammen=
stellen in eine Reihe, wobei der Mensch die höchste, die
schleimige Monere die niedrigste Stelle einnimmt. Das
Hauptstreben Darwin's ist nun die Zwischenglieder dieser Reihe

zu finden und da die Gegenwart nicht genügt, um überall die Lücken der Reihe zu finden, so sucht man in der untergegangenen Lebenswelt die Uebergänge zu finden. Gegner Darwin'scher Lehre tadeln oft, daß man die Lehre als so sicher hinstelle, während doch noch so viele Glieder fehlten. Mit Recht erwiedert man, das Fehlende könne gefunden werden. Aber gesetzt, die ganze „Ahnenreihe des menschlichen Stammbaums" nach Häckel (Natürl. Schöpfungsgesch. II. Aufl. S. 592) wäre gefunden von „der Monere, zum ein- und mehrzelligen Urthier, zu Weichthieren von unbekannter Form, zu Urfischen, Stammsäugern, Halbaffen, Menschenaffen, Sprachlosen Menschen, Sprechenden Menschen;" wäre dann der Beweis der Entwickelung geliefert? Häckel hätte ein richtiges System aufgestellt; dies wäre bewiesen, weiter nichts. Denn dieselbe Reihe kann existiren, wenn, um mit Plato zu reden, Gott nach unendlichen Urbildern Abbilder gestaltete, um zu offenbaren in welcher Mannigfaltigkeit von Formen thierisches Leben möglich sei. Wenn auf einem Blatt Papier eine Farbenschattirung vom tiefsten Schwarz zum hellsten Weiß übergehend zu sehen ist, so wäre es wohl voreilig der Mittelglieder wegen zu sagen: „Die niedere Farbe der Nacht erhob sich von selbst zur Höhe des Lichts." Der Materialismus macht aber diesen Farbenschluß bei der Thierwelt. Er setzt das Gebot des freilich verachteten Hegel außer Acht: eine Entwickelung muß nach dem Gesetze der Immanenz des Begriffes stattfinden; d. h. nicht ob die Entwickelung denkbar möglich sei, ist zu prüfen, sondern ob die Sache selbst der Entwickelung fähig sei, ist zu prüfen.

Prüfungsversuche hat der Materialismus freilich in seinen Züchtungsexperimenten; indessen sind die gelieferten Thatsachen keineswegs so bedeutend, um jetzt schon einen „Ritt ins romantische Land sprachloser Menschen zu machen." Die gewonnenen Thatsachen sind um so vieldeutiger, als sie sich stützen auf Schwankungen selbst, nämlich auf den schwankenden Artbegriff.

Jeder weiß wie sehr die Ansichten darüber verschieden sind, und wenn man sich auch gewöhnte die verschiedenen Hunderassen als Spielarten Einer Art zu betrachten, so ist man an anderen Orten nicht so bereit Verschiedenheiten unter Einer Art zusammenzufassen. Wenn früher Jemand die Gattung Salix, Weide, in ein Dutzend Arten, zerfällte, so glaubt der neuere Monograph durch Aufstellung von 100 Arten zu glänzen. Dieser Artaufstellungswuth gegenüber ist das Darwin'sche Streben Gewinn. Indem es reichlichere Spielarten gelten läßt, giebt es Einfachheiten der Gattungen zurück, da diese in weniger Arten zerfällt werden. Mag es nun noch gelingen zu zeigen, daß die Arten z. B. Esel und Pferd nur Spielarten ihrer Gattung sind, mag man also von der Stabilität der Arten auf die Stabilität der Gattung zurückgehen müssen, immerhin bleibt es gerechtfertigt gegenüber den schwankenden Stützen unendlicher Veränderlichkeit der Lebensformen, zu sagen, ähnlich wie die Störungen der Bahnen der Weltkörper nicht ins Unendliche sich fortsetzen, sondern innerhalb der Grenzen periodischer Schwankung bleiben, so ist auch jeder einzelnen Lebensform ein Spielraum der Veränderlichkeit gegeben, mag nun dieser Spielraum vom Wesen der Art oder vereinfachender vom Wesen der Gattung bestimmt sein. Das Aufhören der Grenze dieses Raums bringt Tod der Lebensform, nicht Umbildung.

Daß in der That solche Grenzen der Veränderlichkeit existiren, erkennt der Darwinismus selbst an. Er weist auf die s. g. Dauertypen hin, auf Lebensformen, die sich in allen Erdschichten wiederfinden. Diese Typen führt er an, um den Gegnern zu zeigen, daß ihre Forderung die niedersten Thiere müßten sich alle zu höherer Form erhoben haben, keine gerechtfertigte sei, da sich diese Veränderlichkeit keineswegs nothwendig auf alle Formen erstrecken müsse, denn die Form die ihren Verhältnissen angemessen sei, hätte keinen Vortheil von der Veränderung, und so bleibe sie was sie sei. Aber läßt der Materialismus mit

Die metaphysische Begründung des Materialismus.

solchen Worten nicht den Schwanz der Kuh los, die er festhalten wollte? Denn ist sein vermeintlich Naturgesetz dann überhaupt noch Gesetz, wenn es nicht mit nothwendiger Allgemeinheit statt= findet? Und wenn das den Verhältnissen Angemessene „dauernd" sein kann, warum ist es die Monere nicht? warum entwickelt diese sich, da sie doch auch ihren Verhältnissen angemessen ist? Die Entwickelung derselben aus ihrer Unvollkommenheit zu er= klären, heißt nur die verspottete Zweckmäßigkeitslehre in anderer Form wieder in die Wissenschaft einschmuggeln. (Siehe Bd. I. S. 269.)

Da nun der Darwinismus sowohl vom Schöpfungsfreund wie vom Materialismusfreund vertheidigt werden kann, aber einstweilen noch im Gebiet des Denkbar=Möglichen verblieb, so hat auch der Gegner noch gleiche wissenschaftliche Berechtigung zu sagen: Die Lebensformen seien geordnete Schöpfungsgedan= ken, die Unendlichkeit allmöglicher Lebensgestaltung zu zeigen. Wie wir aber oben behaupteten, bei dem Gesetze der Träg= heit sei es thatsächliche Unmöglichkeit, daß unorga= nischer Bewegungszustand von selbst übergehe in organischen, so behaupten wir aus gleichem Grunde die Un= möglichkeit des Uebergehens von Pflanzenzelle zur Thierzelle; des Uebergehens vom Anschauungen äußernden Thiere zum Wort und Begriffe äußernden Menschen. Es ist nicht nöthig, die Gründe dieser Behauptung weiter zu entwickeln; fußen sie doch auch im Gesetze der Trägheit, wonach ein in Stoff= wechsel und Fortpflanzung sich erschöpfender Mechanismus nicht plötzlich „von sich aus" zu neuer Bewußtseinsthätigkeit sich zu erheben vermag. —

Gehen wir noch zu anderen Begründungen des Materialis= mus über; Begründungen die zwar nicht so systematisch vorge= bracht werden, wie die der denkbaren Möglichkeit der Urzeugung; ja die im Gegentheil vielleicht nicht einmal Anspruch machen sollen auf strenge Logik, die aber da sie von popularisirenden

Schriften benutzt werden, der „gebildeten" Welt gegenüber Vorurtheile zu stützen, als Stützen geprüft werden müssen.

Die ästhetische Begründung. Wir lassen sie zuerst folgen, da sie gleich wie die metaphysische, nur auf subjectiven Vorstellungen beruht; sie ist überdies die älteste und findet sich schon bei Demokrit und Epikur. Alles sollte bei ihnen aus Atomen gebildet sein. Das Denken war aber das edelste Thun und deshalb hieß es erzeugt und ernährt von den **feinsten und reinsten**, den **unsichtbaren Feueratomen**. Danach sind die Atome, die im Magen verdauen nicht dieselben, wie die so im Gehirn denken, und wir sagten daher schon an anderem Orte, daß dieser **griechische Materialismus im Dualismus** stehen geblieben sei. Einen Werth hat natürlich solch Reden von Feinheit des Denkens und Feinheit der Atome nicht; aber noch in unsren Tagen kann man in popularisirenden Schriften ästhetischen Pathos finden. Man geht z. B. heut zu Tage darauf aus alles auf Bewegung zurückzuführen. Da meint man denn Wunders welchen Monismus erreicht zu haben, wenn man von der **rohen, trägen** Bewegung des **Stoffes** und der **edleren** Gedankenbewegung rede. Als ob hierbei nicht die **rohen und edlen** Eigenschaften den **Dualismus** der Sache offen hielten! Ja man hört oft: Von der linken bis zur rechten Herzkammer finden beim Kreislauf des Blutes die Wunder der Chemie statt, und im Gehirn sind die feinsten Verbindungen thätig. Als ob die phosphorhaltigen Verbindungen im Gehirn feiner seien, wie die schwefelwasserstoffhaltigen im Mastdarm.

Die physiologische Begründung. Liebig sprach einmal das herbe Wort aus vom „Dilettantismus des Materialismus." Der begeisterte Büchner hat natürlich nichts eifriger zu thun, als diesen Vorwurf zurück zu geben (Vorred. zu IV. Aufl. v. Kraft und Stoff), er nennt Liebig einen Dilettanten-Physiologen und spricht als Arzt das bescheidene Wort: Nur Physiologen und Mediciner hätten in letzter Instanz zu entscheiden.

So sitzt er denn auch zu Gericht über die von dem Chemiker vertheidigte Lebenskraft und ruft ihr zu: Requiescat in pace. (A. a. O. XI. Aufl. S. 245). Er nennt mit Vogt: „Die Berufung auf die Lebenskraft eine Umschreibung der Unwissenheit. — Sie gehört zu der Zahl jener Hinterthüren, deren man so manche in den Wissenschaften besitzt und die stets der Zufluchtsort müßiger Geister sein werden, welche sich die Mühe nicht nehmen mögen, etwas ihnen Unbegreifliches zu erforschen, sondern sich begnügen, das scheinbare Wunder anzunehmen." Er sagt (S. 235): „Mulder vergleicht sehr gut die Annahme einer Lebenskraft mit der Annahme, als ob bei einer von Tausenden gelieferten Schlacht eine einzige Kraft thätig wäre, durch welche Kanonen abbrennen, Säbel dreinschlagen u. s. w., während dieser Gesammteffect doch nicht Folge einer einzigen Kraft, einer „Schlachtkraft" ist, sondern nur Gesammtsumme der unzähligen Kräfte und Combinationen, welche bei einem solchen Vorgange thätig sind. Die Lebenskraft ist deswegen kein Princip, sondern nur ein Resultat. Indem eine organische Stoffverbindung anorganische Stoffe, welche in ihre Nähe kommen, sich aneignet, mittelst Ansteckung in ihre eignen Zustände überführt." Wozu freilich diese Ueberführung und Ansteckung anorganischer Stoffe durch organische Stoffverbindung nöthig sei, ist nicht recht einzusehen, da Büchner selbst (S. 243) das richtige Wort Schiel's citirt: „Unterscheidung organischer und unorganischer Chemie ist nur conventionelles Hilfsmittel der Classification." Interessant ist indeß das Bild der Schlachtkraft, da solche Bilder ziemlich das Einzige sind, was man gegen die Lebenskraft vorbringt. Leben und Schlacht sollen also bestehen „in der Gesammtsumme der unzähligen Kräfte und Combinationen, die bei solchem Vorgange thätig sind." Aber Moltke's Schlachtkraft, die den Kaiserfang bei Sedan brachte, lehrt uns, daß die „Gesammtsumme" einer einheitlichen Leitung bedarf. Das Bild ist übrigens falsch, da die Schlacht ein einmaliges Geschehen ist, während das Leben

Periodicität zeigt, Wiederkehr des Kreislaufs, Blühen und
Fruchttragen. Moltke's Schlachtkraft müßte daher an Ort
und Stelle den Kaiserfang in periodischer Wiederkehr erhalten,
vielleicht zur reiferen Frucht des Papstfangs werden lassen, wenn
Mulder's Bild mehr sein soll, als spielende Dichtung; oder mehr
als „Umschreibung der Unwissenheit." Büchner vertheidigt sich
daher auch gegen Liebig und behauptet, er läugne nicht die
Existenz eines „formbildenden Principes in der organischen
und unorganischen Natur, ein mit den Dingen selbst aufs Innigste
verflochtenes und nur an ihnen in Erscheinung tretendes." Wo
steckt aber dies „formbildende Princip?" Im einzelnen Atome?
Deren Princip ist feste, flüssige, luftige unorganische Verbindun=
gen zu bilden. Wie kommt nun in die „Kraftsumme" unorga=
nischer Verbindungen das formbildende Princip, welches Stoff=
wechsel bewirkt, Secretion, Endosmose, Blühen, Reifen u. s. w.
erscheinen macht? Ist die Lebenskraft also wissenschaftlich getödtet?
Requiescat in pace! rief ihr Büchner im Text zu; Resurrexcit
in pace! kann man ihr zurufen nach Lesen des Vorworts, ja
nach allen Beweisen gegen die Lebenskraft überhaupt. Man
wirft den Namen weg, aber die Sache behält man als form=
bildendes Princip, als wesentliche, typische Kraft u. s. w.

Die chemische Begründung. Der Materialismus er=
griff freudig die Entdeckung, daß organische und unorganische
Verbindungen nach demselben Gesetz sich bilden. „Seht, spricht
er, die Chemie zeigt, daß kein Unterschied zwischen den Stoffen
des Steins und des Lebens ist." In der That aber, er hätte
nicht nöthig gehabt auf die Chemie zu warten, denn das Zucker=
rohr z. B. ist wie jeder lebende Körper ein sinnlich wahrnehm=
bares Ding gleich dem Stein. Es wird also aus sinnlich wahr=
nehmbaren Stoffen bestehen, so gut wie der Stein. Wenn nun
die Chemie nachwies, daß der Zucker eine chemische Verbindung
sei, wie jede andere, so ist dies wichtig für die Chemie, die frü=
her andere Gesetze für ihn aufstellen zu müssen vermeinte. Aber

Die chemische Begründung des Materialismus.

die Chemie behauptet nicht auch daß das Zuckerrohr eine chemische Verbindung sei; sie behauptet keineswegs auch nachgewiesen zu haben, es existire kein Unterschied zwischen dem unorganischen Stein und dem organischen oder besser dem organisirten Zuckerrohr. Die Bausteine lebender und lebloser Körper sind gleich, aber die Anordnung der Bausteine geschieht hier nach der Schwere, dort nach einer Zugkraft, die zwar, weil sie in Wechselwirkung mit der Schwere steht, abhängig von ihr ist, die aber ihre specifische Zugkraft, ihre formbildende Eigenthümlichkeit dabei nicht verliert und wohl den alten Namen Lebenskraft behalten wird.

Man sagte früher, die organischen Verbindungen seien complicirter, combinirter, potenzirter, höher zusammengesetzt als die unorganischen. Schnellfertig ist nun der Materialismus. Er stellt Leben und Denken als höchste potenzirteste Thätigkeit der Natur hin und bringt sie in Zusammenhang mit den complicirtesten, combinirtesten Verbindungsverhältnissen in den Pflanzen und im Gehirn als ob der Unterschied von einfacher und zusammengesetzter Verbindung den Stein zum schweren Fallen, die Maus zum Faden-Entzweibeißen veranlasse!

Was heißt denn: potenzirt? Das französische Wort: „potence" bedeutet im Deutschen: „Galgen," und dieser ist ein Instrument, um aus einem niederen Leben in ein höheres zu befördern. Im Materialismus ist dies Wort ein gleiches Instrument. Schelling brauchte das Wort auch viel: Das Thier war ihm eine potenzirte Pflanze. Dieser Erklärung braucht sich kein Materialist zu schämen; aber da er nur mathematische Beweise gelten lassen will und Schelling's dichterische Anschauung verspottet, so sollte er den Worten ihre mathematische Bedeutung lassen. Hiernach kann man nicht sagen: Der Mensch ist ein potenzirtes Thier; sondern höchstens: Der Esel ist das potenzirteste Thier, insofern nämlich der Volksmund dem Esel die größte Gedankenlosigkeit zuschreibt. Potenz ist in der Mathematik ein Product gleicher Factoren. Wenn wir 2 mal 2 mal 2 u. f. w. multipliciren, so potenziren wir, und das Product heißt: Potenz. Aber es ist klar, das Resultat ist nur eine größere Masse, es ist eine große Summe gleicher Factoren. So ist aber auch in der Chemie die potenzirteste Verbindung nur die größte Summe von Einzelverbindungen. Denken wir uns in einem Dome einen Monolithen das Ganze tragend; nun gefiele es einem Baumeister die eine Säule durch zwei zu ersetzen, wäre es kein Dom mehr? Lassen wir nochmals die eine oder beide Säulen substituirt werden, durch je zwei oder vier andere, denken wir uns diese Substitution noch öfter wiederholt, so bliebe das Ganze immer noch ein Dom, wenn auch von combinirtem Säulenbau. Dies Bild sagt aber auch, wie in der Chemie durch Substitution eines einfachen Steines, Radical genannt, durch zusammengesetzte Radicale potenzirte Verbindungen entstehen. Der Zerfall eines vielsteinigen Domes läßt Mannigfaltigeres sehen, als der eines wenigsteinigen, so auch bei Zersetzung einfacher und zusammengesetzter Verbindungen. Aber tritt man beim Einsturz vielsteinigen Domes aus den niederen Fallverhältnissen heraus? Tritt man bei Zersetzung verschiedenatomiger Verbindung aus den niederen chemischen Verhältnissen heraus zu den potenzirteren eines lebensformenden Principes, eines begriffestrebenden Triebes?

Wie bei potenzirten Verbindungen tritt man auch mit den höheren, combinirten u. f. w. Verbindungen nicht aus dem Chemismus heraus. Immer bleiben es Gleichgewichtslagen verschieden großer Atomsummen. Der Materialismus wendet aber jene Anfangsgründe der Rechenkunst an, welche sagen: Das zu Addirende muß gleichnamig gemacht werden. Man kann nicht 5 Aepfel und 6 Strümpfe addiren, aber man kann sagen, es sind 11 Körper. Der Materialismus macht es ähnlich. Er weiß daß die chemische Verbindung auf Verhältnissen beruht, daß auch Leben und Denken sich in Verhältnissen bewegt. Nun macht er alles gleichnamig und sagt: Chemismus, Leben und Denken unterscheiden sich nur darin, daß dort einfache, hier zusammengesetzte Verhältnisse stattfinden; aber wird der Apfel zum Strumpf, weil man beide als Körper addirte? Gewiß, dichterisch mag man die Worte potenzirt, combinirt, höher u. s. w. beliebig gebrauchen. Wo sie aber bei wissenschaftlichen Beweisen eingeschmuggelt werden, da sind jene Worte nur Streubüchsen, um den Fragenden Sand in die Augen zu streuen oder die Sache selbst verschwinden zu lassen. Es sind Vogt's Hinterthüren der Unwissenheit. Es sind solche Worte jene Stützen, die auch Hegel bei seinen dialectischen Uebergängen vom Niederen zum Höheren so sehr liebte und weshalb er sagte: „Die deutsche Sprache ist deshalb die beste zum Philosophiren, weil sie soviel doppelsinnige Worte enthält."

Die mechanische Begründung. Das zuletzt Gesagte gilt auch für eine andere Art materialistischer Dialectik. Sie faßt alles als Bewegung auf. Die Materie in Schwingung wird als Schall gehört, in potenzirterer, d. i. größerer Schwingung als Wärme empfunden, in noch größerer als Licht wahrgenommen. Man kann sagen: Lichtbewegung ist potenzirtere Wärmebewegung. Ist aber Leben wieder potenzirte Lichtbewegung? Der Materialismus behauptet dies nicht geradezu; doch im Besitz von Adam Riese's Rechenkunst, macht er alles gleichnamig und sagt: „Im Leben und Denken sind die complicirtesten Bewegungserscheinungen." Mag dann jeder sich selbst den Factor der Bewegung suchen.

In der unendlichen Masse der Himmelskörper, der Milchstraßheere finden sich wohl die complicirtesten Bewegungsverhältnisse, steigern sie sich aber hier zum Leben, d. h. zur stoffwechselnden, sich fortpflanzenden Bewegung? Oder zum Denken, d. h. zu begriffebildender Selbstbewußtseinsbewegung? „Ja, sagt der Materialismus, nur in Pflanzen und Thieren kommen die letzteren Bewegungsverhältnisse vor." Ein treffender Einwand, der sinnlichen Beobachtung entlehnt! Warum aber nur in Pflanzen und Thieren solche Bewegungsverhältnisse? Ihr sagt, es rühre von der Form dieser Körper her? Aber grade die Entstehung, die Herkunft der Form sollt Ihr erklären und nicht als gegebene voraussetzen. Wir aber wissen, daß die complicirte Addition der Materie ehe „die Form" in ihr stickt, es nur zum Chemismus, zu Gleichgewichtsruhelagen von Atomen bringt, nicht zum stoffwechselnden Leben.

Thatsache ist, daß die Pflanze Kohlenstoffverbindungen aufbaut, während im thierischen Leibe sie zersetzt werden. Der Materialismus spricht nun mit seinem Physiologen Moleschott, nach dessen Kreislauf des Lebens (II. Aufl. S. 106): „Die gerlugfügigen Umwandlungen, welche das Thier den pflanzlichen Stoffen ertheilt, um seinen Leib daraus zu bauen, ruft andere Eigenschaften der Materie in den Vordergrund. Je mehr ein Körper durch die bloße Organisation der stofflichen Welt in Anspruch genommen wird, desto geringfügiger ist die Thätigkeit, welche die Bewegung des Stoffs nach anderen Seiten entfallet. Die Pflanze denkt nicht." Man sieht nun vorerst nicht recht ein, warum die Pflanzen größere Mühe haben sollen bei ihrem Aufbau organischer Verbindungen aus unorganischen, da ja stets damit renommirt wird, daß organische und unorganische Verbindungen gleich seien. Wir sehen im Uebrigen aber hier die Mechanik des Straßenlebens. Bekanntlich geschieht ein Hausbau sehr rasch heutzutage, aber man ist noch nicht dahin gelangt, so rasch zu bauen, wie ein so gebautes Haus einstürzen kann. Es ist daher richtig, daß der raschere Einsturz gestattet, den Zeitunterschied vom Aufbauen und Einstürzen anderweitig zu benutzen. Aber nun denke man sich, das Haus werde Stein für Stein abgetragen, wie es aufgebaut wurde. Wird dann nicht zum Zerstören die gleiche Zeit und Arbeit nöthig sein, als zum Aufbauen? Und in solcher langsamen Weise zersetzt die Chemie. Stufe für Stufe, langsam wie sie sich verbanden, werden die

Die mechanische Begründung des Materialismus.

substituirten oder gepaarten Verbindungen getrennt. Ja, seit den Arbeiten von Joule, Favre und Silbermann weiß der Chemiker, daß bei Zersetzung und Verbindung gleiche Kräfte in Thätigkeit sind. Wo bleibt da der Werth des materialistischen Schlusses: Die leichtere Zersetzung läßt Kraftüberschuß zum Denken? Und um so mehr! Wo bleibt die Wissenschaftlichkeit, wenn wir wissen, daß die Pflanzen nur im Sonnenlichte und nur in ihren grünen Theilen Sauerstoff ausathmen? Sollen wir annehmen, daß die Pflanzen zur Nachtzeit, wo sie athmen wie die Thiere, daß die nicht grünen Schmarotzerpflanzen und Pilze, die wie Thiere Sauerstoff ein- und Kohlenstoff ausathmen, daß sie denken wie die Thiere? Aber die höchste Instanz, die Medicin, hat gesprochen, die Chemie muß schweigen.

Man mechanisirt weiter: „Jede Maschine hat eine bestimmte Verrichtung. Der Hammer dient nicht als Säge; die Uhrfeder nicht als Hammer, und so ist es auch im Leben. Das Herz ist Organ des Blutumlaufs, der Magen dient zur Verdauung und das Gehirn, heißt es, dient zum denken. Wie ferner eine einfache Maschine einfache Thätigkeit ausübt und eine zusammengesetzte Maschine zusammengesetzte Thätigkeiten entfaltet, so ist es auch im Leben, wo das Gehirn, das die zusammengesetztesten Verbindungen enthält, auch die zusammengesetzteste Thätigkeit, das Denken, entfaltet." Gewiß, es liegt hier der Webstuhl als Bild zum Grunde. Aber hat das Bild wissenschaftlichen Werth? Nimmermehr. Der Arbeiter, der mit einem Brecheisen einen Stein fortwälzt, arbeitet mit einfachem Heben, der Arbeiter am Webstuhl mit zusammengesetzten, mit vielen verbundenen Hebeln. Die Thätigkeit beider aber ist gleich, insofern beide eine Masse, sei es Stein oder Seide, von einem Orte zum andern bewegen. Wo ist nun hier eine Spur von Aehnlichkeit mit jener Verschiedenheit, wonach die einfacheren Magenverbindungen eine mechanische Arbeit verrichten und in der Secretion, wie ein Arbeiter, eine Masse einen gewissen Weg zurücklegen lassen; während die zusammengesetzten Hirnverbindungen aus der mechanischen Arbeitsleistung heraustreten und nimmer gesehene Luftschlösser bauen?

Man nennt als bewegende Kraft des Webstuhls die Dampfmaschine; aber diese ist nur der zusammengesetzte Hebel des Arbeiters; das was den Hebel in Bewegung setzt, die eigentlich treibende Kraft ist die verbrennende Kohle mit ihrer ausdehnenden Wärmeentwicklung. Diese Kohlenkraft muß aber erst die ganze Maschinen- oder Hebelmasse in Bewegung setzen, ehe ihre Wirkung an die bestimmten Orte gelangen kann, wo sie z. B. bestimmte Fäden heben, zu einem Gewebe vereinen soll. Durch die Maschine wird die bewegende Kraft der Kohle nicht vermehrt, sie wird nur nutzbar gemacht an bestimmten Punkten. Die Kraftsumme der bewegten Maschine und des erhaltenen Nutzeffectes ist nicht größer als die in der Kohle. Wie ist es aber im Gehirn? Die Kartoffel, wenn sie verbaut als Blut zum Gehirn kommt, soll dort soviel Kraft produciren, daß sie nicht allein mittelst des Menschen eine gleiche Quantität aufs Neue als Nahrung zum Munde hebt, sondern die Kraft ist sogar so selbständig geworden, daß sie den Menschen nach dem Acker hinbewegt und gleichsam voraussehend, zweckerkennend geworden, ihn dort neue Kartoffeln pflanzen heißt. Ja, so geartet wurde jetzt die Kraft, daß sie, sich selbst erkennend, sagt: Ich, Kartoffelkraft, stamme von einem Knollen, einem fleischig verdickten Stamm mit unentwickelten Stengelgliedern ohne Niederblätter u. s. w. aus der höchst ehrenwerthen Familie der Solaneen oder Nachtschatten. Wo ist hier Analogie mit Mechanik? Wo ist wissenschaftlicher Werth der Begründung?

Die sprachliche Begründung. Wir führen zuletzt eine Begründung an, die wir seither schon mehrmals antreten lassen mußten und die eigentlich im Mißbrauch der Worte zu suchen ist. Wir sahen wie die Worte: potenzirt, combinirt, Maschine u. s. w. in beliebigem Sinn genommen werden; wie man dabei Aehnlichkeiten hinstellt, das Unterscheidende verschweigt und das Aehnliche als Gleiches behauptet. Wir wollen noch das Wort „Natur" anführen, wir werden es als das verschleierte Bild von Sais erkennen, als ein Wort, das, wenn man seinen Schleier öffnet, die Natur als Gottheit erscheinen läßt.

Wir haben früher erwähnt, wie Aristoteles sagte: Die Gestirne bewegen sich „von Natur" kreisförmig, das Feuer steigt „von Natur" aufwärts, der Stein fällt „von Natur" abwärts. Heutzutage heißt es: Der Magen hat „die Function" zu verdauen, das Gehirn hat „die Function" zu denken u. s. w. und diese Functionen heißen Naturgesetze. Das heißt also: Der Magen verdaut von Natur, das Gehirn denkt von Natur. Hat aber diese Aristotelische Erklärung wissenschaftlichen Werth? So wenig als sie bei Aristoteles' Bewegungslehre hatte. Jeder Köhlerjunge weiß, daß der Magen verdaut, daß die Gedanken im Kopf sind. Und wenn der Köhlergläubige sagt: „Das hat Gott so eingerichtet", ist das dann eine schlechtere Erklärung als die: Das ist von Natur so? In beiden Fällen ist erst zu fragen: Was ist Natur? Was ist Gott? Und es dürfte schwer sein, bei der „höchsten Instanz" in Fragen der Lebenskraft, bei der Medicin, darüber Auskunft zu erhalten. Bei all ihren Untersuchungen setzt sie die Organe als gegeben voraus, oder begnügt sich leicht mit einer denkbaren Möglichkeit der Entstehung, schreitet nicht vor zur metaphysischen Begründung. Sie untersucht die „Function", das ist das gelehrte Wort für „Verrichtung" und „Arbeit", jedes einzelnen Organes, sie untersucht die Arbeit des Herzens, des Magens, des Gehirns u. s. w., aber was nun das die Vielheit der Arbeitsleistungen Verbindende, was jene Moltke'sche Schlachtkraft sei, das findet und fand die Medicin nicht und sie weiß nur zu sagen: „Das ist von Natur so."

Aber was ist diese: Natur? Die vereinte Thätigkeit der sinnlich wahrnehmbaren, wirkenden Kräfte, sagt der Materialismus. Indeß hörten wir schon bei Darwin, wie dies Wort leicht dichterisch, personificirend gebraucht wird. Man sagt „in der Natur" findet eine Entwickelung vom Niederen zum Höheren statt, oder „die Natur entwickelt sich vom Niederen zum Höheren." Setzen wir also den vollen Begriff ein, so heißt dies: Die vereinte Thätigkeit sinnlich wirkender Kräfte bildet das Weltsystem mit seinen gravitirenden Massen, die aus Luftigem, Flüssigem, Festem bestehen. Nach Aeonen combiniren sich die Einzelatome zu Zellen und abermals nach Aeonen entfalteten sich die Zellen zu Moosen, Palmen, Akazien, zu Trichinen, Schlangen und Menschen. Nun wissen wir, daß die Naturkräfte gesetzmäßig, stetig, d. h. im Gesetze der Trägheit verharrend, wirken und, sagt der Materialismus selbst, mit Nothwendigkeit, von Ewigkeit her mit unveränderter Weise, mit Erhaltung der Kraft. Wir wissen ferner, daß Kraft und Stoff nur relative Begriffe, nur Denkvorstellungen sind, daß wir statt von Kräften auch von gesetzmäßig wirkenden Stoffen reden können. Diese Stoffe sind Aether und Atome; und wenn man auch electrische Fluida u. s. w. annehmen wollte, so wäre man doch einig, daß weder die Atome, noch der Aether, noch die Fluida lebend, fühlend, vernünftig denkend sind. Man hätte also zu sagen: Mit Nothwendigkeit wirken seit Ewigkeit in stetig unveränderlicher Gesetzmäßigkeit die sinnlichen Stoffe und setzen sich in unorganische Massen, d. h. in Körper ohne Organe, ohne Arme, Beine, Blätter u. s. w. zusammen. Wie kommen nun in die nothwendig gewirkten unorganischen Körper die Organe? Wir hörten: Günstige Umstände machen es denkbar, daß eine Zelle wurde. Günstige Umstände? Wo kommen sie her? Außer den Stoffen soll es nichts geben, also müssen sie an ihnen sein. Aber wo? In Atomen und Aether? Wir sahen wie sie erstarren im Gleichgewichtszustand chemischer Verbindung. Liegen die günstigen Umstände im Verhältniß von Aether und Atome? Nein, denn weder Eiszeiten noch Gluthzeiten können etwas anderes thun, als Lebensformen variiren lassen; sie schaffen keine Zelle. Da also günstige Umstände nicht in den Atom- und Aetherkräften liegen können, da sie nicht außer ihnen liegen sollen. Wozu dient das Wort: Günstige Umstände? Zur Streubüchse für Augen, die noch weiter sehen wollen. Wozu diente das Wort: Natur? Zum verschleierten Bild von Sais, das man der gebildeten Welt reicht, um ihr zu zeigen, daß man in seiner Opposition gegen Ultramontanismus und Pfaffenthum auch eine Weltanschauung bilden könne, die, das Wort: Gott, nicht enthalte. Man substituirt überall an Stelle des s. g. Köhlerglaubens: „Das ist von Gott so", die s. g. wissenschaftliche Formel: „Das ist von Natur so." Daß freilich dieses Wort eine Sache bedeute, und wie diese Sache geartet sei zu erklären, daran denkt man kaum. Im Gegentheil da, wo die Erklärung von etwas Behauptetem verlangt wird, da hört man zu oft reden: von den **geheimnißvollen Kräften der Natur**, als ob eine **geheimnißvolle Natur** mehr Werth habe, als ein **geheimnißvoller Gott**.

Man geht im natürlichen System vom Einfachen zum Zusammengesetzten über, vom Bewußtlosen zum Bewußten. Der Materialismus drückt dieses so aus: Die Natur schreitet vom Bewußtlosen zum Bewußten fort, vom Unvernünftigen zur Vernunft. Nun soll aber die Natur nur die vereinte Thätigkeit von Aether und Atom sein. Wo kommt also die Vernunft her? Kann aus Nichts ein Etwas werden? Oder soll es unbildlich und wissenschaftlich heißen: Die Vernunft entsteht aus der Combination der Atome? Also 1 Atom allein wirkt schwer, aber 100 wirken Gedanken? Der Materialismus sagt freilich: „Nein, die 100 Atome denke nicht, sondern das Gehirn, das durch natürliche Züchtung nach Aeonen aus der Vereinigung von Atomen resultirte." Aber im

Grunde genommen bleibt trotz der Aeonenarbeit das Resultat: 1 Atom ist geistlos und 100 erkennen sich selbst. In der That, das Annehmen solcher umschlagenden Entwickelung stützt sich auf schlimmere Gelenkbrüche, als Hegel sich mit seinen dialectischen Uebergängen stützte.

Aus Nichts kann ein Etwas nicht werden. Wenn also die Atome Vernunft wirken sollen, so muß sie in ihnen sein, wie im Aether die Licht- und Wärmewirkung; aber dann haben wir etwa die Monadenlehre von Leibnitz, wenn wir die Atome als vorstellend annehmen, und keinen Materialismus.

Spinoza, Hegel, Pantheismus. Es giebt noch eine andere Lehre, die von einem unpersönlichen Gotte ausgeht, von einer Materie gleichsam, die freilich nicht in Atome zerfällt, ist, und Substanz genannt wird. Es ist Spinoza's Lehre; ein bestimmungsloser Urgrund ist ihm die Substanz, aus ihr steigen die einzelnen Bestimmtheiten, wie Steine, Pflanzen, Thiere, Menschen mit Nothwendigkeit hervor, um ebenso nothwendig wieder, wie vorübergehende Wellen ins Allgemeine, Bestimmungslose zurückzukehren. Zu einer Zeit, wo die Naturwissenschaft noch wenig ausgebildet war, da konnte man Gefallen finden an solchem bestimmungslosen Urgrund; heutzutage begnügt sich Niemand damit und man sucht durch Erkenntniß der mehratomigen Gesetzmäßigkeiten, der Wellenschwingungen, diesen Grund des Werdens als einen voll bestimmten aufzufassen. Nur der Materialismus scheint davon Ausnahme zu machen; den Pfaffen gegenüber ist es ihm völlig klar, daß nur die Natur, nur die Materie wirken kann. Aber grade Natur und Materie liebt er, wie Spinoza, als das Bestimmungslose, mit geheimnißvollen Kräften Begabte hinzustellen. Natürlich läßt sich mit solchem Dinge alles machen.

Der bestimmungslose Urgrund Spinoza's ward von Hegel ebenfalls als unpersönlicher Urgrund hingestellt, aber nicht mehr bestimmungslos, sondern bestimmt als das geistige, als das absolute Wissen. Dieses gefällt sich nach Hegel darin, sich in der Natur, in seinem Anderssein zu zeigen; es manifestirt sich daher als Welt, entäußert sich selbst, wird mit Lust zum Stein, zur Pflanze, zum Thier und erfaßt sich im Menschen als persönliches Wesen. Aber erkennend und fühlend zugleich, daß es als einzelner Geist ein ungenügendes ist, so sinkt es im Tod wieder ins Allgemeine zurück, aus dem aufs Neue die Entwickelung in ewigem Kreislauf beginnt. Dieses System, das ist zu behaupten, steht brauchbarer da, als das des Materialismus, da es innerhalb der Gesetze der Mechanik verbleibt. Das Höhere, das herabsteigend als Natur sich entäußert, sich manifestiren will, das wird sich auch die Möglichkeit wahren, aus diesem Niederen, Bewußtlosen sich wieder zu erheben zum Bewußtsein. Hier ist also Erhaltung der Kraft, denn von der Fülle und Höhe der Kraft kehrt man zu ihr wieder zurück. Aber nimmer verbleibt der Materialismus bei diesem Gesetz. Die Kraft läßt er vermehren; denn der Kohlenstoff, der gegessen wird, entwickelt eine Kraft, die den Essenden in Bewegung setzt den gegessenen Stoff in Form von Getreide wieder brauchbar zu machen. Wo kommt diese Entwickelung her? Diese Entwickelung von der Bewegung der Schwere zur geistigen Bewegung einer für die Zukunft sorgenden Arbeit? Was bewirkte die Aufhebung des Trägheitsgesetzes, das Verlassen gewohnter Krystallbildung um neue Zellenstoffwechselbewegung zu bilden? Gewiß, der Streit ist nicht darüber zu suchen, ob der Affe ein Mensch wird oder nicht, denn dieselbe Kraft, die den Salamander zum Affen formte, erhebt den Affenahnen zum Menschen, erhob sich vom Krystall zur Zelle. Die Frage ist überhaupt: sind solche Uebergänge möglich?

Der Materialismus nimmt dies als Wahrheit an, da er es denkbar möglich findet, da er von glücklichen Umständen redet und mit unbekannten Größen operirt. Mit Größen nämlich, die er zwar Natur, Materie, chemisch-physikalische Kräfte benennt, die er aber als unerklärbar und geheimnißvoll wirkend, außerhalb begrifflicher Zergliederung stehen läßt. So bleibt denn der Materialismus eigentlich als abgebrochener, unvollendeter **Pantheismus** stehen. Denn getreu seiner höchsten Instanz, der Medicin, die in der Erkenntniß der Arbeitsleistung der Einzelorgane und der einzelnen Heilstoffe ihre Aufgabe findet, bleibt auch der Materialismus bei den **Einzelkräften** stehen, und nur in allgemeiner Weise von einer Kräftesumme redend, schreitet er nicht vor zu Moltke's Schlachtkraft, geht er nicht vor zu dem das Einzelne bedingenden, die Atome begründenden, deren Wechselbeziehung ordnenden und das Gewordene, die Natur, gesetzmäßig entlassenden allgemeinen Urgrunde. Machte er diesen Schritt, an die Stelle unerklärter, oft personificirender Kürzungsausdrücke Klarheit und volle Begriffe setzend, seine Natur oder Materie würde sich als **Gottheit** enthüllen, die sich wie die im Pantheismus der Inder oder dem Hegel's in unendlichen Formen manifestirt und gestaltet. Bei den Indern ringt sich die Gottheit in ewigem Kreislauf durch alle Zwischenstufen vom Niedersten zum Höchsten. Bei Hegel findet, wie wir bereits erwähnten (Bd. I. S. 269), ein solcher Kreislauf nur im Begriffe statt (also nur im Denkbar=Möglichen); während in Wirklichkeit Steine, Pflanzen, Thiere getrennt bleiben und die Gottheit hier sich als Stein, dort sich als Thier u. s. w. manifestirt und aus diesem entäußertem Sein, der fleischgewordenen Verkörperung, sich zum allgemeinen Ursein wieder erhebt.

Auch dem **Pantheismus** gegenüber ist das Gesetz der Trägheit aufzustellen; es widerspricht dieses jenem ewigen Kreislauf des Uebergehens von Geist in Materie, von Materie in Geist. Die Unveränderlichkeit der Himmelsmassen und der Atomgewichte bezeugt das thatsächliche Verharren in einem gegebenen Zustand, und darauf, daß man das denkbar Mögliche denken kann, diese Weltmaterie könne von der Gottheit, welche sie entäußerte, wieder zurückgenommen werden, kommt es hier nicht an. Kann doch eine jede Philosophie nur der Ausdruck ihrer Zeit sein.

Auch wir gehen daher aus von der in heutiger Zeit als Thatsache anerkannten Unveränderlichkeit der Materie, und ihres Gebundenseins an das Gesetz der Trägheit, und nur von dieser heute feststehenden Thatsache, und der heutigen Erkenntniß der Materie ausgehend, versuchten wir die Entscheidung zu geben:

Materialismus ist unmöglich.

Der Begriff der Naturwissenschaft. Zum Ziel gekommen, sehen wir, wie der schließliche Begriff sich verschieden gestaltet, je nachdem man den Urgrund der Natur auffaßt.

Naturwissenschaft ist die Kenntniß der sinnlich wahrnehmbaren Erscheinungsformen der Gottheit, sagt der Pantheismus.

Naturwissenschaft ist die Kenntniß der sinnlich wahrnehmbaren Erscheinungsformen der Materie, sagt der Materialismus.

Wir nun, die wir das sinnlich Wahrnehmbare als ein thatsächlich und trotz aller Beweglichkeit Erstarrtes, als ein Entäußertes, das in der ihm von außen bestimmten Weise, dem Gesetze seines Seins verharrt und das Gesetz seines Wirkens mit Nothwendigkeit vollzieht, wir müssen den Begriff in anderer Weise geben. Nach dem Urquell fragend, dem außersinnlichen, der diese Welt aus sich entließ, können wir freilich nur aussagen, was uns die Außenwelt, was uns der eigene innere, der denkende, fühlende Sinn darbot. Auch der Urquell muß unter einer dieser Thätigkeitsformen gedacht werden, und zwar da Niederes nicht zum Höheren übergeht, so muß der Urquell als Fülle der Kraft, unter der höheren Thätigkeitsform, der des Denkens, gedacht werden.

Gravitirende Bewegung und denkende gehen indeß beide nur von Einzelwesen aus. Jene von träge wirkenden, der Zugkraft folgen müssenden Atomen oder Atomsummen. Diese von einem Ich, einem selbstsichwissenden, einem der Außenwelt gegenüber selbstsicherfassenden, in seinem Thun und Handeln selbstsichbestimmenden, einem persönlichen Wesen. Und unter diesem Begriffe eines persönlichen, sich selbst verwirklichenden Wesens, eines selbstsichwissenden, freithätig allmächtigen Wesens ist auch jener Urquell zu denken. Wenn wir nun auch die weitere Darlegung dieses Gottesbegriffes hier unterlassen müssen, so dürfen wir doch wenigstens das Gesagte benutzen, um endlich sagen zu können:

Naturwissenschaft ist die Kenntniß des durch Gott Gewordenen, der Werke Gottes.

Mit dieser Erklärug kann denn endlich jenes Nichtssagende wegfallen, was wir an den Anfang hinstellten: „Natur ist der Inbegriff dessen, was nicht von Menschenhänden gemacht ist." Und bei dem Ungenügenden jener Materialismus-Erklärung: „Natur ist die vereinte Thätigkeit sinnlicher Kräfte," gehen wir denn wieder über zu der bereits (Bd. I. S. 259) erwähnten Bibelerklärung, wie sie Franz Delitsch angiebt. Wir erinnern daran, daß nach ihm im alten Testament das Wort Natur nicht vorkommt, und wohl weil man hier nur singen und sagen wollte von der Herrlichkeit des wahren Gottes, von seiner Hände Werk. Im neuen Testament, wo dies Gewordene, besonders der Mensch, in seiner relativen Selbständigkeit Gott gegenüber betrachtet wird, da tritt auch das Wort „Natur" auf und bedeutet im weitesten Sinne, die einem Wesen in Folge eines seiner Erscheinung vorausgegangenen inneren Gewordenseins eigenthümliche Art des Seins, dann die ihm an sich selbst und abgesehen von anderweitiger Bestimmung oder auch von hinzukommender Selbstbestimmung inhaftende Beschaffenheit; dann das so beschaffene Wesen selbst. So die göttliche Natur von Gott, der was er ist und erscheint, vermöge selbstmächtigen Wesens ist. Gewöhnlich aber von Thieren und Menschen, die was sie sind und erscheinen, schöpfungsweise und zeugungsweise geworden sind. „Natürlich" heißt dann der gesetzlichen Beschaffenheit gemäß; auch tritt Natur in Gegensatz zu Kunst, Vernunft oder Freiheit, als das gesetzlich bestimmte Werden und Geschehen gegenüber dem selbstbewußten Handeln.

Fügen wir bei was Max Müller (Vergl. Sprachw. II. 515) sagt: „Natura heißt etymologisch betrachtet die Gebärende, Hervorbringende. Aber wer ist sie, oder er, oder es? Die alten Nationen machten eine Göttin aus ihr — und dies betrachten wir als kindischen Irrthum — aber was ist denn die Natur bei uns? Wir gebrauchen das Wort bereitwilligst und beständig, aber wenn wir unter Natur ein Wesen zu denken versuchen oder ein Aggregat von Kräften, so fällt uns bald der Muth. Es giebt gar nichts, woran man sich halten kann, nichts was wirklich vor uns stände oder uns gegenständlich würde.

Was versteht man unter dem Ausdrucke, daß Früchte von der Natur hervorgebracht werden? Die Natur kann hier doch nicht als selbständige Macht aufgefaßt werden, denn wir glauben nicht mehr an eine Gäa oder Tellus, eine Mutter Erde, welche die Früchte, von denen wir leben, hervorbringt. Gäa war einer der vielen Namen des Göttlichen; — ist für uns „Natur" mehr oder weniger? Büffon sagt: „Ich habe immer vom Schöpfer gesprochen, Sie brauchen aber dies Wort nur fallen zu lassen und an seine Stelle die Kraft zu setzen." Oder er sagt: „Die Natur ist nicht ein Ding, denn sie würde Alles sein; sie ist nicht ein Wesen, denn dies Wesen würde Gott sein." Noch auch sagt er: „Die Natur ist eine lebendige Macht, unermeßlich, allumfassend, allbelebend; dem höchsten Wesen unterworfen, hat sie angefangen, auf seinen Befehl allein zu wirken und wirkt mit seiner Einwilligung auch immer fort." — Ist dies faßlicher, hängt es besser in sich zusammen, als die Fabeln von Gäa, der Mutter des Uranos, der Frau des Uranos? Cuvier spricht von der Natur so: „Durch eine jener Redefiguren, deren alle Sprachen fähig sind, ist die Natur personificirt worden. . . . Zugleich mit den Fortschritten, welche unsere Kenntnisse in der Astronomie, Physik und Chemie gemacht haben, haben jene Wissenschaften auf die Fehlschlüsse verzichtet, die aus der Anwendung figürlicher Ausdrücke auf wirkliche Phänomene hervorgingen. Nur Physiologen haben diese Gewohnheit noch beibehalten, weil es bei der Dunkelheit, in welcher die Physiologie noch immer eingehüllt ist, ihnen nicht möglich war, sich selbst oder andere in Bezug auf ihre völlige Unkenntniß der Lebensverrichtungen, auf anderem Wege zu täuschen, als indem sie den Gebilden ihrer Einbildungskraft eine gewisse Realität zuschrieben." Müller sagt weiter: „Die Natur würde, wenn man Alles, was von ihr gesagt wird, glauben wollte, das außerordentlichste Wesen sein. Sie hat Abscheu (horror vacui), sie giebt sich Launen hin (lusus naturae), sie begeht Fehltritte (errores naturae, monstra). Sie liegt bisweilen mit sich selbst im Streit, denn wie Giraldus erzählte, brachte die Natur gegen die Natur Bernikelgänse hervor (vergleiche Bd. I. S. 179) und in den letzten Jahren hörten wir viel von ihrer Wählighkeit (Darwin)." Müller weiter aufmerksam machend, wie „Natur oft einfach für Materie, als das vom Geist abgesonderte," häufiger „als das mit selbständigem Leben begabte, nach ewigen Gesetzen arbeitende," gebraucht werde. Oft auch als geistiges Leben und intellectuelle Thätigkeit in sich schließend, so bei „geistiger Natur des Menschen, natürlicher Religion, selbst das göttliche Wesen bleibt nicht frei davon." Aber auch in Gegensatz zu Menschenwerken wird sie gebracht und so scheidet die Sprache „natürliche und menschliche Werke, aber auch im Hinblick auf göttliches Walten, übernatürliches, übermenschliches. „Man erwäge nun aber, welch ein Wirrwarr nothwendigerweise entstehen muß, wenn die Menschen, ohne die Bedeutung der Natur klar begriffen zu haben, ohne unter einander über die Grenzbestimmungen dieses Wortes einig geworden zu sein, an eine Untersuchung des Uebernatürlichen gehen. Die Philosophen werden sich herum zanken wegen der Behauptung oder Verwerfung der verschiedensten Meinungen über das Uebernatürliche. Sie würden es aber wie eine dreiste Zumuthung betrachten, wenn man sie um ihre eigene Definition des Uebernatürlichen befragen wollte, und dennoch ist sonnenklar, daß diese gegeneinander streitenden Parteien ganz und gar verschiedene und dabei ihrem Werthe nach ganz vage Ideen mit diesem Ausdruck verbinden."

Diese Stelle des sprachvergleichenden Fachmanns, wodurch er zeigen will, daß wir Ausdrücke gebrauchen, die wenn man sie streng analysiren wollte, sich als jeder substantiellen Basis ermangelnd erweisen würden, wird wohl besser meine Behauptung unterstützen, der Materialismus stütze sich auf unklare Ausdrücke, als wenn ich selbst die Vieldeutigkeit des Wortes Natur angegeben hätte.

Indem wir seither das in der Naturgeschichte Gegebene, das in der Naturlehre bei der Wechselwirkung der gegebenen Formen Erscheinende aufzählten, lernten wir die unorganische Welt als ein in gesetzlicher Weise sich Bewegendes, als ein in den weiten Grenzen seiner Bewegungserscheinungen träge Verharrendes kennen. Unfähig nun, aus diesem Erstarrten durch Entwickelung überzugehen zu höheren Stufen, sind wir gezwungen den einigen Urquell der vorhandenen Stufen im Außersinnlichen zu suchen. Dadurch wird die Natur ein Geschaffenes, ein Gewordenes, das eine eigenthümliche Art und Weise des Seins erhalten hat. Naturwissenschaft treiben wir nur dann im vollsten Sinne, wenn wir das aus und durch Gott Gewordene und in relativer Selbständigkeit Verharrende untersuchen; die Art und Weise seines Seins erforschen in seiner Gesetzmäßigkeit und seiner Vernunftnothwendigkeit.

Und so können wir denn sagen: Nachdem die Erde, ob nach Tagen oder nach Aeonen, aus einem Nebelball erhärtet und erkältet war und somit „günstige Umstände" vereint waren da schuf Gott der gewordenen Erde Keime des Lebens, einfach oder vielfach wie ihm gefiel; doch halten wir dafür der schaffensfrohe Gott habe die Vielheit der Lebensmöglichkeit auch gleich in vielen Formen offenbart. Zweierlei Welten des Lebens schuf er. Die einen Formen, die Pflanzen, in stoffwechselnder fortpflanzungsfähiger Bewegung sich entwickelnd und erschöpfend. Die anderen, die Thiere, ebenfalls lebensvoll, aber zugleich freier der Außenwelt gegenüber, vermögen die Reize zu suchen und zu vermeiden, sie werden der Außenwelt bewußt, bei den verschiedenen Thieren in unendlich verschiedenen Graden, aber unfähig sind sie, sich über die sinnlich erhaltenen Eindrücke zu erheben und so verharren sie unveränderlich in der gesetzten Schranke der Seele. Und wiederum kam die Zeit günstiger Umstände, oder wiederum schuf der Schaffensfrohe in Liebe und Lust, er schuf den Menschen, lebend und seelisch, als höchstes Glied vorhandener Stufen und deshalb theilhaftig wie sie der im Tode ablaufenden Lebensbewegung; aber er schuf ihn auch theilhaftig einer Kraft des Geistes, die der Gottkraft ähnlich ist, durch die er frei sich der Außenwelt gegenüber stellt, als Ich sich erfaßt und sich selbst bestimmt in seinem Thun und Handeln, so daß er seine Bahn geht, gut oder schlecht, verharrend im Gesetze der „ihm gewordenen Natur" oder es verlassend; durch die er aber zugleich begrifflich einzudringen vermag, in die ihn umgebende Welt, so daß er Begriffe gewinnend, sein Wissen erweiternd, einer schrankenlosen Entwickelung des Geistes sich freuen darf, sein Thun und Handeln nach stets reicher erkannter Wahrheit bestimmen und verwirklichen kann.

Ob abermal günstige Umstände sich schaaren? Mag es sein. Wir warten solche Entwickelung ab, ruhig und sicher, frei und vertrauensvoll, da wir sie legen in die Hand eines freithätig Allmächtigen, dessen absoluter Persönlichkeit gegenüber wir uns als Persönlichkeit in relativer Selbständigkeit empfinden, so daß wir voll Liebe und Hoffnung zu ihm erfüllt sind. — Auch der Materialismus kennt seine Furcht, kennt seine Hoffnung, denn er wartet auf das ihm Denkbar-Mögliche, daß später wieder günstige Umstände sich schaaren zu weiterer Entwickelung. Aber wer ist der Lenker seiner Millionen Jahre? Wer ist der Ueberwältiger des Gesetzes der Trägheit, das ein Verharren im jeweiligen Zustand nothwendig macht?

Fünfter Vortrag.

Ueber reale Bildung.

„Die Philosophie ist die Selbstverwirklichung des Menschen zu reiner und voller Menschlichkeit"; diese Worte Leopold Schmid's waren es, die in der ersten Hälfte unserer Vorträge ausgeführt werden sollten. Es war mein Streben, zu zeigen, wie durch das Philosophiren, als dem begrifflichen Erfassen der Dinge, der Mensch des ihn Umgebenden selbstgewiß wird und wie er durch solch Thun autoritätslos, frei und selbstthätig sich zum Ewigen erhebt, und nach ihm, dem als Wahrheit Erkannten sein irdisches Leben bestimmt und verwirklicht. Wir sahen aber auch wie es kein reines Denken, losgelöst von sinnlichen Einzelheiten gäbe, daß vielmehr die Reinheit des Denkens zu suchen sei, in der reinen, streng logischen Verknüpfung der Einzelheiten, in der richtigen, klaren Erfassung und Hervorhebung des dem Einzelnen zu Grunde liegenden Allgemeinen und Wesentlichen. Damit waren wir aber auf die Betrachtung der Natur hingewiesen; auf ein Gebiet, das keineswegs wie den Griechen und Indern, als das die Reinheit des Denkens durch die Einzelheiten störende, trübende, täuschende anzusehen ist, sondern das vielmehr durch die Schöpfungslehre Werth und Würde gewonnen, indem die Einzelheiten gerade dazu dienen, das Denken zu wecken, die Reinheit des Denkens zu üben und die Herrlichkeit der Allmacht zu erkennen. In diesem Gebiete erkannten wir denn auch zugleich einen Zaum und Zügel für das reine Denken. Die Experimente sind es, welche die rein logische Verknüpfung prüfen und bewahrheiten, welche an Stelle des Denkbar=Möglichen die Thatsache des Wirklich=Seienden hinsetzen. Wir sahen, wie an Stelle von Kant's möglichen unendlichen Verschiedenheiten der Materie, durch das Experiment eine thatsächliche Verschiedenheit von 63 Elementen getreten ist. Wir behaupteten das denkbar=mögliche Uebergehen aus unorganischer Bewegung in organische als thatsächlich unmöglich bei dem Gesetze der Trägheit.

In dem Vorhergehenden liegt die Nothwendigkeit und die Berechtigung des Naturstudiums zur vollen Bildung des Menschen, zur realen Verwirklichung seiner Persönlichkeit ausgesprochen. Nicht allgemein aber ist diese Nothwendigung und Berechtigung zur Bildung anerkannt. Gestatten Sie mir nun noch dies Recht, diese Nothwendigkeit Ihnen darzuthun, indem wir die Frage untersuchen: was ist reale Bildung? Der beabsichtigten Kürze halber verweisen wir aber auf die schöne Betrachtung: „Bildung und Wissenschaft" in Lazarus' Leben der Seele. Aus ihr citiren wir: „Der Begriff der Bildung im engern Sinne ist noch gar nicht alt; in seiner specifischen Bedeutung, in welcher er bei uns Deutschen gedacht wird, scheint er bei den übrigen Nationen als ein einiger Begriff nicht vorhanden zu sein, da ein congruentes Wort zu seiner Bezeichnung in allen neueren Sprachen fehlt; gewiß aber ist, daß ihn die alten Völker, auch die classischen nicht gekannt noch gebraucht haben, daß ihnen der Begriff und das Wort, größtentheils auch die Sache gefehlt hat" (S. 5). „Man redet auch von der Bildung eines Volkes; hier aber hat das Wort eine ganz andere Bedeutung, als wenn von eines Einzelnen Bildung im eigentlichsten und engsten Sinne gesprochen wird. Daß die Römer und Griechen zu den gebildeten Nationen gehören, wird Niemand läugnen wollen. Unter der Bildung eines Volkes versteht man die Summe seines gesammten, geistigen Lebens, seine Bestrebungen und Leistungen in Kunst und Wissenschaft, seine Sitten und Gebräuche, und der Grad der Volksbildung wird gemessen, theils nach der Anzahl und dem Werthe der Producte des geistigen Lebens und aller inneren Thätigkeit, theils nach der ungefähren Anzahl aller derer, welche eben diese Producte hervorgebracht, welche um die Erzeugung und Erhaltung der öffentlichen Bildung sich verdient gemacht haben. Die Individuen, als Repräsentanten solcher allgemeiner Bildung sind aber Gelehrte, Künstler, Staatsmänner u. s. w., aber nicht blos und nicht immer Gebildete. Die Sprache kann die gebildetste sein, aber Gelehrte und Ungebildete sprechen dieselbe Sprache; so sehr ist Bildung in Bezug auf ein Volk und auf ein Individuum etwas Verschiedenes." Einem Volksgeiste oder einem Volke können daher alle Merkmale der Bildung zukommen, ohne daß irgend wie daraus folgt, daß die Einzelnen dieses Volkes eigentliche Gebildete sind (S. 6)."

Die individuelle Bildung ist es, die wir hier im Auge haben. „Der Inhalt und das Wesen der Bildung ist kein einfaches, es sind mehrere und verschiedene Elemente, welche zusammengenommen das Ganze des Begriffs ausmachen ohne ihn zu erschöpfen. Bildung bezeichnet zunächst einen gewissen Zustand und Entwickelungsgrad der Intelligenz, eine bestimmte Art der Erhebung des Geistes über seine primäre und ohne erziehliche Pflege gewonnene Natur- und Lebensanschauung, eine Erfüllung des Gemüthes mit solchen Gegenständen der Erkenntniß, welche über die unmittelbaren und natürlichen materiellen Lebensbedürfnisse hinausgehen. Aber Bildung geht nicht in Intelligenz oder Wissenschaft auf, der Gegensatz beider ist festzustellen" (S. 8).
„Sodann bezeichnet der Begriff der Bildung eine bestimmte Weise des menschlichen Handelns, Betragens und Benehmens; vornehmlich von Gebildeten verlangen wir Erfüllung dessen, was die Sittlichkeit vom Menschen fordert; Bildung wird als eine eigenthümliche Quelle der Sittlichkeit und ein eigenes Motiv

der Gesinnung angesehen, aber in der Bildung ist zugleich manches, was der bloßen Ethik und Religiosität fremd oder gleichgiltig ist; deshalb ist der Unterschied der Bildung von der Sittlichkeit zu beleuchten. Endlich enthält die Bildung eine besonders innige Beziehung und Verbindung mit der Schönheit, man fordert vom Gebildeten, daß in und an ihm nichts Unschönes, selbst um ihn nichts den ästhetischen Sinn Verletzendes zur Erscheinung komme. Die Verbindung von Bildung mit dem Schönheitssinne ist daher ebenfalls zu betrachten" (S. 9).

Es sind also drei Elemente, welche bei der Bildung in Betracht kommen. Zuerst der Stoff, die Materie, d. h. der Inhalt des Gewußten, die Weite und Enge des Wissens mit seinem durch Volkseigenthümlichkeit und eigene Thätigkeit bestimmten Zusammenhang; sodann dieser Stoff in seiner Wechselbeziehung zur Außenwelt, die sittliche Kraft mit der er sich nach Außen hin zur Geltung zu bringen sucht und drittens die Form oder die Art und Weise in der er seine Thätigkeit zur Erscheinung bringt. In der Wirklichkeit sind diese drei Elemente natürlich nie getrennt, wir sondern sie nur um das Wesen der Bildung schärfer dadurch hervortreten zu lassen. In Wirklichkeit ist jeder Mensch ein denkendes und zwar ein als Persönlichkeit sich wissendes Wesen; dieses denkende Wesen ist aber jederzeit auch ein wollendes, ein mit seinem Denkinhalte im Thun und Lassen selbst sich bestimmendes und begehrendes, aber auch in irgend einer Form muß diese Thätigkeit an dem Wesen stets zur Erscheinung kommen.

Gehen wir nun, um mit unserem Bildungsbegriffe voranzukommen, von bestimmten Thatsachen aus. Der Engländer, der an der Tafel wahrnimmt, daß sein Nachbar, um den Fisch zu zerlegen, sich des Messers bedient, denkt naserümpfend: „Wie der Mensch ungebildet ißt!" Aber diesem Engländer wird derselbe Vorwurf, wenn er es macht wie jener neue Schulmeister in Berthold Auerbach's Dorfgeschichte, wo des Schulzen

Tochter in edler Entrüstung ist, daß der ungehobelte fremde Gast die lockeren Klöse mit dem Messer zerschneidet. Wir sehen, der Vorwurf tönt überall da entgegen, wo der Schuldige zeigt, daß er nicht zu Hause ist in den an Ort und Stelle eingeführten Formen, mögen nun die Formen zwecklos sein, wie beim Fische Essen ohne Messer, mögen sie einen Zweck und Sinn haben, wie beim Klöse Essen, wo der Messerschnitt die Fläche talkig macht.

Es ist also das Beobachten von eingeführten Formen die jemanden im geselligen Leben als einen Gebildeten erscheinen lassen; da nun jeder jederzeit in neue Verhältnisse geführt werden kann, so ist klar, daß es unmöglich ist, Jemanden so einzulernen, daß er überall die Kenntniß dessen mitbringt, was an fremdem Ort „zu Hause" ist. In gewissen Kreisen, in Familien, Städten, Nationen setzt sich freilich durch Gewohnheit des Zusammenseins ein gewisses Maaß von bekannten und gewohnten Formen fest; aber wer den Kreis verläßt oder fremd in ihn tritt, der muß durch Aufmerksamkeit und Beobachtung erst die herrschende Form kennen lernen. Der nun wird in solchen Fällen stets der Gebildetste heißen, der am raschesten die Verhältnisse erfassend und beurtheilend, sie zu seinen eigenen macht. Wer, wie Alcibiades, Athener in Athen, Spartaner in Sparta zu sein versteht, der wird der gebildetste heißen. Schnellfertigkeit im Beurtheilen der Verhältnisse, Aneignungsfähigkeit des Wahrgenommenen sind daher Haupterfordernisse zur Bildung. Derjenige wird dabei in fremden Verhältnissen am wenigsten anstoßen, der am wenigsten sich für unfehlbar, für vollkommen, für ganz gebildet ansieht. Denn bei diesem Gefühl der Unvollkommenheit wird er nicht überall das, was er gelernt hat, als das allein seligmachende hinstellen und äußern, sondern Rücksicht nehmend auf das um ihn Geschehende, wird er ihm Rechnung tragen wollen, theils um nicht aufzufallen, theils um sich nicht als einen darin nicht Unterrichteten zu zeigen. Aengstlichkeit der Bewegung, verrathene Absichtlichkeit der Nachahmung, wecken natürlich Spott, statt Lob der Bildung. Frei und ungezwungen muß die Form sich äußern; aber gleichweit von der Bildung, wie jene Unsicherheit des Benehmens, ist auch jene Sicherheit des Benehmens, die mit pedantischer Absichtlichkeit oder aus philisterhafter Angewöhnung einmal angenommene Formen in allen Verhältnissen beibehält.

Es ist nicht nöthig, dies im Allgemeinen Gesagte auf Einzelheiten auszudehnen. Ein gebildeter Professor, d. h. ein Mensch, der zu Hause ist in den beim Vortrag vorkommenden Verhältnissen und der den Besitz dieser Kenntniß gewandt zu verwerthen weiß, ist noch nicht auch ein gebildeter Schuster, obgleich die Regel sein wird, daß ein Professor eher einen gebildeten Schuh zu machen lernen wird, als ein Schuster einen gebildeten Vortrag. Wir wollen damit nur darauf hinweisen, daß ein Gebildeter nicht alles wissen kann oder nicht alles zu wissen braucht; wie denn im Leben überhaupt die Einzelnen, als gewissen Stellungen angehörend, stets nur ein gewisses Gebiet des Wissens vertreten. Dies Gebiet kann denn wieder ein derartiges sein, daß es die Hände des Menschen lenkt und leitet zu sinnlich anschaubaren Arbeiten, daß es sich in Künsten des Handwerks entfaltet. Oder dies Gebiet ist ein solches, daß es, ruhig lassend die körperlichen Kräfte, in der Welt der Anschauungen, Vorstellungen und Begriffe allein verbleibt. Letztere Thätigkeit, als die im geistigen Leben sich bewegende, wird nun als ideale entgegengesetzt jener Handwerksthätigkeit, die mit realen Dingen, mit Körpern sich beschäftigend, auch reale Thätigkeit genannt wird.

In früherer Zeit galt die reine Denkarbeit für das allein Adelnde, neben etwa Priester- und Kriegerthätigkeit. Die Handarbeiten wurden den Sclaven überlassen, als eines freien Mannes unwürdig. In der heutigen Zeit ist der Fluch von dieser Handarbeit genommen und der Handwerker wie der Gelehrte können in gleichem Adel nebeneinanderstehen. Neben dieser

Anerkenntniß des Adels der Arbeit machte sich aber noch anderes geltend. Wir hatten mehrmals Gelegenheit darauf hinzuweisen, daß im Alterthum keine Experimente in der Wissenschaft angestellt wurden. Man blieb im bloßen Denken stehen. "Die reine Intelligenz", "der unbewegte Beweger", das galt als das reinste, seligste Dasein. Bei diesem Verbleiben in Vorstellungen und Wortzergliederungen konnte auch die gewonnene Weltanschauung nur in dem logischen Fortschritt des begrifflichen Aufbaues, nur in der klaren möglichen Denkbarkeit des Behaupteten seine Begründung finden. Festere Stützen wurden gewonnen seit der Denkende mit freithätiger Händearbeit versucht, seine Ansichten und Ideen zu prüfen, indem er an dem realen Körper selbst das Behauptete zur Erscheinung zu bringen sucht. Es ist gewiß, daß der auf solche Weise mit Hand und Fuß zugleich bei seinem Denken Angespannte in allseitigerer Weise thätig ist, als einer der auf behaglichem Schreibstuhl sitzend, in Ruhe den Gesetzen griechischer Grammatik nachdenkt. Dies experimentelle Denken nennt man nun ebenfalls reale Untersuchungen; aber offenbar ist es entweder nur Mißverstand oder nur Eitelkeit, wenn man dies mit Körpern experimentirende Denken, weil es von Körpern seinen Namen hat, für geistloser halten will, als jenes nur mit Worten oder Vorstellungen experimentirende Denken, das seinen Namen von seinem Gebiet der Wortvorstellungen, als Abbildern der Sachen nehmend, sich stolz ideales Denken nennt.

Diese realen Beschäftigungen, Körper und Geist zugleich anspannend und den Menschen bei seinen Untersuchungen in Verbindung mit der Außenwelt, der Natur, erhaltend, verbanden im Laufe der Zeit die Wissenschaft überhaupt wieder mehr mit dem Leben. Doch war diese Trennung von Wissenschaft vielleicht bei keiner Nation so schroff wie bei der deutschen. Jene Muster unpractischer Gelehrten werden mehr und mehr verschwinden, je mehr man erkennt, daß die Gelehrsamkeit nur da Leben und

Fluß erhält, wo sie mit dem Leben selbst in Zusammenhang bleibt. Und die erwachte politische Luft des Deutschen, die anwachsenden socialen Fragen sie zwingen selbst den idealsten Denker über seine Welt der Ideale den realen Boden nicht zu vergessen.

Nicht die Art und nicht die Fülle des Wissens entscheidet also über die Bildung. Der größte Gelehrte kann in der Gesellschaft der trockenste, unbeholfenste Mensch sein, der welcher sich hier am wenigsten zu Hause fühlt. Der größte Vielwisser kann der ungebildetste Mensch sein, denn nicht die Summe, sondern die Zusammenfassung und Verwerthung der einzelnen Kenntnisse, die Durchbildung der Summe, macht auch den Gelehrten zum Gebildeten. Wir sehen es aber auch bei den Frauen, wie die Bildung in mancher Beziehung unabhängig ist von Vielwissen. Nicht in Anspruch genommen, wie der Mann durch eine den Geist vereinseitigende Lebensthätigkeit, bleibt ihr Geist freier von Einseitigkeit, gleichmäßiger auf Betrachtung des rein Menschlichen gerichtet; und so bei der harmonischen Entfaltung ihrer Geisteskräfte, bei ihrem friedlichen Benehmen und der anmuthvollen Würde ihrer Erscheinung verbleiben die Frauen der Quickborn und die Veredler des männlichen Lebens; „das ewig Weibliche" als das rein Menschliche „zieht uns hinan". — Bei dem Gesagten läugnen wir nicht, daß es auch Frauen giebt, die bei der Fähigkeit der Emancipation uns hinabzuziehen vermögen, indem sie männlich und männisch geworden die Sphäre des rein Menschlichen verließen und in ein vereinzeltes Gebiet der Lebensstellung übergingen; vielleicht um als Professor die Studenten zu unterrichten. Wir glauben sogar, daß solche Frauen-Professoren großen Zulauf gewinnen, da sie neben den staatsgesetzlichen Ferien die Möglichkeit von naturgesetzlichen Ferien den Zuhörern bieten.

Das rein Menschliche ist es daher, was in der Bildung zur Erscheinung kommen soll und nicht die durch eine bestimmte Lebensstellung angeeignete Besonderheit. Aber dies rein Menschliche selbst ist etwas, was im practischen Leben zwar überall erstrebt, aber nirgends vorhanden ist, denn jeder Mensch gehört von Haus aus einer mehr oder weniger fest verbundenen Gesellschaft, einem Volk, einem Staate an. Von Haus aus bringt er daher in seine Lebensstellungen eine gewisse Eigenthümlichkeit, seine nationale Geistesanschauung mit. Der Inhalt dieser Anschauungen besteht aus den Ideen, d. i. den Anschauungen, Vorstellungen und Begriffen über das Verhältniß der Nation zur Ursache des Alls, aus der socialen Frage, als den Ideen über das Verhältniß der einzelnen Glieder der Nation zu einander und aus den Ideen über die Pflichten, die sich für den Einzelnen aus den Bestimmungen über das in den andern Fragen Festgestellte oder Angenommene ergeben. Hier ist es denn, wo wir zurückgehen zu jener oben erwähnten Bemerkung, daß ein Volk gebildet sein kann, aber der Einzelne es nicht zu sein braucht; daß die antiken Völker Begriff und Sache der Bildung nicht kannten.

„Der Zweck der geistigen Thätigkeit rein um ihrer selbst willen innerhalb des Individuums war den alten Völkern fremd; Alles hatte oder sollte haben einen objectiven, allgemeinen Zweck. Ueber den Mangel des Individualismus bei den classischen Nationen ist viel gesprochen, auch wohl gestritten worden; aber gewiß ist, daß wie individuell auch ein Gegenstand oder Verhältniß sich dem Streben und der Fähigkeit nach gestaltet haben mochte, gewürdigt wurde es nur aus dem Gesichtspunkt des Allgemeinen. Wo nun die Selbständigkeit und Geltung des Einzelnen als solchen nicht zur Anerkennung gelangt, da kann auch in der Bildung des Individuums um seiner selbst willen kein beachtenswerther Zweck gefunden werden. Am wichtigsten aber ist hierbei, daß die Alten namentlich zu der Anschauung nicht gelangt waren (welche auch in modernen Zeiten, wo wiederum der Individualismus ein so großes Uebergewicht erlangt hat, nur ungenügend zum Bewußtsein gekommen ist), daß der individuelle Zweck zugleich und ebenso sehr der allgemeinste ist; daß jeder Einzelne auch ohne eine factische Bethätigung für die Nation ein Glied und Repräsentant derselben ist, so daß auch sein individuelles Leben und Thun von nationalem Werth und allgemeiner Geltung ist. Sokrates ist nicht blos durch seine Lehre und sein Leben, sondern auch durch die Art seines Strebens eine Zierde des griechischen Nationalgeistes, und daß Junius Brutus, wiewohl Zinswucherer, als Privatmann doch durch die That und nach allgemeiner Schätzung der beste Bürger Roms ist, werden wir nicht seinem, sondern der Nation noch unentwickelten ethischen Sinn für Privattugend zurechnen.

„Was wir im heutigen Sinne allgemeine Bildung nennen, ist bei den Griechen und Römern überhaupt nicht sehr verbreitet, die geistige Thätigkeit verfolgt meist einen praktischen oder doch allgemeinen Zweck, daneben finden wir einen vielgewandten ästhetischen Sinn und als dessen Erfolg gar feine gebildete Lebensformen; aber selbst die Kunst, mehr als jede andere Richtung des geistigen Lebens geeignet, dem Individuum ein Genüge zu thun, ist im innigsten Zusammenhang mit Religion und Staat. Wo aber dennoch eigentliche Bildung auftritt mit rein persönlichem Zweck, hat sie nicht die Bestimmung, den individuellen sittlichen Beruf des Menschen zu erfüllen, seinen Werth zu erhöhen, seiner Würde zu entsprechen, sondern sie ist vorwiegend als — Genuß und Luxus. In dem griechischen Volke besonders war ein hoher Grad von öffentlicher Bildung vorhanden, aber die Einzelnen besaßen sie unmittelbar und erwarben sie weder in dem Sinne noch in der sittlichen Absicht der Bildung, so wenig als der gemeine Mann unsere gebildete Sprache sich aneignet zum Behuf und als ein Element der Bildung. Daher auch die eigenthümliche Weise ihrer Erscheinung; bei den Griechen besonders als blühend gerühmt und gesucht unter den Hetären, bei der römischen domina späterer Zeit (die frühere kannte sie gar nicht —) neben sittlicher Entartung ein, vielleicht nur untergeordneter,

Zweig des mannigfaltigen und gesuchten Luxus neben Rohheit und Grausamkeit.

„Grade dieser Unterschied der Frauen in alten und neuen Zeiten erklärt sich aus dieser verschiedenen Auffassung vom Zweck der Bildung. War sie dort nur im Dienste der objectiven und allgemeinen Zwecke, wie Staat und Religion vorhanden: so bedurften die Frauen derselben nicht, da sie an diesem Theil zu nehmen keine Pflicht noch Recht hatten; für uns aber ist die Bildung allgemein menschliches Bedürfniß, Erfüllung des menschheitlichen für jedes Individuum geltenden Zweckes, darum nehmen die Frauen einen gleichen Antheil daran. Ja sogar die Bildung im ausschließlichen Sinne als einiges Element und alleinige Bezeichnung für den Grad des geistigen Lebens fällt bei uns meist den Frauen anheim, weil die Männer zugleich mit Wissenschaft und wissenschaftlicher Praxis beschäftigt sind (Lazarus, a. a. O. S. 19).

Woher nun diese Scheidung von alter und neuer Zeit? Woher dies Zurücktreten des Individuums in der alten Zeit, während in jetziger Zeit der Individualismus das Uebergewicht erlangte, wenn wir auch mit Lazarus behaupten, daß trotzdem das Princip nur ungenügend noch zum Bewußtsein gekommen ist? Wir scheuen uns nicht, die Ursache auf die Religion zurückzuführen; wir scheuen uns nicht davor, wenn auch von den auf Bildung und Wissenschaftlichkeit Anspruch Machenden es heute zum guten Ton gehört, die Religion als Nebensache zu behaupten, sie vielleicht nur als Stütze für schwache Seelen anzuerkennen, und sie als Resultat menschlicher Furcht, als Ergebniß hierarchischer Herrschergelüste zu verachten. Wir scheuen uns nicht davor, wenn auch von anderer Seite, wo man Religion und Kirchlichkeit oder Confession vermengt, die Religion als unabhängig von der Sittlichkeit hingestellt wird und der Grad der Religiosität bestimmt wird, nach der Geläufigkeit des Hersagens von Dogmen und der Häufigkeit des Kirchenbesuchs.

Wir weisen hierbei zurück auf das an früheren Orten über Religion und Confession Gesagte, namentlich auf die Vorträge: „Die Aufgabe der Philosophie" und „Selbstsucht und Persönlichkeit". Wir sahen, wie die Confession den Begriff, der von dem Ewigen vorhanden ist, auszusprechen sucht, während die Religion in der Treue zu diesem Ewigen, im Bestimmen alles Thuns und Handelns beim steten Hinblick auf dies Ewige besteht. So wenig nun Wissen und Wollen dasselbe sind, wenn auch der Wille durch den Inhalt des Wissens stets bestimmt wird, so wenig nun sind auch Confession und Religion dasselbe, wenn es auch keinen Menschen giebt, der Religion hat ohne Confession, d. h. dessen Treue zum Ewigen feststeht, ohne eine Vorstellung, einen Begriff vom Ewigen zu besitzen. Vorstellungen und Begriffe aber werden von Menschen entwickelt, die wieder in geselliger Gemeinschaft leben, und von ihnen werden denn theils um der inneren Gottesverehrung Ausdruck zu geben, theils um sich als Gleichgesinnte bekennen zu können, Aeußerlichkeiten angeordnet, Einrichtungen festgesetzt, die dann den Inhalt dessen bilden, was man das Kirchliche nennt, mag die Stätte der Verehrung der Wald, der Tempel, die Moschee, die Kirche heißen. Wir wollen uns nicht dabei verweilen, daß bei den Griechen und Römern von einer einheitlichen Kirche in unserem Sinne nicht die Rede war; eigentliche theologische Wissenschaft fehlte und das Theologische verlor sich mehr im Mythischen und Poetischen. Homer, Hesiod blieben die Religionsbücher der Griechen; und den Römern war es so wenig um eine streng begriffliche Durchführung ihrer Religionslehre zu thun, daß sie willig aufnahmen was sie fanden, und den Schutzgott der eroberten Stadt mit nach Rom nahmen, damit er versöhnt dort seinen Wohnort habe. Wir wollen auch nicht dabei verweilen wie dieser sichtbare Ausdruck der Gottesverehrung im Laufe der Zeit so oft zu einer bloßen Aeußerlichkeit herabsinkt, deren innere Bedeutung der größeren Masse völlig entschwunden ist; wie aber in dem gedankenlosen Beobachten solcher

Formeln dann oft das Wesen der Religion gesucht wird, und je unverständlicher sie geworden sind, desto mehr erscheint dann oft das Befolgen der Formeln höher als die Sittlichkeit. Wir haben nicht nöthig, alles dieses in Einzelheiten zu verfolgen, sahen wir doch schon, daß die Bildung nicht in der Gelehrsamkeit beruht. Der Religiöse wird selten das ganze Gebiet seiner theologischen Wissenschaft inne haben, aber die rohesten Umrisse, die wesentlichsten Züge daraus wird er kennen. Aber auch nur diese wesentlichsten Züge sind es, die den Geist des Volkes, die das Handeln des Einzelnen bestimmen. Und da ist es denn die Vorstellung des finstern Verhängnisses, des blinden Zwanges, der das Leben des Menschen bestimme, was uns im Alterthum als das Wesentlichste entgegentritt.

Jenes erschütternde Unglück des Königs Oedipus, das Sophocles uns in edler Vollendung vorführt, wenn ergriff es nicht mit mächtiger Gewalt? Wer aber steht nicht auch entsetzt einem Geschehen gegenüber, das zu begreifen ihm fast die Fähigkeit abgeht! Ein König, geehrt und geliebt auf dem Throne, den er erwarb, weil er das Land von unsäglichem Elend befreite und den er durch treue Fürsorge für sein Volk zu adeln und zu schmücken suchte; und dieser König inmitten seines edlen Thuns herabgestürzt von seinem Thron, hinausgestoßen in die Fremde, geblendet, verflucht, ein heimathloser Bettler! Und dieses alles, nicht weil ihn ein mächtigerer König um Hab und Gut beraubte, nicht auch weil ihm ein Gott Leiden wie Hiob schickte, ihn zu prüfen, durch Unglück zu erziehen. Nein, weil er unwissend eine Schuld auf sich lud; eine Schuld, die zu vermeiden er die Stätte seiner Kindheit geflohen war; eine Schuld, in die er fallen mußte des finstern Verhängnisses wegen, des Fluches wegen, der vor seiner Geburt gesprochen war. Er, der unwissend Irrende, der die Schuld zu vermeiden Strebende, in edlem Thun sein Leben Erfüllende, er vermag nichts der äußeren Macht gegenüber, dem blind sich vollziehenden Schicksal, wo bleibt da die freie Lust des

Strebens? Wo die Selbstehre, wenn der Mensch in völliger Unfreiheit sein Loos sich erfüllen sieht? In der That, einem Lear verbleibt in seinem Königs-Unglück der Trost, daß er in seinem Elend die Folgen trage seiner Affenliebe und seiner eitlen Lust an plumper Schmeichelei; aber wo bleibt dem Oedipus ein Trost der Selbstverschuldung? Vielleicht nur der, und zwar der die Freiheit völlig raubende, daß er den Zorn der Götter dadurch noch gestärkt habe, weil er in menschlichem Sinnen gemeint, dem Beschlusse der Gottheit entrinnen zu können, während doch Götter und Orakel nimmer irrten.

Diese Unfreiheit des Individuums gegenüber dem Ewigen, wie sie uns hier in königlicher Schroffheit entgegentritt, war der Grundcharakter griechischer und römischer Anschauung und mächtig bestimmend für das ganze sittliche Leben. Nimmer in sich selbst, nur von außen suchte man den Wink zur Entscheidung. Das Orakel mußte die Freiheit der Selbstentscheidung, der Selbstgewißheit unterdrücken und lähmen. Wir erwähnten, wie die Sophisten, wie Sokrates diese Freiheit der Selbstgewißheit zu wecken suchten; aber erst durch Christus ward das Princip der Persönlichkeit, abgestreift vom nationalen Charakter, in edler Menschlichkeit verkündet. So lange aber der Mensch in diesem Gefühle der Unfreiheit, der Werthlosigkeit als Individuum gegenüber dem Ewigen dahinlebte, so lange auch fand er seinen Werth nur darin, daß er einem werthvollen Ganzen, einem glänzenden Staatsleben angehörte. Daraus ergab sich aber auch eine wichtige Folge für die ganze Art und Weise seines Thuns und Handelns. Bei dem Gefühle der Unfreiheit nach Außen, bei dem Gefühle der Unfähigkeit durch selbsteigene That dem kommenden Schicksal entgegenzutreten, verschwindet der Werth innerer Selbstentscheidung und die Rücksicht auf das nach Außen zur Erscheinung kommende wird das Maaßgebende. Der Werth der Bildung wird dann vom ästhetischen, nicht vom sittlichen Standpunkte bestimmt.

„Schon daraus, daß diejenige Richtschnur des practischen Lebens, welche wir als Bildung bezeichnen, zugleich und sogar vorwiegend das äußere Benehmen und Betragen des Menschen betrifft, ist es erkennbar, daß die über Sittlichkeit, Schicklichkeit, Anstand gegebenen Angaben und Vorschriften nicht blos auf sittlichen, sondern ebenso sehr auf rein ästhetischen Principien beruhen. In vielen Fällen und in fast allen des sogenannten Anstandes ist es ausschließlich der ästhetische Sinn des Menschen, welcher gesetzgebend auftritt und für das Leben ästhetische Formen vorschreibt, welche mit den sittlichen Normen nichts gemein haben; was also vor dem Richterstuhle der Sittlichkeit gleichgültig erscheint, kündigt sich als eine nicht minder unmittelbare und unläugbare Forderung des Gemüthes aus ästhetischen Gründen an; daher die unbedingte Sicherheit derselben, auch wenn das Bewußtsein ihres Ursprungs fehlt. Für viele Beziehungen des Lebens und der Geselligkeit bewegen sich die Regeln der gebildeten Handlungsweise auf jener Grenze, wo das innere Verhältniß mit dem äußeren Verhalten zusammentreffen, wo Gesinnung und Handlung, Inneres und Aeußeres einander entsprechen und darin harmoniren sollen, daß dieses in seiner Form ebenso den Gesetzen der Schönheit, wie jenes mit seinem Inhalt denen der Sittlichkeit gemäß sei. Diese äußere Schönheit der Handlung, welche der inneren Reinheit der Gesinnung, die ästhetische Gestalt, welche dem sittlichen Gehalt des Lebens entsprechen soll, bezeichnet man gewöhnlich als das Decorum, welches zu bewahren nothwendig sei; eine Vorschrift, welche fast immer den ironischen Sinn hat, daß eben die Gesinnung und der innere Gehalt fehlt. Und zwar hängt dies mit der Natur des Schönen zusammen, welches seinem eigensten Wesen nach nicht das rein Innere, sondern nach außen Strebende ist, und wenn auch nicht um zur Materialität, so doch zur Erscheinung zu kommen; und so wird leicht das Streben nach dem schönen Schein, zum Streben nach dem Schein des Schönen (Lazarus a. a. O. S. 89).

„Wie die Römer das, was Schicklichkeit und Anstand betraf, mit Decorum bezeichneten, so nannten die Griechen es Prepon, und auch bei ihnen ist Sittlichkeit und Schicklichkeit mit einander vermischt" (S. 86). „Die bei den Griechen herrschende Vermischung und beziehungsweise Gleichsetzung des Schönen (kalon) und des Guten (agathon) und ihr stehender Begriff der kalokagathia deutet am besten ihren zweideutig sittlichen Standpunkt an und macht sie nach dieser Seite hin zu der eigentlich gebildeten Nation" (Lazarus S. 92).

Daß Sittlichkeit und Schicklichkeit zusammen zur Bildung gehören, wissen wir aus der täglichen Erfahrung, wo der tugendhafteste Mensch, der weise, ehrenhafte, sittenreine, kenntnißreiche, also geistig gebildete, doch oft nichts weniger als wohlgelitten ist, da ihm die Bildung des Lebens fehlt, das gebildete Betragen und Benehmen, die rechte Form und Neigung des Umgangs, der Takt und Sinn der Gesellung. Bei dieser Vermischung aber **ästhetischer** und **sittlicher** Rücksichten, bei der Schwierigkeit der Grenzbestimmung beider Gebiete sehen wir denn im Laufe der Zeit und bei den verschiedensten Völkern ein häufiges Schwanken und eine unendliche Mannigfaltigkeit der Anschauungen und Gebräuche in Betreff des Anständigen und Sittlichen. Eine Thatsache, auf welche sich die Freunde des **Materialismus** namentlich gerne berufen, wenn sie den Idealisten, den Vertheidigern der Lehre von Gott, Freiheit und Unsterblichkeit gegenüber, den Unwerth dieser Begriffe darthun wollen, sie berufen sich auf die schwankenden Vorstellungen darüber, um darzuthun, daß diesen Begriffen keine absolute Geltung zukommen könne, daß sie nur einen relativen, einen eingebildeten Werth besäßen. Aber gewiß, dieselben, welche aus den schwankenden Vorstellungen über Gott frohlockend folgern, daß „Gott" eine rein menschliche Erfindung sei, sie würden mit der edelsten Entrüstung auftreten, wenn Jemand deshalb, weil man früher vom Gesetz der Schwere nichts wußte und weil heute noch Viele sind, die nichts davon wissen, demselben nur einen relativen Werth, nur die Bedeutung einer menschlichen Erfindung zuerkennen würden. Dies verschiedene Verhalten zum Begriff der Schwere und dies verschiedene Verhalten zum Begriff Gottes beruhen auf der gleichen Ursache der **Fortentwickelungsfähigkeit des Menschen.** Nicht als fertiges Wesen betrat er die Erde. Herr soll er werden des ihn Umgebenden, selbstgewißwerden des seinem Wesen Entsprechenden, selbsterfassen soll er den Begriff, das Wesen des Alls, nach dem er sein Thun im Leben bestimmt. Auf diesem Wege der Entwickelung schlägt er unendliche Bahnen ein, bildet er unendliche Formen aus, in denen er mehr oder weniger träge verharrt; aber wie die Schnecke, wie das Roß trotz ihrer Verschiedenheit Thiere bleiben und wie trotz dieses Verbleibens in der in jeder Art vollkommenen Thierheit wir ein Recht haben, von dem größeren Adel, der höheren Erscheinungsweise der einzelnen Thierformen zu reden, so auch haben wir in den verschiedensten Lebensformen der Völker das rein Menschliche wiederzufinden und nicht den Rest der Thierheit darin erkennen zu wollen. Wir werden aber auch in dieser oder jener Form der Lebensgestaltung den Adel der Menschheit als am meisten zur Erscheinung gekommen ansehen müssen. Wir sagen daher mit Lazarus: „Die mancherlei Anstandsformen und Lebensarten der Gebildeten, welche bei den verschiedenen Völkern verschieden sind und in verschiedenen Zeiten wechseln, verhalten sich wohl zu dem absoluten und idealen Decorum, zu dem für den Menschen absolut Schicklichen grade so, wie sich die verschiedenen Sitten zur Sittlichkeit verhalten" (S. 92). Wir fahren aber weiter fort und sagen: grade so verhalten sich auch die verschiedenen Religionen, d. h. die in den verschiedenen Völkern in mehr oder weniger kirchlicher Entfaltung zum Ausdruck gekommenen Erscheinungsweisen der Gottverehrung zur absoluten Religion, zu der in keiner sichtbar endlichen Form ergossenen. Wir sagen, daß die Sittlichkeit in dieser Religionsgestaltung ihr erstes und höchstes Element der Bestimmung, ihre nachhaltigste und mächtigste Lebensrichtschnur besitze.

Wir sahen, wie bei Griechen und Römern das Recht und der Begriff der Persönlichkeit nicht zur Geltung kommen konnte bei der Vorstellung des den Einzelnen beherrschenden, unabänderlichen Schicksals. Diese Vorstellung erhielt im Volksleben den häßlichsten Aberglauben; aber selbst Epikur, der, um diesen zu entfernen, die Verbreitung der Wissenschaft pries, erhob sich nicht über diese Volksvorstellung der Unfreiheit des Einzelnen hinaus. Aus dieser Vorstellung leiteten wir wieder her, daß der Einzelne in seinen Handlungen weniger von inneren, sittlichen Bestimmungsgründen ausging, als von den äußerlichen des Staates und des Anstandes. Wir werden es aber auch dabei nicht auffallend finden, wenn wir diese Vermischung des Schönen (kalon) und Guten (agathon), diesen Begriff der kalokagathia wiederfinden bei einem Volke, das ebenfalls an der Unfreiheit des Einzelnen, an dem starr unabänderlichen Geschehen des Schicksals festhält, dem es aber nicht gelang, diesen finstern Anblick zurücktreten zu lassen und sich an die in den Vordergrund gestellte heitere Götterwelt der Olympier zu halten und dabei das rein Menschliche in gleich edler Vollkommenheit zur Erscheinung zu bringen, wie die beglückten Griechen. Es sind die Chinesen, die als das Volk, das den Materialismus zum Religionscultus erhob, bei der vermeintlichen Unfreiheit des Einzelnen die Hauptbestimmungsgründe des sittlichen Handelns nicht in dem selbstbewußten, freithätigen Innern, sondern in den ästhetischen des Anstandes suchen.

Wilhelm Schott in seiner Uebersetzung der Werke des Kung-Fu-Tsü und seiner Schüler erwähnt im I. Theile des Lyn-Yü, 2. Buch, Cap. 2, wie das chinesische giun-dsü bedeute, was das griechische kalokagathos: ein achtungswerther Mann; der Mann, wie er sein soll, gebildet, gewandt und tüchtig nach außen, redlich und zuverlässig von Gesinnung. Tsü sprach: Der achtungswerthe Mann sagt nicht im Verkehr mit Anderen, ich habe Lust zu dieser Sache, oder: ich bin zu jener abgeneigt. Allem, was gut und seiner würdig ist, fügt er sich von selbst. Dsü sprach: Der Achtungswürdige Mann sieht auf Tugend, der Niedrigdenkende auf Reichthümer; der Erstere folgt den Vorschriften des Gesetzes, der Letztere seinem Vortheil. Dsü sprach: In meinem ersten Verkehr mit Menschen merkte ich auf ihre Worte und beurtheilte nach diesen ihren Wandel: jetzt merke ich auf Worte und Wandel. Des Weisen Benehmen ist immer werkthätige, nie tastende Menschenliebe. Dsü sprach: Die Wohlfahrt des Menschen ist unzertrennlich mit seiner Tugend verknüpft. Das Wohl des Lasterhaften erhält blos ihr gutes Glück (Zufall) oder des Himmels Langmuth. Dsü sprach: Von der Kenntniß der Tugend bis zu ihrer Billigung ist ein großer Schritt; von der Billigung bis zur Liebe ein noch größerer. Dsai-gno fragte: wenn der vollkommen Tugendhafte hört, daß jemand in eine Grube gefallen sei, muß er hineinspringen, ihn zu retten? Dsü sprach: Wozu das? Der achtungswürdige Mann stürzt sich nicht tollkühn in Todesgefahr. Dsü sprach: Der achtungswürdige Mann sieht nicht minder auf anständiges Benehmen, als auf wissenschaftliche Ausbildung. Er wird nie die Schranken des Anstandes verletzen. Dsü sprach: Wie kann der Mensch wahren Anstand beobachten ohne tugendhaftes Princip? Auf Vernunft gegründeter Anstand lehrt Mäßigung im Uebermaaß der Freude, im Unglück aber edlen männlichen Schmerz. Dsü sprach: Der, welcher vollkommene Tugend besitzt, wünscht nicht nur diese Tugend selbst zu bewahren, sondern auch sie Anderen mitzutheilen. Er wünscht selbst weise zu sein und würde gerne auch Andere zu Weisen umschaffen. Wenn Du fähig bist, diejenigen Pflichten zu erfüllen, welche Dir am nächsten liegen, wenn das Wohl Deines Nächsten Dir in gleichem Grade wie Dein eigenes am Herzen liegt, dann besitzest Du einen wichtigen Theil der vollkommenen Tugend. — Jemand fragte: Was hältst Du von dem Grundsatze, Feindschaft mit Wohlthaten zu vergelten? Dsü sprach: Womit willst Du denn Wohlthaten vergelten? Mit parteiloser Gerechtigkeit vergilt dem Feinde, mit Wohlthaten dem Wohlthäter. Dsü sprach: Niemand kennt mich. Wer mich kennt, das ist der Himmel. Dsü sprach: Du meinst, wegen meiner vielen Kenntnisse brauchte ich mich nur zu besinnen? Nein. Ich durchdringe Alles mit Einem. Dsü-kung fragte: Giebt es wohl ein Wort, dem gemäß wir bis zum Tode handeln können? Dsü sprach: Ja! Dies Wort ist: Was Du selbst nicht willst, das thue nicht Andern. Dsü-lu sprach: Ein Staatsmann muß doch wohl kühnen Muth jeder andern Eigenschaft vorziehen? Dsü sagte: Nein! er muß Gerechtigkeit am höchsten schätzen. Wenn der Staatsmann Muth vorzieht, so stiftet er Aufruhr; wenn der gemeine Unterthan dies thut, wird er Räuber. Dsü sprach: Dienstboten ist es schwer zufrieden zu stellen; näherst Du Dich ihnen zu sehr, so werden sie ungehorsam, entfernst Du Dich zu weit von ihnen, so murren sie. Wenn Einer im 40. Jahre noch Fehler hat, so wird er sie gewiß nicht wieder ablegen. Dsü sprach: Wenn Ihr Eure Andacht verrichtet, so denkt Euch die Gottheit gegenwärtig; wenn das Gemüth nicht beim Gottesdienst angeregt wird, so ist es, als ob wir nicht beteten. Er tadelt auch die Ceremonien, welche die spätere Zeit hatte aufkommen lassen, während die ersten Kaiser als Stellvertreter der Gottheit einen Cultus wollten, der ihres hohen Berufes würdig wäre; sie hatten erkannt, daß tiefe Ehrfurcht vor dem Unendlichen und gewissenhafte Erfüllung der Vorschriften des Himmels mehr seien als Ceremonien.

Wir sehen auch diese Religion des Materialismus, wo das Ewige als bewußtlose, nothwendig wirkende Kraft aufgefaßt wird, anschaubar in abstracter Form als Himmel und anschaubar auf Erden im Kaiser, in unfehlbarer, stellvertretender Person, wo der Einzelne dem Himmel und Kaiser gegenüber ein unfreies Leben führt; wir sehen auch diese Religion läßt hohe Lehren der Weisheit und

Bildung aufkommen, und wir glauben, daß in der auf Aesthetik erbauten Sittlichkeit eines Kung-Fu-Dsü, bei dessen Originalität und Tiefe, mehr ideenerweckende Bildung zu holen ist, als in den Schriften des die Griechen nachäffenden Cicero. Und wollte man sagen, daß die Form und Sprachweise des classischen Lateiners eine edlere, veredlendere sei, so ist an die Franzosen des Jahres 1870 zu erinnern, um zu zeigen, daß trotz allem Adels der Sprache, trotz aller Eleganz der Form die Rede nur Phrase bleibt, wenn sie nicht vom Inhalt durchgeistet wird und wahre Kraft der Bildung erhält.

Aber abgesehen davon, daß der Materialismus mit Hülfe des Anstandsgefühls, der Aesthetik, einen Reichthum von Bildung erzeugen kann, wir müssen auch gestehen, daß er die Freiheit lassen kann zu einer edlen Sittlichkeit. Es ist eine tragische Dichtung, die uns das zu den heiligen Büchern der Chinesen gerechnete Liederbuch des Schi-king bringt, von der Königin Swen-Kiang. Paul Heyse hat es in edler Einfachheit nacherzählt in seiner „chinesischen Geschichte in Versen: Die Brüder". Ein Königssohn ist im Begriff seine Braut heimzuführen, da naht sein Vater und ergriffen von der Schönheit, Lieblichkeit der Braut, macht er die Entsetzte zu seinem eigenen Weibe. Der Sohn, unfähig die That des Vaters ungeschehen zu machen, entfernt sich vom Hofe und, fern an den Grenzen des Reiches in edler Thatkraft, trotz Kummer des Herzens, kämpft er für die Größe des Vaterlandes. Sein Vater ruft ihn nach zehn Jahren zurück, da sein Volk den kühnen Helden feiern will. Er kommt, mit Ehrfurcht begrüßend den entgegenfahrenden Vater, die Mutter, die einst seine Braut. Nur den Sohn der Ehe, den 9jährigen Knaben, hebt er in rascherer Regung zu sich aufs Pferd. Der ungewohnte Jubel des Volks, das ungewohnte Roth auf den Wangen der Königin wecken den Neid, die Eifersucht des Königs. Meuchelmörder schickt er aus, den Sohn zu tödten; sie treffen den Knaben, der, den Anschlag hörend, seinen Bruder

Held Ki und Don Carlos. Der Werth einer Religion. 309

retten will, sie verwunden den Prinzen, der nur noch Kraft behält, die Leiche des Kindes zu den Eltern zu bringen. — Der Schi-king schließt mit der Klage, daß die erst so edle Königin später so unedel geworden sei; Paul Heyse sparte mit Recht diesen Hinweis auf psychologischen Fortgang.

Aber wie stolz, wie edel, thatkräftig steht der Königssohn, der Held Ki, vor unseren Augen! Und er war ein Sohn des Materialismus. Wie anders steht uns ein anderer poetischer Königssohn vor Augen, der vielleicht der idealsten Seele, welche lebte, sein Dasein verdankt! Schiller's Don Carlos. Auch hier raubt der Vater dem Sohne die Braut, auch hier ist es die Eifersucht des Alten, welche Unglück und Elend herbeiführt; aber wie steht Don Carlos dem Helden Ki gegenüber? Hier der Wille, dem Unabänderlichen sich zu fügen, und in der Lust an edler Thatkraft den nimmervernarbenden Schmerz zu tragen, dort das Wort ohne That, das ewige Klagen und die schwachherzige Unfähigkeit mit sittlicher Kraft Herr der Verhältnisse zu werden.

Es ist wohl gestattet, solche bedeutenderen Producte der Poesie vorzuführen, um zu zeigen, was eine Volksvorstellung zu erzeugen fähig ist; denn nur dadurch ja gewinnen sich solche Gestaltungen allgemeine Anerkennung, daß sie, wenn auch idealisirt, das vor Augen stellen, was im wirklichen Leben Möglichkeit hat zu geschehen. Indeß der Werth einer Volksvorstellung richtet sich nicht danach, daß Einzelne an ihr sich erheben, sondern daß die Masse, daß Alle durch sie zu sittlicher Thatkraft, zum Trieb der Fortentwickelung angeregt werden. Nicht zu läugnen ist nun, daß überall da, wo die Fortsetzung der Bildung nach ästhetischen Rücksichten geschieht, die Bildung selbst, wie wir es Lazarus von den Griechen und Römern sagen hörten, mehr als Luxus oder Genuß angesehen wird. In China freilich, wo die Lehren des Kung-Fu-Dsü Volksvorstellung geworden sind, zur Volksreligion gehören, erscheint auch wohl die Bildung als Forderung der Menschen. Dabei ist denn aber noch daran zu erinnern, wie das Volk in China so wenig wie anderwärts fähig ist, die nackte Schicksalsidee oder den reinen Materialismus allein festzuhalten. Es treten überall Gottheiten bei den Völkern in Vordergrund und, an diese sich haltend, gewinnt das Leben einen das menschliche Dasein idealisirenden Zug zur Erhebung, wie dies namentlich bei den Hellenen der Fall ist. Auch Poesie finden wir bei diesem Voranstellen der Gottheiten in China und Hellas ausgebildet, während der strenge, der wissenschaftliche Materialismus vergebens welche suchen läßt. Dabei können wir indessen denen zu Liebe, die in der Erfüllung kirchlicher Aeußerlichkeiten den Werth der Religion sehen, ein Wort von Kung-Fu-Dsü nicht unterdrücken. Ki-lu fragte über den Dienst der Schutzgötter. Dsü sprach: „Du kannst den Menschen noch nicht dienen, wie solltest Du den Genien dienen können?"

Bei Griechen und Römern tritt es deutlicher vor Augen, wie die Bildung, weil auf ästhetische Gründe vorzugsweise gebaut, nur als Luxusartikel galt. Nicht von den Frauen wurde sie verlangt, nur bei Hetären war sie gesucht. Wir sehen diese Erscheinung überall da auftreten, wo ein gewisser Grad von Wissenschaftlichkeit das Ungenügende vorhandener Volksvorstellungen und Gebräuche erkennt und wo nun der Trieb nach Aufklärung und Befreiung von den Irrthümern einseitig vorangeht und in der Selbsttäuschung, alles untersucht zu haben, die Schranke nicht sieht, den Irrthum nicht kennt, worin er verharrt. Daß die Volksgötter menschliche Erfindungen seien, war leicht zu zeigen, und seit den jonischen Philosophen, seit Demokrit, ist dies die Parole aller Aufgeklärten. Aber keiner der Alten, selbst nicht die gepriesenen Epikur und Lukrez legten den Weg der Erforschung völlig zurück, keiner erkannte die Schranke in der er verharrte. Die Volksgötter sind bloße Vorstellungen der Menschen, hieß es, aber daß die Schicksalsidee auch nur eine Vorstellung sei, daß auch dieser Begriff der Aufklärung, der Erweiterung bedürfe, erkannte man nicht. Dieser

Idee eines mit Nothwendigkeit sich vollziehenden Geschehens gegenüber konnte natürlich die Forderung individueller Bildung nicht zur Geltung kommen; sie ward nur gefordert aus Gründen des individuellen Anstandsgefühls, aus Gründen des im Laufe der Zeit zu festgesetzten Einrichtungen gekommenen Staatslebens. Dies, daß die Bildung nur als Genuß für Einzelne, nicht als Pflicht der Menschen überhaupt aufgefaßt wurde, zeigt sich auch daran, daß im Alterthum das Recht und die Nothwendigkeit des Sclavenhaltens nimmer bestritten ward. Nicht vom Standpunkte der Menschheit, sondern von dem der in Selbstehre dastehenden Nation betrachtete man die sociale Frage.

Das Judenthum war zur Verwerfung der heidnischen Schicksalsidee vorgedrungen. Einer liebenden Vorsehung gegenüber steht der freithätige Mensch. Dadurch gewinnt der Einzelne einen Werth, eine Selbstehre seinem Gott gegenüber, das Innenleben erlangt Bedeutung; und auf dies Verhältniß des Menschengeistes zu dem Gottesgeiste gründet sich das Leben nach außen, und wie die Sittlichkeit Forderung Aller ist, so wird nun auch die Bildung als edle Erscheinung inneren Werthes Pflicht und Aufgabe jedes Einzelnen.

Das Christenthum, befreiend diese menschenerhebende Lehre von ihrer nationalen Schranke, brachte den Begriff der Persönlichkeit zur volleren Geltung; und, aufstellend die Rechte der Menschen, als Kinder des Einigen Gottes, erhob es die sociale Frage aus den Schranken der Kasten und Stände und Nationen in das allen Einzelnen Ehre gebende Gebiet der Menschheit.

Wir dürfen aber nicht glauben, daß der Begriff eines persönlich vorsehenden Gottes allein genüge zur Weckung der Sittlichkeit. Das Verhältniß, unter welchem die „Vorsehung" zu denken ist, kann auch wieder so schroff als „Vorherbestimmung" gefaßt werden, daß der Einzelne, obgleich er sich als verantwortlich weiß, doch in dem Gefühle der Machtlosigkeit

gegenüber dem Schicksal, dem Fatum, keine Fülle sittlicher
Triebkraft, keinen Sporn zu freithätiger Fortbildung in sich vor-
findet. Wir haben den Muhamedanismus dabei im Auge,
dessen rasches Erlahmen in völkerbeglückendem Streben wir wohl
in Verbindung bringen dürfen mit dem Verlieren der Lust zur
Fortbildung, bei der Schroffheit des Fatalismus, der Prädestination. Bei dem Gefühle der inneren Werthlosigkeit sehen
wir denn auch die Sittlichkeit mit der Aesthetik vermischt und
die Bildung erstrebt durch Beobachtung äußerer Formen. Ja,
die Aesthetik ist hier selbst in den Dienst der Religion getreten. Aeußere Reinigungen erhalten den Werth einer
heiligenden, also einer sittlich reinigenden Kraft. Es wird
aber nun nicht zuviel gesagt sein, wenn man behauptet, daß
überall da wo das Waschen als eine kirchliche feierliche Handlung
gilt, der alltägliche Schmutz des Leibes und der Wohnung nicht
auffällt, vielleicht gar, als zu der nicht feierlichen Stunde des
Lebens gehörend, behaglich empfunden wird.

Auch im Christenthume finden sich Prädestinations-
sekten, aber im Ganzen und Großen ist das Freiheitsgefühl
des Einzelnen, bei der Vorstellung eines liebend erziehenden, lenkenden Gottes, vorherrschend. Aber auch im Christenthum
finden wir Zeiten und Richtungen, worin die Bildung nicht
mehr als nothwendige Forderung jedes Einzelnen gilt, sondern
mehr als Luxus einiger Wenigen, eben weil sie nicht mehr als
Ausdruck der Sittlichkeit, sondern des ästhetischen Gefühls
betrachtet wird. Als Beispiel einer solchen Zeit wählen wir jene
in welcher der deutsche Luther in edler Entrüstung von seiner
Reise nach Rom zurückkam. Denn hier an der Stätte der Heiligkeit, der Unfehlbarkeit selbst, hatte er den unheiligsten Un-
glauben gefunden. Das Wiedererwachen der classischen Wissenschaften hatte Begeisterung für sie gewirkt. In allen Städten
bildeten sich Academien und die kunstsinnigen Päpste schlossen sich
nicht aus von diesem Eifer des Studiums der kunstgebildeten

Alten. Man zog nun ein die Lehren der Philosophen: „Die Götter sind Volksvorstellungen!" und da es sich nicht läugnen ließ, daß in der äußeren Gestaltung der christlichen Religion manch bedeutungsloses sei, daß die Volksvorstellungen über Gott, Freiheit, Unsterblichkeit viel Widersprechendes in sich enthielten, so lag es nahe, daß die Männer der Wissenschaft geführt von der Hand ihrer Classiker ebenfalls „Gott, Freiheit, Unsterblichkeit" als Volksvorstellungen betrachteten. Es hieß, daß die Aufklärung das Freisein von solchen Irrthümern verlange, und so gab man der Lehre des Materialismus den Vorzug, nannte ihn das Resultat wissenschaftlicher Bildung, als ob „eine mit Nothwendigkeit wirkende Materie" weniger eine Vorstellung sei, wie jene, die man sich über den Lenker der Welt gemacht hatte. Vom Papst Leo X. selbst werden die Worte angeführt: „Gott, Freiheit, Unsterblichkeit gäbe es nicht, aber man müsse sie festhalten, das ungebildete Volk zu zügeln." Nicht lange aber blieb man in Rom ein Freund des Materialismus. In Deutschland antwortete man mit der Reformation auf die von dem Orte der Unfehlbarkeit neu ausgehende Lehre, und erschreckt kehrte der Papst zur Wahrheit jener Ideale zurück. Vor kurzer Zeit, beim letzten Concil, ward freilich das Verhältniß umgekehrt und behauptet, die Reformation sei der Quell des Materialismus gewesen; in Wahrheit aber rief die Reformation die Würdenträger der Kirche von der Schwärmerei für ästhetische Bildung zur Strenge religiöser Sittlichkeit zurück.

Der Materialismus beschränkt sich nicht auf eine einzelne Confession; er ist international und treibt Communismus mit jeder. In jeder Confession ist die Wahrheit der Religion nur unvollständig zum Ausdruck gekommen. Halbheiten, Widersprüche der Begriffe finden sich in jeder kirchlichen Entfaltung der Religion. Der gemeine Mann, den Niemand auf die Widersprüche aufmerksam macht, verbleibt theils deshalb, theils aus gewohnter

Treue zu alt Hergebrachtem unbefangen oder gedankenlos ihnen gegenüber stehen. Die edle Frau desgleichen, theils aus Treue, theils weil bei dem harmonischen Zug ihrer Geisteskräfte sie den richtigen Tact hat überall das Wesentliche aufzufinden, so daß sie, dieses voranstellend die Widersprüche nicht beachtet, welche die zergliedernde Vernunft überall auffindet. Der Wissenschaft Erstrebende, der alle Einzelheiten erfassen Wollende, der das Einzelne unter das Allgemeine begreifen Wollende, der Vernunftthätige aber, stößt jeden Augenblick auf Widersprüche und findet, daß das, an dem das Volk in unbefangener Treue hält, keineswegs ein Vollendetes, ein dem Ewigen Entsprechendes sei, er erkennt, daß es nicht der dem Ewigen entsprechende Begriff ist, sondern nur schwankende Vorstellungen, die mit Irrthümern erfüllt sind. Da geschieht es denn gar oft, daß die Eiferer der Wissenschaft, ausgehend von der Thatsache unvollendeter Begriffserfassung, behaupten: Gott, Freiheit, Unsterblichkeit sind unklare, widersprechende, irrthumreiche Vorstellungen, sie haben also keine Wahrheit, sind Volks- oder Pfaffenerfindungen und es ist Pflicht des wissenschaftlich Gebildeten sich von solchen Irrthümern frei zu halten. Statt aber nun die widerspruchsvollen Begriffe zu bearbeiten, statt die populartheologischen Vorstellungen zu reinigen und zu veredeln, behaupten sie: Gott, Freiheit, Unsterblichkeit, weil von der Wissenschaft als bloße Vorstellungen nachgewiesen, existiren überhaupt nicht; nur Materie, Nothwendigkeit, Wechsel in der Gruppirung der materiellen Atome findet statt. Als ob diese Materie, diese Nothwendigkeit, dieser Gruppirungswechsel Wahrheit wären, weil sie das Gegentheil eines Irrthums sind. Als ob sie nicht ebenfalls Vorstellungen wären, die erst durch wissenschaftliche Begründungen zu bestimmten Begriffen zu erheben sind? Als ob diese Vorstellungen als Gegensätze widersprechender Vorstellungen deshalb widerspruchslos daständen!

Es zeigen sich in der christlichen Geschichte häufig solche

Zeiten unvollständiger Aufklärung, wo man den einen Begriff als widersprechend bei Seite schiebt und sein Gegentheil als Wahrheit ununtersucht mit gläubiger Treue festhält. Ein Verfahren gleichsam oberflächlicher Mägde, welche den Schmutz des Zimmers aus den Augen, in die Ecken kehren und dort in einem das Licht der Betrachtung scheuenden Winkel liegen lassen.

Häufig zeigen sich solche Zeiten, aber wir haben in ihnen nur den Pulsschlag des geistigen Volkslebens zu erblicken, wo die einseitige Schroffheit der Einen Richtung, die Schroffheit der Andern hervorruft. Als zu Ludwig's des Vierzehnten Zeiten in Frankreich sein Spruch: „Der Staat bin ich!" die politische und somit auch die sittliche Selbstehre des Einzelnen unterdrückte, da gewann auch der nach Aufklärung strebende Materialismus die Oberhand. Man erkannte das Falsche der herrschenden Ideen in Staat und Kirche, stellte das Gegentheil ihrer Lehren als Wahrheit auf, aber mit dem Wegwerfen persönlichen Gottes fehlte der Halt der sittlichen Selbstehre, man stützte die Sittlichkeit durch ästhetische Gründe und machte die Bildung zum Luxusartikel. Dem gemeinen Volke überließ man die falsch genannten Ideen als Zaum und Zügel, nur der wissenschaftlich Gebildete konnte der vollen Wahrheit sich freuen. Ja, wie bei den Griechen forderte man die Bildung nicht mehr bei den Frauen. Nein! sie war nur ein gesuchter Artikel bei Maitressen und zweideutigen Salondamen. Und so mächtig war der Einfluß dieser verschrobenen Ideen, daß ein ehrenhaftester Fürst dieser Zeit, ein deutscher Fürst, in der Meinung ein Zeichen von Bildung dadurch zu geben, sich öffentlich von einer Person begleiten ließ, die eine Rolle spielen mußte, von der er nimmer Gebrauch zu machen wußte.

Auch in unserer Zeit ist der Materialismus wieder herrschend geworden. Die Lust an der Naturwissenschaft und der Engsinn von Geistlichen machten ihn groß. Man hält es ziemlich allgemein als Zeichen der Wissenschaftlichkeit: Gott, Freiheit und

Unsterblichkeit als Volksvorstellungen über Bord zu werfen und das Gegentheil für wahr zu halten. Und da es Christus ist, den man preist als Stifter dieser Religionsform, so gilt es als ebenso wissenschaftlich von ihm nichts wissen zu wollen. Und während man freudig den Namen eines Galilei, Kepler, Newton, Laplace nennt als Bringer des Guten und Wahren und während man stolz als treuen Anhänger ihrer Lehren sich bekennt, so nennt man es ein Zeichen der Unwissenschaftlichkeit als Christi Anhänger sich zu bekennen, man nennt es engsinnige Befangenheit ein Christ sein zu wollen, statt ein „Mensch". Als ob es nicht Christus gewesen, der diese Idee der Persönlichkeit, der Rechte der Menschen im Leben der Völker erweckte, und dem man deshalb als Bringer des Guten und Wahren in Treue anhangen wolle.

Aber freilich Opposition muß sein den Feinden der Naturwissenschaft gegenüber, und so bestrebt man sich das Verdienst Christi, als ein unendlich kleines hinzustellen, da in allen übrigen Religionen Spuren seiner Lehren zu finden, da in der Zeit seines Daseins die Elemente seiner Lehren gährend in den Köpfen der Völker gewogt hätten, so daß er nur die Sahne von der Milch abzuschöpfen gebraucht hätte. Als ob nicht auch Galilei, Newton nur die Sahne abgeschöpft hätten! Als ob nicht auch sie Vorarbeiter gehabt, welche ihnen den Weg zeigten! Warum der Stolz ihr Bekenner zu sein? Warum das Wegwerfen der Entdeckung Christi? Warum, der Eifer kein Christ, sondern Mensch sein zu wollen? Warum? Aus Lust an Opposition gegen engsinnigen Feind. Aus ungeprüfter Furcht oder der Meinung, es sei die Behauptung der Gegner, sie hätten die Unendlichkeit christlicher Lehre in das rechte Gefäß gefüllt, eine wahre.

Fragen Sie nun nach den Gründen und Stützen der Sittlichkeit und Bildung im oppositionsblinden Materialismus? Die Stützen sind entlehnt aus dem durch Christus aufgestellten Persönlichkeitsprincip. Dies Princip heißt man aber, da Christus

werthles in Nichts verschwinden soll, durch eigene Vernunft
d. h. durch die naturwissenschaftliche Vernunft der Neuzeit er-
funden. Die Stützen sind außerdem wieder, da die Sittlichkeit
keine allgemein gültige Grundlage haben soll, aus ästhetischen
Anstandsgebieten genommen. Dem gemeinen Mann verbleibt
dabei wieder die irrthumsvolle Volksvorstellung als Zaum; der
nicht gemeine dagegen genießet den Luxus gebildeter Wahrheit.

Indessen alles hat seine zwei Seiten; und trotz des Tadels
der Zurückführung der Sittlichkeit auf Aesthetik würden wir
doch demjenigen nicht ganz zu widersprechen wagen, welcher behauptet, eine solche Stütze der Sittlichkeit sei immer noch vorzuziehen der Stütze der Religion; denn die populäre Auffassung
des Ablasses, auch wenn er nicht in Tetzel'scher Ausschreitung
gegeben werde, wirke entsittlichender als die Aesthetik, weil jeder
nach erhaltenem Ablaß auf's Neue mit erleichtertem Herzen den
schlechten Pfad begehen könne und auch begeht, dabei aber nicht
einmal auf äußeren Schein, Anstand, Rücksicht zu nehmen
hat und dadurch in Schmutz und träger Gedankenlosigkeit verharrt.

Gewiß, diesem Pulsschlag sittlichen Lebens nachzugehen, die
Wirkung dieser oder jener Idee in dem Leben der Völker und
der Einzelnen zu verfolgen, ist ein menschenveredelndes, zur Wahrheit des Ewigen mächtig erhebendes Thun; aber freilich läßt es
sich nicht betreiben bei alleiniger Beschäftigung mit antiker Philologie; freilich muß der Sinn des zu Erziehenden auf etwas
anderes gerichtet werden, als daß er gewohnt wird, in der ele-
ganteren Auslegung eines oft schon ausgelegten classischen Autoren,
in dem Schlachtenleben der Völker und in dem Aufspüren ver-
schwundener sinnlicher Denkmale die höchste Freude zu finden.

Eine Gefahr ist freilich bei solchen völkerpsychologischen Betrachtungen, die Gefahr, daß man bei solchen Vergleichungen aus
Eitelkeit oder Selbsttäuschung einen Maaßstab als einen vollkommenen anwendet, der in der That selbst noch ein unvoll-

kommener ist. Wenn wir die Behauptung festhalten, daß im sittlichen Leben in erster Linie die Religion, d. h. das Verhältniß, in dem sich der Mensch seinem Gott gegenüber fühlt, das Bestimmende ist, so ist klar, daß, weil die Religion, um zur äußeren Erscheinung zu gelangen, in Confessionen und Kirchen ausgeprägt ist, es die Confession sein wird, die man als Maaßstab anlegt. Aber welche Verfeindung sehen wir nicht grade aus Confessionsstreitigkeiten entstehen, wenn jeder die Seine als die absolut vollkommenste betrachtet und ihr gegenüber die übrigen als Nichts, als das Gegentheil seiner Wahrheit auffaßt! Glücklicherweise entzieht heutzutage die staatliche Gleichberechtigung verschiedener Confessionen der schroffen Unversöhnlichkeit mehr und mehr den Boden der Wirklichkeit. Die Menschen erkennen, daß in jeder Confession das rein Menschliche zur Erscheinung gelangen kann und so werden sie mehr und mehr dazu übergehen, die äußeren Formen, deren jede bedarf, als das Unwesentlichere, gegenüber dem inneren Ideen- und Vorstellungsinhalte anzusehen. Diesen geistigen Inhalt aber bethätigend wird er sich bemühen ohne eitle Selbstüberhebung das Menschheitsideal in möglichster Reinheit verwirklichen zu wollen.

Glücklicherweise aber auch leben wir in einer Zeit, wo die Unvollkommenheit der Confessionen in jeder eigenen anerkannt wird. Das Judenthum, von dem wir wohl behaupten dürfen, daß es zur Besinnung gebracht durch Christus, wie einst Rom durch Luther, seit Christus die Lehren der Liebe und Menschlichkeit entschiedener in Vordergrund stellte, es zeigt durch seine Reformbestrebungen wie es Veraltetes, Unwesentliches von sich abstoßen will, um das ewig Wahre reiner zu erfassen. Der Protestantismus ist nie ein zum Schluß gekommener gewesen. Aber auch Rom selbst hat sich jetzt des Rechtes begeben, seine Lehre als eine ewig unveränderliche, der Entwickelung nimmer bedürfende zu behaupten. Der neue Concilsbeschluß ist ein Vorangehen; ob zum Guten ob zum Schlechten muß die Zeit erst lehren, wenn die Geschichte Früchte reifen ließ und zeigte, ob diese neue Idee den daran Festhaltenden in edlerer Menschlichkeit dastehen macht. Rom sagt freilich, der Beschluß sei nichts Neues, aber der Pomp, mit dem man ihn feststellen zu müssen meinte, der Eifer mit dem man Unterschriften der Gläubigen sammelt, ist ein Zeichen selbst, daß man von der Neuheit der Sache erfüllt ist.

Da ist denn noch ein Hinweis auf Geschichte nicht zu vermeiden. Wir hörten in den Tagen des Concils, wir hören aus dem Lager der Verfassungstreuen fortwährende Angriffe. Ein deutscher Hirtenbrief sogar verkündet: „Rom, die Metropole der Christenheit, seither noch die einzige größere Stadt der Welt, in welcher das Christenthum nach allen Seiten hin seine Grundsätze in der Gesetzgebung und in der Verwaltung der öffentlichen Angelegenheiten ungehindert handhaben und unter der mildern Regierung der Päpste dem Ueberhandnehmen der Irrlehrer sowohl als des Lasters Widerstand leisten konnte und wirklich leistete, ist jetzt überschwemmt von gottlosem Gesindel, der Schauplatz zahloser und entsetzlicher Verbrechen geworden." Solcher Schroffheit der Behauptung gegenüber ist es wohl erlaubt zu behaupten, daß auch andre Städte nicht zurückblieben, die Grundsätze der Gesetzgebung und Verwaltung durchdringen zu lassen vom Geiste des Christenthums, ja daß sie größeres leisteten wie Rom und banditenlosere, sittlich-strengere Zustände schufen. Wir Deutsche zumal, die wir verwundert dastehen über den unerwartet raschen und folgereichen Verlauf eines aufgedrängten, gewaltigen Krieges, stolz auf die unter den Völkern wiedergewonnene Ehre und Achtung, von Jubel erfüllt über die Verwirklichung lange ersehnter Einheit der verschiedenen Stämme, wir sollen uns schämen in jetziger Zeit den eigenen Werth zu verkleinern um Rom zu erhöhen; dürfen wir doch voll dankbarer Treue zum ewigen Lenker der Völkerentwickelung, in dem Geschehenen den practischen Austrag sehen im Daseinskampf der

Ideen. An ihren Früchten sollt Ihr sie erkennen! Und welch herrliche Frucht trug der germanische Geist gegenüber dem romanischen! O wohl, jener obigen Schroffheit gegenüber wird sie ein Recht die stolze Behauptung, daß im deutschen Volke die Principien des Christenthums am edelsten, am sittlich-kräftigsten zur Erscheinung gekommen; jene Principien der Kindschaft Gottes, des Individualismus, der Persönlichkeit, der Selbstverantwortlichkeit seinem Gott gegenüber, jene Principien, wonach der Einzelne in sich, seinem Gewissen und seinem Denken, die Entscheidung findet des Thuns und Lassens, wodurch er, den Blick gerichtet auf das Unsichtbare, ewig Wahre, in seinem Thun allein bestimmt von den Ideen die den Busen füllen, höher und höher erhoben wird, und wodurch er in seiner Geistesthätigkeit nicht lahm wird, wie da, wo er das Unendliche in sinnlich-anschaubarer Gestalt gegenwärtig glaubt, und er es dem mit unfehlbarer Machtvollkommenheit ausgestatteten Menschen überläßt, für ihn zu denken, für ihn zu sorgen, ihn seiner Schuld zu entheben.

Wir nahen dem Schlusse. Wir sahen, wie die Bildung besteht in dem Zu-Hause-Sein in Verhältnissen, da aber ein Alleswissen unmöglich und Gelehrsamkeit ungenügend ist, da es vielmehr genügt mit raschem Tacte das Wesentliche der Verhältnisse aufzufassen, so können wir auch sagen die Bildung besteht in dem Herr-sein der Verhältnisse des Lebens, in dem selbstbewußten Erfassen gegebener Umstände, wobei jedoch das nun freithätig zum Ausdruck Gebrachte in leichtflüssiger Beweglichkeit, mit Anstand und Würde, in den Formen der Schönheit zur Erscheinung kommen muß. Werth und Kraft aber erhält die Bildung durch Reichthum und Tiefe der Ideen, die den die Bildung verwirklichenden Menschen erfüllen, und die sein Thun und Lassen im täglichen Leben bestimmen. Den mächtigsten Einfluß aber, dem Niemand sich entzieht, übt dabei die Idee der Ursache der Welt; und aus diesem Boden des Verhältnisses des Einzelnen, Endlichen zu dem Unendlichen füllt sich die Bildung mit sittlichem Inhalt, wird sie in der Treue zum ewig Wahren der Ausdruck sittlich schöner Menschlichkeit.

Nun werden Sie fragen: Was soll nun reale Bildung, wenn alle Bildung überhaupt durch Ideen bestimmt wird, wenn Du sogar sagst, daß auch der Materialismus Idealismus sei, da das behauptete Stehenbleiben an sinnlich Faßbarem nur Schein sei, und die s. g. „mit Nothwendigkeit und Gesetzmäßigkeit wirkende Materie" grade so gut eine Idee, eine Vorstellung sei, als die Vorstellung eines freithätigen Gottes? Sie werden fragen: Sollte man aus diesem Grunde nicht überall eine ideale Bildung fordern und voranstellen?

Gewiß, insofern die Worte ideal und real nur Worte sind, welche eine Sache einseitig bedeuten, könnte es gleichgültig scheinen, ob man die oben besprochene Bildung eine reale oder ideale nennt; denn darin hoffe ich nicht zu irren, wenn ich dafür halte, daß es diese selbe Bildung, also dieselbe Sache sei, welche in einem unsere Zeit bewegenden Kampfe die Realisten und Idealisten, oder deren Vertreter die Realschulen I. Ordnung und die Gymnasien im Auge haben. Diese wollen beide allgemeine Bildungsanstalten sein, das heißt nicht Anstalten für einzelne Fächer. Das Allgemeine im Auge habend, wollen sie die Fähigkeiten des Menschen wecken „in allen Verhältnissen des Lebens Herr derselben werden zu können" und indem sie die Lust und Liebe zu allem Guten, Schönen und Wahren wecken und pflegen, wollen sie den Gebildeten, den Herrn der Verhältnisse, in seinem sittlichen Bestimmungsgrunde stärken und veredeln.

Warum aber nun wieder Werth darauf legen wollen, diese Bildung eine reale zu nennen? Weil wir bei einer bloß idealen Richtung zu leicht den Boden unter uns verlieren und in einer Welt von nur erträumter Möglichkeit uns bewegen. Die Griechen, die Römer — waren sie Idealisten oder Realisten?

Die allgemeine Thatsache, daß die Gymnasien sie als Hauptbildungsquelle behaupten, ist ein Beweis dafür, daß man sie als Idealisten in ihrem Denken betrachtet; und Uebereifrige der Realisten, das heißt die Materialisten, wissen sogar nicht genug über die übergroße Beschäftigung mit Plato oder Aristoteles zu zürnen. Woher der Zorn kommt? Daher, daß jene Griechen nur Idealisten und nicht auch Realisten waren, daß sie stets nur in dem denkbar Möglichen verblieben und nicht zur experimentirenden Prüfung ihrer Gedanken übergingen; daher, daß sie nur eine Weltanschauung aus Worten, nicht aus Sachen bildeten. Erst seit Galilei schritt man dazu über an die Stelle des Denkbar-Möglichen und der Wortbetrachtung das Reale, das Wirklichseiende, das thatsächlich Vorhandene zu prüfen und mit ihm die Anschauung der Welt zu gewinnen. Erst seit dieser Zeit können wir von einem wirklichen Wissen in der Außenwelt reden, erst von dieser Zeit also auch von einer auf dies Reale, dies wirklich Seiende gegründeten, einer realen Bildung. Darin liegt der Werth, darin liegt die Berechtigung der Forderung einer realen, naturwissenschaftlichen Bildung, gegenüber der seither allein geadelten ideellen oder sprachlich-philologischen Bildung. Jahrtausende lebten die Völker einer idealen Bildung nach, ohne die Gesetze des Wirklich-Seienden, der Natur zu erkennen, so will man es jetzt mit dem Realen versuchen, um heimisch zu werden in der uns umgebenden Außenwelt.

Zur Zeit freilich stehen die Anhänger des Alten und die Anstreber des Neuen schroff gegenüber; jene verketzern den Realismus, seine einseitige Ausschreitung allein im Auge habend, und die Realisten in ihrem Eifer verkennen den Werth der Ideen, und daß sie selbst in ihnen nur denken können. Indeß eine Versöhnung, ein gegenseitiges Verstehen bleibt nicht lange mehr aus und wir halten dafür, daß auch die unsere Zeit erregende Realschulfrage mehr im Geiste der Realisten, wie dem der Idealisten gelöst wird. Wird doch die Zeit nicht fern sein, wo man dem Gebildeten verzeiht, ein griechisch Trauerspiel nicht zu wissen, nicht aber die Unkenntniß in Chemie und Physik.

Halten Sie dafür, daß die Betonung des Ideellen vorzuziehen sei, weil es das den Menschen Erhebende, Veredelnde sei? Nun, die höchste Idee des Menschen ist die von Gott, aber ist dieser Gott nicht auch das höchste reale Wesen, an dem wir in Treue zu hangen haben? Und ist es nicht vielleicht ein Gewinn, es stets vor Augen zu haben, daß man einem Wirklich-Seienden, einem realen Wesen nachgeht, und nicht einem nur Sein-sollenden, dem Idealen, das von menschlicher Denkthätigkeit geboren vielleicht gar einer Märchenwelt angehören kann? Dieselbe Streitfrage kann sich erheben über den Vorzug der Worte: Natur und Gott. Wir haben mehrmals behauptet, daß da, wo man von „Natur" rede, namentlich bei dem Darwinismus, wo sie „das zweckmäßig auswählende", „das zur Vernunft hinstrebende" ist, man eigentlicher von „Gott" rede; aber deshalb wollen wir nicht, daß überall das Wort „Natur" getilgt und „Gott" an die Stelle gesetzt werde. „Wir sollen den Namen Gottes nicht mißbrauchen" und nicht auf allen Gassen und an allen Ecken anwenden, wie es diejenigen thun, die mit geistlichem Stolz auf Naturwissenschaft herabsehen und welche, die Religion als ein Thun vergessend, in dem Confessionellen und der Geläufigkeit des Gebrauchs der Worte: „Gott und Christus" das Alleinseligmachende behaupten. Es kann in vielen Umständen zweckmäßiger, ja sogar die Heiligkeit Gottes ehrender sein, zu sagen: „Die Natur ist gesetzmäßig", als „Gottes Werk ist gesetzmäßig". Für der Psalmen jubelvollen Lobgesang bleiben Umstände genug.

Nun sagt man freilich auch, die Naturwissenschaft müsse von Gott absehen, sie dürfe ihn nicht nöthig haben, wenn sie die Gesetze erkennen wolle; und Viele folgern daraus, daß die Natur von Gott ablenke; daß diese Beschäftigung mit dem Realen das Ideale vernichte. Aber wenn ich die Gesetze harmonischer

Dichtung erkennen, ihre Schönheit genießen will, muß ich dann nicht auch absehen von Homer, von seinem Leben, seiner Charactereigenthümlichkeit? Und wird nicht wieder grade dadurch, daß ich das Werk in seinem inneren Bestehen, in seiner Natur, in seiner gewordenen Eigenthümlichkeit betrachte, mein Gefühl von Freude an dem Schöpfer erhöht und veredelt? Gewiß ist, daß bei dem Wesen des Menschen, sich stets nur Einem Gebiet mit entschiedener Kraft hingeben zu können, ein einseitiger Zug sich in ihm leicht festsetzen kann, aber daran ist die Philologie gleichfalls betheiligt, denn auch die Sprachwissenschaft ist, ich rede mit Max Müller, eine naturwissenschaftliche; und beim Schreiben einer Grammatik, wie beim Betrachten der Sprachgesetze bleibt das Augenmerk von Gott als der Liebe entfernt; ja sogar der Theologe, der die Schrift auslegt, hat in diesem Augenblick bei rein theoretischem Thun das sittliche Verhältniß, das eigentlich Religiöse in Hintergrund treten zu lassen.

Dieser einseitige Zug, den jede Wissenschaft mit sich führt, da sie den Menschen von der Unendlichkeit der Welt auf ein vereinzeltes Gebiet beschränkt, macht sich aber auch noch in der Weise geltend, daß je mehr man sich in das vereinzelte Gebiet vertieft, man auch desto mehr das Verständniß und die Lust an anderen Gebieten verliert und daß man dann zu dem Engsinn übergeht, in seinem Gebiet den einzig möglichen Weg zur Wahrheit zu finden. Der Materialismus der Theologie und der Materialismus der Naturwissenschaft geben in edlem Weltstreit gegenseitiger Verachtung nichts nach. Da wir nun sahen, daß die Philosophie die Versöhnerin dieser Gegensätze sein will, da sie weder einseitig nur den Freiheitsbegriff oder Gott, noch auch einseitig nur den Nothwendigkeitsbegriff oder die Materie untersuchen will, da sie Gott, Mensch und Welt gleichmäßig zu erfassen strebt, so dürfen wir auch sagen, daß aus ihrem Boden der Quell wahrer Bildung fließt. Denn ausgehend auf das Wesentliche aller Einzelheiten, aller Verhältnisse, gewöhnt sie den Menschen allüberall das Wesentliche rasch herauszufinden, sie macht ihn dadurch tüchlig zu allen Lebenslagen; und so schließen wir mit den Anfangs-Worten: Die Philosophie ist die Selbstverwirklichung des Menschen zu voller, reiner Menschlichkeit.

Oder gilt Ihnen dieser Schluß zu eitel, da ich das Lob der Philosophie verkündend, mich zeigte als Einen, der mit ihr vertraut sein möchte? So lassen Sie uns schließen mit den **edlen Frauen**, den Philosophen von Haus aus. Sie, die geistig belebten, die ungelehrten und unstudirten, sie wissen mit richtigem Tact im geselligen Leben das Wesentliche überall aufzufinden und in Anmuth und Würde nach ihm sich zu geben. Drum laßt sie so sein, wie sie sind. Wir werden dann stets, wenn auch **Meister des Wissens**, aufblicken zu Ihnen den **Meistern der Bildung**. Erblickend in ihnen das Wesen des Menschen in schöner Entfaltung erfrischt sich der Geist an so hehrer Erscheinung. Diese führt ihn zurück, den einsamen Forscher im Reich der Gedanken zur Fülle des Lebens, zu geselliger Lust, zur Verbindung des Wissens mit sittlicher That. Darum fragt Ihr: Wo Bildung? so höret von Göthe: Das ewig Weibliche zieht uns hinan!

Anmerkungen und Zusätze.

Vortr. I. Ich verweise bei diesem Vortrage auf Harm's Philos. Einleitung in die Physik, in Karsten's Encyclopädie. Namentlich auf die beiden Abschnitte: Der Begriff der Natur S. 266. Der Begriff der Materie S. 281.

Vortr. I. S. 10. Ueber das Aufkommen des materialistischen Buddhismus im Gegensatze zum idealistischen Brahmanismus vergl. Max Müller, Essays, Beiträge zur vergleichenden Religionswissenschaft Bd. I. Ueber den Buddhismus. Leider kam mir dieser schöne Aufsatz erst zu Gesicht als der erste Band dieser Vorträge gedruckt war. Das dort über den Materialismus der Chinesen Gesagte würde noch bestimmtere Färbung gewonnen haben. An dieser Stelle nun kann ich nicht umhin, auf Max Müller zu verweisen. Ist er doch eine Stütze für meine frühere Behauptung, daß der Materialismus nur das Gegentheil des Idealismus aussage; er tritt auf mit dem Beginn des Nachdenkens über sich und die Welt, aber der Idealismus, die Annahme einer geistigen Urkraft ist die früheste, weil dem Menschen natürlichste. Wir behaupteten, daß der moderne Materialismus seine Freunde gewinne, durch die Opposition gegen eine engsinnig selbstgefällig herrschsüchtige Geistlichkeit. Das ist also nur heute noch wie früher. Max Müller a. a. O. 195 sagt: „Buddha ist an Geist und Gemüth das Kind Indiens, und der Antagonismus selbst, mit welchem seine Lehre dem alten brahmanischen System entgegentritt, beweist schon, daß sie nur in Indien entstehen konnte. Die Entwickelung des alten Brahmanismus in Indien mußte mit derselben Consequenz zum Buddhismus führen, mit der im Mittelalter der Katholicismus zum Protestantismus führen mußte ... Die Zeit des Brahmanismus war um, ihre Herrschaft, die anfänglich auf einer rein intellectuellen und religiösen Basis beruhte, hatte einen politischen Character angenommen. In Folge des Kastensystems durchdrang

Vortr. I. S. 49.

dieser Einfluß den ganzen Staatskörper, nicht wie ein belebendes Element, sondern wie ein tödtliches Gift. S. 196: Noch nie aber ist eine Classe lange im Besitze von Privilegien geblieben, wie die Brahmanen zu jener Zeit sie besaßen. Niemand konnte sich bewegen oder nach Gedankenfreiheit und Freiheit in seinen Handlungen streben, ohne daß sie von allen Seiten die Gesetze der Brahmanen einengten; und nichts in ihrer Religion gewährte dem natürlichen Bedürfniß des Menschenherzens nach geistigem Trost die geringste Befriedigung. Was Buddha empfand, empfanden Tausende in höherem oder geringerem Maße und darin liegt das Geheimniß seines Erfolges ... Diejenigen die den Buddhismus nur als religiöse und philosophische, aber nicht als sociale Reform ansehen, haben sich durch die spätere buddhistische Literatur verleiten lassen, besonders durch die Controverse zwischen den Buddhisten und Brahmanen, die später zur Verbannung der Ersteren aus Indien und zur politischen Wiedereinsetzung des Brahmanismus führte. Die Controversen drehten sich vorzüglich um philosophische Fragen und sind im höchsten Grade verwickelt und abstrus. Buddha's eigene Lehre ist einfach, sonst wäre sie nur Eigenthum einiger Jünger geblieben, wäre nicht Volksreligion geworden. Er lehrt: daß das Leben nur Leid sei, daß dies Leid nur aus unsern Neigungen entspringt, daß wir unsere Neigungen unterdrücken müssen, um die Wurzel unserer Leiden zu vertilgen; daß er die Menschheit lehren kann, wie sie jede Neigung, jede Leidenschaft, jeden Wunsch ausrotten können."

Vortr. I. S. 40. Mich freut obige Behauptung, daß der Satz: Gott schuf aus Nichts, nur aus Opposition entstanden sei, ebenfalls noch stützen zu können, durch Max Müller Essays I. Er sagt im Abschnitt „Die Fortschritte der Zendphilologie" S. 121, wo er das mit „schuf" übersetzte Wort der Genesis barâ anführt „Der Engländer Browne giebt die Urbedeutung von barâ an, als: er schnitt, schnitt aus, schnitzte, ebnete, glättete. In Josuah XVII, 15 u. 18 wird dies Wort im Sinne von Bäume umhauen angewendet, in Psalm CIV, 30 wird es übersetzt mit: Du verneuerst die Gestalt der Erde. Auch im Arabischen bedeutet barâ nach Lane eigentlich, obwohl nicht immer, aus vorher vorhandenem Stoffe etwas machen. Dies Alles beweist, daß im Verbum barâ, wie im sanskritischen tvaksh oder taksh keine Spur der ihm von späteren Gelehrten zugeschriebenen Bedeutung von aus dem Nichts schaffen vorhanden ist. Diese Idee war in ihrer Bestimmtheit eine moderne Idee, die höchst wahrscheinlich erst dem Verkehr zwischen Juden und Griechen in Alexandria ihren Ursprung verdankte. Es geschah augenscheinlich im offenen Gegensatz zu der griechischen Vorstellung, welche den Stoff und den Schöpfer für gleich ewig hielt, daß die Juden, welchen Jehovah Alles in Allem war, zum ersten Mal mit Entschiedenheit behaupteten, Gott habe alle Dinge aus Nichts geschaffen. Dieses wurde später die anerkannte, orthodoxe Ansicht jüdischer und christlicher Gottesgelehrten, obschon das Wort bará, statt dieser Theorie Stütze zu leihen, eher beweisen würde, daß es bei Denen, zu welchen Moses sprach und deren Sprache er redete, nur die einfache Vorstellung des Bildens oder Ordnens hervorrufen konnte.

Vortr. II. S. 78. Kopp, Beiträge zur Geschichte der Chemie; macht aufmerksam, daß das sanskritische hêma Gold bezeichne. Er läßt es unentschieden, ob es mit chemia zusammenhänge. Interessant wäre es gewesen chemia = Goldbarstellungskunst in Zusammenhang zu finden mit hêma = Gold. Nach einer gefälligen Mittheilung von Herrn Prof. Max Müller stehen beide Worte aber in keiner Beziehung. Chemie steht nach ihm nur in Verbindung mit chemia, dem alten Namen Aegyptens.

Vortr. II. S. 118. Vergl. über Kant seine Metaphysischen Anfangsgründe der Naturwissenschaft; namentlich das zweite Hauptstück der Dynamik, mit der allg. Anmerkung hierzu; und das dritte Hauptstück, die Mechanik.

Vortr. III. S. 185. Als Beispiel, wie Darwin Entwickelungen vor sich gehen läßt, citire ich hier aus seinem Bewunderer Büchner (Vorles. über Darwin II. Aufl. S. 76): „Ich sagte Ihnen, Lamarl erkläre die Eigenthümlichkeit (des langen Halses) der Giraffe, daraus, daß sie die Nothwendigkeit oder Gewohnheit habe, ihren Hals nach dem Laube hoher Bäume auszurecken, und daß dieses Bedürfniß nach und nach im Laufe der Generationen durch allmählige und selbstthätige Anpassung des Individuums an seine Lebensbedingungen jene Eigenthümlichkeit hervorgerufen habe. Ganz davon verschieden ist der Gedankengang oder die Erklärungsweise Darwin's. Er sagt: „Unsere heutige Giraffe stammt von einer längst untergegangenen Zwischen- oder Mittelform ab, welche jenen langen Hals noch nicht besaß und sich auch sonst wohl (da alle Organe und Theile eines Thieres in sympathetischer Beziehung und Wechselwirkung zu einander stehen) in mannichfacher Beziehung durch einen andern Körperbau unterschied. Diese Mittelform mag eine unbestimmt lange Zeit, hunderte oder tausende von Jahren, bei sich gleichbleibenden Umständen ohne wesentliche Veränderung so existirt haben, bis eine Zeit

Vortr. III. S. 201.

des Mangels oder großer Trockniß eintrat, welche die meisten hohen Bäume zu Grunde gehen sah und nur die stärksten und somit höchsten am Leben ließ. Eine nothwendige Folge dieses Vorganges mußte sein, daß von einer beliebig großen Giraffenheerde nur diejenigen Exemplare übrig blieben oder eine größere Aussicht auf Erhaltung als die übrigen hatten, welche sich durch höheren Körperbau und längeren Hals auszeichneten und mit Hilfe dieser Eigenthümlichkeit sich ihre Nahrung trotz der Ungunst der Umstände verschaffen konnten. Diese Eigenschaft vererbte sich auf ihre Nachkommen, welche sich nun abermals wiederholte, und auch wieder dieselbe Wirkung erzeugte; und dieses mag sich so lange fortgesetzt haben, bis im Laufe der Jahre und einer großen Reihe wechselnder Generationen die Form unserer heutigen Giraffe entstand."

Ist das nicht ebenso wissenschaftlich, wie jener Beweis, das Gott weise sei, weil er stets die großen Flüsse an den großen Städten vorbei geführt habe? Also erst gab es kleinhalsige Giraffen, große und kleine Bäume. Es starben die kleinen Bäume und die übrigen großen zwangen die Giraffe den Hals größer zu recken. Später starben die großen Bäume — und also auch die Giraffen? O nein! Die Natur, die täglich stündlich auf Zuchtwahl sinnt" oder die gültige „Nothwendigkeit der Entwickelung" hatten einstweilen gesorgt, entweder daß größere Bäume in der neuen Zeit des Mangels stehen blieben, oder daß wenigstens der Untergang der Aeste sich einen oder einen halben Fuß höher hinauf erstreckte, damit der Halsreckung der Antrieb nicht fehle.

Vortr. III. S. 201. Zu Büchner's Sätzen über das was gewiß ist, noch folgendes aus Kr. u. St. XI. Aufl.: „Die Bewegung muß der Materie eben so ewig sein als diese selbst. Warum dieselbe grade zu einer bestimmten Zeit jene bestimmte Art der Bewegung annahm, bleibt vorerst allerdings unserer näheren Einsicht verschlossen, aber die wissenschaftliche Forschung steht noch nicht an ihrem Ende und nicht unmöglich ist, daß sie noch über den Zeitpunkt der ersten Entstehung der einzelnen Weltkörper ihre Leuchte trage (S. 59)". Ist das nicht die Hoffnung des Orthodoxen: nähere Einsicht fehlt, aber Gott enthüllt es uns noch!? „Mag es auch im Einzelnen geschehen sein, wie es wolle ... Die allmächtige Hervorbildung höherer organischer Formen aus niederen, Schritt haltend mit den Entwickelungsstufen der Erde ... beruhen auf unumstößlichen Thatsachen und sind unvereinbar mit dem Gedanken an eine persönliche und mit Machtvollkommenheit ausgerüstete Schöpferkraft, die sich unmöglich zu so langsamer, mühsamer Schöpfungsarbeit bequemen konnte (S. 97)". Ist das nicht das Geständniß eines Orthodoxen: Die Einsicht fehlt mir im Einzelnen, aber Gott schuf wann die Zeit eines Jeden erfüllet war!? „Daß uns das Innere dieses Verhältnisses (von Gehirn und Gedächtniß) unerklärlich und unbegreiflich ist, beweist auch nicht das Geringste gegen die Thatsache an sich. Wer kann es erklären, daß gewisse Krankheitsanlagen vom Großvater auf den Enkel sich vererben, ohne im Vater zum Vorschein zu kommen? Ist ein solcher Vorgang nicht noch viel wunderbarer, als das Verhältniß vom Gehirn und Gedächtniß? Dennoch zweifelt heute kein gebildeter Arzt daran, daß derselbe nur durch stoffliche Verhältnisse bedingt sein kann, deren innere Gesetze freilich uns gänzlich unbekannt sind und vielleicht immer bleiben werden (S. 147)". „So unbegreiflich das „Wie" des Verhältnisses von Geist und Materie sich darstellt, so wenig kann doch das „daß" von verständigen Aerzten heute noch angezweifelt werden (S. 148)." Ist das nicht die Gewißheit des Orthodoxen: Unbegreiflich, wunderbar ist mir Vieles, aber Gott hat es so angeordnet!? Denn „daß" ein Verhältniß stattfindet zwischen Gehirn und Gedächtniß, zwischen Geist und Materie, das wußte er ohne erst gebildeter Arzt werden zu müssen.

Vortr. IV. S. 224. Interessant zur Erzeugung des Feuers durch Reibung ist folgende Regel im II. Theil des Lyn-Ju (Kung-Fu-Ksü's-Werke übers. von Wilhelm Schott): Wer dem Holze durch Reibung Feuer entlockt, muß der Jahreszeit gemäß mit dem Holze wechseln. Im Frühling entlockt man aus Ulme und Weide; im Spätsommer aus Maulbeerbaum und Baum dshé (Art Maulbeere); im Herbst aus Baum dsu und yeu; im Winter aus huai und than.

Vortr. IV. S. 266. Die Aesthetik spielt auch in moderner Zeit ihre Rolle. Büchner sagt (Kr. u. St. XI. Aufl. S. 140): „In der ganzen organischen Welt ist kein Glied bekannt, welches zartere, wunderbarere Formen, feinere und endlich wahrscheinlich auch eine merkwürdigere chemische Zusammensetzung besäße, als grade das Gehirn." „Es ist seinem größten Theile nach aus höchst feinen, höchst zart und eigenthümlich construirten Fäbchen . . von höchst eigenthümlichen Verschlingungen gebildet". Aehnlich S. 142, 145, 68. Ja 253 spricht er gar „von der höheren und vollkommneren Ausbildung des materiellen Substrats der Denkfunction". Hier also haben wir wieder ganz die vollkommneren Atome des Demokrit, sonst wird freilich an Stelle dessen reiner Atome „höchst zarte" „höchst feine" „wunderbare" „eigenthümliche" Form gesetzt. Als ob Mehl nicht Mehl bliebe, ob grob, ob fein. Als ob eine Locomotive es nicht mehr wäre bei höchst feinen Theilen.

Vortr. IV. S. 267. Der Streit zwischen Chemie und Physiologie zeigt sich auch in demselben Manne. **Büchner** (Kr. u. St. S. 235) sagt: Jener s. g. Urschleim, aus dem man früher alle organischen Wesen glaubte entstehen lassen zu müssen, ist ein vollkommener chemischer Unsinn und nicht existirend. Dagegen in seinen Vorl. über Darwin, wo er als Physiologe spricht, sagt er (II. Aufl. S. 28): „Oken's berühmter Urschleim, aus dem er alle Lebenserscheinungen, in erster Linie entstehen ließ, gleicht dem, was wir heute in ähnlichem Sinne als „Plasma" oder „Protoplasma" oder auch als „Sarkode" bezeichnen".

www.ingramcontent.com/pod-product-compliance
Lightning Source LLC
Chambersburg PA
CBHW021200230426
43667CB00006B/480